AF309930

LES

MANIEURS D'ARGENT

A ROME

TOULOUSE. — IMP. A. CHAUVIN ET FILS, RUE DES SALENQUES, 28.

LES
MANIEURS D'ARGENT
A ROME

JUSQU'A L'EMPIRE

LES GRANDES COMPAGNIES PAR ACTIONS DES PUBLICAINS
LES FINANCIERS MAITRES DANS L'ÉTAT. — LES MILLIONS DE CICÉRON
LES ACTIONNAIRES. — LE MARCHÉ. — LE JEU

SOUS LA RÉPUBLIQUE

PAR

ANTONIN DELOUME

PROFESSEUR A LA FACULTÉ DE DROIT DE TOULOUSE

ÉTUDE HISTORIQUE

DEUXIÈME ÉDITION

CORRIGÉE ET AUGMENTÉE

Ouvrage couronné par l'Académie française
Et par l'Académie des sciences morales et politiques

PARIS
ERNEST THORIN, ÉDITEUR
7, RUE DE MÉDICIS, 7

1892

PRÉFACE DE LA DEUXIÈME ÉDITION

Nous avons fait à cette nouvelle édition, des corrections nombreuses et d'importantes additions. Notre premier travail exigeait que nous prissions ce soin.

Le bon accueil qu'avait bien voulu lui faire l'Institut d'abord, et bientôt après, le public, ne pouvait nous empêcher de voir ce qu'il y avait à retoucher.

On nous permettra de donner une explication très simple à cet égard.

En présence du caractère nouveau et peut-être hardi de nos affirmations, nous crûmes qu'il serait prudent de leur donner, aux yeux du public et à nos propres yeux, des garanties. Nous avions attribué un sens précis, une portée très élevée et très positive à des mots sur lesquels les latinistes passaient, depuis des siècles, en traduisant à la lettre et sans y arrêter leur attention; nous affirmions même que l'illustre M. Nisard et le savant M. Leclerc avaient cru bien à tort, devoir corriger le texte de Cicéron, et que c'était, non pas le texte latin, mais eux qui se trompaient; il nous fallait chercher une entière sécurité au-dessus de nous-mêmes (1).

Pour cela, nous songeâmes naturellement aux deux

(1) Voir notamment *infra*, p. 115, note 1.

grandes académies, à la haute compétence desquelles se rattachait notre ouvrage. Mais les délais des concours s'écoulent vite, et nous fûmes obligé de hâter l'impression, plus que nous ne l'aurions voulu, afin de prendre rang et date parmi les publications de l'année où nos recherches nous semblaient être arrivées à un résultat.

Telle est l'origine du mal, c'est-à-dire des fautes d'exécution. A la vérité, nous avions atteint le but, puisque notre œuvre a été soutenue, dès les premiers jours de son existence, par des approbations qui pouvaient très légitimement nous inspirer confiance dans l'avenir.

Nous avons donc présenté notre livre, simultanément, à l'Académie Française et à l'Académie des sciences morales et politiques, ainsi que d'autres, avant nous, l'avaient déjà tenté, à plusieurs reprises, avec succès.

Suivant l'usage consacré, nous indiquerons dans cette préface les résultats des concours Thérouanne et Le Dissez de Pénanrun, dans chacun desquels a été couronné l'ouvrage que nous offrons aujourd'hui au public soigneusement revu.

A l'Académie française, M. le Secrétaire perpétuel mettait en relief l'intérêt historique et moral de notre étude, dans un rapprochement très honorable, mais aussi très périlleux, et aux dangers duquel nous nous étions exposé nous-même, par le choix de notre titre : *Les manicurs d'argent à Rome.* « Ce que M. Oscar de Vallée avait fait pour notre société, » disait le rapport général de M. Doucet, au sujet du concours Thérouanne, « M. Antonin Deloume vient aujourd'hui de le faire pour l'ancienne société Romaine... Il nous montre les manieurs d'argent, dans les convulsions suprêmes de la république, devenant maîtres de tout, de la justice, des finances et des suffrages du peuple. Il arrive enfin à cette conclusion, dont il faut faire son profit, que les mœurs et la constitution de la société romaine ont péri ensemble, ruinées par l'invasion subite de la richesse, par l'influence corruptrice des grandes fortunes mal gagnées, trop vite, à tout prix. » L'ouvrage fut couronné sur les conclusions motivées du plus illustre de nos historiens français contemporains, M. Duruy, dans un concours très nombreux.

A l'Académie des sciences morales et politiques, on a le précieux avantage d'obtenir plus que le rapport de la séance solennelle. Le *Compte rendu des travaux de l'Académie* publie le rapport de la commission spécialement désignée pour préparer le jugement de chaque concours. On connaît ainsi, les appréciations émanant directement de juges particulièrement compétents en la matière, et choisis en vue de ce résultat. On y trouve la critique détaillée des ouvrages, à côté de l'éloge. Que l'éminent rapporteur du concours Le Dissez de Penanrun en 1890, nous permette de le remercier pour notre part, de l'éloge et de la critique.

Quelle inappréciable fortune ç'eût été pour nous, de connaître dans le détail, les explications et les avis formulés devant l'Académie française, et de joindre ainsi les enseignements de M. Duruy, à ceux de son confrère des sciences morales.

Quant aux critiques, nous avions été les premiers à nous les adresser à nous-même, elles ne touchent en rien au fonds, et nous en indiquions tout à l'heure le sens : nous nous sommes surtout attaché à en tirer profit.

Mais M. Perrens a bien voulu ajouter des appréciations dont nous avons le droit d'être fier, et qui sont assurément faites pour attirer sur notre travail ou pour lui confirmer la bienveillance du public.

« Cette part faite à la critique, » dit le rapport spécial de la commission, « il ne reste qu'à louer dans ce livre savant, clair, instructif, intéressant, agréable même, et surtout, nous le répétons à dessein, original.

» L'auteur s'est proposé d'écrire l'histoire et de déterminer le rôle des finances dans le monde romain aux derniers siècles de la république. Il avait à montrer que la puissance de Rome, colossale en politique, ne l'était pas moins en finance. Il avait à marquer l'influence progressive de la richesse dans la législation et dans les mœurs tant privées que publiques, puis l'œuvre financière et politique des manieurs d'argent et la suite des événements qui la concernent. Cette tâche il l'a remplie à la satisfaction de ses plus autorisés lecteurs. Il met en lumière le fait singulier de sociétés puissantes qui se multiplient presque à l'infini, qui accomplissent les grandes œuvres de l'Etat, qui prennent rang dans *l'existimatio* avant les ordres politiques eux-mêmes, au point que les hommes dont elles se composent sont appelés, quoique n'ayant pas de fonctions officielles, *maximi, ornatissimi, amplissimi, primi ordinis*, et tout cela disparaissant du souvenir ne laissant aucune trace, ni dans les historiens qui ne les ont pas vus à l'œuvre ni dans ce que nous appelons le droit classique...

» ...D'où la nécessité de relire les auteurs anciens pour y chercher ce que d'autres, dont la pensée se portait ailleurs, pouvaient bien n'y avoir pas remarqué, et de lire les modernes qui ont le plus et le mieux fouillé les siècles de la République : Plaute, Cicéron, Horace, Juvénal et tant d'autres vieux Romains ; MM. Mommsen, Marquardt, Laboulaye, Duruy, Belot, et tant d'autres récents historiens de Rome, telle était la littérature à parcourir d'un esprit vigilant, sans négliger, bien entendu, les textes législatifs et les documents historiques, qui restaient le principal et plus solide fondement de l'édifice à construire.

» Avec autant de perspicacité que de soin et de patience, M. Deloume a pu établir ainsi, sans contestation possible, qu'il y avait à Rome, aux deux derniers siècles de la République, un nombre vraiment incroyable de sociétés financières qui s'étaient subitement et presque en même temps constituées de tous les côtés à la fois, pour se faire adjuger les entreprises sans nombre de l'Etat. Ce sont ces publicains de qui les *Pandectes* ont dit plus tard : *Publicani sunt qui publico fruuntur*, et qu'il ne faut pas confondre avec les *negotiatores* ou trafiquants. Il y eut de ces sociétés pour les travaux de toute espèce concédés à l'adjudication, pour les transports et fournitures, pour chacun des impôts si nombreux. Elles se composaient de deux sortes de membres, les *socii* ou associés en nom, et les *participes* ou *affines conductionis*, actionnaires ayant des parts aliénables entre vifs, variables dans leur valeur vénale, mentionnées sur les registres de la Société, transmissibles par voie de transfert, réunissant en somme les principaux caractères de l'*action* dans nos sociétés modernes.

» Les publicains voyaient se multiplier autour d'eux, dès le temps de Polybe, les petits capitalistes ardents à prendre des intérêts dans leur vaste cercle d'affaires. Constituées en personnes morales, autorisées à s'étendre indéfiniment quant au nombre et à la durée, ces compagnies avaient leur administration centrale établie ou tout au moins représentée à Rome dans la personne de leur *magister* ou directeur. Indépendantes les unes des autres, ayant chacune sa sphère propre de spéculations, elles devinrent, avec le temps, dans l'Etat un ordre assez puissant pour absorber en entier l'ordre équestre, pour supplanter le Sénat, pour devenir maître de la justice, et aussi, naturellement, et avant même tout le reste, des suffrages populaires, d'où tant d'abominables lois achetées à prix d'argent et qui assuraient au crime l'impunité.

» Ces sociétés dominatrices avaient à Rome un marché public avec des groupes divers d'intermédiaires et de capitalistes attachés à ces groupes, avec une foule d'habitués sans scrupules, de joueurs audacieux, souvent *decocti* ou décavés, comme nous dirions aujourd'hui. Ajoutez des courriers qui venaient sans cesse renseigner les publicains sur les affaires du monde entier, et qu'employaient au besoin proconsuls et généraux.

» Dans cette multitude d'agents d'affaires et d'hommes d'argent qui s'agitent autour des publicains, qui les servent et s'en servent, M. Deloume fait une place à part aux *argentarii* ou banquiers, vrais manieurs d'argent, d'or, de monnaies, de valeurs d'échange, dont ils trafiquaient sans relâche. On les appelait *Græculi* ou *Græci*, nom qui, en ce sens peu flatteur, a traversé les siècles. Ces grecs de tous pays sont, sur les bords du Tibre, légion et plus que légion. Ils ne forment pas, cependant, comme les publicains, un Etat dans l'Etat, parce qu'ils restent des spéculateurs privés, l'Etat s'étant réservé le droit d'accorder ou de refuser la liberté d'association, et la loi romaine du droit commun sur les sociétés empêchant les institutions de crédit de prendre leur plein essor.

» L'ouvrage nous montre les banquiers dans l'exercice de leurs multiples fonctions : contrôle et change des monnaies métalliques, avances de fonds, placements, dépôts réguliers et irréguliers, mandats de payement, contrats de change, moyens de poursuite, actions civiles et prétoriennes. Nous les suivons dans leurs comptoirs et leurs comptes courants, dans leurs livres et leurs écritures, jusque dans leurs faillites. Ne pouvant constituer que des sociétés de personnes, et n'ayant pas, comme ces publicains qui les dominent de si haut, la personnalité civile, ils voient réduite la portée de leurs opérations, et réduit aussi, par conséquent, leur rôle dans les vicissitudes de la République romaine.

» On trouverait parmi eux des étrangers, des affranchis et même des esclaves. Le nombre de leurs charges ne devait pas être limité, et ces charges étaient considérées comme une valeur transmissible. Ils ne pouvaient échapper aux traits malins de la satire et surtout de la comédie, qui, peu tendre aux financiers, les traite comme Lesage fait les traitants et Molière les médecins ; mais ils n'en jouissaient pas moins de cette sorte de considération qu'obtient si aisément la richesse. Ils recevaient des particuliers et même de l'État des missions de confiance. Publicains et banquiers avaient non une « Bourse », mais plusieurs, dans ces basiliques dont l'intérieur n'était pas sans ressemblance avec notre Bourse de Paris, et où ils faisaient toutes choses, spéculations et commerce, adjudication des travaux et entreprises politiques, préparation des affaires, procès à juger et tout le reste.

» En indiquant, comme nous venons de le faire d'après notre auteur, l'organisation des publicains et des banquiers à Rome, nous avons laissé de côté presque une moitié de son ouvrage, celle où il suit les uns et les autres dans l'histoire, depuis les guerres puniques jusqu'à l'empire ; mais il est nécessaire de dire au moins que ce tableau historique de la vie financière chez ce peuple conquérant est d'un réel intérêt. L'originalité n'y est guère moindre que dans la première partie, car elle consiste surtout dans un effort continu pour établir les analogies du système industriel et financier de la République romaine avec les procédés et le fonctionnement de nos grandes compagnies modernes. Si ces investigations avaient été étendues aux périodes intermédiaires, il eût été facile de montrer des analogies non moins frappantes avec les institutions et les mœurs financières de certaines villes au moyen âge, notamment en Italie.

» L'écueil dé ce rapprochement pouvait être de forcer les ressemblances et d'altérer ainsi la vérité. M. Deloume a su naviguer assez habilement pour ne pas compromettre la fortune de son livre. Les mots modernes qu'il accole aux mots anciens ne choquent point, parce qu'ils les éclairent sans les remplacer. Les faits d'aujourd'hui comparés aux faits d'autrefois nous font très vivement sentir dans son unité le génie de la spéculation se perpétuant à travers les âges et laissant de temps à autre, après bien des éclipses, retrouver par les savants ses manifestations les plus oubliées. »

De très nombreuses revues de droit, d'histoire, de littérature, en France, en Belgique, en Italie, en Angleterre notamment, et de grands journaux de Paris ou de la province, nous ont consacré des articles étendus, tous de nature à nous maintenir dans nos vues.

On a pu nous adresser des observations utiles et justes, mais personne, que nous sachions, n'a soulevé de doute, ni sur les procédés jusqu'ici restés inaperçus et les œuvres colossales des grandes compagnies par actions, dont nous avons tracé l'histoire, ni sur la portée économique, morale ou juridique de nos démonstrations.

On ne nous aurait pas reproché d'être resté sommaire sous le rapport juridique, si l'on avait observé que nous annonçons une deuxième étude, faite spécialement à ce point de vue ; nous n'en avons dit, à dessein, que ce qui était nécessaire pour la clarté de notre thèse historique et nous avons pris le soin de le rappeler plusieurs fois.

Nous avons pu d'ailleurs, faire déjà progresser notre œuvre d'exploration sur ces matières peu étudiées et qui méritent cependant de l'être. Nous continuerons certainement nos recherches par des travaux ultérieurs; nous sentons bien que nous n'avons fait qu'ébaucher une œuvre difficile. Mais nous avons en tout cas, la ferme espérance que d'autres trouveront, après nous, surtout dans les auteurs anciens, moins dans les inscriptions, des documents précieux pour reconstituer l'histoire de la fin de la république romaine sous un aspect intéressant et nouveau.

C'est ainsi, qu'indépendamment de conclusions pratiques nouvelles que semblaient nous dicter les évènements actuels, nous avons pu ajouter quelques faits qui n'avaient pas été signalés et qui sont d'un grand intérêt à notre point de vue. Après avoir parlé, dans notre première édition, des jeux du Forum sur le cours variable des actions des grandes compagnies, nous avons pu démontrer directement, dans une nouvelle partie de cette étude, que ces jeux de bourse concentrés auprès des deux Janus, cessèrent tout d'un coup, lorsque furent supprimés les titres échangeables et les valeurs mobiles sur lesquelles on y spéculait, avec la même passion et les mêmes résultats inattendus que dans nos bourses modernes.

Auguste dispersa les grandes compagnies de publicains, supprima les actions, seuls titres aliénables, et les joueurs de bourse disparurent en même temps pour toujours de la place publique. Cela devait être, nous dira-t-on. Seulement il manquait des preuves directes. Nous les avons recherchées avec confiance, et nous les avons vu ressortir, à n'en pas douter, de l'étude attentive des écrivains latins antérieurs et postérieurs à l'établissement de l'empire. Nous pourrons donc invoquer ce fait avéré, et curieux en lui-même, non plus comme une conséquence probable, mais comme une nouvelle confirmation de la vérité de notre thèse historique toute entière.

De même, nous avions signalé l'état des mœurs et les institutions politiques de Rome, comme particulièrement propres à développer les grands mouvements de finance, et aussi les excès abominables de la féodalité d'argent qui s'organisait peu à peu.

Il nous restait à montrer un cas particulier d'application, dans lequel nous pussions mettre en relief les réalités de la pratique; il fallait appuyer nos démonstrations sur un exemple. Nous l'avons trouvé dans la personne de l'un des plus grands hommes de ce temps.

Nous pensons, en effet, avoir établi que Cicéron, durant toute sa vie publique, avait gagné, tour à tour, et dépensé aussitôt, d'innombrables millions; et que toutes ces sommes prodigieuses, qui ne faisaient que passer dans ses mains, il n'avait pu se les procurer honnêtement, suivant ses propres déclarations, que dans les opérations des Publicains, dans les spéculations sur les fonds publics, *publicis sumendis*.

Nous avons consacré à la démonstration de ce fait, dans cette nouvelle édition, une étude approfondie qui nous attirera, peut-être, de sévères critiques. On nous rendra du moins cette justice, que nous avons fait le possible, pour conserver à l'homme généreux, à l'artiste raffiné, au moraliste parfois inspiré, à l'écrivain merveilleux qui nous a fourni les plus précieux documents de cette histoire, au magistrat patriote, à l'illustre orateur enfin, l'auréole d'admiration sympathique, malgré tout, dont les siècles ont environné sa mémoire.

Cicéron, du reste, sera sans cesse présent, par ses écrits ou par les actes de sa vie, dans cette histoire des manieurs d'argent, qui ne commence guère à Rome, qu'avec les agitations financières et politiques des Gracques, pour s'arrêter brusquement à la chute des vieilles libertés civiques, dont la mort sanglante du grand orateur fut le signal.

Antonin DELOUME,
Professeur à la Faculté de droit de Toulouse.

LES
MANIEURS D'ARGENT

A ROME
JUSQU'A L'EMPIRE

APERÇU GÉNÉRAL DU SUJET

> « Auctoritas nominis in publicanis subsistit. »
> (Pline.)
> « Unde regnarent judiciariis legibus... nisi ex avaritia... nam voctigalia... »
> (Festus.)

I

Dans sa belle étude sur la vie privée de Cicéron, M. Gaston Boissier a écrit : « La richesse était une des plus grandes préoccupations des gens d'alors, comme de ceux d'aujourd'hui, et c'est par là peut-être que ces deux époques, qu'on a pris tant de fois plaisir à comparer, se ressemblent le plus (1). »

Rien ne nous paraît plus vrai que cette constatation d'un caractère, pourtant, nouveau.

Quand on examine de près les mœurs des trois derniers siècles de la république romaine, on s'aperçoit que la passion de l'argent vint exercer sur les hommes et les choses de ce temps, une influence périlleuse, qui semble agiter aussi nos sociétés modernes, à tous les degrés, de la base au sommet.

(1) *Cicéron et ses amis*, II, I, p. 83, 7ᵉ édit. Hachette, Paris, 1884.

1.

Mais ce qui peut paraître particulièrement surprenant, c'est que ce soit par des moyens de spéculation en tout semblables à ceux de nos financiers modernes, que les vieux Romains de la république aient organisé leurs plus vastes opérations, et, en même temps, satisfait leurs passions affreusement cupides, deux ou trois siècles avant notre ère. « Le crédit? » écrivait un homme très autorisé, en rendant compte de notre travail (1), « les Romains l'avaient connu, et surtout l'avaient exploité vingt siècles avant nous. Les grandes compagnies par actions? Vous les retrouvez vivantes, agissantes et florissantes dans ces sociétés de publicains organisées par l'Etat, se maintenant sous son patronage, portant même son étiquette officielle (*publicum*), intéressant toutes les fortunes privées et jusqu'aux petites épargnes de la plèbe à leurs spéculations, qui se rattachaient directement elles-mêmes au trésor de l'Etat. La commandite? Elle existait aussi, dans l'antiquité, sous la forme de ces actions ou *partes*, dont il est si souvent question dans Cicéron, avec tous les caractères qui y sont attachés de nos jours... L'agiotage et les jeux de bourse? A quoi donc, si ce n'est à cela même, se rapporteraient les textes des auteurs latins qui nous parlent si souvent de ruines subites ou de fortunes faites tout d'un coup au Forum, et du danger des naufrages entre les deux Janus? N'avez-vous pas lu, dans tel discours de Cicéron, la description d'une de ces paniques du Forum, qui semblent dater d'hier... Il n'est pas jusqu'à nos banquiers et nos agents de change, dont on ne reconnaisse l'équivalent dans ces *Argentarii* ou *Trapezitæ*, qui tenaient caisse ouverte au *Forum* d'abord, et dans les *Basiliques* ensuite. »

C'est, en effet, par les mêmes associations de capitaux, par le jeu des mêmes responsabilités, par des combinaisons identiques au fond, que les Romains de la république surent opérer d'immenses mouvements de finances, exécuter des travaux gigantesques et merveilleux sur tous les points du monde connu, et, en même temps aussi, accomplir d'affreuses exactions et réaliser de scandaleuses fortunes.

On dirait que l'homme est condamné à recommencer sans cesse son œuvre, qu'il doit repasser toujours par les mêmes

____

(1) *Le Correspondant du 10 déc*, 1890, p. 934. Article de M. d'Hugues, professeur à la Faculté des lettres de Dijon.

sillons, sur cette terre qu'il arrose de ses sueurs, tantôt dans l'emportement de ses passions et de ses luttes, tantôt dans les nobles et paisibles efforts du travail fécond de tous les jours.

Il ne faudrait pourtant pas nier le progrès, ni désespérer de l'humanité. L'humanité se dirige péniblement à travers des alternatives d'ombre et de lumière, mais elle avance, sans paraître découragée par ses hésitations, par ses erreurs ou par ses chutes. Elle tombe, mais c'est pour se relever, et reprendre énergiquement sa marche ascendante vers le grand inconnu.

Chez les Romains, l'amour affolé des richesses, fruit dangereux de la conquête, commença l'œuvre de dissolution du foyer familial, que l'influence de l'Orient et la plaie croissante du divorce vinrent achever. C'est par là, que l'ancienne société courut vers sa ruine. L'aristocratie de l'argent s'introduisit en souveraine dans le gouvernement de l'Etat ; elle dirigea tout, en s'emparant de la justice et des lois. On a répété, dans une circonstance récente, que la *tyrannie judiciaire* a perdu, chez nous, la révolution ; c'est par le même procédé que les publicains finirent par exercer, eux aussi, leur domination dissolvante. Les historiens de Rome l'ont dit eux-mêmes : *Unde regnarent judiciariis legibus.*

A la vérité, les Romains furent arrêtés dans cette course vers les abîmes ; mais ils le furent par une longue suite de despotes absolus, dont quelques-uns devaient être de véritables monstres et qui absorbèrent tout en eux. —

Ils avaient encouru la peine de leurs entraînements et de leurs crimes ; ils la subirent comme un peuple dégradé et déchu, surtout dans les premiers temps, par le fait des gouvernements qu'ils méritaient, c'est-à-dire par la main sanglante d'un Tibère, ou de ce Caligula, qui instituait son cheval consul, ou des Néron et des Domitien.

Telle est la logique et la justice de l'histoire.

Grâce à Dieu, nous n'avons pas, sans doute, mérité de tomber aussi bas. Tout n'est pas encore à vendre, comme à Rome, dans notre vieux pays de France. *Di omen avertant !* Que les dieux écartent ces présages !

Il semble, cependant, qu'il y ait pour nous, plus que des rapprochements piquants ou curieux à faire, devant un pareil spectacle. C'est un homme politique, un député en vue, M. Camille Pelletan, qui écrivait naguère : « Nous nous croyons la nation démocratique par excellence, et aucun pays n'a livré un pouvoir plus exorbitant à cette féodalité d'argent qui sera le grand danger de l'avenir. Maîtresse du crédit par la banque, du trésor par les emprunts, des routes et canaux par les grandes compagnies, elle dispose à son gré de la fortune publique. » On écrivait à Rome des choses semblables sur les publicains.

Les Romains furent nos ancêtres illustres, les chefs glorieux, malgré tout, de nos races latines, et ce sont eux que nous allons retrouver dans le récit de ces frappantes analogies financières, comme si, à certains égards, une lacune de vingt siècles s'était inopinément comblée entre leur temps et le nôtre.

Au reste, tout ce qui touche ce grand peuple est digne de nos préoccupations.

Lorsque l'empereur Napoléon III publia sa vie de César, on discuta et l'on prit parti sur son livre, comme on l'aurait fait sur les événements de la politique du moment. C'est, certainement, la personnalité de l'auteur qui mit en éveil ces polémiques, et qui fut incontestablement pour la plus grande part dans les opinions diverses, ou même dans les passions que l'œuvre suscita dans toute la presse contemporaine. Mais les analogies de la politique, du droit et des préoccupations publiques étaient si frappantes, entre le présent et le passé, qu'on ne pouvait guère, même abstraction faite des considérations personnelles, prendre parti pour ou contre César, sans se prononcer en même temps pour ou contre les actes de celui qui en avait écrit l'histoire.

C'est que la nature humaine reste toujours la même, avec ses grandeurs et ses bassesses, ses passions égoïstes et ses vertus, ses mobiles, tour à tour intéressés et généreux. Or, c'est là ce qui constitue l'objet des lois écrites et non écrites qui régissent la société dans tous les temps ; c'est, malgré tous les progrès réalisés, le fond toujours persistant, bien que perfectible, de l'histoire des peuples et de leur civilisation.

Où peut-on mieux voir le jeu de ces ressorts si divers, et, cependant, toujours si semblables à eux-mêmes, que dans l'histoire, de jour en jour mieux connue, de ce peuple qui fut le plus énergique, et devint, par ses propres forces, le plus puissant et le plus riche qui ait jamais été ? Rome ancienne a attiré, sur sa longue existence, l'attention des grands esprits de tous les temps, et ses quatorze siècles de gloire ont concentré sur elle,

les regards étonnés ou craintifs de toutes les nations. Quel
spectacle instructif peut présenter aux économistes et aux philosophes, aussi bien qu'aux législateurs et aux juristes, ou même
aux simples observateurs quelque peu attentifs, l'étude de ces
institutions se développant, depuis les humbles débuts de la
Rome du Capitole, jusqu'à s'étendre sur l'univers entier!

C'est dans cet esprit que l'on a tenté de reconstituer en des
synthèses vivantes, la religion, la cité, la famille, les castes,
la propriété, les finances, les rapports d'obligations; et dans
cette œuvre de reconstitution, les lettres, l'histoire et le droit
se sont rapprochés, pour se prêter un mutuel concours de forces nouvelles.

Le savant auteur de l'*Histoire des chevaliers*, qui consacra son
existence laborieuse à approfondir l'histoire romaine, M. Emile
Belot, mort récemment membre de l'Institut, osait écrire cependant en 1885 : « Des critiques qui unissent le goût littéraire
à l'érudition, ont pu faire revivre quelques personnages remarquables parmi les contemporains de Cicéron, d'Auguste ou
des autres empereurs. Ce sont là des points brillants sur un
fond obscur. Ce qui échappe, c'est ce que le peuple romain a
de plus original et de plus intime : ce sont les ressorts secrets
de sa politique, le jeu de ses institutions, les rapports mutuels
de ses classes, c'est-à-dire la physiologie de ce grand corps
dont les savants ne nous font connaître que le squelette, et les
littérateurs quelques traits vivants, mais épars (1). »

Ces lignes paraîtront peut-être, à beaucoup de personnes,
entachées de pessimisme, ou de sévérité pour les illustres devanciers de l'auteur; il nous semble, cependant, que M. Belot
les a justifiées en partie par ses recherches, et que même elles
restent encore vraies, à l'égard du rôle que les financiers n'ont
cessé de jouer, pendant les trois derniers siècles de la république romaine.

Montesquieu nous a laissé quelques mots lumineux sur
cette extraordinaire puissance et sur les maux qu'elle devait
engendrer. Mais il semble avoir voulu ne jeter qu'en passant,

_____

(1) *De la révolution économique et monétaire qui eut lieu à Rome au
milieu du troisième siècle avant notre ère, et de la classification générale de la société romaine avant et après la première guerre punique.*
Paris, 1885.

un éclair de son pénétrant génie, sur cet élément, si considérable pourtant, du monde romain. MM. Duruy et Mommsen ont fait sentir, dans de remarquables passages de leurs grandes œuvres historiques, le mouvement et les influences souvent prédominantes de ces publicains, de ces manieurs d'argent. Bossuet avait vu et signalé tout cela, lorsque, résumant tout en un mot, il avait dit, dans son *Histoire universelle :* « L'argent faisait tout à Rome (1). » C'est ce que nous chercherons à montrer, se réalisant dans la pratique de la constitution, des mœurs et des lois romaines (2).

II

Nous ne voulons pas parler de ces immenses usures bien connues, dont le souvenir étonne, et qui soulevèrent à plusieurs reprises les révoltes de la plèbe. C'étaient là des actes privés, très simples en eux-mêmes, qui se traitaient le plus souvent directement, isolément, de capitaliste à emprunteur, et ne se rattachaient à la vie publique de l'État que par leur généralité ou par les protestations que provoquaient leurs abus. Les lois sur l'usure ont été souvent étudiées et nous n'avons pas à y revenir.

Nous ne dirons à ce sujet qu'un mot : c'est qu'il ne faut pas se faire d'illusion sur les vertus romaines. Ce furent des vertus civiques de dévouement à la patrie et de courage, qui enfantèrent des prodiges. Mais, à côté d'elles vinrent se placer, par une sorte de contraste, ou plutôt comme conséquences morales de ce que ces énergies avaient d'excessif et de déréglé, le dédain de la vie et des souffrances d'autrui, poussé, envers les ennemis et les esclaves, jusqu'à la plus affreuse cruauté,

---

(1) Bossuet, *Discours sur l'histoire universelle*, IX⁰ Époque.

(2) Montesquieu, ainsi que MM. Mommsen, Duruy et les autres éminents historiens de Rome, avaient l'idée assurément très haute et très nette de cet état de choses, mais aucun d'eux ne l'a, nulle part, présentée dans un tableau d'ensemble. On trouve éparses, dans leurs œuvres, des observations du plus grand intérêt, au point de vue des idées que nous nous proposons de développer nous-même dans cette étude; c'est pourquoi nous aurons fréquemment recours à ces autorités, en citant, par extraits, les observations habituellement brèves, mais très caractérisées parfois, qui nous ont soutenu pendant toute la durée de notre travail.

et aussi une rapacité, une passion du gain, un culte de la richesse, qui se portèrent systématiquement et légalement jusqu'aux derniers excès, surtout envers les provinciaux.

On abandonne toute illusion à cet égard, lorsqu'on voit ce que se permirent les hommes jouissant du plus grand renom d'austérité et de vertu parmi les anciens, et cela peut suffire pour indiquer ce que durent faire les citoyens moins illustres : ce sera Caton l'ancien, distribuant ses capitaux à d'innombrables emprunteurs et les pressurant sans pitié ; Sénèque poussant aussi loin que possible ses indignes usures (1) ; Brutus prêtant à 48 pour 100, et Scaptius, son agent, tenant assiégés dans la salle de leurs délibérations les sénateurs de Salamine (2), qui ne lui payent pas ses créances, les y cernant avec une troupe de cavaliers empruntée au proconsul, et, dans cette nouvelle espèce de siège, faisant mourir de faim cinq sénateurs (3) ; Pompée usant de ses armes et de son autorité pour trafiquer, dans tout l'Orient, avec les villes obligées de lui emprunter, et surtout de lui rendre, augmentés d'intérêts énormes, ses millions. On disait de lui : « Tu vois les os des rois desséchés et vidés de leur moelle (4). » Les trafiquants d'argent inondaient les provinces, et nous verrons les simples soldats eux-mêmes, dans les pays qu'ils étaient en train de conquérir ou qu'ils occupaient, se faire usuriers, avec l'argent dont ils avaient garni leur ceinture, au départ ou pendant leur séjour.

Aussi vit-on, au septième siècle, un chevalier romain criblé de dettes, armer ses esclaves et tuer ses créanciers. Ce fut le commencement d'une guerre servile. Quelque temps après, c'est un magistrat intègre, Sempronius Asellio, qui est massacré à Rome par les prêteurs d'argent, pour avoir voulu les rappeler au respect des lois. On pourrait citer dans l'histoire romaine, un grand nombre d'actes de violences privées ou même de révoltes publiques, ayant pour origine les excès de l'usure et du trafic.

Tous ces faits sont assurément de nature à caractériser les mœurs romaines, au point de vue spécial de notre étude, et

(1) Dion Cassius, LXII, 2.
(2) Salamine, en Chypre.
(3) Cic., *Ad. att.*, VI, 2. Edit. Nis., 261 ; de Laodicée, 704, 50.
(4) « Ossa vides regum vacuis exsuta medullis. » V. Belot, *Histoire des chevaliers romains depuis les Gracques*, p. 155.

nous y reviendrons fréquemment; mais nous ne nous y arrêterons pas; ce ne sont là que des actes de relations privées et des contrats ordinaires, ou bien ils sont tellement en dehors des règles du droit, qu'il nous suffira d'en donner quelques exemples sans commentaires.

Nous n'insisterons pas davantage, sur les exactions formidables des généraux et des gouverneurs de provinces. Ceci n'est plus du droit d'aucune espèce; c'est la violence et le crime tolérés par un état vainqueur, qui n'a de considération que pour les siens et pour lui-même.

III

Ce que nous nous proposons d'étudier ici, ce sont les affaires de spéculations légalement organisées; celles où l'argent circule dans des mains diverses, souvent exemptes de scrupules, et à la plupart desquelles il laisse quelque trace de son passage; c'est la grande industrie, la haute spéculation. Ce sont surtout ceux qui les pratiquaient, que nous nous proposons d'examiner de près.

Notre entreprise peut paraître nouvelle à quelques égards, ou hardie, ou même exagérée et aventureuse; nous voulons du moins qu'on puisse facilement la connaître toute entière. C'est ce qui motivera cet aperçu général du sujet, précédant nos démonstrations, et de nature peut-être à attirer sur les développements ultérieurs, l'intérêt du lecteur bienveillant.

Il est d'abord un fait de très grande portée en politique, tout au moins, et par lequel le monde des affaires romaines se distingue du nôtre, c'est que les grandes opérations financières et industrielles dont nous avons à parler, ne purent jamais s'accomplir à Rome, qu'avec l'autorisation de l'état, ou plutôt par sa délégation et à son profit. Il n'exista jamais à Rome de grande société commerciale indépendante. Par esprit politique ou par instinct, l'État romain trouva le moyen de se réserver à lui seul, la possibilité d'entreprendre les spéculations qui exigeaient du temps et de l'argent, c'est-à-dire toutes les grandes opérations industrielles ou financières. Le procédé qu'il prit fut très simple; il n'autorisa que ceux qui traitaient avec lui, par adjudication, à s'organiser en sociétés durables et étendues. Les adjudicataires de l'État s'appelèrent les publicains, parce que les affaires financières et les entreprises de l'Etat s'appelaient *Publica*.

Seules, les sociétés de publicains purent constituer, en qualité de concessionnaires d'un gouvernement absorbant et exclusif, des associations avec la survivance de la société à la personne des associés, avec la transmissibilité du droit social de chacun à ses héritiers, par suite de décès, avec la personnalité civile, et même, on peut l'affirmer aujourd'hui sans hésitation, avec une organisation très semblable à celles de nos grandes sociétés par actions (1).

Toutes les autres sociétés furent maintenues, de parti-pris, par des lois appuyées sur les mœurs politiques de Rome, dans un état d'instabilité qui leur enlevait la possibilité de se hasarder dans toute œuvre de quelque durée et de quelque importance. Le *Jus fraternitatis*, le droit fraternel, qui en était le principe dominant, avait pour conséquences : la dissolution de la société à chaque décès d'associé, la renonciation volontaire permise à chacun, et d'autres causes de dissolution exclusives de tout esprit de suite, qui obligeaient naturellement le nombre des associés à n'être que très restreint, condamnant ainsi leurs ressources à rester modestes et, par suite, leurs entreprises à demeurer sans étendue.

C'est ce qui fait, sans doute, que le droit commercial et le droit maritime des Romains ne se sont pas développés. Toutes les grandes entreprises sont restées forcément dans les mains de l'Etat et dans celles des publicains, fermiers des impôts et de tous les grands travaux publics.

On peut induire de cette organisation de fait, ce que dut être l'importance de ces manieurs d'argent, tant que l'Etat s'en servit sans méfiance, les soutint même dans tous leurs excès ; à l'époque des grandes conquêtes de la République ; au moment où toutes les richesses de l'univers vinrent affluer à Rome, et alors qu'ils étaient les intermédiaires obligés de l'Etat en toutes choses.

« Ils constituèrent bientôt, » dit Mommsen, « une classe de fermiers d'impôts et de fournisseurs, croissant tous les jours en nombre et en fabuleuse opulence, et ils conquirent rapide-

____

(1) Voy. Accarias, *Précis de droit romain*, 3ᵉ édit., t. II, p. 521 : « Ce sont plutôt ici les capitaux que les personnes qui s'unissent. »

ment le pouvoir dans l'État qu'ils semblaient ne faire que servir. L'édifice de leur ploutocratie choquante et stérile n'est pas sans analogie avec celle des modernes spéculateurs de la Bourse. » Nous verrons que les écrivains anciens autorisent, si même ils ne dépassent pas, l'énergie de ces paroles, qui peut surprendre au premier abord.

Nous aurons donc à nous occuper presque exclusivement des publicains. Seulement, pendant les siècles où nous allons les suivre, nous prouverons que tout le monde est rattaché, de près ou de loin, à leurs affaires.

Nous parlerons aussi, mais plus sommairement, des banquiers. Ce sont des manieurs d'argent que, sur plusieurs points importants, la loi a soumis à un régime spécial, et qui durent être utilisés par les publicains.

Pour les publicains, comme pour les banquiers, les affaires se centralisaient au forum ou dans les basiliques : c'était leur bourse.

L'histoire des publicains de Rome, de leurs entreprises et des sociétés puissantes qu'ils ont constituées se cantonnera pour nous, dans les trois siècles qui précédèrent la venue de Jésus-Christ. C'est à cette période, qui fut celle des grandes opérations financières des Romains, que nous bornerons notre étude sur les banquiers et la bourse, aussi bien que sur les publicains. Les Evangiles nous parlent de ces derniers à plusieurs reprises; mais leur nom, à cette époque, était loin d'être en honneur, et l'institution commençait à décliner.

Le rôle qu'ils ont joué dans l'histoire fut cependant de telle importance, que la classe des chevaliers fut absorbée tout entière, sous la république, par celle des publicains, et qu'on les confondit l'une avec l'autre, dans le langage usuel, pendant les septième et huitième siècles de Rome. Polybe affirme même que, dans cette période mouvementée, à peu près toutes les fortunes privées, et jusqu'aux petites épargnes de la plèbe, étaient intéressées dans leurs spéculations, qui se rattachaient elles-mêmes directement au trésor de l'Etat.

En vérité, on ne pouvait guère comprendre, avant le siècle dernier, une pareille assertion. On la prenait, sans doute, pour une exagération, ou une image de rhétorique dont il ne fallait pas tenir compte.

Burmann, en 1724, en faisait, avec une honnêteté parfaite,

le sincère aveu, pour lui et pour tous ses prédécesseurs, dans son savant livre sur les *Vectigalia*, qui fait encore autorité. « Certainement, » disait-il, « ni Goveanus ni Abramus n'ont pu discerner (*extricare*) ce qu'il y a sous ces mots (*de parts très chères; partes carissimas*), et assurément je n'y vois guère plus clair. »

Aujourd'hui qu'il n'existe guère de patrimoine où l'on ne puisse trouver quelques titres d'*obligations* ou d'*actions* des grandes compagnies, des *partes*, chères ou à bon marché, suivant les cours, le mot devient aussi clair que possible. Mais ne serait-ce pas le cas de répéter, à la vue de ces antécédents lointains et si longtemps interrompus de nos mœurs du dix-neuvième siècle, ce que l'on disait déjà avant le temps des Romains : « Rien n'est nouveau sous le soleil (1). »

En effet, ce que font, de notre temps, les grandes compagnies financières, industrielles, et de transport par terre ou par mer, d'une part, et ce que faisaient, d'autre part, les fermiers généraux de l'ancien régime, pour la perception des impôts, et bien plus encore, tout cela était le lot des publicains, organisés, eux aussi, en compagnies, qui opéraient comme celles de nos jours, sur d'immenses valeurs en argent ou en nature.

C'est par voie d'adjudication aux enchères, que les publicains se disputaient la ferme des impôts, très nombreux et très importants en Italie, et surtout en province, ainsi que celle des revenus du domaine de l'Etat. Ils spéculaient, en outre, sur l'exécution de ces travaux publics, dont les ruines grandioses nous sont parvenues à travers les siècles; sur les mines de toutes sortes; sur les carrières; sur les salines; sur les entreprises de transports et de fournitures pour les armées; et même parfois sur la construction de ces voies romaines, qui partaient de la cité reine pour rayonner, comme nos chemins de fer ou nos routes, sur tous les points du monde conquis.

Ce procédé de l'adjudication publique, employé partout où il était possible, jusqu'à l'époque de l'Empire, se rattachait, par ses principes de liberté et de responsabilité personnelle, aux traditions des temps anciens, et il conservait, en même temps, la haute main de l'Etat sur toutes choses.

Mais en empêchant de se constituer toutes grandes sociétés,

____

(1) *Nil sub sole novi.*

autres que celles des publicains, on concentrait sur celles-ci
toutes les convoitises de la spéculation, et, par suite, tous les
capitaux que l'on pouvait désirer. Ce système de monopole au
profit de l'Etat et de ses entreprises, qui devint un danger
pour l'Etat lui-même, ne tomba pourtant dans les abus de la
force et dans les actes violents vis-à-vis des faibles que lorsque
les anciennes mœurs firent place à la licence et à cette cupidité
maladive qui fit tout oublier.

IV

Pour réaliser leurs immenses entreprises, il fallait aux publicains de grands capitaux. Mais que peuvent quelques fortunes privées, même réunies, lorsqu'il s'agit de centaines de
millions à faire manœuvrer, souvent à des milliers de lieues
de distance, et de tous les côtés à la fois, pour les besoins de
la guerre ou les splendeurs de la paix?

Quand un despote n'absorbe pas tout en lui-même, dans un
Etat, hommes et richesses, comme le firent les rois de l'Orient,
et après eux, les empereurs romains, le grand public seul est
assez fort pour répondre à de pareils besoins.

Un mot de Polybe vient tout éclairer : chacun avait voulu
avoir sa part dans les spéculations adjugées aux publicains ;
et, comme nous dirions de notre temps, les émissions répan-
daient les *actions*, sous le nom de *partes*, dans toutes les classes
de la société. On souscrivait en proportion de ses moyens,
quand l'affaire paraissait bonne et était bien lancée (1).

Aussi le fait de l'adjudication des impôts ou des grands
travaux prenait-il, à chaque échéance, le caractère et l'importance d'un événement populaire. Les historiens ont parlé avec
détail, à plusieurs reprises, des incidents qui s'y rattachaient,
et nous verrons les plus hauts personnages, Caton le Censeur
notamment, et César lui-même, se préoccuper comme d'une
chose grave, de la réduction ou de la résiliation des adjudications demandées par les sociétés de publicains. Nous constaterons que c'est par ses attributions de pouvoirs à cet égard,

(1) Voir : *Polybii historiarum reliquiæ*, lib. VI, nº 17. Editio F. Didot.
Græco et latino. Paris, 1859. Voir aussi Cicéron, *Paradoxes*, VI, II.
Edit. Nisard, 1869, t. I, p. 559, et la démonstration *in extenso* de ce fait,
infra : chap. II, sect. 1ʳᵉ, §§ 1 et 2.

que le Sénat a conservé l'un de ses principaux moyens d'influence sur le peuple; et Cicéron nous parlera des sociétaires pour les impôts de Sicile, par exemple, comme d'une foule importune que les administrateurs de la compagnie, complices de Verrès, devaient quelquefois tenir en respect, *multitudine sociorum remota*.

Rien de grand, en effet, dans un état normalement organisé, ne peut être entrepris sans le concours des petits capitalistes, parce qu'ils sont le nombre, et que le nombre seul peut donner à l'association une puissance indéfinie.

Or, en vertu d'une sorte de loi économique ou morale, qui nous paraît indéniable, *à priori*, tout cela devait mener, forcément, à l'organisation des parts sociales par *actions*. Pour peu que l'on veuille y réfléchir, avant même d'en constater l'existence dans les textes, la division du capital social par *actions*, s'impose à l'esprit, comme une nécessité inéluctable de ces grands mouvements de fonds, comme une pratique pour ainsi dire naturelle, à laquelle les publicains ont dû être conduits par la force des choses.

Qu'on nous permette ici quelques observations de simple bon sens, sur cette conception si merveilleuse par ses effets, si peu compliquée en elle-même, si prompte à se multiplier à l'infini là où elle pénètre, et que l'on a mis pourtant des siècles à découvrir chez les Romains, et puis à retrouver chez les modernes, pour l'appliquer ensuite, au milieu de nous, en toutes matières.

D'abord, ce qui caractérise normalement l'*action*, c'est que les risques de l'associé sont limités à une somme fixe (1). Or, quel est, en réalité, celui de ces petits bourgeois dont le concours est si absolument nécessaire pour réunir des millions, qui voudrait compromettre tout son avoir présent et à venir, dans les chances et la responsabilité solidaire d'une entreprise dont il lui est impossible de mesurer l'étendue? Il consentira à sacrifier quelques économies péniblement réalisées et bien comptées, en vue d'un bénéfice indéterminé, dont on a fait miroiter l'image prestigieuse à ses yeux; mais exposer comme associé en nom, même les rudes épargnes de l'avenir, confier à l'avance le sort de tout ce que l'on pourra lentement amasser,

---

(1) La question, autrefois soulevée chez nous, est aujourd'hui définitivement tranchée par la jurisprudence et la doctrine dans ce sens.

par les sacrifices incessants de l'économie journalière, à des gens qu'on ne connaît pas, et dont on ne peut qu'entrevoir les affaires ; c'est à quoi le petit bourgeois romain, ou même le capitaliste prudent des temps anciens, auraient consenti, moins assurément, que leurs congénères de tous les temps. Espérances indéterminées, mais avec des risques nettement fixés, voilà ce qu'il faut offrir si l'on veut attirer en masse le nombreux public qui cache son épargne, et le rassurer, en le séduisant par l'appât du gain.

On y arriva de fait, nous le verrons, en créant des parts divises et exemptes de la responsabilité applicable aux sociétaires du droit commun.

Mais, en outre, et c'est là son caractère essentiel, l'*action* est cessible à tout instant ; c'est ce qu'il faut accorder encore aux petits et même aux gros capitalistes, dont on veut avoir les sous d'or ou les humbles sesterces. Sous l'influence de préoccupations diverses, ni l'un ni l'autre ne voudraient abandonner indéfiniment leur argent. Ils consentent bien à le livrer, mais en se conservant la possibilité de le reprendre avant la fin de la société, soit pour éviter à temps des dangers éventuels, soit pour hâter la réalisation des profits déjà effectués, soit pour d'autres raisons plus puissantes encore.

L'un, le pauvre, qui a porté son épargne, peut avoir besoin de la reconquérir sans retard, parce que le travail baisse, que le crédit est épuisé autour de lui, et qu'il faut satisfaire aux nécessités de tous les jours. L'autre, le riche, peut entrevoir un meilleur emploi de ses capitaux en immeubles ou en spéculations nouvelles ; ou bien des informations personnelles l'ont effrayé, il les lui faut tout de suite, et rien ne doit être capable de l'arrêter dans son désir de les mettre à l'abri. Il ne se laisserait plus prendre, en tout cas, dans des affaires qui auraient, une fois seulement, immobilisé indéfiniment ses ressources, exposé malgré lui son argent, ou entravé ses nouvelles espérances de gain.

Or, la Compagnie peut-elle s'engager à rendre à tout venant ces fonds dont elle se sert ? Pourquoi les aurait-elle empruntés alors ? Il faut bien qu'elle les garde, pour continuer ses opérations à long terme (1).

(1) On sait avec quelles précautions la loi de 1867 a cherché à rendre

Mais le capitaliste saura trouver un procédé bien simple : il regardera autour de lui, cherchera des gens qui lui envieraient son titre de sociétaire, il leur cédera ce titre moyennant finance; et voilà tout le monde, acquéreurs et vendeurs satisfaits, en même temps que la société, qui est, par le fait même, dégagée de tout souci à cet égard.

Ce procédé si naturel, si impérieux parfois, de la cession, auquel, ni le respect des principes du droit, ni la résistance opiniâtre des jurisconsultes ne purent faire obstacle dans les rapports paisibles de la vie, comment ne se serait-il pas présenté, imposé par la force, dans les agitations violentes du monde des spéculateurs romains.

Les textes du Digeste et du Code sont formels en ce qui concerne la transmissibilité des parts à suite de décès ; c'est une disposition réservée aux seules sociétés vectigaliennes ou de publicains. Cette dérogation absolue aux règles de la société ordinaire n'est que le complément de la transmissibilité entre-vifs qui caractérise l'*action*. Elle persista, même lorsque l'usage des *actions* transmissibles (*partes*) eut disparu de la pratique. Elle indique combien étaient sorties de la loi commune et des principes rigoureux du droit, ces sociétés de publicains que les empereurs ont systématiquement détruites en grande partie, ou transformées, et dont les règles ne nous sont, par suite, arrivées que confuses et tronquées, dans les traités du Bas-Empire.

Limitation des responsabilités, espérances indéterminées dans les bénéfices, réalisation immédiate des avances par la cession possible à tout instant, transmissibilité à suite de décès, c'est ce qui caractérise l'*action*, sans laquelle les grandes opérations ne peuvent s'accomplir. Les Romains en firent des parts inégales parfois, *partes, particulas, magnas partes*, dit Cicéron, mais des parts sociales cessibles, et subissant l'influence des événements, dans le cours de leur valeur variable : *Partes carissimas*, dit encore Cicéron, l'homme de la politique et du droit **(1)**. Et pour qu'il n'y ait pas de doute sur le sens

cela possible dans les sociétés à capital variable (Loi du 24 juillet 1867, art. 48). Dans les sociétés ordinaires, en Droit français comme en Droit romain, la retraite de l'un des associés devient un cas de dissolution.

(1) Cicéron, *In Vat.*, XII.

de ces mots, le texte porte que c'est à un certain moment, *illo tempore*, que les *partes* étaient fort chères. C'est bien du cours actuel et variable du titre qu'il s'agit donc, et non d'une créance fixe, en argent ou en nature, comme on a pu le croire autrefois. Asconius, Tite-Live, Valère-Maxime nous parlent aussi de ces *partes*, et des *participes* qui les possèdent, sans être des *socii* véritables.

V

A Rome, les garanties personnelles ont toujours eu une importance prédominante, et c'est pour cela, sans doute, que les sociétés anonymes n'y ont jamais été connues, quoi qu'on ait osé en dire (1). Nous croyons pouvoir démontrer, au contraire, que des procédés analogues à ceux de la commandite par *actions* y ont été pratiqués très largement, pendant plusieurs siècles, et dans des opérations financières ou industrielles, certainement aussi vastes que les plus grandes entreprises de nos jours.

La commandite, tout en maintenant la responsabilité personnelle et solidaire du commandité, permet au commanditaire de dissimuler plus facilement son nom et ses spéculations; c'est une raison pour qu'elle réussisse dans les pays où les préjugés aristocratiques, les marques distinctives extérieures dans la vie ordinaire et la morgue hautaine ou dédaigneuse de tous les instants, défendent aux classes privilégiées le trafic et les affaires.

Même après l'établissement de l'empire, qui avait asservi l'ancien esprit aristocratique, on distinguait encore à Rome les classes de la société, non seulement par les rangs qui leur étaient réservés au théâtre et au cirque, mais par les costumes, par les harnais des chevaux, plaqués d'argent pour les nobles, par les bijoux et même les hochets que portaient les enfants des patriciens, des chevaliers ou du peuple, en cuir pour les uns, en or pour les autres (2).

(1) Troplong, *Préface du Traité des Sociétés*. E. Frignet, *Histoire de l'Association commerciale depuis l'antiquité jusqu'au temps actuel*, ch. I, p. 56. Maynz, *Cours de droit romain*, I, § 21, p. 423, n° 12.

(2) Voyez, pour les détails, à ce sujet : Mommsen, t. IV, 46; III, XI. Duruy, *Des Gracques à Auguste*, p. 52. Dion Cass., XLV, 16.

Il dut se produire à Rome ce qui s'était fait dans notre ancien régime, où la commandite avait, en effet, été incontestablement utilisée, pour ménager les préjugés aristocratiques des nobles, qui voulaient spéculer sans déroger.

Si nous voulons faire un dernier rapprochement avec la pratique du droit moderne, nous remarquerons que les sociétés de publicains, reconnues et autorisées par l'État, avec qui elles traitaient, jouissaient, par ce fait, de la personnalité juridique; ajoutons que les obligations auxquelles elles devaient se soumettre étaient fixées d'avance et rendues publiques, avant l'adjudication, par ce que l'on appelait : la *Lex Censoria*, sorte de cahier des charges des adjudicataires.

VII

Cette œuvre financière et industrielle des publicains couvrait le monde entier, et venait, avec une précision, une exactitude de comptabilité et une régularité absolues, se centraliser à Rome. Les livres de compte des Romains étaient des chefs-d'œuvres de régularité; ils étaient tenus avec une sorte de soin religieux resté dans les traditions, même quand ils avaient pour objet de distribuer entre les citoyens, le produit des fraudes et des rapines faites en province ou partout ailleurs.

Pendant toute la durée de la République, les grandes compagnies s'entendaient, correspondaient entre elles, se mettaient en relations journalières au Forum par leurs agents supérieurs, et souvent agissaient de conserve, en vue de leur intérêt commun.

Ce furent ces innombrables et puissantes sociétés en commandite par actions, comme les sociétés anonymes de notre temps, qui convièrent le peuple à participer aux grandes entreprises de l'État. Les actionnaires s'appelaient *participes*.

Les *partes*, plus ou moins chères suivant les moment et les circonstances, subissaient l'influence des événements, comme le faisait aussi très fréquemment et très brusquement, au dire des historiens romains, le taux très mobile des intérêts, au Forum. Nous avons, sur ce dernier point, les renseignements les plus précis. C'était une sorte de cours du change très mouvementé.

Comment la pensée de spéculer sur ces variations incessantes dans le marché, ne serait-elle pas venue à l'esprit de ces Romains qui faisaient argent de tout, à ces raffinés en toutes choses, altérés de richesses.

De là aux jeux de bourse surexcités par les chances de la guerre ou les éventualités de la paix toujours incertaines à Rome, il n'y avait qu'un pas à faire. Nous établirons que les Romains de toutes les classes, les chevaliers surtout, les publicains, les riches qui passaient leur vie au Forum, au milieu des banquiers et des agents financiers de toutes catégories, l'avaient promptement et largement franchi. Ils avaient pratiqué, très anciennement, le jeu et les spéculations hasardeuses sous toutes leurs formes.

Comment pourrait-on expliquer, sans cela, les textes des écrivains latins qui nous parlent des ruines subites ou des fortunes faites tout d'un coup au Forum, et du danger des naufrages si fréquents entre les deux Janus. Il y a aussi des passages de poètes ou de comiques, qui nous dépeignent des hommes courant du matin au soir sur la place publique, préoccupés du seul souci de feindre l'honnêteté et de tromper autrui; d'autres écrits nous présentent enfin le jeu comme un vice général, dont les enfants eux-mêmes sont atteints en apprenant à parler. Nous retrouverons dans les discours de Cicéron la description de paniques sur le marché de Rome, qui semblent se passer de nos jours, et qui se rattachaient, comme aujourd'hui, soit aux événements politiques, soit aux mouvements des denrées importées, soit aux affaires des grandes compagnies de publicains.

Il n'y a, eu au fond, qu'une différence essentielle entre ces procédés anciens de la spéculation et notre temps, c'est la concentration à Rome, entre les mains de l'Etat, de toutes les grandes opérations industrielles et financières de l'univers; tandis que nous pouvons, en principe, constituer où il nous plaît de grandes sociétés indépendantes. Cela put nuire à la marche de ces entreprises et favoriser leurs abus, mais c'est ce qui permit à l'Etat de les transformer presque toutes d'un seul coup. C'est ainsi que la toute-puissance impériale put faire disparaître presque complètement, en un instant, les grandes compagnies, les actions, les financiers et les spéculateurs enrichis, lorsqu'elle les considéra comme des obstacles à son gouvernement.

VIII

Mais en même temps que l'État républicain voulait rester le maître de tout, sous l'influence des mœurs anciennes et de ses propres pratiques administratives, il faisait le moins possible directement et par lui-même. Il comptait sur la puissance d'initiative de l'intérêt privé; il eut le mérite de savoir en user par des intermédiaires nés spontanément autour de lui, les grandes compagnies avec leurs actionnaires.

C'est par elles qu'il put, presque subitement, organiser les entreprises les plus imprévues et les plus étonnantes, à mesure que se développaient les immenses richesses de toutes natures, que la conquête accumulait sous son domaine souverain.

Il suscita et entretint le feu de la spéculation dans ces âmes romaines, de tout temps passionnées pour le gain. Ainsi, il eut à sa disposition, le mécanisme, et la force qui devaient pourvoir à tous ses besoins et à tous ses caprices.

Mais lorsque l'homme développe dans le monde moral, aussi bien que dans le monde physique, une force nouvelle, il faut avant tout qu'il s'assure les moyens d'en rester le maître; sinon, un jour pourra venir, où mieux vaudra pour lui la détruire, que de rester exposé à ses effets inconscients et à ses périls.

Par le fait même de cette organisation merveilleusement prompte, et féconde dans ses résultats, l'État avait fait surgir à ses côtés, une puissance redoutable, un corps de financiers richissimes, pénétrant par des ramifications infinies dans le peuple, et qui pouvaient s'imposer, quand cela lui convenait, dans la direction de ses affaires intérieures et extérieures. Cette puissance collective était agissante et habile, mais sans hauteurs de vues, parce qu'elle était dominée par les considérations d'intérêt matériel, et par l'amour de l'argent; elle était, d'ailleurs, de sa nature, difficile à maîtriser.

Elle était d'autant plus forte, avec le concours de tous ses participants et intéressés, qu'elle avait à son service le vieux système du vote direct des lois dans les comices populaires. Elle put en certains cas, très probablement, constituer les comices, comme on compose, de nos jours, certaines assemblées d'actionnaires en vue du vote. C'est la seule manière d'expliquer les abominations qui y furent législativement consacrées pendant près d'un demi-siècle, sous le couvert des lois judiciaires, au profit des publicains et de leurs affiliés. Ces spéculateurs éhontés, ces nouveaux enrichis au luxe insolent, ne devaient pas inspirer de sympathies désintéressées autour d'eux, même parmi les citoyens, et ils n'auraient pas pu acquérir les suffrages nécessaires pour innocenter tous leurs crimes, si une grande partie de ces suffrages ne leur eût appartenu d'avance.

Il y eut là, il faut en convenir, une manifestation saisissante de ce que peuvent les forces de l'association spontanée et libre, sous un régime où l'initiative individuelle, quoique passant par les mains de l'Etat, eut tant d'action, que l'on ne tarda pas à tomber, par une réaction violente, jusqu'à l'absorption de toutes choses entre les mains d'un seul.

Notre savant maître et prédécesseur, M. Humbert, dit dans son *Essai sur les finances et la comptabilité publique chez les Romains* (1), « qu'il est permis de rechercher les premières notions de la science financière, chez le peuple le plus calculateur, le plus exact et le plus politique de l'antiquité. »

Il faut ajouter, à notre point de vue, que, pendant plus do trois siècles, la soif de l'or et la fièvre de la spéculation envahirent toutes les classes de cette société qui se corrompait, et vinrent se joindre au désordre des mœurs, aussi bien qu'aux vices d'une constitution devenue trop étroite, pour amener les heures d'asservissement et de décadence.

IX

Les financiers de Rome, c'est-à-dire les publicains et les banquiers, ont été, pendant près de trois siècles, infiniment plus maîtres de la politique intérieure, de la guerre et de la paix, que ne le sont en général les plus grandes puissances financières contemporaines.

Cette affirmation pourrait paraître exagérée, si on devait juger des choses de l'antiquité, comme on le fait de celles de notre temps, où l'on trouve, en effet, l'influence de l'argent, déjà si considérable et parfois même si pesante, dans la poli-

____

(1) Paris, Thorin, éditeur, 1887.

tique particulièrement. Mais les points de vue doivent être absolument différents, à cause de la diversité de la constitution et des mœurs, c'est-à-dire à raison des procédés employés, en politique comme en finance, et de leurs conséquences naturelles.

Au surplus, ce que nous désirons avant tout, c'est de ne pas encourir le reproche, très grave à nos yeux, de hausser le degré d'importance de ceux dont nous écrivons l'histoire, et de voir trop en eux et par eux. Celui-là ne saurait inspirer confiance, qui, en étudiant les institutions humaines, se laisse aveugler par les détails et perd le juste sentiment de l'ensemble des choses. Il ne faut pas même être suspecté de cette tendance fâcheuse. C'est pourquoi, dans cet aperçu, ainsi que dans le cours de notre étude, pour caractériser l'œuvre et le rôle des publicains d'une manière générale et dans son ensemble, ce sont les paroles mêmes de ceux qui les ont vus de près que nous emprunterons. Nous nous bornerons à étudier le développement et l'explication d'un état de fait qu'ils affirment, à ce sujet, avec une surprenante et unanime énergie.

C'est, au dire des écrivains de l'antiquité, l'attribution du pouvoir judiciaire aux chevaliers, par la loi de Caius Gracchus, qui porta à son plus haut degré l'autorité déjà très grande des publicains. Appien déclare que, « *dès lors, les chevaliers eurent l'autorité, le Sénat eut simplement l'honneur...* » *D'un seul coup on abolit la puissance du Sénat* (1). Florus dit : « *C'est par l'effet des lois judiciaires qu'il devait régner... Le pouvoir judiciaire déplacé, c'était les fonds publics, c'est-à-dire le patrimoine de l'État supprimé* (2). » C'est Pline qui dit encore : « *Auctoritas nominis in publicanis subsistit.* » Bien d'autres textes de la plus indubitable valeur parlent le même langage, qui ne saurait, dans de pareilles conditions, passer pour une série d'images de rhétorique, mais qui doit indiquer une chose réelle et effective. Nous transcrirons intégralement les plus importants de ces textes, lorsque le moment sera venu (3).

(1) « Ὅτι ἀθρόος τὴν Βουλὴν καθῃρήκοι. » Et Appien ajoute : « La vérité de cette parole de Gracchus s'affirma de plus en plus par la suite des événements. » *Bell. civ.*, I, XXII.

(2) « *Unde regnarent judiciariis legibus... translata judiciorum potestas, vectigalia, id est imperii patrimonium supprimebat.* »

(3) Voy. *infra*, chap. III, sect. I, § 2, 3°, *Lois judiciaires.*

Nous comprendrons, dès lors, Mommsen affirmant « que les publicains conquirent le pouvoir dans l'Etat, qu'ils semblaient ne faire que servir; » et l'on sent bien que Montesquieu se mettait en présence des textes anciens, lorsqu'il écrivait : « Tout » est perdu lorsque la profession lucrative des traitans parvient » encore, par ses richesses, à être une profession honorée..., » et une chose pareille détruisit la République romaine... Le » traitant n'est pas le législateur, mais il le force à faire des » lois (1). » A Rome, ils eurent les finances de l'Etat entre leurs mains, et on les laissa ajouter la justice à leur autorité de fait.

Les publicains devinrent maîtres des affaires intérieures de l'Etat; ils le furent aussi de ses relations extérieures. On peut dire qu'ils dirigèrent même la marche des armées. Les historiens modernes les moins prévenus constatent plus sûrement, de jour en jour, qu'à partir de la première guerre punique jusqu'à l'Empire, Rome n'a peut-être pas fait une seule conquête dont la cause déterminante n'ait été l'intérêt de ses affaires commerciales et financières.

Sans doute, même dans les années de leur toute-puissance, bien des faits les plus importants dans la haute politique sont restés en dehors de leur action; et il ne faut pas les considérer comme ayant été réellement le pouvoir dirigeant en toutes choses, malgré les affirmations absolues que nous venons de rapporter. Ils n'intervenaient, en d'autres termes, que s'ils croyaient avoir intérêt à le faire; seulement, ils choisissaient leurs hommes, ils préparaient les événements, et puis, ce qu'ils n'avaient pas *in actu* ils l'avaient *in habitu*, et ils en avaient conscience. Ce système fonctionna légalement, sans interruption, et intégralement, depuis les Gracques jusqu'à Sylla.

Nos constitutions politiques, tout imparfaites qu'elles soient, offrent, par leur mécanisme régulier et parfois complexe, des garanties essentielles, bien connues, depuis la proclamation du principe de la séparation des pouvoirs, et l'adoption du régime représentatif, mais dont les Romains n'avaient pas la notion. Il faut songer qu'à une époque où tout se faisait à Rome par le Sénat et les comices, les publicains furent maîtres du Sénat par leurs tribunaux criminels toujours menaçants, et qui, en

(1) *Esprit des Lois*, liv. XIII, ch. XIX.

permettant tous les abus et tous les crimes à leurs amis, frappaient systématiquement sans scrupule ni pitié leurs adversaires ; ils furent maîtres des comices par leur influence personnelle, par l'argent, lorsque les comices furent à vendre, et par les très nombreux suffrages de leurs actionnaires, qui formaient aisément la majorité pour élire des magistrats ou faire des lois, puisque tout le monde, à peu près, suivant Polybe, avait un intérêt dans les adjudications. C'est là ce que veulent dire incontestablement, Appien, Florus et Pline, en parlant de leur règne, et de cette puissance nouvelle qui a brisé celle du Sénat, dès qu'elle leur a été transférée.

L'aristocratie de naissance et l'aristocratie de la fortune, réunies primitivement sur la tête des mêmes grands personnages, dans les mêmes familles, se modifièrent ; il y eut les riches d'un côté, la *nobilitas* de l'autre, qui ne cessèrent de se disputer le pouvoir. L'État y perdit son antique autorité, sa force morale, son esprit de suite, ses traditions nationales, et la liberté. L'aristocratie de naissance succomba la première dans la lutte ; elle fut remplacée par une noblesse de fait, *nobilitas*, qui gravitait autour du Sénat, qui, « bien que sortie du peuple, n'en tenait pas moins le peuple en souverain mépris, » et qui dut tomber à son tour devant les spéculateurs enrichis et les publicains.

Cicéron qui, dans ses plaidoiries ou dans ses lettres, nous donne le reflet exact de la vie politique et des préoccupations du grand monde de Rome, parle bien plus souvent et avec beaucoup plus de déférence soumise, qu'on ne le ferait de nos jours, malgré tout, de ces spéculateurs, de ces financiers, de ces publicains, qui semblent être constamment présents à son esprit.

Il n'a garde de les oublier, lorsqu'il veut, par exemple, constater l'état des mœurs ou de la politique dans une contrée. Il les met sans cesse en relief, parce qu'ils sont devenus un élément considérable, dans la vie du monde romain. Il les nomme la Fleur des chevaliers, les hommes du premier ordre, la sécurité et l'honneur de l'État (1).

____

(1) On pourra voir, dans le chapitre que nous avons spécialement consacré à l'opinion de Cicéron sur les publicains, le langage enthousiaste dans lequel il s'exprime parfois sur leur compte.

Quel est enfin le financier moderne dont on pourrait dire ce que Cicéron disait d'un chevalier, dont la situation n'avait cependant rien de très extraordinaire aux yeux des Romains, de ce Rabirius qui était poursuivi devant les tribunaux de Rome, après avoir trafiqué, avec un de ses amis, Gabinius, du trône des Ptolémées? C'était le fils d'un riche et puissant publicain, *fortissimus* et *maximus publicanus*, il est vrai, mais il n'avait pas d'autre titre aux grandeurs. Et Cicéron, comme s'il parlait de la chose la plus simple, dit qu'il fut, en effet, un riche actionnaire des sociétés vectigaliennes, « *magnas partes habuit publicorum*, » et puis il ajoute, sans changer pour ainsi dire de ton, et au courant de la phrase : il prêta aux nations « *credidit populis*. » Il le fit souvent, sans doute; ce pluriel négligemment employé l'indique. En même temps, il engageait ses biens dans plusieurs provinces, il faisait crédit aux rois, « *in pluribus provinciis ejus versata res est; dedit se etiam regibus;* » autrefois même, il avait prêté de grosses sommes à celui qui régnait à Alexandrie, à Ptolémée Aulète, « *huic ipsi Alexandrino grandem jam antea pecuniam credidit.* » Mais il était généreux, il ne cessait pas d'enrichir ses amis; il leur confiait des missions, il leur distribuait des actions, « *mittere in negotium, dare partes, re augere, fide sustentare.* » Un autre publicain de la même époque disait : « J'ai plus d'or que trois rois (1). »

Quand on songe aux liens étroits, aux traditions de solidarité politique, religieuse et mondaine, qui rattachaient entre eux les membres des diverses castes, en lutte pour obtenir le pouvoir dans la cité, on peut entrevoir le degré d'autorité que dut atteindre cet ordre de chevaliers, groupé en sociétés très unies, monopolisées par l'Etat, où les financiers de la force de Rabirius et de Gabinius étaient loin d'être des exceptions, vers la fin de la République. L'histoire de la domination romaine en Orient est pleine de faits du genre de ceux que nous venons de citer.

Par malheur, personne ne parait aux dangers que peut amener après elle la prépondérance imprévoyante de la richesse, tout entière aux résultats du présent, et, presque aussi indifférente aux grandes traditions de la patrie, dans le passé, qu'à ses intérêts supérieurs pour l'avenir.

(1) Cicéron, *Pro Rabirio.* Horace, *Sat.*, II, 1, 16.

A l'exemple de Montesquieu, E. Laboulaye a, très nettement, fait ressortir cet état de choses, dont nous avons déjà redit les périls. « En laissant les richesses du monde, » dit-il, « s'accumuler en quelques mains, le Sénat ne s'aperçut pas qu'il créait dans l'Etat une faction qui, un jour, et avec une force irrésistible, se disputerait Rome elle-même comme une proie à dévorer (1). » A vrai dire, le Sénat avait souvent pressenti le danger ; il résista énergiquement, parfois même habilement, mais il n'était plus soutenu par les grandes traditions populaires des premiers temps, et il fut vaincu par la force même des mœurs, et le vice d'institutions politiques surannées. Voilà les graves enseignements de l'histoire, et la sanction des faits.

X

Sous l'Empire, un certain nombre d'impôts restent encore soumis au régime du fermage ; mais les publicains qui continuent à lever ces impôts, ainsi que les entrepreneurs des travaux de l'Etat, passent sous la surveillance et l'autorité incessante des agents du gouvernement. Auguste s'efforce de reconstituer les anciennes traditions religieuses, familiales et sociales ; mais, avant tout, il veut être le maître. Dès lors, les publicains ne formeront plus un ordre puissant, ils seront diminués de toutes façons, par le rôle auquel on les réduira, et par la qualité des personnes parmi lesquelles ils se recruteront. Ce sont des riches sans considération, et particulièrement des affranchis, qui se feront publicains. Auguste a détruit cette puissance rivale, avec laquelle il ne voulait pas avoir à compter.

C'est ce qui explique comment les sociétés vectigaliennes perdent toute leur ancienne importance à partir de cette époque ; elles sont obligées de se borner désormais, à l'accomplissement de l'entreprise qu'elles exploitent sous l'œil des agents impériaux. Ce n'est plus le temps de ces *partes carissimas* que l'on retrouvait dans toutes les fortunes, sous la République ; il n'en est guère plus question sous l'Empire.

Nous l'avons dit, l'organisation de la commandite et des *actions* n'ayant jamais pu être pratiquée que par les adjudica-

______
(1) *Essai sur les lois criminelles des Romains*, p. 8.

taires de l'Etat, on comprend qu'une réforme radicale ait été possible au gouvernement d'Auguste. Elle ne l'eût pas été, sans doute, si cette sorte de monopole n'eût pas été observé en droit et en fait. La force du courant eût emporté toutes les digues, comme cela aurait lieu aujourd'hui, si on voulait tenter un semblable retour en arrière, et proscrire l'*action*.

Sous les empereurs, le rôle financier aussi bien que le rôle politique des chevaliers est désormais effacé pour toujours, et c'est pourquoi nous nous arrêterons ; nous n'aurions plus le même intérêt à suivre les publicains dans la modeste et obscure carrière que l'Empire leur a tracée. D'ailleurs, l'intérêt scientifique diminue lui-même, dans les rares textes qui leur sont consacrés à l'époque classique, et ces textes ont été l'objet de recherches consciencieuses et savantes qui ne laissent plus rien à glaner (1).

XI

Tout cet organisme compliqué s'est donc évanoui pour longtemps, avec la république romaine. Ces énormes mouvements de finances, ces passions effrénées pour le jeu, ces hautes conceptions de la spéculation, ces ruines, ces fortunes colossales et soudaines, tout cela, condamné par ses excès mêmes à disparaître avec les rouages usés de l'ancienne constitution, absorbé et détruit par la puissance despotique des Empereurs devenus maîtres de tout dans l'Etat, n'avait pas eu le temps de se réorganiser, sous les ténèbres de la barbarie, ni à travers les divisions sans cesse guerroyantes de la féodalité.

Les Lombards, les juifs, les commerçants des côtes maritimes, en réédifièrent les premiers fondements, au moyen âge. Le mouvement amené par les croisades y avait poussé, avec les grands ordres religieux ou de chevalerie qui en étaient sortis (2). Law tenta follement de le rétablir, d'un seul coup, en France.

---

(1) Voir notamment les nombreuses inscriptions relatives à des agents de la douane, rapportées dans l'ouvrage de M. Cagnat, *Les impôts indirects* ; Vigié, *Des douanes dans l'Empire romain* ; Marquardt, Humbert, etc., *op. cit., passim*.

(2) Voy. Léopold Delisle, *Opérations de banque des Templiers.* Champion, édit. Paris, 1889. Voir aussi : Vavasseur, *Louis XIV fondateur*

M. Oscar de Vallée, dans son livre sur les Manieurs d'argent (1), a retracé, sous une forme magistrale, l'histoire des spéculations financières. Il a reproduit les pensées austères et les paroles flétrissantes de Juvénal, sur la puissance de l'or dans la société romaine. Il a jugé d'une voix autorisée les désordres financiers de Louis XIV, et condamné, avec l'appui de d'Aguesseau, l'un de ses ancêtres préférés dans la famille judiciaire française, les aventures ruineuses, l'orgueil impudent et les passions affolées de Law et de la régence. Il a su séparer, dans le commerce de l'argent et des titres, ce qui constitue le jeu et la fraude, de ce qui est la spéculation légitime sur le crédit et les grandes entreprises.

Depuis lors, que de chutes, mais aussi quels admirables résultats se sont réalisés, à l'aide de ces procédés bienfaisants de l'association, qui s'ingénie à opérer de merveilleuses concentrations de forces, et surtout, par ces ressorts si simples de l'*action*, qui laisse incessamment confiées à la vigilance de chacun, la sécurité et l'indépendance de ses capitaux.

XII

Nous l'avons dit, nos savants historiens et nos grands juris-consultes du passé n'ont pas eu le sentiment exact de cette organisation financière, qu'ils ne pouvaient pas deviner. Devant la simplicité des principes, et même en présence du récit des faits, ils n'ont pas pu en entrevoir l'énormité. Est-ce que les écoles italiennes du moyen âge, est-ce que les grands juris-

d'une société par actions. Paris, Marchal et Billard, 1889. Pauliat, *Louis XIV fondateur de la Compagnie des Indes.* Troplong, dans sa préface du *Traité des sociétés*, signale, parmi celles de nos plus anciennes sociétés par actions, les plus anciennes peut-être en France, les Sociétés des moulins du Bazacle et du Château de Toulouse. Elles datent du treizième siècle. Les associés s'appelaient des *pariers*, et les dividendes des *partages.* C'est le souvenir, ou, plus probablement, le renouvellement instinctif des noms des sociétés de publicains : *partes, participes.* Le terrain n'était pas assez prêt, pour que l'institution se répandît avec l'élan qui lui est naturel dans des circonstances favorables; mais lorsque le mouvement se produisit, il le fit avec sa fougue ordinaire, au dix-huitième siècle. Voy. Troplong, *Traité des sociétés*, préface, p. LXXIV.

(1) *Les Manieurs d'argent*, études historiques et morales (1720-1857). Paris, Michel-Lévy, 1858.

consultes de la Renaissance ou des temps plus modernes, ont pu soupçonner, sous les textes qu'ils étudiaient, parfois même avec la puissance du génie, la merveilleuse hardiesse de ces mouvements de la spéculation publique et privée, qui ne laissent dans la science du droit que des traces légères de leurs procédés hâtifs d'exécution? Il faut voir ces choses, pour en avoir le sentiment exact.

Les historiens et les romanistes de premier ordre en France, en Allemagne, en Italie, éclairés par les faits contemporains, ont profondément ressenti dans ces derniers temps, avec Mommsen, l'impression qui résulta de cet état de choses, mais sans y insister plus que lui. Nous voudrions en faire ressortir la réalité jusque dans ses détails, et signaler les analogies de ce système industriel et financier de la République romaine, avec les procédés et le fonctionnement de nos grandes compagnies modernes ou de nos finances d'Etat.

Assurément les ressemblances sont plus frappantes dans les détails juridiques, et dans les procédés d'organisation ou de contrôle, que dans le caractère spécial des événements qui se rattachent à l'œuvre de ces sociétés. Cela tient à la différence des mœurs publiques de ces temps si séparés l'un de l'autre; nous devons nous en féliciter, mais aussi nous tenir en garde.

On ne peut pas reprocher, heureusement, à nos grands spéculateurs, les abominables tyrannies des publicains en province; dix-neuf siècles de christianisme ont laissé leur trace dans l'âme des générations. On n'a pas non plus, sans doute, à redouter, au même degré, leurs ambitions politiques ou leurs prétentions au gouvernement; enfin, grâce à Dieu, nous n'avons plus de fermiers généraux. Mais on retrouve, avec une sorte de surprise et de satisfaction de l'esprit, les mêmes phénomènes juridiques et économiques renaissant logiquement, à vingt siècles de distance. C'est l'esprit d'association qui communique le même merveilleux essor à l'activité et à la puissance de l'homme.

Dans le monde moderne comme à Rome, le mouvement d'association, en se développant largement, a porté, partout où il s'est fait sentir, cette vie des affaires, étonnamment active et admirablement féconde, qui s'étendra à l'infini dans l'avenir, si elle sait se moraliser en progressant. Il lui manquait, chez les Romains, le droit d'initiative libre, un contre-poids politique et un frein moral, et c'est ce qui en a fait un élément de dissolution et de ruine pour la république.

Dans les deux civilisations, c'est assurément ce procédé si simple et si modeste en lui-même, de l'*action*, de la petite part sociale, qui a démocratisé et subitement agrandi le domaine des spéculations élevées.

C'est l'*action* qui a fourni, par d'innombrables affluents des forces indéfinies au travail humain. C'est elle qui a mis à la portée de tous, et offert aux plus humbles épargnes, une part dans les bénéfices des plus hautes combinaisons industrielles ou financières. C'est encore par elle, si elle est sagement réglée, que l'esprit d'association pourra répandre, comme autrefois, dans les premiers temps à Rome, *usque ad unum*, son influence bienfaisante et progressive.

C'est ce que les publicains et les financiers romains avaient été amenés à comprendre et à utiliser, dans les combinaisons de leurs vastes entreprises.

Mais ce qui est particulièrement intéressant à constater, pour nous, c'est que la grande spéculation s'est manifestée à Rome avec tous les phénomènes sociaux qui la caractérisent de nos jours. La féodalité de l'argent dont on nous menace s'était développée jusqu'à courber la ville éternelle sous son joug avilissant, et ces crises redoutables qui, par instant, semblent ébranler l'État lui-même, y faisaient également sentir leurs secousses inattendues.

« Qu'on ne s'étonne pas, » dit Mommsen, « en voyant cette tour de Babel financière, fondée sur la supériorité colossale de Rome, et non sur des bases simplement économiques, s'ébranler tout à coup, par l'effet de crises politiques et chanceler comme ferait de nos jours notre système de papier d'État. L'immense détresse qui se déchaîna sur les capitalistes romains à la suite de la crise italo-asiatique (ann. 664-90), la banqueroute de l'État et des particuliers, la dépréciation générale de la terre et des actions dans les sociétés, voilà des faits constants qui sautent aux yeux (1). »

N'en déplaise à l'illustre écrivain allemand, malgré les différences réelles qu'il constate, malgré la décentralisation légale,

____

(1) *Histoire romaine* (traduction Alexandre), t. VI, p. 27. — Voir Cicéron, *Pro lege Manilia*.

sinon effective des temps modernes, et la liberté de l'association sous toutes ses formes, les crises financières ne sont, ni
pour son pays, ni pour le nôtre, des tristesses dont les Romains
aient gardé le monopole ; et les ressemblances peuvent être
retrouvées encore, de notre temps, jusque dans ces alternatives de déchéances effroyables ou d'heureuse fortune. On a
trouvé, exprès pour cela, un mot expressif, aujourd'hui répandu dans tous les pays et emprunté à la langue même du
grand historien.

Nous nous proposons, dans ce travail, de tracer l'histoire et
de fixer le rôle, resté jusqu'ici à peu près inaperçu, des manieurs d'argent, publicains et banquiers, dans le monde économique et politique de leur époque.

Si les circonstances nous le permettent, nous essaierons de
déterminer exactement, plus tard, les matières sur lesquelles
ont porté les opérations ou les entreprises de ces financiers
aventureux. Nous pourrons examiner ensuite et analyser les
procédés juridiques de la haute finance, particulièrement les
droits, les obligations, et le fonctionnement légal des associations de publicains, de banquiers et de manieurs d'argent de
toutes sortes, à la bourse de Rome républicaine, c'est-à-dire,
au Forum et dans les Basiliques.

LES

MANIEURS D'ARGENT

A ROME

JUSQU'A L'EMPIRE

ETUDE HISTORIQUE

Les Romains ne nous ont laissé aucun livre, ni même aucune dissertation, sur les publicains ou les manieurs d'argent. Tout ce qui se rattache à cette classe de citoyens, qui joua un rôle si important pendant plus de trois siècles, doit être recueilli dans les paroles que les historiens, les poètes, les orateurs ou les juristes ont consacrées, fréquemment, sans doute, mais presque toujours incidemment, aux financiers, aux travaux publics, et à la perception de l'impôt. C'est donc un tableau qu'il faut reconstituer dans son ensemble, avec des documents très épars, mais heureusement assez nombreux, dans les écrits antérieurs à l'empire. Ceux qui sont d'une date ultérieure sont presque muets, parfois inexacts, et c'est probablement pour cela, que les publicains n'ont pas été placés par les historiens et surtout par les juristes, au rang que leur mériterait l'influence qu'ils ont exercée autour d'eux, jusqu'à Auguste.

Les publicains sont les manieurs d'argent, les spéculateurs qui, avec les banquiers et les magistrats concussionnaires, enrichis dans les provinces soumises, ont été longtemps les véritables maîtres de l'univers.

Pour mettre au jour leur œuvre politique et financière, expliquer leur action sociale, la comprendre sans s'en étonner, il faut caractériser le milieu dans lequel ils ont vécu, déterminer les traditions, les doctrines, les lois et les mœurs ploutocratiques, avec l'appui desquelles ils ont déployé leurs excès et leur puissance. C'est ce que nous allons essayer d'abord ; nous arriverons ensuite, directement, aux publicains et aux banquiers eux-mêmes.

Ils se développèrent vers l'époque des guerres puniques, sur un sol qui semblait progressivement se préparer pour eux. Ils apparurent, et l'ivraie ne tarda pas à absorber le bon grain.

CHAPITRE PREMIER.

INFLUENCE PROGRESSIVE DE LA RICHESSE DANS LA LÉGISLATION ET DANS LES MŒURS ROMAINES, JUSQU'AUX PREMIERS TEMPS DE L'EMPIRE.

Ce qui fit la force et la grandeur du peuple romain, ce fut : l'austérité de ses mœurs primitives ; le culte de sa religion profond et sincère, jusqu'à en mêler les pratiques à tous les événements de la vie, au foyer et dans l'Etat ; la fidélité à la foi jurée ; la vigoureuse organisation de la famille, autour de laquelle rayonnaient les lignes indéfinies de la *Gens* fidèle ; la persistance héréditaire dans les traditions de vertu civique et de dévouement à la patrie ; ce furent enfin l'amour passionné et l'orgueil du nom de la cité romaine, dans le passé, le présent et l'avenir, allant parfois jusqu'à excuser tout, à légitimer tout, pendant la guerre, comme au sein de la paix.

Les caractères énergiques et les talents se perpétuaient, à travers les générations, dans ces vigoureuses familles des temps anciens, à la sève puissante, à l'âme forte, où l'obéissance au chef ne se discutait pas, où l'abnégation s'élevait souvent, et presque naturellement, jusqu'à l'héroïsme. « Tout Claudius était réputé fier, tout Scipion belliqueux, tout Mucius jurisconsulte (1). »

Le respect des ancêtres allait jusqu'à en faire des dieux ; jusqu'à leur élever des autels, où la famille venait prier en commun, suivant les rites ; où la jeune fille portait, tous les

____

(1) Rodière, *Les grands jurisconsultes*, liv. I, ch. I, § 5, p. 33. Toulouse, Privat, édit. 1874.

matins, les fleurs nouvelles (1) ; où l'adolescent et l'homme fait allaient chercher, pour les difficultés de la vie, de la force d'âme, des conseils et des exemples.

C'est pour cela que les Romains ont pu établir solidement leur domination sur le monde, sans se presser ; non par le fait d'un seul homme de génie, comme Alexandre, Charlemagne ou Napoléon, dont l'œuvre hâtive ne pouvait être qu'éphémère ; non en vertu d'un plan préconçu ; mais par des progrès mesurés, incessants, accomplis très souvent, sous la conduite des *negotiatores*, qui devançaient en éclaireurs les armées, dans les pays à conquérir. Ils étaient soutenus surtout par les traditions nationales, religieusement transmises d'âge en âge, dans la vie privée, comme dans la conduite de l'Etat.

« Les Romains, » dit M. Humbert, « étaient nés pour créer l'administration comme la jurisprudence ; jamais peuple ne fut à la fois plus traditionnel et plus progressif (2). » Supérieurs en cela, au grand capitaine qui faillit les détruire à Cannes, ils surent vaincre, et ils surent ensuite profiter de la victoire.

Ils célébrèrent, dans tous leurs actes, les gloires d'un passé que leurs écrivains ont voulu placer au-dessus des lois ordinaires de la nature. Sous l'inspiration des mêmes sentiments, ils construisirent des monuments dont la grandeur était destinée à affirmer la puissance du peuple-roi dans l'avenir, et qui devaient, par leur inébranlable solidité, consacrer à jamais sa mémoire.

C'étaient là les nobles et beaux côtés de la race romaine. Il serait injuste de les méconnaître ou de les atténuer. C'est par eux, il faut se hâter de le dire, que les événements extraordinaires de cette phase de l'histoire de l'humanité, qui appartient à Rome, conservent leur logique et leur moralité.

Ces traditions d'abnégation personnelle, austères et énergiques jusqu'à l'excès, étaient faites, non pas, sans doute, pour rendre la nation heureuse par les joies du présent, mais pour conserver et augmenter ses forces, comme font, dans une armée, la discipline et la fidélité aux enseignes. Elles se maintinrent

---

(1) Ce fait est rapporté comme un trait de mœurs traditionnel, dans les plus anciennes pièces de théâtre de Rome.

(2) Humbert, *Essai sur les finances et la comptabilité publique chez les Romains*, I, p. 9.

tant que les patriciens restèrent les plus puissants, en restant les plus riches, avec leurs patrimoines restreints et leurs pratiques à la fois religieuses et autoritaires ; et aussi tant que les richesses et les mœurs de l'Orient ne furent pas venues troubler les esprits et amollir les âmes.

Nous retrouverons dans les actes des publicains, quelques traits rappelant les grands souvenirs du patriotisme antique ; mais c'est sous un autre aspect, d'ordinaire, qu'ils vont se montrer à nous. Les préoccupations de l'intérêt matériel finirent par se substituer à tous les grands sentiments que contenaient en elles les anciennes traditions.

C'est que les Romains, même des plus beaux âges, n'étaient pas seulement avides de gloire ; leur ambition n'a jamais été pleinement désintéressée, ni uniquement chevaleresque. Il est, au contraire, établi, avec certitude, qu'ils furent toujours attachés à la richesse, jusqu'à la passion ; qu'ils conquirent d'abord pour piller (1), et qu'à l'époque de leur puissance, l'esprit d'économie, se transformant en cupidité sans frein, ils ne s'arrêtèrent que rarement, si ce n'est pas calcul, devant les spoliations les plus violentes et les plus injustes.

Cette passion de l'argent se manifesta constamment dans leurs usages privés, aussi bien que dans leur vie publique, dans leurs principes et leurs constitutions politiques, non moins que dans leurs lois civiles (2). Elle était trop profondément enracinée au cœur des Romains, pour ne pas se retrouver au fond de presque toutes leurs lois.

Section Première.

De la richesse dans les lois d'ordre privé.

Quant aux rapports privés, d'abord, les garanties et les effets de la propriété, le droit des créanciers contre leurs débiteurs, les privilèges effectifs de la fortune, en un mot la richesse,

---

(1) Voy. Montesquieu, *Grandeur et décadence des Romains*, chap. I et IV. Cic., *Pro Lege Manilia*, XXII. — *De Rep.*, II, XXXIV, V, I.

(2) Voy. un très intéressant article intitulé : *Du rôle de la richesse dans l'ancienne Rome sous la République*, par A. Geffroy, de l'Institut. *Revue des Deux-Mondes*, 1er juin 1888, p. 528.

tout cela est, à Rome, l'objet de lois écrites ou de coutumes, dont la rigueur jalouse ne recule pas, même devant les plus rudes conséquences pratiques. On peut affirmer qu'aucun peuple civilisé n'a jamais poussé aussi loin, ni les faveurs dont jouirent, chez les Romains, ceux qui avaient le bonheur de posséder, ni la dureté implacable, dans les sanctions du droit.

La propriété immobilière, très probablement inaliénable dans le très ancien Droit (1), considérée comme émanant de l'Etat, interprète lui-même de la divinité, fut, dès l'origine, placée sous la protection vigilante du dieu Terme. On sait que celui qui, de sa charrue, effleure le champ voisin, commet un sacrilège : *Sacer esto* (2). Il sera condamné à périr, lui et ses bœufs.

Il en est à peu près de même pour la propriété mobilière. Le voleur est condamné à l'esclavage, flagellé, précipité du haut de la roche Tarpéienne ; il peut être tué s'il se laisse surprendre. Le temps est venu adoucir ces lois redoutables ; mais il a fallu pour cela le travail des siècles.

La loi des Douze Tables a dû mettre un frein à la cruauté des créanciers ; elle a limité le poids des chaînes dont on peut charger un débiteur, et a fixé la quantité de nourriture qui lui est due. Cette loi, qui, toute barbare qu'elle est, constitue un progrès et qui fut entourée d'une sorte de culte, permet encore que l'on conduise le débiteur en justice, *obtorto collo* ; et si la prison n'amène pas le payement, par lui ou par d'autres, on le vendra comme esclave, hors de Rome, *trans Tiberim* ; à moins que les créanciers ne préfèrent se partager ses membres sanglants (3), *Partes secanto.*

On a contesté que la loi eût autorisé cette œuvre sanguinaire, sur le cadavre de celui qui n'a eu, quelquefois, que le tort d'être insolvable ; on a voulu voir dans ces mots, un symbole du par-

(1) L'*heredium*, propriété immobilière de la famille, était probablement inaliénable ou au moins l'aliénation n'en était permise qu'en cas de nécessité. Voy. Gérardin, *Nouv. Revue historique*, janv.-févr. 1889, p. 9, Labbé, même revue, 1887, p. 4, et Cuq, *Eód.*, 1886, p. 537.

(2) « *Et ipsum et bovos sacros esse.* » Festus, v° *Terminus.* Voir l'Etude de M. Bénech, *Le respect des Romains pour la propriété, Mélanges de droit et d'histoire*, publiés sous les auspices de l'Académie de législation. Paris, Cotillon, 1867.

(3) Voy. Giraud, *Les Nexi* (*Mémoires de l'Académie des sciences morales et politiques*, t. V).

tage des biens ; mais comme les historiens romains les moins suspects, lorsqu'il s'agit de médire de leur race, s'indignent au souvenir de ces rigueurs, on ne saurait douter du sens de cette horrible disposition, que l'on trouve, d'ailleurs, dans d'autres lois anciennes (1).

On sait que les exigences d'une usure éhontée furent souvent la cause des révoltes de la plèbe ; qu'il fallut régler ou même proscrire, par des lois répétées, le prêt à intérêt ; que les dettes furent la raison déterminante de la retraite du peuple sur le mont sacré, aussi bien que de la conspiration de Catilina (2), tant était âpre et dure la cupidité des prêteurs d'argent dans l'ancienne Rome.

On demandait un jour à Caton l'Ancien, comment il était permis de s'enrichir, et ce Romain des temps antiques se bornait à vanter les bienfaits de l'agriculture. Son interlocuteur, insistant, lui demanda si on ne pouvait pas placer son argent à intérêt ; *quid fœnerari?* Caton répondit, en prenant l'air indigné : Et pourquoi pas tuer son homme alors ? « *Tum Cato, quid hominem inquit occidere* (3). »

Cette réponse contenait une dissimulation, assurément fort grave, car il est avéré que Caton fit l'usure dans de vastes proportions. Son génie des affaires le porta même à trouver un moyen nouveau de garantir son argent, en forçant cinquante de ses débiteurs à acheter ensemble cinquante navires, et à les exploiter dans la forme d'une véritable commandite par intérêt. Un texte de Plutarque, dont nous donnerons le détail dans la suite, ne permet aucun doute à cet égard (4). C'est là, très probablement, le premier exemple de commandite nettement rapporté dans l'histoire.

Sénèque prêchait, en philosophe, le mépris des richesses, pendant qu'il épuisait la Bretagne par ses usures (5).

(1) Tab. III, *Nov. Enchiridium* de Giraud, qui cite les autorités. Aulu-Gelle appelle cette disposition du droit, *horrificam atrocitatis.*

(2) Salluste, *Catilina*, 33. Voy. aussi Tite-Live, II, 23 et 24 avec la peinture animée des plaintes de la plèbe contre la cruauté des créanciers, et VI, 14, 18, 31, 32, 35. Cic., *De Republica*, II, xxxiii et xxxiv.

(3) Cicéron, c., *De officiis*, II, 1.

(4) Plutarque, *Caton l'Ancien.*

(5) Val. Max., IV, viii, 2 ; Dion Cass., LXII, ii ; Burman, *op. cit.*, IX, p. 129.

Enfin, Cicéron, qui, en parlant de son prédécesseur en Cilicie, disait : « On eût cru qu'une bête féroce eût passé par là, » donnait la main aux vastes exploitations de Pompée, ménageait celles des publicains, et tirait lui-même, en douze mois, de sa province, *Salvis legibus*, deux millions deux cent mille sesterces (1).

Nous ne nous étonnerons pas, dès lors, des immenses fortunes que nous verrons s'entasser dans les coffres des chevaliers ; mais avant de passer aux résultats, continuons à indiquer, en quelques mots, les procédés suivis dans la vie privée de Rome pour les obtenir.

L'un des traits les plus curieux et les plus caractéristiques des mœurs de ce peuple, qui fut rude au travail, et qui resta, même quand il devint oisif, toujours âpre au gain, c'est le soin religieux avec lequel il tenait ses comptes.

La tenue des registres domestiques, avec leur brouillon (*adversaria*), leur grand livre (*codex*), leurs pages du doit et de l'avoir (*accepti et depensi... utraque pagina*), le respect religieux avec lequel on tenait ces livres au courant, pour y accomplir les formes du contrat *litteris*, ou pour les produire en justice, tout cela rentre dans le domaine des études élémentaires du Droit romain. Nous n'en parlons, ici, que pour constater que cette tenue de livres s'imposait, non pas seulement aux négociants, comme de nos jours, mais à tout le monde. A Rome, où le commerce est déconsidéré, chaque chef de famille tient cependant ses comptes avec un soin minutieux, et dont beaucoup de nos commerçants auraient lieu de s'étonner peut-être. Encore, au temps de Cicéron, c'était un fait inouï qu'un plaideur osât présenter en justice son livre brouillon, et qu'un père de famille qui se respectait, n'eût pas son *codex accepti et depensi* dans l'ordre le plus parfait (2).

Dans tous les actes de la vie civile et particulièrement dans

____

(1) *Epit. famil.*, V, 20; voy. aussi d'Hugues, *Une province romaine sous la République*, p. 312. Paris, Didier, 1876. Voir, pour les détails sur les richesses et les lois réglant l'usure, les indications précises fournies par Marquard, p. 64 et suiv. *L'organisation financière*, trad. Vigié. Paris, Thorin, 1888.

(2) Pline l'ancien, II, 9; Cicéron, *Verr.*, II, 1, 23. — Nous verrons, d'ailleurs, plus bas, que les registres des banquiers, comme la pratique de leurs opérations, furent soumis à des règles spéciales.

les contrats, les liens juridiques ne s'établissent que lorsqu'on est bien sûr du fond, par la netteté de la forme; mais alors, ce lien produit tous les effets que lui attribue une logique inexorable.

Les mêmes mesures de prudence et d'organisation sévère, se manifestent par rapport au patrimoine et au régime des biens dans les familles. Le patrimoine de tous est placé sous la direction unique, absolue, du *pater familias*, et chacun s'y intéresse, pourtant, comme à une copropriété que protègent les lois civiles et religieuses.

C'est dans le même esprit que sont conçues les lois sur les successions *ab intestat*, d'abord seules admises, à l'exclusion de toute disposition testamentaire.

C'est encore une vérité élémentaire, que la tutelle perpétuelle des femmes, celle des mineurs, la curatelle, furent des mesures, non de protection pour les personnes, mais des garanties pour la conservation des biens dans les familles (1). Le Droit féodal a dit : « *Ne doit mie garder l'agnel, qui doit en avoir la pel.* » Chez les Romains, ce sont les héritiers présomptifs qui veillent sur les biens des incapables (2). Ce ne sont pas les fous furieux que l'on interdit, mais les prodigues, parce que l'on considère leur genre de faiblesse comme le plus dangereux pour le salut du patrimoine.

Un père, un mari, peuvent abandonner *ex noxe* leur enfant ou leur femme à celui qui, par le fait de ces derniers, a subi un dommage. « Tu me coûterais, par ta faute, plus que tu ne vaux, » pouvait dire le père, le grand-père ou le mari ; « j'aime mieux te donner toi-même que de réparer, en payant, les torts que tu as causés. » La femme et l'enfant passaient alors à l'état d'esclaves (*in mancipio*) de la partie lésée ; mais il n'y avait rien à débourser, et la loi déclarait le chef libéré de toute responsabilité. Il livre le coupable, et garde l'argent pour lui

(1) « C'est en s'inspirant de cette idée, » observe M. Gérardin, « qu'on » a dit qu'à leur début, la tutelle et la curatelle avaient été des droits » pour les tuteurs et non pas des charges. » *Nouv. Revue historique*, janvier-février 1889, p. 3. Article sur la tutelle et la curatelle dans l'ancien droit romain.

(2) Il est vrai que le tuteur n'a pas de plein droit la garde de la personne. Mais, en fait, rien ne prouve qu'on ne la lui confiât pas ordinairement.

et le reste de sa famille ; voilà le droit paternel, que la loi a établi sur les descendants et les femmes *in manu*, comme sur les esclaves.

Le régime dotal lui-même, avec ses garanties exorbitantes, est un des symptômes de ces mœurs réalistes, où l'on veut que les femmes reprennent, à tout prix, leur dot : *Propter quas nubere possint*. A défaut, on rendra au père, si sa fille meurt avant lui, la dot qu'il a donnée, *ne et filiæ amissæ et pecuniæ damnum sentiret*, dit simplement, presque brutalement, le texte du Digeste.

L'abolition réitérée des dettes à suite des séditions, et les lois agraires, se rattachent assurément au même ordre de sentiments et d'idées ; je n'en parlerai cependant ici que pour mémoire, parce que ce sont là des faits accidentels ou des mesures politiques ; et je ne veux signaler, dans cette revue rapide du Droit privé, que les actes légaux de la vie civile.

Mais je ne saurais oublier, dans ce tableau, le trait le plus sombre, l'esclavage, les *servi*, ces pauvres êtres humiliés, ennemis vaincus ou enfants nés dans les *ergastula* infects. On sait de quel horrible trafic ils furent l'objet, sous l'influence des mœurs venues de l'Orient. Quant aux mœurs antiques, il suffit, pour les stigmatiser à cet égard, de rappeler les atroces paroles de Caton sur l'économie agricole et sur les esclaves devenus vieux, dont il faut, d'après lui, se défaire à tout prix (1).

Tout cela est, assurément, bien connu, mais il n'est pas sans intérêt de grouper ces dispositions, qui se soutiennent mutuellement, et forment un vigoureux système économique.

Telle est la rude harmonie des lois civiles. Le Droit prétorien se chargera de l'adoucir ; il le fera lentement, d'abord, poussé par l'influence persistante de la pratique, par les suggestions de l'équité naturelle, plus forte que la logique des textes, et, plus tard, sous les sages et vivifiantes inspirations de la morale chrétienne.

Assurément, on le voit bien, il serait difficile de trouver dans l'histoire juridique des peuples, nous ne dirons pas seulement un pareil ensemble de mesures protectrices du patrimoine privé, mais, même isolément et avec leur rigueur sa-

---

(1) V. Wallon, *Histoire de l'esclavage dans l'antiquité*, t. II, part. II, chap. III.

vante, la plupart des dispositions spéciales, que nous venons de voir reliées en un redoutable faisceau.

Tout prend de l'importance, quand il s'agit d'affaires d'argent, chez ce peuple qui fut toujours calculateur, méthodique, et, comme l'a dit un écrivain autorisé, absolument carré (1), jusque dans l'accomplissement de ses rapines. Ce fut là ; sans aucun doute, une des causes de l'admirable perfection des détails de son droit privé, en certaines matières.

En résumé, tout manifeste, dans le Droit civil de la Rome ancienne, un amour des richesses instinctif, profond et systématiquement réalisé.

La propriété, les créances, les dettes, les contrats, les comptes, les garanties de payement, la direction du patrimoine familial, tout y prend un caractère de vigueur singulière, qui semble se refléter dans la vieille formule quiritaire : *Suum cuique.*

Celui qui touche au champ d'autrui subira la mort du sacrilège ; celui qui vole, on le tue ; celui qui ne veut pas payer ses dettes, on le charge de chaînes, on le jette en prison dans les affreux *ergastula* des esclaves, on le vend, ou on se partage son cadavre ; l'enfant, ou la femme, ou l'esclave qui a causé à autrui un dommage, on l'abandonne à la cupidité du plaignant ; les usuriers poussent leurs excès légaux jusqu'à provoquer des révolutions ; c'est partout la mort ou l'esclavage, les lourdes chaînes et les cachots qui assurent la possession des biens acquis, suivant les règles d'un droit impitoyablement appliqué.

Lorsque ces rigueurs barbares s'adouciront, la cupidité traditionnelle n'y perdra rien ; on sera moins rude pour défendre le bien acquis, l'ancien esprit d'économie sera oublié, dédaigné même ; mais on s'enrichira, par tous les moyens « et par tous les crimes, » des dépouilles du monde entier.

SECTION II.

De la richesse dans les lois d'ordre public et politique.

La législation politique des Romains devait se conformer à ces tendances et à ces principes, si profondément gravés dans

______

(1) Belot, *Histoire des chevaliers*, chap. VI. Geffroy, *loc. cit.*, p. 530.

les mœurs de leur vie privée. L'amour égoïste de l'argent finit
par l'emporter, là aussi, sur les vertus civiques, qui lui faisaient
un contrepoids bien nécessaire.

La prépondérance de la fortune se manifesta, en effet, de
bonne heure dans leurs constitutions, et ne cessa de continuer
sa marche progressive jusqu'au bout, c'est-à-dire jusqu'à l'absorption de toutes choses dans le pouvoir impérial.

Le premier progrès, dans le sens de l'égalité politique, fut
un progrès au profit de l'argent, car il consista à passer d'une
aristocratie de naissance exclusive et despotique, au régime
d'une aristocratie ploutocratique et militaire, plus accessible,
mais toujours très privilégiée.

Il n'y a peut-être jamais eu de constitution qui ait poussé
plus loin que celle de Servius Tullius, le souci des privilèges
politiques et militaires au profit de la fortune. On le sait, le
classement des citoyens y est minutieusement réglé par degrés,
à raison de leurs patrimoines, et le vote de chacun y a plus ou
moins de portée, suivant sa richesse actuelle.

Assurément, dans cette constitution, comme dans toutes
celles où la ploutocratie apparaît, le privilège accordé à l'argent se rattache aux qualités intellectuelles et sociales que la
fortune implique ou suppose, en les rendant plus faciles à réaliser. Mais la rigoureuse et persistante application de ces idées
à Rome, a quelque chose de si particulier, qu'il nous semble
exister là un trait de mœurs à signaler, et une cause première
à mettre en relief.

Lorsque la constitution de Servius Tullius s'efface, le rôle
politique de la fortune ne disparaît pas pour cela. Les censeurs
divisent les tribus en sections électorales, où les voix des riches ont encore la prédominance sur celles de la multitude.

Cette influence de l'argent est si incontestablement admise
dans la politique romaine, que Cicéron établissait ce qui suit
comme hors de contestation, en discutant une loi judiciaire :
« Pour choisir un juge, il faut avoir égard à la fortune autant
qu'au mérite personnel (1). » Et Sénèque, plus explicite, disait après lui : « C'est le cens qui élève un homme à la dignité
de sénateur; c'est le cens qui distingue le chevalier romain de
la plèbe; c'est le cens qui, dans les camps, amène les promo-

____

(1) Cicéron, *Philippiques*, I, 8.

tions; c'est d'après le cens qu'on choisit un juge au Forum (1). »

Le cens est la base de presque toutes les lois judiciaires, particulièrement de celles dont nous aurons à parler, comme intéressant les publicains, par le choix de ceux qui pouvaient être appelés à les juger. C'est un des points les plus curieux de leur histoire et de l'histoire de la politique romaine tout entière.

César restait fidèle aux mêmes principes, en constituant avec ses centurions une chevalerie militaire jouissant des privilèges politiques. Il leur donnait, avec le grade, le rang équestre, le droit de porter l'anneau d'or, et leur faisait en même temps une libéralité en argent, qui les mettait au niveau de leur classement. Les empereurs renouvelèrent ce système, que les nations modernes ont, à leur tour, vu reparaître aux époques des grandes conquêtes (2). A Rome, on constitua, parallèlement, une hiérarchie civile sur des bases semblables.

Enfin quand la démagogie militaire vint porter le trouble dans les comices et supprimer les vieilles institutions, soit par la fraude éhontée, soit à l'aide de la corruption et de la vénalité pratiquées ouvertement, l'argent exerça, par la force des choses, une puissance plus effective et plus absolue que jamais.

C'est qu'en effet, l'organisation politique des Romains aurait dû se modifier avec le temps. Etablie pour une petite cité où régnaient des traditions respectées et des mœurs austères, elle devint bientôt tout à fait insuffisante. Les grandes magistratures livrées au suffrage des comices, les lois votées directement par le peuple, furent fatalement l'occasion de désordres et de scandaleux trafics. Ni le sentiment patriotique, ni celui de l'importance des actes qu'ils avaient à accomplir par leurs votes, ne devaient pouvoir soustraire les besogneux et les gens sans principe, qui allaient en se multipliant tous les jours, à l'influence des riches en quête de suffrages. Les privilèges accordés légalement à la fortune, et la puissante organisation des

____

(1) Sénèque, *Controverses*, II. Voy. aussi Belot, *La révolution économique et monétaire*, etc., *loc. cit.*

(2) Belot, *Histoire des chevaliers*, p. 287 et suiv. César, *De bello gall.*, II, 7, 8. 10; *De bello civ.*, I, 77. Ovide, *Am.*, III; *El.*, VIII. Martial, *Epigr.*, VI, 58. Cicéron, *Verr.*, II, lib. III, 80. Suétone, *Caligula*, 38.

spéculateurs, ne pouvaient qu'augmenter encore ces dangers.

Tels étaient, dans les lois politiques anciennes, les vices qui devaient s'aggraver avec la décadence des mœurs, avec l'avilissement de la plèbe et ses développements imprévus, enfin avec l'accroissement des richesses, dont les publicains et les ambitieux de toutes les classes savaient user et abuser sans scrupules.

Section III.

Prépondérance croissante de la richesse dans l'opinion et dans les résultats pratiques de la vie publique.

On a dit que les Romains dédaignaient le commerce, ils furent en effet, à raison de leurs origines, un peuple de laboureurs et de guerriers qui garda longtemps ses principes, mais qui sut prendre, avec les préjugés nationaux, les accomodements inspirés par l'utilité pratique.

C'est ainsi que Cicéron considérait comme très nécessaire, de ne pas confondre les divers genres de commerce. « La place d'un homme libre n'est pas dans une boutique, » disait-il. « Le commerce ne convient qu'aux esclaves, s'il se fait en petit; mais il se relève, lorsqu'il se fait en grand, qu'il apporte dans un même pays les productions du monde entier, qu'il les met à la portée du grand nombre et garde toujours une parfaite loyauté (1). » Cicéron songeait certainement, en écrivant ces lignes, à ses chers publicains (2). Il a même des mots gracieux pour les spéculateurs retirés des affaires, ses plus vieux amis sans doute, qui, arrivés au port, se reposaient en regardant le large (3). L'ordre sénatorial seul se voyait éloigné du commerce par les lois, mais, de plus en plus, sauf quelques héroïques exceptions, souvenirs du vieux temps, il se rattrapait, par la pratique d'une usure éhontée, et par les

---

(1) *De officiis*, I, XLII. Montesquieu, *Esprit des lois*, liv. XXI, ch. XIV : Du génie des Romains pour le commerce, et chapitres suivants.

(2) D'Hugues, *loc. cit.* : *Une province romaine sous la République*, p. 101.

(3) « *Atque etiam si satiata quæstu, vel contenta potius, ut sæpe, ex alio in portum, ex ipso portu in agros se possessionesque tulerit, videtur jure optimo posse laudari.* » Cicéron, *De officiis*, I, XLII.

scandaleux profits des magistratures provinciales ; du reste, il ne tarda pas à se transformer complètement, ainsi que nous allons le voir.

Ces mœurs, à la fois aristocratiques et rarement désintéressées, ont souvent donné lieu à des rapprochements curieux entre les Romains et les Anglo-Saxons de notre temps ; rapprochements qui, sous bien d'autres rapports, et parfois pour les actes les plus sages et les traditions les plus honorables de la vie publique, se justifient étonnamment.

A l'époque qui doit nous occuper, la plèbe, de plus en plus indépendante et nombreuse, s'était mise au travail ; le temps des frumentaires paresseux n'était pas encore arrivé ; les chevaliers surtout, qui avaient quelques avances et que les préjugés aristocratiques n'arrêtaient pas, s'enrichissaient par les entreprises ou les fermages de l'Etat dont ils se rendaient adjudicataires. L'or des vaincus entrait sans mesure dans les coffres des *negotiatores* et des publicains.

Les patriciens de race fidèles aux anciennes mœurs, dont le nombre diminuait tous les jours, étaient réduits aux seuls bénéfices de l'agriculture ; ils furent débordés de toutes parts.

Ils abandonnaient, après des résistances héroïques et des prodiges d'habileté, chaque jour un nouveau privilège à la plèbe. Leurs patrimoines perdaient leur valeur relative, et les droits enlevés à la naissance, la fortune les conquérait par le fait des mœurs, autant que par celui des lois. Le siège de l'autorité et de l'influence se déplaçait ainsi ; il passait par la logique des événements, non moins que par celle de la constitution, des patriciens aux riches, aux *homines novi*. La morale de l'intérêt menaçait de n'être plus tempérée par les traditions de famille et de race.

Aussi, on a pu appliquer aux assemblées politiques de Rome, ce que M. Guizot a écrit de celles de l'Angleterre : « Dans un des premiers parlements du règne de Charles Ier, on remarquait avec surprise que la Chambre des communes était trois fois plus riche que la Chambre des lords. La haute aristocratie ne possédait plus et n'apportait à la royauté, qu'elle continuait d'entourer, la même prépondérance dans la nation. Les simples gentilshommes, les francs-tenanciers, les bourgeois, uniquement occupés de faire valoir leurs terres, leurs capitaux, croissaient en richesse, en crédit, s'unissaient chaque jour plus étroitement, attiraient le peuple entier sous leur influence, et, sans éclat, sans dessein politique, s'emparaient en commun de toutes les forces sociales, vraies sources du pouvoir (1). » Le savant écrivain de l'*Histoire des chevaliers* a pu avec raison reproduire ce passage de Guizot, en le donnant comme le frontispice de son chapitre sur les publicains.

A Rome la révolution fut plus complète encore qu'en Angleterre. Les éléments constitutifs de la grande assemblée se modifièrent jusque dans leur personnel ; le patriciat perdit successivement tous les postes d'honneur qui lui avaient appartenu de droit, dans le gouvernement de l'Etat.

Des trois castes qui constituaient le *populus*, la noblesse de race fut celle qui, au nom de la religion et du droit, eut l'autorité la plus large, la plus incontestée pendant les premiers siècles. Mais elle se modifia dans ses éléments constitutifs. Le patriciat se fondit dans l'ordre sénatorial et la *nobilitas*; il perdit son prestige et vit le pouvoir s'échapper, en fait, de ses mains. Ce furent les riches, même de race plébéienne, qui se partagèrent les honneurs et le pouvoir. « Il se fit alors, » dit M. Duruy (2), « une scission parmi ceux qui avaient le cens équestre. Les uns, fils de sénateurs, ne songèrent qu'à succéder aux honneurs de leurs pères : c'étaient les nobles. Les autres, d'origine obscure, et repoussés des charges comme hommes nouveaux, se jetèrent dans les fermes et les travaux publics : ce furent les publicains. »

C'est l'ordre des chevaliers ou des publicains qui prendra, dès lors, l'influence dans les affaires. C'est la classe composée presque exclusivement des enrichis, des hommes nouveaux, *homines novi*, l'aristocratie d'argent, qui spéculera, qui gagnera et qui dirigera tout, à l'exclusion de la *nobilitas* déconsidérée. *Auctoritas nominis in publicanis subsistit.*

La plèbe, le troisième ordre, ne commença à exercer une influence persistante et normale qu'avec les Gracques ; elle

(1) Belot, *Histoire des chevaliers*, chapitre VI : *Les Publicains.* — Guizot, *Discours sur l'histoire de la Révolution d'Angleterre*, p. 12; cf. *Révolution d'Angleterre*, et Duruy, *Histoire des Romains*, XV, § 1er, t. I, p. 470, note 1. — Mommsen, *Droit public romain*, t. VI, 2e partie (trad. Girard), p. 47 et suiv., 57 et suiv., 109 et suiv.

(2) Duruy, t. II, p. 56. Voy. Mommsen, *Droit public romain*, VI, 2e partie, 47 et 68. Cic., *De Rep.*, XXXIV.

grandit en luttant contre le Sénat et les chevaliers ; mais ses triomphes furent tardifs et éphémères. Ils conduisirent la République rapidement à la démagogie.

L'histoire des publicains correspond, sinon à la plus belle époque de l'histoire romaine (1), du moins à la plus grande, par les résultats obtenus ; celle des immenses travaux, des riches conquêtes, de la liberté politique et de la suprême éloquence.

Durant tout ce temps, la lutte politique des partis ne cessa pas un instant dans Rome ; mais ce fut le parti des financiers qui eut presque constamment l'avantage sur les deux autres, à dater des guerres puniques jusqu'à la démagogie militaire des guerres civiles. Nous avons vu le mouvement se manifester par les actes législatifs de l'ordre politique, dans la précédente section de ce chapitre, nous en trouvons ici la réalisation et l'explication dans les faits.

On vit alors se multiplier comme par enchantement, surtout après la soumission de Carthage, les signes certains des grands mouvements dans les affaires. Les banquiers, très anciens à Rome, étendent leurs opérations ; ce sont des changeurs, et surtout des intermédiaires entre spéculateurs. C'est par eux que l'argent circule, sous forme de billets, de Rome vers la province et réciproquement. Il en existait déjà, au quatrième siècle, qui tenaient leurs tables au Forum, plus tard ce fut dans les basiliques.

L'Etat prit des mesures financières, signalées par les auteurs qui se sont occupés de l'histoire économique de Rome. On empêchait l'argent de se porter sur un point donné, ou bien de sortir d'Italie ; on s'efforçait de favoriser les prêts faits à Rome et de donner à la capitale des avantages sur la province. On s'occupait spécialement des juifs bien connus partout, et particulièrement en Italie, par leurs affaires d'argent.

Le crédit public recevait de brusques secousses, au Forum et dans les basiliques, par suite des événements, même les plus lointains. On le sait, de tout temps, la prospérité des finances a directement dépendu de la politique, parce qu'il n'y a pas de crédit possible s'il n'y a pas de sécurité dans l'Etat. « Faites-moi de la bonne politique, et je vous ferai de bonnes finances, »

____

(1) Voir les réserves graves de Mommsen, au début du chapitre de son *Histoire romaine*, consacré à cette période.

disait un habile ministre, aux Chambres françaises. Ce fut fréquemment la donnée de Cicéron et des autres hommes politiques de Rome, devant le Sénat, chargé d'équilibrer le budget et de diriger la polique extérieure (1). En réalité, c'étaient les préoccupations pécuniaires qui dominaient tout, la direction des guerres, comme les actes de la paix.

La richesse était entrée à Rome par d'autres mains que celles des spéculateurs. Les généraux et les proconsuls faisaient de scandaleuses fortunes aux dépens des provinciaux, et l'argent qu'ils rapportaient de leurs déprédations jouait aussi son rôle dans la politique pratique du Forum. Quelles que soient, en effet, les sources qui l'ont amené, c'est par lui qu'on arrive aux fonctions publiques et aux honneurs. On ne le dissimule pas, les votes sont à vendre (2). Il y a sur le Forum des boutiques, ou le prix d'achat est affiché. Vainement on édicte, en 595-159, une loi qui punit les acheteurs de voix, et ensuite d'autres lois pour punir les concussionnaires. Les suffrages continuent à se vendre, et, dans les hautes fonctions, ce que l'on voit comme rémunération des peines prises et des dépenses parfois colossales de l'élection, c'est l'exploitation, en perspective, d'une province, pour la désignation de laquelle on saura se rendre le sort favorable (3). Les soldats eux-mêmes promettaient, à prix d'argent, le triomphe à leurs généraux, comme plus tard ils leur vendront l'empire (4).

« On pilla les provinces pour acheter les comices, on acheta les comices pour piller les provinces ; la République se trouva ainsi engagée dans un cercle sans issue, jusqu'à ce qu'elle tombât épuisée entre les mains d'Auguste... (5) »

Les candidats, aux grandes charges empruntaient, s'ils n'é-

---

(1) Cicéron, *Pro lege Manilia* très spécialement.

(2) Voy. *La corruption électorale chez les Romains*, par E. Labatut, vice-président au tribunal civil de Toulouse. Thorin, éditeur, Paris. Cicéron parle de dix paniers d'argent apportés par Verrès, de Sicile à destination des électeurs des comices. Verr., I, VIII.

(3) Voy. Duruy, *Hist. des Romains*, t. II, p. 73 et suiv.

(4) Voy. notamment Mommsen, *Hist. rom.*, t. IV, p. 86, qui rapporte que Lucius Paulus, le vainqueur de Pydna, faillit se voir refuser le triomphe, pour n'avoir pas assez tôt accordé à ses soldats ce qu'ils lui demandaient.

(5) E. Laboulaye, *Lois criminelles des Romains*, p. 164.

taient pas déjà immensément riches, pour pouvoir suffire aux frais de leurs élections, et lorsque leur avenir politique paraissait assuré, ils trouvaient très facilement du crédit. On savait que les bénéfices du proconsulat les rendraient aisément solvables et peut-être même les porteraient à témoigner une généreuse reconnaissance, au moment du retour.

C'est par eux qu'ont été construits les cirques, les riches basiliques, les temples somptueux, les plus beaux monuments de la Rome républicaine, et qu'ont été données, en vertu d'engagements pris d'avance quelquefois, les fêtes fastueuses pour lesquelles l'univers entier était mis à contribution. Ce sont là encore des faits bien connus. Nous nous bornons à les signaler, ainsi que nous l'avons fait pour les lois, comme des traits essentiels, dans les vues d'ensemble que nous voulons indiquer.

Après les conquêtes de la Grèce et de l'Asie, notamment, l'or avait afflué tout à coup dans Rome. M. Duruy a dit justement, en étudiant cette époque : « L'or est comme l'eau des fleuves ; s'il inonde subitement, il dévaste ; qu'on le divise en mille canaux où il circule lentement, et il porte partout la fécondité et la vie (1). » Rien n'est plus frappant dans l'histoire de Rome.

Il serait aisé de multiplier les exemples de prodigalités, en vue desquelles les généraux vainqueurs ruinaient les provinces conquises. Mais plus redoutables encore en cela, pour leur patrie, ils venaient y porter, avec les richesses mal acquises, la corruption des mœurs (2).

César, pour se faire des partisans, donna au consul Paul-Emile près de 8 millions de francs ; à Curius, tribun du peuple, 12 millions pour acquitter ses dettes (3), car nos faillites et nos liquidations sont encore peu de chose, à côté des dettes personnelles de ce temps ; à Marc-Antoine, son lieutenant

____

(1) Duruy, II, chap. xix. Salluste, *Catilina,* V, VI, X, XII ; Vell. Pat., II, 2 ; Florus, III, 13. Voir l'intéressant et judicieux discours préliminaire de l'*Histoire des révolutions romaines* de Vertot. L'esprit et l'inutilité des lois somptuaires est bien indiqué dans cet ouvrage, très vieilli d'ailleurs.

(2) Appien, *Bel. civ.,* liv. II, 26. Plut., *Cæs.,* 29 ; *Pomp.,* 58.

(3) Vell. Pat., II, 48.

dans les Gaules, 12 millions (1); il avait aussi payé ses propres dettes, qui se montaient à 5 millions (2). « Il fit établir pour le peuple de Rome, un Forum entouré de portiques en marbre et décoré d'une villa publique; l'emplacement seul avait coûté 100 millions de sesterces, plus de 20 millions de francs. Pour que sa gloire et son influence fussent partout présentes, il décorait les villes d'Italie, d'Espagne, des Gaules, de, Grèce et d'Asie-Mineure, tout comme si l'empire eût déjà été son patrimoine. Aux rois, il envoyait en don des milliers de captifs; aux provinces, il donnait, sans consulter le peuple ni le Sénat, tous les secours dont elles avaient besoin. » Ces dons, et bien d'autres, ne l'empêchèrent pas de demeurer puissamment riche. Cicéron dit un jour publiquement au Sénat, que César, qui avait en ce moment, en Gaule, une armée de cinquante mille hommes, aurait pu la solder avec ses seules ressources (3); mais qu'elles étaient légitimement son bien, et que c'était à la République à payer les armées de ses généraux.

Pompée avait fait construire un théâtre où quarante mille spectateurs pouvaient contenir; dans les premières fêtes qu'il y donna, figurèrent des éléphants et d'autres animaux de toute espèce en grand nombre; cinq cents lions y furent tués (4). Gaius César faisait apporter les bêtes féroces aux jeux, dans des cages d'argent. Æmilius Scaurus bâtit pour quatre-vingt mille spectateurs, un théâtre soutenu par trois cent soixante colonnes de marbre et orné de trois mille statues d'airain (5). Tout cela, avec la valeur artistique qu'y apportaient les Grecs, laisse bien en arrière ce que nous appelons les splendeurs modernes. On sait, malheureusement, quelle était la source de ces richesses.

Antoine ayant accepté toutes les flatteries hyperboliques des Grecs, se laissa fiancer par eux à Minerve; mais il se hâta ensuite de réclamer la dot de la déesse, qu'il ne voulut pas prendre à moins de 10 millions de drachmes (8,694,400 francs). Cette plaisanterie juridique dut déplaire, sans doute, aux es-

(1) App., *Ibid.*
(2) App., *Ibid.* Plut., *Cæs.*, 11.
(3) Cic., *Prov. consul*, 11; *Pro balbo*, 27. — Voy. Dezobry, *Rome au siècle d'Auguste*, III, p. 388. Duruy, *Hist. des Romains*, II, chap. xxv[I] et suiv.
(4) Plut., *In Pomp.*, 54.
(5) Voy., sur ce point et sur le luxe de cette époque, Duruy, t. II, chap. xx.

prits raffinés de l'Attique ; les Romains avaient, si on les compare aux Grecs, l'imagination sèche et courte, mais ils avaient des goûts pratiques et peu de sensibilité dans l'âme, surtout à l'égard des étrangers.

La plupart de ces abus étaient, au reste, non seulement tolérés, mais encouragés par l'esprit public. Il fallait bien qu'un consulaire s'enrichît aux dépens des provinces, pour l'honneur du peuple romain lui-même. Comment admettre que celui qui avait commandé au peuple-roi, rentrât, comme au vieux temps, dans sa modeste maison, et se confondît dans la foule venue à Rome, de tous les points de l'univers.

Pendant ce temps, les publicains, plus riches que des rois, prêtaient aux peuples, bouleversaient des empires par leur argent, continuaient leurs exactions, et gardaient, le plus possible, leur part de gouvernement. Nous verrons plus loin tous ces faits se dérouler logiquement dans l'ordre des époques (1).

« On faisait mille crimes, » écrit Montesquieu, « pour donner aux Romains tout l'argent du monde. »

Déjà, de son temps, Caius Gracchus disait au Sénat : Il y a ici trois camps : dans le premier on est à vendre, dans le second on est vendu à Nicomède, mais dans le troisième on est plus habile, on reçoit de toutes les mains et l'on trompe tout le monde (2).

Jugurtha, le roi numide, s'était écrié en quittant Rome : « O ville vénale, et qui périra bientôt si elle trouve un acheteur (3)! » Il avait prophétisé juste. La démagogie n'eut bientôt plus pour mobile que la violence et la cupidité. Trois siècles après, par une sorte de retour vers le passé, les soldats mettaient l'autorité impériale elle-même à l'encan, et trouvaient des acquéreurs solvables.

SECTION IV.

La religion, les beau-xarts, la vie privée et le luxe des chevaliers.

Tout s'enchaîne dans les mœurs et dans les lois des grands

(1) *Infra*, chap. III : Suite chronologique des événements de l'histoire romaine concernant les publicains et les banquiers (*Histoire externe*).

(2) Aulu-Gelle, 11, 10. Mommsen, V, p. 67, note.

(3) « *O urbem venalem ! et mature perituram, si emptorem invenerit* » (Sall., *Jugurtha*, 35).

peuples. Les Romains des premiers temps, instinctivement utilitaires, avaient tout fait, d'abord, en vue de la puissance de leur race ; la religion avait dû naturellement se prêter à ces tendances habilement patriotiques de la cité encore barbare.

« Je trouve cette différence entre les législateurs romains et ceux des autres races, » dit Montesquieu, « que les premiers firent la religion pour l'Etat et les autres l'Etat pour la religion (1). » Cela est parfaitement vrai, sinon dans les détails extérieurs du culte, du moins, dans l'esprit général qui en dominait toujours les pratiques incessantes.

M. Gaston Boissier, qui n'admet certainement pas la donnée historique de Montesquieu d'une manière absolue, puisqu'il indique très savamment les origines italiennes et grecques des croyances romaines, affirme cependant que : « jamais peuple n'a été préoccupé autant que les Romains de l'importance et des droits de l'Etat : ils lui ont tout sacrifié, » dit-il, « leurs vieilles habitudes et leurs sentiments les plus chers. » Plus loin, il ajoute : « La religion des Romains devait sembler aux Grecs la création la plus originale d'un peuple pratique et sensé, qui avait réussi à discipliner toutes les forces de l'homme, même les plus déréglées et les plus rebelles, et à les tourner vers un but unique, la grandeur de l'Etat (2). »

Il ne faut donc pas s'étonner que la religion ait changé de caractère à Rome, non seulement sous l'influence des mœurs privées, mais encore par l'effet de la politique ; elle s'effaça presque complètement, lorsque le patriotisme traditionnel fut remplacé dans les âmes, par l'ambition personnelle et la soif de l'or.

En harmonie avec la pensée dominante, la religion romaine, à l'exemple des mœurs et des lois, avait, dès ses origines, placé la richesse à peu près au-dessus de tout, en ce monde. Plaute disait : « Quand on est aimé des dieux, on fait toujours de bons profits, » et M. Boissier conclut avec raison que dans cette religion, « ce n'est pas, comme dans le christianisme, le pauvre qui est l'élu du Seigneur, c'est le riche (3). »

(1) Montesquieu, *Dissertation sur la politique des Romains dans la religion.*

(2) *La religion romaine d'Auguste aux Antonins,* I, p. 11 et 34, introduction, ch. 1er. Polybe, VI, 56.

(3) G. Boissier, *Religion romaine,* t. I, p. 22, introd., ch. 1er. Plaute, *Curculio,* IV, 2, 45.

La richesse finit logiquement par l'emporter sur le terrain religieux, comme sur tous les autres. On lui avait donné partout le premier rang; elle arriva à tout asservir.

Les cérémonies du culte étaient devenues, à la fin de la république, à peu près uniquement le luxe des fêtes officielles, ou le passe-temps des classes aristocratiques et riches, qui n'aimaient à faire revivre les mœurs anciennes, que pour se parer de leurs souvenirs. L'indifférence absolue pour les pratiques religieuses avait envahi cette société travaillée par le scepticisme philosophique, ou rabaissée par l'entraînement des passions (1). On laissait les édifices sacrés se dégrader dans l'abandon. Auguste, qui voulait rétablir les anciennes croyances, dut dépenser de nombreux millions pour la restauration de quatre-vingt-deux temples consacrés aux dieux et aux déesses, à Rome seulement. Quelques-uns de ces beaux édifices commençaient à tomber en ruine (2). Par la volonté des empereurs, le paganisme reprit, en effet, quelque vogue pendant les deux premiers siècles, comme si les sentiments religieux devaient naturellement reparaître, au moment même où le règne de l'argent venait de toucher à sa fin."

Ce qui était resté des anciens rites était devenu, dès les débuts de l'influence grecque, très sensualiste, et même, en certaines circonstances, choquant jusqu'à l'obscénité; tout répondait au culte effréné du plaisir et de la matière qui le procure.

Et comme les arts sont le reflet exact, non seulement des goûts, mais aussi des tendances humaines, ils suivirent la même voie. Le goût moderne ne s'y est pas trompé. Si l'on veut, de nos jours, construire une bourse ou une maison de banque, on ne songe pas, assurément, à y commettre les doux charmes de l'ogive gothique; on fait instinctivement, de l'édifice, un temple grec ou romain.

Par une transformation que le temps et les événements ont produite à bien d'autres égards, quelques églises de la Rome

____

(1) *Eod.*, p. 51, 60 et 70, introd., ch. II.

(2) Inscript. d'Ancyre. Mommsen, *Res gestæ divi Augusti*, p. 60. G. Boissier, *Religion romaine*, t. I, p. 84 et 85, livre Ier, ch. Ier. Marquardt, *Le Culte chez les Romains*, 3e période, traduction de notre cher et savant collègue M. Brissaud, t. I, p. 86. Paris, Thorin, éditeur, 1890.

contemporaine ont conservé le nom, d'origine grecque, des basiliques, et leurs formes architecturales. Le culte catholique ne nous semble pas répondre à ces ordonnances rectilignes et à ces harmonies plastiques, belles assurément, mais privées des pénombres graves et mystérieuses des cathédrales du moyen âge, et des plus belles églises de la Renaissance. La basilique ancienne représentait bien ce qu'elle devait être : la continuation du Forum, où l'on parlait d'affaires et de plaisir.

Les statues de bronze et de marbre, les belles colonnades, les monuments somptueux se multiplièrent indéfiniment dans les quartiers riches de Rome. Si l'on en croit les restitutions que nous en ont faites les archéologues et les artistes, le Forum, à l'avènement d'Auguste, devait présenter dans son ensemble, un amas de temples, de basiliques, de riches statues, de superbes portiques, disposés sans beaucoup d'ordre. Tout cela fait penser au luxe dispendieux, mais voyant et parfois indiscret, des gens trop vite enrichis.

« Les Romains eurent des arts, » dit M. Viollet le Duc, « parce qu'ils comprenaient que les arts doivent exister dans tout état civilisé; c'était une affaire de convenance, non de conviction comme chez les Grecs et les Égyptiens... Voilà pourquoi, quand ils en usèrent, ils le firent souvent sans mesure... Quant à lui, le Romain ne demande qu'une chose, c'est que son œuvre soit romaine, qu'elle soit un signe de grandeur et de puissance (1). »

Le patriotisme héroïque des ancêtres avait cédé la place, dans le cœur de ces nouveaux citoyens, à l'orgueil égoïste de la fortune. Il fallut l'empire pour humilier ces vanités malfaisantes ; il fallut le culte scientifique et le respect du droit privé, pour rectifier les esprits agités ; il fallut surtout le christianisme, pour relever les âmes avilies par le vice d'abord, et ensuite par la servitude politique.

Les Grecs ont été les artistes de Rome, et c'est à eux, presque exclusivement, que l'on doit les belles œuvres de sculpture, dont les Romains décoraient leurs places publiques ou leurs solides monuments. Par eux pénétra aussi dans les esprits, l'amour des lettres. « La muse au vol rapide vint visiter

(1) Viollet-le-Duc, *Entretiens sur l'architecture*, 3e entretien, p. 93.

la nation sauvage de Romulus (1). » Mais c'est par eux aussi
que les procédés malhonnêtes se sont introduits dans les usages privés et les spéculations de Rome. Ils ont servi d'intermédiaires et d'agents, aux mœurs dépravées qui venaient de
leur pays. Ils ont trafiqué de leur vieille expérience, pour ini-
tier les rudes et belliqueux laboureurs, devenus riches, à tous
les raffinements du luxe et des vices du monde de l'Orient déjà
usé.

Les chevaliers, enrichis par leurs grandes spéculations et
leurs entreprises lointaines, aussi bien que les patriciens
gorgés de l'or de leurs proconsulats, connurent, comme nos
financiers modernes et plus encore, toutes les recherches de
la vie opulente. Il ne faut pas arriver à l'époque de Mécène,
d'Horace et d'Auguste, pour voir apparaître les villas somptueuses des environs de Rome ou de Naples, avec leurs belles
eaux courantes, leurs cascatelles, leurs épais ombrages, leurs
splendides horizons ménagés à plaisir (2). Au sixième siècle
de Rome, on suit déjà les stations balnéaires pleines de charmes, dans la montagne, ou sur les rivages d'une mer admirable, avec leurs excursions bruyantes et coûteuses, leurs spectacles et leurs jeux. Depuis la seconde guerre punique, les
scorta s'étaient multipliées comme les mouches quand il fait
très chaud ; ce sont les expressions mêmes de Plaute. Elles se
tenaient surtout, avec les *lenones*, autour des *argentariæ*, là où
se pratiquait le maniement de l'argent et de l'or, au Forum (3).

Le nombre des esclaves attachés au service de la maison se
compte par centaines, et nous ne pouvons pas, par ce que nous
voyons autour de nous, nous faire une idée du luxe devenu
de bon ton à Rome, avec les mœurs asiatiques (4).

Cicéron, le plus illustre, sinon le plus fidèle représentant de
la classe bourgeoise et provinciale, de l'ordre des chevaliers,

---

(1) Aul. Gel., XVII, 21, 45. G. Boissier, *La Religion romaine*, Introd.,
chap. I, p. 46.

(2) Voir, pour les détails sur les fortunes privées à Rome, Duruy,
Histoire des Romains, t. I, chap. XIX.

(3) Plaute, *Truculent.*, I, 1, 45 :

  « Nam nunc lenonum et scortorum plus est fere.

  Quam olim muscarum est, quom caletur maxime. »

(4) Voy. Wallon, *Histoire de l'esclavage*, t. II, part. II, chap. III.
G. Boissier, *Religion romaine*, t. II, p. 343, liv. II, ch. IV : Les esclaves.

chevalier lui-même par son origine, nous parle dans ses lettres, de tout cela, comme de choses ordinaires et passées dans les mœurs. Sa correspondance, particulièrement celle qu'il entretint avec son ami Atticus et son frère Quintus, est pleine de détails curieux à ce sujet. Arrêtons-nous-y un instant, c'est la vie de la haute finance, l'existence que menaient les chevaliers et les publicains distingués.

Tour à tour avocat très occupé, orateur politique, consul, homme très influent au Sénat, proconsul et général d'armée en Cilicie, il a su se constituer, comme les autres, un riche patrimoine. Il est propriétaire; il place des fonds en dépôt chez les publicains, avec lesquels il est en relations constantes d'affaires ou d'amitié.

Il n'a pas tardé à avoir sa maison de Rome, que le peuple démolit en un jour de colère. Il en avait plusieurs autres. Il a acheté et somptueusement meublé de nombreux domaines qu'il possède simultanément en Italie, qu'il habite tour à tour, et d'où il correspond avec ses amis et ses alliés politiques. Il réside tantôt à sa villa de Cumes, tantôt sur ses terres de Pouzzoles, ou dans sa maison de Pompéi, ou dans celle de Formies, ou de Clusium, ou du lac Lucrin, ou encore dans celle d'Arpinum, sa ville natale; il marchande des terrains un peu partout et les achète à sa fantaisie. Il va se reposer aux bains de Naples ou de la voluptueuse Baïa, dont Martial disait : « *Penelope venit; abit Helene* (1). Elle vint Pénelope et s'en retourna Hélène. »

Pour son séjour favori de Tusculum, il commande en Grèce des statues de marbre et de bronze, et passe en revue les divinités dont les images conviendront à sa bibliothèque ou à sa salle de jeux. Il ne veut, dit-il, ni les Bacchantes, ni Mercure, ni Mars, quoiqu'il ait été homme d'affaires à la ville, et proclamé *imperator* par ses soldats, dans les camps de sa province d'Asie; ce qu'il veut d'habitude, c'est avoir chez lui une salle dans le genre des gymnases de la Grèce, et beaucoup de livres grecs et latins. Il choisit, pour ses villas, des mosaïques, des colonnes du plus beau marbre, aménage lui-même ses appartements d'hiver et d'été, dont il dirige l'orientation et le coup d'œil en vue des diverses saisons. C'est ainsi qu'on ou-

____

(1) Martial, I, 62.

vrait, pour le plaisir des yeux, de larges avenues dans les
forêts environnantes, afin d'apercevoir à l'horizon, les monta-
gnes, les monuments, les temples de marbres richement colo-
rés, et les portiques de la ville voisine ou de Rome elle-même.
Les juristes savent que les Romains, toujours processifs,
même quand il s'agissait de leurs goûts artistiques, frau-
daient, parfois avec leurs acheteurs, et plaidaient ensuite avec
eux sur la beauté des aspects que leurs domaines pouvaient
offrir, près des rivages de la mer (1).

On oubliait peut-être un instant, dans ces lieux charmants,
le tumulte des comices, et les luttes ou les affaires du Forum,
les épées cachées sous les toges pendant les assemblées populaires, le sang versé dans les rues, et jusque sur les degrés
même du Capitole, sans respect de l'inviolabilité des tribuns,
ni de la pourpre consulaire, ni de la sainteté des monuments
consacrés aux dieux.

Cicéron se séparait ainsi parfois des préoccupations du barreau et de la tribune aux harangues, témoin de ses triomphes
oratoires; il allait souvent aussi aux beaux jardins de son
gendre Crasippes. Il parlait grec chez lui ou dans ses lettres,
quand il voulait avoir des souvenirs aimables, être poétique
ou plaisant. Il vivait sans trop de contrainte, entouré de l'affection des siens et particulièrement de celle de Tullia, sa fille
bien-aimée, et de son petit Cicéron, qu'il faisait instruire
sous ses yeux, mais à la vérité sans succès, dans l'art de l'éloquence; il soignait l'éducation de ses esclaves favoris.

Il avait pour hôtes ou pour voisins des amis, spécialement
des jeunes gens, parfois Pompée, Crassus, Marius; il raconte
lui-même, qu'il amena une fois avec lui, de Baïes à Naples,
Anicius, dans une litière à huit porteurs, avec une escorte de
cent hommes armés, et rit de l'impression que produisit ce
déploiement de forces inusité, sur son ami (2).

Ainsi passait le temps. On causait gaiement, on déridait
même assez facilement jusqu'à Trébatius, le grave jurisconsulte; on organisait des parties de pêche à la mer et dans les
lacs, des repas champêtres, des excursions; on allait aux spectacles, aux jeux et aux fêtes de la ville voisine; on expédiait

(1) Cic., *De offic.*, III, 4.
(2) *Ad Quint.*, II, 10, (633-655).

des courriers et on en recevait; on dissertait et l'on riait des
mets nouveaux ou des surprises de la température.

Et dans le cours rapide de cette vie de plaisir et de luxe, le
maître du logis trouvait encore le temps de se recueillir, de
lire les œuvres des littérateurs et des poètes, de composer des
vers, d'écrire d'innombrables lettres et de savants livres de
philosophie. Sans doute, il préparait aussi ses discours, sous
l'inspiration de cette nature si riche d'elle-même, et si belle
de tous les raffinements de l'art et de la fortune.

Telle était, avec moins d'art, de goût et d'esprit assurément,
mais avec la même opulence, la vie de beaucoup de ces publicains, de ces banquiers, de ces *negotiatores* enrichis des dépouilles du monde, plus portés à la dépense, évidemment, que
les vieux magistrats ou les patriciens de Rome.

Comme aujourd'hui peut-être, ces hommes nouveaux aimaient le luxe brillant, plus encore que les douceurs de la vie
intime; ils étaient arrivés tout à coup aux plus étonnantes
faveurs de la fortune, et c'étaient des Italiens amoureux des
modes de la Grèce. Les Romains de l'antiquité allaient disparaître pour toujours.

SECTION V.

La fortune de Cicéron.

En suivant, dans ses détails, l'existence très coûteuse de
Cicéron, on est porté à se demander, comment le fils du pauvre chevalier d'Arpinum a pu suffire à toutes les dépenses que
nous venons d'indiquer, et à bien d'autres, encore plus extraordinaires dont nous allons parler avec plus de précision.

M. Gaston Boissier, notamment, s'est posé cette question
délicate (1). Il y a répondu avec l'autorité qui s'attache à sa
science, et avec son talent élevé d'historien des mœurs romaines. Sa bienveillance respectueuse pour le grand orateur lui
a fait trouver des explications ingénieuses et vraies, mais

____

(1) *Cicéron et ses amis*, II, 1. — Voy. aussi Tyrrel (*The correspondance of Tullius Cicero*, introd., p. 34. Dublin, 1855), qui arrive aux
mêmes conclusions que M. Boissier; Hild, *Junii Juvenalis satira
septima*. Paris, 1890, p. 55, et Drumann, *Geschichte Röms*, t. VI, § 106,
p. 381.

qui nous paraissent incomplètes ; on dirait qu'il a craint de trop insister.

Nous sommes tenus, par la nature même de notre étude, à mettre moins de discrétion dans la vérification des comptes, si nous l'entreprenons ; et certes nous manquerions à notre devoir, en négligeant un document de cette valeur sur les mœurs financières des riches de Rome, si ce document existe. Or, nous l'avons assez complet, actif et passif, dans ce qui nous reste de l'énorme correspondance de Cicéron ; discutons-le.

En entreprenant ce travail, quelque peu difficile, nous ne voudrions, pour rien au monde, être accusé d'intentions malveillantes, ni de préventions systématiques, ni surtout d'esprit de dénigrement. Nous n'aimons pas à voir « déshabiller les grands hommes », et ce n'est pas cela que nous cherchons à faire, par la publication de cette étude spéciale.

Cicéron ne partagea ni les vices odieux, ni surtout les crimes communs aux riches de son temps, et c'est un hommage par lequel nous nous plaisons à commencer cette énumération des actes de sa vie. On y trouvera assurément beaucoup de choses à blâmer, mais l'appréciation des œuvres humaines ne doit être faite, en pure justice, que d'après les circonstances auxquelles se sont trouvés mêlés ceux qui les ont accomplies. C'est déjà un haut mérite pour Cicéron, d'avoir su résister au torrent qui entraînait, autour de lui, tant de grands esprits dans les abus même les plus honteux, dans les dilapidations cyniques, les spoliations effrénées et violentes, souvent jusqu'à la cruauté. Beaucoup de choses, que nous considérons, avec raison, comme tout à fait condamnables, étaient regardées comme absolument innocentes et licites, dans le monde que nous allons pouvoir examiner de près ; il ne faut donc pas se montrer trop sévère à leur sujet.

Nous plaçons ici, du reste, cette étude de mœurs, bien plus en vue de l'époque de Cicéron, qu'en vue de l'homme lui-même, quelque intéressant qu'il puisse être.

A l'égard de ce grand esprit, nous aimerons à respecter ce qui est respectable, au milieu des faiblesses humaines, et nous continuerons à admirer, sans réserve, ce qui doit être admiré dans le génie supérieur du moraliste et dans la merveilleuse éloquence de l'orateur.

Pour plus de clarté, nous ne parlerons guère, dans le relevé des chiffres, que par francs, et non par sesterces, et même, la plupart du temps, par millions de francs. Bien que Cicéron ne fût pas l'un des plus opulents citoyens de son temps, sa fortune nous permet, cependant, de compter en prenant pour base, très souvent, cette respectable unité (1).

Il eut infiniment plus de fortune qu'on ne le croit généralement, et cependant il ne fut pas riche, de son propre avis, parce qu'il eut beaucoup de fantaisies. Comme il le dit lui-même, « c'est l'homme qu'on a coutume d'appeler riche et non sa caisse. C'est le besoin qui est la mesure des richesses... Celui qui désire beaucoup est pauvre (2). »

La vérité est qu'il eut beaucoup d'argent, qu'il l'aima et le rechercha, non comme un avare, pour lui-même, mais pour le besoin qu'il avait de le dépenser inconsidérément et sans mesure. C'est ce que nous allons constater, pendant toute la durée de sa vie (3).

Tâchons de déterminer d'abord son actif, par ses immeubles, par ses biens de toute nature, et surtout par l'argent dont il a disposé, dans la dernière moitié de son existence très agitée.

(1) On aurait tort de croire que la valeur du franc fut très différente chez les Romains, de ce qu'elle est chez nous aujourd'hui. C'est par le prix des denrées ordinaires qu'on peut faire la comparaison. Or, de nombreux documents établissent que les prix étaient à peu près les mêmes que de nos jours. Le tarif de Dioclétien est l'un des plus précis parmi ces documents curieux ; quoiqu'il soit postérieur à l'époque où nous nous plaçons, c'est là que nous empruntons les quelques détails suivants : La livre de bœuf, 0 fr. 80 cent. ; de jambon, 2 fr. Le litre de vin ordinaire, 0 fr. 80 cent. ; de bière, 0 fr. 40 cent. La journée de cultivateur, 2 fr. 60; de maçon, 5 fr.; de boulanger, 5 fr.; au garçon de bain, 0 fr. 20 cent., etc. On le voit, le million d'alors valait bien, pour le peuple, au moins celui d'aujourd'hui. Voy. *Etude* de M. G. Humbert, *Recueil de l'Académie de législation*, 1868, p. 447, et les nombreux travaux publiés sur les finances et l'économie politique des Romains. Dureau de la Malle, Mommsen, Marquardt, etc. Voyez *supra*, notre bibliographie.

(2) *Parad.*, VI.

(3) On peut lui appliquer, au moins en partie, cette phrase qu'il écrivait, en philosophe, dans les *Tusculanes* : « Etenim quæ res pecuniæ cupiditatem afferunt, ut amori, ut ambitioni, ut quotidianis sumptibus copiæ suppetant : quum procul ab iis omnibus rebus absit, cur pecuniam magnopere desideret, vel potius curet omnino ? » *Tuscul.*, V, XXXII.

Ce premier travail fait, nous chercherons à remonter jusqu'aux origines de ces surprenantes richesses. Mais assurément nous ne saurons pas tout.

En premier lieu, les immeubles : Cicéron a eu pendant la
plus grande partie de son âge mûr, simultanément huit ou
dix villas en Italie, dont quelques-unes étaient somptueuses.
Celle de Tusculum et celle de Formies notamment, devaient
valoir beaucoup d'argent, car, à son retour de l'exil, il trouvait dérisoire que le Sénat ne lui ait alloué, pour les répara-
tions à faire, que cinquante mille francs pour Formies et cent
mille pour Tusculum (1).

Il avait en même temps aussi, cinq ou six maisons de grande
valeur, dans les beaux quartiers de Rome. L'une d'elles lui
avait coûté près de un million (2), une autre plus de quatre
cent mille francs. Le Sénat lui avait alloué quatre cent mille
francs pour la reconstruction (*superficies*) de celle que le peuple avait détruite (3).

Nous pouvons ajouter enfin à cette liste de grands immeubles, sur plusieurs desquels on connaît de curieux détails, et
dout on montre encore de belles ruines, « les petites maisons
(*diversoria*) que les grands seigneurs achetaient sur les principales routes pour s'y reposer, quand ils allaient d'un domaine
à l'autre (4). »

Voilà donc d'importantes valeurs assurément : quinze ou
seize riches immeubles, d'autres disent une vingtaine (5), dans
le même patrimoine, ceci n'est certes pas chose commune,
même dans la Rome des anciens temps.

(1) *Ad. attic.*, IV, 2 ; octobre 697-57. On peut voir l'énumération d'un
grand nombre de ces immeubles et des objets de luxe qui s'y trouvaient,
dans le *Geschichte Roms* de Drumann, t. VI, §§ 107 et 108. Le Clerc
indique les villas d'Antium, Astura, Arpinum, Cumes, Formie, Pouzoles,
Pompéi et Tusculum.

(2) *Ad. fam.*, V, 6 ; Aulu-Gelle, *N. A.*, XII, 12. Voy. Hild, *loc. cit.*

(3) *Ad. att. eod.* Ces maisons n'étaient pas assurément les plus belles
de Rome ; Claudius avait acheté plus de trois millions celle de Scaurus,
qui était située sur le Palatin, comme l'une de celles de Cicéron, celle
que ce dernier avait achetée à Crassus. Pline, *Hist. Nat.*, XXXVI, 15-24.
Ascon, *Ad. Cic. mil. arg.*, 70.

(4) G. Boissier, *loc. cit.*

(5) Hild, *loc. cit.* V. Le Clerc parle de dix-huit immeubles auxquels
rien ne devait manquer, puisque Cicéron les appelle les *délices de l'Italie*. *Vie privée et litt. de Cic.*, 2e édit., p. 314, t. I des œuvres traduites.

Si on pouvait exactement évaluer chacun de ces biens, on devrait compter déjà sûrement par millions. Les quelques maisons ou villas au sujet desquelles nous avons pu donner des chiffres certains, en représentent, à elles seules, au moins trois ou quatre. La valeur totale des autres s'élevait beaucoup plus haut. Or, pendant toute la période de son existence que nous étudions, on peut affirmer que Cicéron n'a guère modifié sa fortune immobilière, que pour l'accroître. Les détails abondent dans la correspondance, à ce sujet, et ils ont été soigneusement relevés par les historiens contemporains, en France et en Allemagne. Nos renseignements sont donc, jusqu'ici, parfaitement authentiques.

Passons aux meubles et aux dépenses de luxe, de fantaisie ou d'ambition politique. Ici, les chiffres vont monter sensiblement, sur le dernier point surtout : les dépenses d'ambition politique. Rien, de notre temps, ne peut nous en donner une idée, même approximative, malgré les surprises qu'amène avec lui parfois, notre suffrage universel, à cet égard.

Cicéron fut sans cesse ou avocat ou homme politique, quelquefois les deux en même temps, mais il fut aussi, artiste et amateur par accès. Il avait acheté, à certaines époques, de nombreux et remarquables objets d'art pour orner ses principales villas. En 687-67, notamment, il ne mettait aucune mesure à ses fantaisies. Il écrivait à Atticus, en Grèce, de lui envoyer des statues de marbre et de bronze, des objets précieux de toute espèce, le plus qu'il pourrait et le plus vite possible. « *Et signa et cetera quam plurimum quam primumque mittas* (1). » Voilà ma passion, ajoutait-il. Lentulus m'offre ses vaisseaux pour le transport, et tu peux avoir confiance en ma bourse. « *Arcæ nostræ confidito* ». On pouvait aller très loin dans cette voie dispendieuse. Le mandat était pressant, et n'avait pas de limite. Mais, en ce moment-là, c'était l'amateur opulent qui ne comptait pas, et payait.

En 699-55, il faisait venir encore des statues ; cette fois il en commandait avec plus de réserve. Il venait « d'ajouter des exhèdres à son joli portique de Tusculum ; » alors, c'était la peinture qui lui plaisait surtout, pour orner ses demeures (2).

(1) *Ad. att.*, I, 4, 8 et 9 (687-67).
(2) *Ad. fam.*, VII, 23 (695-55).

Pline parle d'une table de citre ou thuya, que Cicéron avait payée un million de sesterces (200,000 francs). C'était la première qu'on eût vue à Rome (1). On peut avoir par là une idée du reste.

D'autre part, et ceci même est à noter, plusieurs de ses lettres familières témoignent hautement qu'il aimait aussi les plaisirs des grands repas, du moins dans les dernières années brillantes de sa vie à Rome. Il les goûtait à la fois en causeur spirituel et en gourmet raffiné (2).

Or, nous savons quel luxe y déployait, parfois follement, le grand monde de Rome. La vaisselle d'or et d'argent ciselé, les animaux et les poissons les plus chers ou les plus rares, les musiciens, les danseurs et les beaux esclaves de tous les pays, en faisaient ordinairement les frais. C'était, entre amphitrions, une rivalité dans les raffinements, au sujet de laquelle les perles fondues dans un acide et mêlées à la nourriture, restent comme un trait caractéristique, parmi les souvenirs classiques de chacun de nous.

« Sa porte, » dit V. Le Clerc, « était ouverte aux étrangers qui lui paraissaient dignes de quelque distinction par leur mérite, et à tous les philosophes de l'Asie et de la Grèce. Il en avait constamment plusieurs auprès de lui, qui faisaient partie de sa famille et qui lui furent attachés dans cette familiarité pendant toute leur vie (3). »

Il se faisait accompagner, même dans ses voyages à travers l'Italie, du nombreux personnel d'esclaves et de licteurs, qu'il considérait comme nécessaires à sa dignité (4).

Et cependant l'ambition devait coûter bien plus encore à l'homme politique, que ses goûts mondains ou ses fantaisies d'artiste.

(1) Pline, *Hist. Nat.*, XIII, 15.

(2) Dans les premières années de sa vie publique, il avait, paraît-il, l'estomac délicat, et redoutait les repas copieux, mais il en fut différemment plus tard; plusieurs lettres à ses amis l'indiquent, pendant ses périodes de prospérité, depuis la fin du septième siècle surtout. Cic., *Ad fam.*, VII, 26; IX, 15, 24, 26.

(3) *Œuvres complètes de Cicéron*, t. I, vie privée et littéraire, 2ᵉ éd., p. 311. Cic., *De natura Deorum*, I, 3.

(4) F. Antoine, *La Famille de Cicéron*, Terentia, p. 23. Extrait des *Mémoires de l'Académie des sciences de Toulouse*, 1889. Cic., *Ad. Att.*, XI, 13, 4.

A cet égard, nous avons d'abord les indications générales que nous fournissent, d'une manière certaine, les usages du temps. La correspondance intime nous a conservé, de plus, quelques traits qui nous indiqueront comment il procédait personnellement en cette matière.

Ainsi nous ne savons pas, sans doute, quel fut exactement le chiffre de ses dépenses pour les candidatures aux grandes charges de la préture et du consulat, et cependant on peut affirmer que ce chiffre fut formidable, parce qu'il l'était forcément pour tout le monde à cette époque. Et après le succès, il fallait aussi payer au peuple ces jeux publics qui exigeaient encore des millions.

Cicéron n'a aucune illusion à cet égard; il faut, à son avis, être très riche pour s'aventurer sur ce terrain, car il écrit au sujet de Milon, qui avait eu pourtant beaucoup d'argent, que ce dernier ne pouvait pas se permettre ces libéralités trop au-dessus de ses moyens. « *Quia facultates non erant* (1). »

Au surplus, son frère Quintus le lui écrivait dans sa note sur la candidature au consulat : « Il faut faire les choses magnifiquement; c'est la condition indispensable du succès; il faut donner des banquets privés, et aussi des banquets publics aux tribus réunies (2). Aies soin, » ajoutait ce frère très avisé, « que ta candidature soit pleine de pompe, et illustre, et splendide, et populaire, et qu'elle ait un éclat et une dignité suprêmes (3). »

Il subit, quant à lui, vaillamment, ces épreuves qui eussent été redoutables pour une caisse moins bien garnie que la sienne, et peut-être pour lui-même aussi, en d'autres moments. Il fit son devoir de magistrat avec facilité, sans doute, car il ne s'en alarma ni ne s'en plaignit nullement.

Il lui arrivait cependant bien souvent, de se montrer inquiet

____

(1) *Ad. Quint.*, II, 8 (nov. 700-54). Plutarque (*Vie de Cicéron*, VIII), rapporte que « les Siciliens lui amenèrent, pour les jeux de son édilité, beaucoup d'animaux de leur île, et lui firent de nombreux présents. Il ne profita point de leur bonne volonté pour s'enrichir, et ne s'en servit que pour faire baisser le prix des vivres.

(2) « *Est in conviviis... et passim et tributim.* » Quintus, *De petit. consul.*, XI.

(3) « *Ut pompæ plena sit, ut illustris, ut splendida, ut popularis, ut habeat summam speciem et dignitatem.* » *Eod.*, XIII.

sur l'état de ses ressources. Il eut évidemment des crises financières aiguës à traverser parfois; il en sortait, du reste, ordinairement à sa satisfaction.

Il y eut, en effet, des hauts et des bas incroyables dans cette
fortune de prodigue impressionnable, littérateur ou artiste et,
en tout cas, imprévoyant. Nous allons en juger par la suite.

Lors de son exil, dans les années agitées de sa carrière
politique, en 596-58, il s'était vu ruiné du jour au lendemain.
Sa correspondance devient alors vraiment attristante. On n'y
trouve plus, pendant quelques mois, que des lamentations,
des larmes, des remords de n'avoir pas été plus habile. Il
s'attendrit sur tout et sur tous, sur sa fille particulièrement et
aussi sur son fils, et même sur sa femme Terentia. Il se demande comment il pourra venir à leur aide, comment il fera
lui-même pour vivre.

Son exil terminé, on le voit reprendre tout à coup et d'une
manière étonnante, un nouvel et puissant essor, dans cette
carrière quelque peu tourmentée, qui fut cependant heureuse,
le plus souvent.

Dès son retour, en effet, il recommence à construire, il
achète de nouvelles terres, de nouveaux objets d'art pour ses
domaines, édifie des portiques, construit des terrasses et des
bains dans ses villas; il invite chez lui les plus grands personnages, Marius notamment (1). C'est à cette époque qu'il fait
circuler l'un de ses hôtes dont nous avons parlé, sur une
litière à huit porteurs, accompagnée de cent hommes armés.
En avril 698-56, il écrit à Quintus qu'il bâtit à trois endroits
à la fois, et qu'il remet à neuf tout ce qui lui appartient, enfin
qu'il vit plus largement que jamais (2).

Deux ans après, la baisse semble être revenue. Au mois de
février de l'an 700-54, il raconte à Atticus qu'il vient d'écrire
à César, pour plaisanter sur leur situation financière à l'un et
à l'autre, assez peu brillante, paraît-il, en ce moment. Mais à
peine sept mois se passent, et voilà qu'en octobre de la même

---

(1) Voir, en ce sens, de nombreux détails dans les lettres des années
698, 699 et 700 à Quintus ou à Atticus. Il s'occupait aussi des villas de
son frère absent; on ne distingue pas toujours très bien de quelles il
s'agit, dans ses lettres à Quintus. Ce qui en ressort, c'est qu'il y avait
de très beaux immeubles dans la fortune des deux frères.

(2) *Ad. Quint.*, II, 6, an. 698-56.

année, il fait une confidence très inattendue à ce même Atticus : il lui apprend d'un ton très dégagé et incidemment, en finissant une très longue lettre, que deux amis de César, lui-même et Oppius « *me dico et Oppium* », viennent de dépenser douze millions de francs, soixante millions de sesterces pour agrandir une basilique du Forum, dont l'aspect lui plaisait beaucoup. Il craint les admonestations affectueuses d'Atticus, et comme il ne veut pas recevoir d'observations dans la réponse à cette surprenante missive, il écrit à son ami : « Je te permets d'être écrasé de cette nouvelle : *dirumparis licet...*, mais les propriétaires du terrain n'ont pas voulu traiter à meilleur marché. Ce sera magnifique. *Efficiemus rem gloriosissimam* (1). » On ne sait pas ce que répondit Atticus.

Il dut être fort étonné, dans tous les cas, lui, le confident des inquiétudes de la veille. Cicéron devait bien donner au moins la moitié de la somme, puisqu'il insistait sur son nom, *me dico*; et s'il donnait, après une période de gêne, six millions au peuple, il devait bien en garder au moins autant pour lui-même. C'étaient donc, probablement, douze ou quatorze millions qui lui étaient arrivés assez vite; dans le temps qui sépare le mois de février du mois d'octobre. Douze ou quatorze millions inopinément acquis en quelques mois! il s'était produit évidemment de bonnes aubaines (2).

Au fond, cette dépense soudaine n'était pas tout à fait désintéressée, il y avait sûrement une arrière-pensée d'ambition, dans cette largesse vraiment royale. Bientôt après, en effet, en 704-50, on voit l'illustre citoyen se préparer à des sacrifices du même genre, mais bien plus rudes encore pour sa caisse, et dont cette fois le but direct est déclaré.

(1) Toutes les éditions de Cicéron que nous avons consultées, et toutes les traductions sont d'accord sur ce chiffre énorme : *Sexcenties*, HS, soixante millions de sesterces. *Contempsimus Sexcenties*, HS. — *Ad. attic.*, IV, 16, édit. Nisard, lettre 155, t. V, p. 160. — Le Clerc, t. XVIII, p. 443. — Edit. Panckoucke, t. XIX, trad. de Golbery, lettre 149. — Tyrrel, *The correspondence of Tullius Cicero*, vol. II. — Billerbeck, *Lettres annotées*, t. I, p. 513. Et cela ne l'empêchait pas de songer peu après à offrir un portique, προπύλαιον, à l'académie d'Athènes, *Ad. att.*, VI, 1.

(2) Dans le courant de cette année 700-54, il ne plaida pas une seule fois, ou du moins, pas une de ses plaidoiries n'est mentionnée; il ne prononça qu'un discours au sénat sur les dettes de Milon, mais il fut nommé augure. V. Le Clerc, t. I, *Tableau chronol. de la vie de Cicéron* (700-54).

La pensée qu'il avait été proclamé *Imperator* par ses soldats en Cilicie le poursuivait ; il voulait, comme d'autres généraux victorieux, goûter les joies de la gloire militaire ; il voulait obtenir les honneurs du triomphe, dans ces rues, sur ces places, au milieu de ces masses du peuple encore tout animées des souvenirs de son éloquence. Les lauriers de la tribune et de la barre ne lui suffisaient plus.

En conséquence, il s'agite, se démène, pour obtenir cette consécration solennelle de succès guerriers, qui avaient en effet, besoin sans doute d'être consacrés ; mais surtout il se prépare à subvenir aux dépenses fastueuses de cette solennité triomphale. Il annonce à Atticus qu'il a donné l'ordre à Terentia, de verser entre ses mains les sommes nécessaires pour les préparatifs du triomphe espéré : « *Me quidquid possem nummorum ad apparatum sperati triumphi ad te redacturum* (1). » Il est probable que cela fut fait.

On fut intraitable, à la vérité, pour les prétentions militaires du grand orateur. Le triomphe ne fut pas accordé. Mais ce que nous voulons relever ici, c'est que sans avoir rien rapporté de sa province, comme les autres généraux qui obtenaient le même honneur, et après la donation d'octobre 54, il se sentait cependant de force à supporter les énormes dépenses de la fête publique à laquelle il devait contribuer pour une large part.

C'était encore un de ses moments de grande opulence, un mouvement de hausse très prononcé dans l'état de ses fonds. Cela ne devait pas durer.

Bien peu après avoir ainsi traité somptueusement toutes choses, et bien que les dépenses prévues n'eussent pas été faites, le pauvre grand homme retombait, en effet, en proie à ses inquiétudes financières, et recommençait à se plaindre dans ses lettres aux parents et aux amis.

Mais qu'on se rassure, la fortune ne tarde pas à se montrer de nouveau clémente, car ses fantaisies coûteuses reparaissent, s'aggravent même, et il ne sait pas plus y résister, au moment de toucher à la soixantaine, que dans les années de la jeunesse (2).

---

(1) *Ad. attic.*, VII, 1 ; 704-50.

(2) Il faut observer, d'ailleurs, pour être tout à fait exact, que ses plaintes coïncident quelquefois, avec des dépenses de fantaisie qu'on a

En 709-45, ce sont des jardins qu'il lui faut dans Rome. Il ne peut plus profiter des jardins charmants de son ancien gendre Crasippès ; il lui en faut d'autres, pour s'isoler dans sa tristesse, et aussi en vue de l'avenir, pour ces années de la vieillesse, dont il avait si éloquemment parlé dans son traité. Le voilà donc écrivant avec insistance et à plusieurs reprises à Atticus, qu'il lui faut des jardins sans tarder, lui donnant l'ordre d'acheter à tout prix ceux qui sont à vendre, fussent-ils les plus beaux de Rome ; et l'on sait ce que coûtaient, aux Romains de ce temps, ces magnifiques séjours de luxe, théâtres de leurs fêtes et de leurs plaisirs. « Ne te préoccupe pas du prix, lui dit-il. *Nec tamen ista pretia hortorum pertimueris... Quanti quanti, bene emitur quod necesse est* (1). » Coûte que coûte, il faut acheter ce qui nous est nécessaire. En ce moment-là, Cicéron avait dans sa caisse, en espèces, 120,000 francs, 600,000 sesterces, qui auraient servi, sans doute, à payer un premier acompte.

Après la mort de sa fille bien-aimée Tullie, c'est-à-dire vers la même époque, ses fantaisies changent de caractère, mais elles peuvent devenir encore plus désastreuses pour sa bourse, s'il n'a pas de puissants moyens à sa disposition. Il est dans la désolation, il faut qu'il associe le monde entier et la postérité elle-même à sa douleur paternelle ; douleur très sincère du reste et très touchante, quoique très expansive, comme tous ses grands sentiments et ses impressions incessantes de toutes natures.

Il ne renonce pas à ses jardins, bien au contraire, mais il a un autre désir, désir sacré cette fois : « *Me majore religione obstrictum puto.* »

Pour sa fille chérie, dit-il, un tombeau ne saurait suffire, il faut lui construire un temple. « *Fanum fieri volo* (2). » Pas un

peine à comprendre, en un pareil état. C'est ce qu'il faisait notamment pour le domaine de Phamea et pour la villa de Frusino, en mars 607-47. Pendant qu'il affirmait n'avoir plus de quoi tenir son train de maison à Brindes, et ne plus pouvoir conserver ses licteurs d'*Imperator* et sa valetaille, il donnait l'ordre de reprendre cette dernière villa qu'il avait vendue fort cher avec pacte de rachat, quelque temps avant. Voir F. Antoine, *La famille de Cicéron : Terentia*, p. 20 et 23, *loc. cit.* Cicéron, *Ad. attic.*, XII, 18, 36, 43.

(1) *Ad. attic.*, XII, 23 ; mars 709.
(2) *Ad. attic.*, XII, 17, 36, 43. — F. Antoine, *loc. cit.* : *Tullia*, p. 31.

édicule ou une simple chapelle, mais un temple qui lui assure la « religion de la postérité. » Les règlements fixent la dimension des tombeaux, cela ne peut lui convenir, c'est, comme il le dit, une apothéose qu'il veut faire, ἀποθέωσιν. C'est une folie, une extravagance, il le sait bien, *error, inceptiæ, stultitia,* τύφος, mais peu importe, il faut commencer tout de suite (1).

« On voit que Cicéron prétendait rendre à sa fille, » dit le savant abbé Mongault, « les mêmes honneurs que l'on rendait à Bacchus, à Hercule... et qu'ainsi, ce *Fanum* qu'il voulait lui bâtir était un véritable temple... Il avait chargé Atticus de faire marché pour des colonnes de marbre de Chio, qui était un des plus beaux marbres de la Grèce ; par là on peut juger qu'il se proposait de faire un monument magnifique (2). »

Ce n'est pas tout encore. « Dans ce temps si fécond en talents, » écrit-il toujours à Atticus, « je veux, autant que je le pourrai, consacrer la chère mémoire de ma fille bien-aimée par tous les genres de monuments. Je ferai donc appel aux écrivains les plus éminents de la Grèce et de l'Italie pour la célébrer dans leurs œuvres, et cependant, hélas ! tout cela n'apportera peut-être qu'une aggravation à ma douleur (3).

C'est là surtout, dans cet appel fait aux grands talents, à tous les lettrés en renom du siècle, et, plus encore, dans la construction de ce temple édifié pour la postérité, qu'il aurait fallu verser les sesterces à flots. Or, certainement, Cicéron n'aurait pas plus songé, cette fois que les autres, à entreprendre ces manifestations extraordinaires de son chagrin, s'il n'avait pas été en mesure de suffire aux frais, car il est avéré qu'il s'est toujours mis en règle avec tout le monde.

Les épreuves politiques et ensuite la mort l'empêchèrent, sans doute, de réaliser ces somptuosités suprêmes.

Dans les derniers temps de sa vie, en finance comme en politique, la chance avait dû tourner pour cet homme, qui semble avoir servi de jouet à la fortune. La force de caractère in-

____

(1) *Ad. attic.*, XII, 36, avril 709 : « *Fanum fieri volo... sepulchri similitudinem effugio, non tam propter pœnam legis studeo, quam ut maxime assequar* ἀποθέωσιν... *ut posteritas habeat religionem.* »

(2) *Hist. de l'Académie des inscriptions et belles-lettres*, t. I, p. 678 et 684. *Mémoire sur le Fanum de Tullia*, par l'abbé Mongault, membre de l'Académie. Cic., *Ad att.*, XII, 1, 9.

(3) *Ad. attic.*, XII, 18.

dispensable pour dominer les tourmentes de la démagogie militaire et en tirer profit lui faisait défaut. Il fut meurtri et emporté par un courant trop violent pour son tempérament d'artiste. Il dut s'appauvrir aussi, car il épousa, un an avant sa mort, à soixante-trois ans, une toute jeune fille fort riche, dont il venait d'être le tuteur et dont les biens étaient encore entre ses mains; on dit qu'il fit cette dernière folie, surtout pour payer des dettes devenues trop pressantes.

Nature honnête et bien intentionnée, il devait, par l'effet des troubles du temps, commettre des fautes, provoquer même des haines violentes autour de lui; il dut se sentir accablé de tous les genres de tristesses, avant de mourir sous les poignards de ses ennemis.

Il avait fait, à une certaine époque, de nombreuses affaires avec un homme qui, sous ce rapport comme sous bien d'autres, devait le laisser fort en arrière, avec Jules César, dont il était tantôt créancier et tantôt débiteur. Il était en comptes avec lui, et l'on sait avec quel sans façon César traita, toute sa vie, les affaires d'argent. Peut-être la politique était pour quelque chose encore, dans ce va-et-vient de finances entre ces deux hommes illustres. Chez César, c'était le désordre et les folles prodigalités en permanence; pour celui-ci, les millions se comptaient par dizaines, et, à certains moments, les créanciers par centaines. Les relations d'argent avec un pareil personnage ne devaient pas être exemptes de danger, en devenant fréquentes : avant son arrivée à la toute-puissance, il était hasardeux de traiter avec un financier de ce genre.

On ne dit pas que Cicéron y ait gagné quelque chose, on ne dit pas non plus qu'il y ait perdu. De ce côté, la politique devait tourner plus mal encore pour l'orateur, que les questions d'argent (1).

L'administration intérieure de sa maison pouvait-elle, du moins, tendre à diminuer l'effet de toutes ces fantaisies accu-

(1) Drumann, *op. cit.*, §§ 107 et 108, donne des détails sur quelques affaires faites avec d'autres personnages. Nous nous bornons à signaler ici, que ce sont ou des prêts, ou des emprunts, ou des restitutions, qui n'offrent, pour nous, d'intérêt, que par leur importance. Il s'agit presque toujours de centaines de mille, ou bien de millions de sesterces. V. notamment Aul.-Gel., *N. att.*, XII, 12. Cic., *Ad fam.*, V, 6, 20; XII, 23. *Ad Att.*, I, 13; VI, 1, 9; XI, 11, 13; XII, 13, 25; XIV, 16; XV, 20.

mulées ? Bien au contraire. C'était, qu'on nous permette cette comparaison de circonstance, un nouveau tonneau des Danaïdes.

Sa femme Terentia, qui n'était pas toujours aimable pour lui, dirigea seule, pendant plus de trente ans, son ménage ; il lui reprochait de gaspiller son argent, d'en détourner pour elle de grosses sommes ; il l'accusa même, à plusieurs reprises, de l'avoir ruiné à son profit. Il finit, du reste, par divorcer, et Terentia, au dire de saint Jérôme, ainsi que d'autres historiens autorisés, fut chercher successivement trois époux, parmi les ennemis les plus irréconciliables de l'homme qui avait longtemps illustré sa vie (1).

En même temps, il était indignement volé aussi par ses intendants, et par celui même de sa femme, Philotimus, qu'il appelait l'admirable fripon, *mirus* φυράτης (2). L'argent sortait de chez lui de tous les côtés à la fois.

Enfin, ses enfants ne furent guère, pour ce père infortuné, que des occasions de grosses dépenses et de tristesses. Sa fille Tullia, qu'il aimait tendrement, se maria trois fois, divorça deux, et fut complètement ruinée par son troisième mari, Dolabella, affreux débauché, qui l'avait épousée pour sa fortune, en escomptant les bénéfices du proconsulat de Cilicie. Elle fut obligée de le quitter étant enceinte. Elle mourut après être retombée à la charge de sa famille, âgée de trente ans à peine (3).

Ce fut encore bien pire de la part de Marcus son fils. Celui-ci, trouvant très insuffisants les 20,000 francs par an qu'on lui envoyait pour vivre à Athènes, encore tout jeune, fit de grosses dettes. « La seule renommée dont il se montra fier par la suite, fut d'être le plus grand buveur de son temps (4). » Il paraît pourtant s'être relevé par ses succès militaires et sa mort courageuse.

Mais, de plus, si on en croit Dion Cassius, Cicéron aurait été aussi trop facile pour lui-même, et les mœurs de ses dernières années, au moins, n'auraient pas été sans reproches. « Qui ne voit, en effet, ces fins manteaux que tu portes ? » lui

<hr>

(1) F. Antoine, *loc. cit.* : *Terentia*, p. 31.
(2) F. Antoine, *loc. cit.* : *Tullia*, p. 29.
(3) *Ad. attic.*, VIII, 1.
(4) G. Boissier, *loc. cit.* Dion Cassius, liv. XLVI, 18 et suiv.

dit Calenus, d'après Dion, dans un discours au Sénat; « qui ne sent l'odeur de tes cheveux blancs peignés avec tant de soin? Qui ne sait que ta première femme, celle qui t'avait donné deux enfants, tu l'as répudiée; et que tu en as pris une autre à la fleur de l'âge, bien que tu fusses décrépit, afin d'avoir sa fortune pour payer tes dettes? Celle-là même, tu ne l'as pas gardée, afin de posséder sans crainte Cerellia, avec laquelle tu as commis l'adultère, bien qu'elle te surpasse en âge, autant que te surpassait en jeunesse, la vierge que tu avais épousée... » (1).

Il fallait beaucoup d'argent pour tenir tête à tous ces désordres, auxquels rien n'aurait manqué vers la vieillesse, rien, s'il faut encore croire ce dernier trait.

Assurément les revenus ne pouvaient pas suffire, même pour les dépenses ordinaires d'une pareille maison. Aussi, nous n'en parlons qu'en dernier lieu et simplement pour mémoire. Cicéron, qui entretient constamment Atticus de ses comptes, ne s'occupe, d'ailleurs, que très incidemment de ses revenus, tant pour l'argent que pour les immeubles. Il demande parfois ce qu'on peut bien faire du produit de ses terres (2).

Nous avons ainsi terminé le relevé de cette singulière fortune; il est nécessaire de nous résumer et de conclure, sur ce premier point.

Avec ces seuls renseignements, et nous ne connaissons pas, certainement, tout ce qui est passé par ces mains toujours ouvertes, on peut cependant imaginer les sommes fabuleuses dont Cicéron a dû disposer, à certains moments.

---

(1) Dion Cassius, *eod.* Cicéron recommande très chaudement cette femme à Servilius dans une lettre; elle avait, elle aussi, des affaires, des créances et même des immeubles en Asie. « *Cerelliæ, necessariæ meæ, rem, nomina, possessiones asiaticas commendavi tibi præsens in hortis tuis quam potui diligentissime.* » *Ad. famil.*, XIII, 72, 708-46.

(2) Peut-être est-ce de lui-même qu'il entend parler lorsqu'il dit dans ses paradoxes à Brutus : « Je n'ai que cent mille sesterces (vingt mille francs) de revenu... » Mais il y dit beaucoup d'autres choses, qui sont bien plus conformes à ses principes qu'à la réalité des faits. (*Parad.*, VI.) N'est-ce pas de sa main qu'a été écrit au même ouvrage, cet éloge de l'économie et de la simplicité de mœurs, pour lesquelles il n'eut que des admirations très peu pratiques : « *Non esse cupidum, pecunia est, non esse emacem, vectigal est : contentus vero suis rebus esse, maximæ sunt certissimæque divitiæ.* »

Au total, toutes ces libéralités de candidat, de sénateur, de grand magistrat ou d'*Imperator* ; toutes ces dépenses d'ambitieux ou d'artiste ; tous ces immeubles somptueux à Rome et en Italie ; tous ces objets d'art ; toutes ces fantaisies insensées, auxquelles il faut ajouter des sommes considérables en dépôt ou en comptes dans les provinces, et dont nous allons parler en détail, tout cela représente des valeurs énormes, passées au compte de ce patrimoine de Romain du grand monde.

Les évaluations sur cet ensemble ne peuvent être évidemment que très hasardées, et nous ne savons à quel chiffre maximum on pourrait s'arrêter. Mais il nous est permis de prendre, pour fixer nos raisonnements, un chiffre minimum. Les sommes que nous venons d'énumérer, en parcourant la seconde moitié de la vie de Cicéron, doivent atteindre au moins 30 millions de francs, à notre avis, 150 millions de ces sesterces, que l'on voit incessamment reparaître, dans les lettres à Atticus, ou à d'autres.

Cinq ou six millions en immeubles, six ou huit donnés en une fois au peuple, en voilà déjà douze ou quatorze d'incontestables, sans compter ce que Cicéron dut garder, en cette circonstance, pour son propre usage ; les autres valeurs ou avances pour la politique sont assurément bien supérieures à ce premier chiffre. Et avec tout cela, il entreprend les plus grosses dépenses, en recommandant à ses mandataires de ne pas compter : *ne pertimueris ...... arcæ fidito*. Qu'on accepte donc notre chiffre ; nous ne le présentons, d'ailleurs, que comme un à peu près, en vue seulement de simplifier notre démonstration.

Il faut observer, au surplus, que ce chiffre de trente millions n'est pas très considérable, eu égard à la fortune des grands personnages de ce temps. Il se serait élevé bien plus haut, si le proconsulat eût été pour Cicéron ce qu'il était pour d'autres.

Mais quel que soit le chiffre exact, encore avait-il fallu trouver le moyen de se procurer tout cet argent. Il y avait des multitudes de pauvres à Rome, et certainement tout le monde ne savait, et ne pouvait, pas plus que chez nous, y faire fortune. Nous le redisons, l'argent valait, à très peu près, ce qu'il vaut actuellement ; et il fallait savoir le gagner.

Or, Cicéron était arrivé à Rome sans grandes ressources. Son père, simple chevalier à Arpinum, n'était pas riche. Dion

Cassius dit même que c'était un pauvre foulon très misérable (1).

D'où venaient-ils donc ces millions, dont on ne saurait nier l'existence ? C'est ce qui nous reste à examiner, et c'est, à notre point de vue, la question vraiment intéressante.

Il paraît qu'on se la posait déjà, même autour du grand orateur ; les ennemis de l'homme politique en forçaient, dit-on, le chiffre, afin de susciter des doutes fâcheux.

On est porté à répondre au premier abord, que, jusqu'à quarante ans, Cicéron fut un avocat très occupé, qu'il plaida pour des rois étrangers et de riches citoyens ; or, il est certain qu'il est des pays et des époques où la carrière du barreau peut devenir fort lucrative.

Malheureusement, la loi Cincia, vigoureusement soutenue par l'intraitable Caton, avait été votée en vue de soutenir les mœurs anciennes, et n'était pas encore tombée en désuétude.

Cette loi défendait absolument aux avocats de recevoir des honoraires de leurs clients (2). Aussi Quintus, en s'adressant

---

(1) V. Dion Cassius, liv. XLVI, n° 4 et suiv., qui fait dire à Calenus que Cicéron a passé son enfance couvert de haillons. A la vérité, Dion Cassius est suspect, et il n'a pas connu Cicéron, ni vu de près les mœurs de son temps, puisqu'il n'a écrit qu'à la fin du deuxième siècle de Jésus-Christ. D'ailleurs, Cicéron et son frère Quintus ont été voyager pour s'instruire en Grèce et en Asie dans leur jeunesse, avant d'avoir pu gagner de l'argent à Rome ; il fallait bien que leur père ait eu le moyen de pourvoir à ces avances improductives.

(2) Cette loi, ou plutôt ce plébiscite de l'an 550-204, était si peu tombé en désuétude au temps de Cicéron, que plus de deux cents ans après, Paul en écrivait un *Commentaire* dont certains extraits figurent au Digeste, et discutait les moyens pratiqués de son temps, pour le tourner (l. 29, D., I, 3, *de Legibus*). C'est surtout sous l'empire que, suivant l'expression de M. Accarias (I, p. 788, 4ᵉ édit.), le barreau « n'étant plus une occupation aristocratique et un acheminement aux honneurs, » on fit de la plaidoirie une profession. Et, néanmoins, le principe de la prohibition de toucher des honoraires était tellement dans l'esprit des lois romaines, que, sous Claude, on s'occupa de maintenir cette disposition de la loi Cincia en vigueur. Certainement, même à cette époque, la *cognitio extraordinaria*, dont parle le Digeste, n'existait pas. Caracalla et Septime Sévère se préoccupaient encore de cette loi, pendant que Paul faisait le commentaire de son texte trois fois séculaire (V. Grellet-Dumazeau, *Le barreau romain*, et l'étude de M. Massol au *Recueil de l'Académie de législation de Toulouse*, 1878-79, p. 41). Qu'importait aux grands personnages, ou aux hommes de talent, comme Cicéron, de plai-

à son frère, ne parle-t-il de ses plaidoieries nombreuses, que comme d'un moyen de se donner de la popularité, et nullement comme d'une carrière où l'on puisse faire fortune. C'est sous le même aspect, que Cicéron lui-même, au *de Officiis*, présente les choses sans aucune affectation. Il devient même plus formel en ce qui le concerne (1), dans une circonstance où il n'avait aucun intérêt à dissimuler la vérité (2). Nous allons préciser.

Gagna-t-il du moins quelque argent, avec les nombreux livres qu'il écrivit, et dont quelques-uns sont d'immortels chefs-d'œuvre? Ses livres ne pouvaient lui rapporter que beaucoup moins encore. L'industrie des libraires était pratiquée à peine, on faisait copier les ouvrages que l'on voulait avoir par des esclaves, et l'on ne connaissait pas du tout les habiles éditeurs (3). Cependant, Cicéron vendait ses œuvres, il en parle une fois dans ses lettres à Atticus ; il a, peut-être, retiré de là quelques sommes qui durent être sans importance (4).

Il est vrai qu'il avait été proconsul en Cilicie, *Imperator* même; mais, plus honnête que ses collègues, il n'avait rapporté de sa province, du moins c'est lui qui le raconte, que quatre cent quarante mille francs environ, légitimement gagnés en une année, *salvis legibus*, et sagement économisés.

der quelques années gratuitement. En une seule année de proconsulat, ou autrement, ils pouvaient gagner, s'ils le voulaient, des millions par dizaines. Ils n'avaient aucun mérite à escompter ainsi l'avenir assuré à tous les préteurs et consuls sortant de charge, ou aux généraux d'armée; le tout était de devenir populaire et de se faire élire aux comices. Assurément, les grands avocats étaient, à Rome, les moins portés de tous à se faire payer par leurs clients, tant que durèrent les élections par le peuple aux grandes charges annuelles de l'Etat. Ils partaient pour leurs provinces très endettés, et puis ils rendaient avec usure à ceux qui leur avaient fait un crédit très intéressé. Tel ne fut cependant pas le cas de Cicéron; mais son talent lui suscita de bonne heure des amis dévoués et des relations fécondes dans le monde de la finance. — Quintus, *De petitione consulatus*, IX. Plutarque (*Vie de Cicéron*, VII) dit : « On s'étonnait qu'il ne reçût aucun présent, aucun honoraire pour ses plaidoiries. » Voy. aussi *Vie politique de Cicéron*, par Le Clerc, d'après Middleton, t. I, 1er supplément.

(1) *Ad. fam.*, VII, 1, *vid. infrà.*
(2) Quintus, *De petit. consul.*, 5, 9. Cicéron, *De officiis*, II, 20.
(3) G. Boissier, *eod.*
(4) Cicéron remercie Atticus d'avoir bien vendu son *Ligarius*. « *Ligarianam præclare vendidisti. Post hæc quidquid scripsero, tibi præconium deferam.* » *Ad. attic.*, XIII, 12.

Or, il ne faut même pas inscrire cette ressource comme effective, à son actif, car elle lui fut enlevée par un homme très puissant en ce moment, et sans scrupule, par Pompée, chez les publicains d'Ephèse auxquels Cicéron les avait confiés, sans doute pour qu'ils les missent dans leurs entreprises. Celui-ci ne réclama même pas ; il accepta facilement cette petite mésaventure qui parut ne pas le gêner, en ce moment ; « *Quod ego sive æquo animo sive iniquo fero* (1). » Quelques jours après, du reste, il était au mieux avec Pompée qui ne lui avait rien rendu.

Le proconsulat de Cilicie ne fut donc pas ce qu'on pouvait en espérer. Il ne produisit rien.

Enfin, la dot de Terentia, sa première femme, n'avait pas été très considérable : environ 80,000 francs suivant les uns, 111,000 suivant d'autres, et quelques immeubles de valeur moyenne ; mais il dut rendre le tout, lors du divorce, et nous avons vu qu'alors, les biens de sa jeune pupille, devenue sa seconde femme, furent employés à régler de l'arriéré. Où donc est la vérité? Nous n'avons pas beaucoup avancé encore.

Nous avons reconnu que M. Gaston Boissier trouve dans sa bienveillance naturelle des explications judicieuses et justes. Il ne met à la charge de Cicéron qu'une illégalité, quelques fraudes à la loi Cincia, et quelques dissimulations, de peur, peut-être, de trouver plus mal que cela.

Mais nous ne pouvons pas nous déclarer complètement édifiés par ces explications, et nous allons dire pourquoi.

M. Boissier fait remarquer d'abord, ainsi que bien d'autres écrivains, que la loi Cincia sur les honoraires ne devait être qu'imparfaitement observée, surtout par des clients comme ceux qu'à eus parfois Cicéron, et qu'il dût lui arriver quelques bonnes fortunes de ce côté. Il l'indique sûrement, à l'égard de la maison de Crassus, que Cicéron acheta avec l'argent de ses amis, ce dernier le reconnut à peu près, lui-même, par un sourire muet au Sénat. Voilà, en effet, qui est admis, pour une de ses maisons de ville ; mais il en avait, en sus, quatre ou cinq des plus belles.

Un de ses clients, Pœtus, lui donna aussi de beaux livres ;

(1) *Ad. fam.*, V, 20, 705-49,

mais il en avait déjà en grande quantité, venus de divers pays, de Grèce notamment. Atticus avait de la marge. « *Arcæ fidito.* »

D'ailleurs, il ne faut rien exagérer. Tous les clients ne sont pas également généreux, même dans les pays où c'est un devoir de régler ses avocats. Mais une loi défendant de payer les plaidoiries devait servir beaucoup de petits calculs. Elle devait calmer, chez beaucoup de clients, après l'audience, ces sentiments exubérants qui la précèdent parfois, ces protestations énergiques de dévouement si communes dans le cabinet de l'avocat, au moment où on va se rendre devant les juges pour plaider le procès, et auxquelles succèdent trop souvent un silence persistant et ingrat, même quand les honoraires constituent une dette.

Nous avons vu ce qu'en pensait Quintus. Cicéron lui-même déclare incidemment, mais très nettement, dans une lettre à Marius, que ses plaidoieries ne lui rapportent pas d'argent. S'il avoue, en souriant, avoir reçu quelques sommes, elles ont eu à ses yeux peu de valeur et surtout elles ne tiraient pas à conséquence. « Maintenant, » dit-il vers la fin de sa carrière, « puisque l'ardeur de l'âge et l'ambition ne sont plus rien pour moi, je n'ai aucun fruit à attendre de mon travail. *Neque enim fructum laboris expecto.* » Il n'avait donc jamais eu à compter sur un résultat matériel, c'est-à-dire sur des honoraires sérieux et soutenus (1).

On voit bien, de même, d'après ce qu'il dit dans le discours *pro Plancio*, que la plaidoierie n'avait pas pour but de gagner de l'argent et que normalement elle n'en procurait pas. Chez nous les avocats ne reprochent pas à leurs confrères de repousser les clients et de se décharger comme d'un fardeau, des causes qui leur viennent, sans distinguer s'il s'agit de pauvres ou de riches. C'est cependant ce qu'exprime Cicéron. « Vous me reprochez d'avoir défendu trop de clients; vous pourriez me soulager de ce soin, et plût aux dieux que vous en eussiez la volonté, vous

_____

(1) *Ad. famil.*, VII, 1 (669-55). Martial plaisante sur la misère des avocats de son temps (III, 32). Lorsque Suétone (*Cic.*, 29) et Tacite parlent de discours payés, il ne s'agit pas de plaidoiries, mais de harangues politiques. Voy. Hild., *op. et loc. cit.*, et aussi aux vers 122 et 124, notes sur *les abus des avocats sous l'empire*. Nous ne parlons ici que de l'époque voisine de la loi Cincia, du temps de la république et des comices populaires.

et tant d'autres qui évitent le travail. Mais à force d'examiner les causes, vous les rejetez presque toutes ; et elles refluent vers nous, qui ne pouvons rien refuser aux malheureux et aux opprimés. » Ce n'est assurément pas là le langage des temps actuels, parce que les bases sur lesquelles est organisé notre barreau sont absolument différentes. Au surplus, nous voyons Plutarque affirmer que Cicéron ne reçut aucun présent ni aucun honoraire pour ses plaidoieries (1).

On plaidait pour se faire un nom au Forum, et arriver ainsi aux grandes magistratures. Les traditions de l'ancien patronage aristocratique étaient d'ailleurs en ce sens, et expliquent la pensée de Caton, et le but de la loi Cincia.

En résumé, il est bien venu, de certains clients généreux, quelques centaines de mille francs, peut-être même quelque million, illégalement et à la dérobée, et aussi de beaux cadeaux en livres et objets d'art. On peut l'admettre. Mais de grosses sommes à jets continus, suffisantes pour combler, toujours à point, même au temps où l'avocat n'exerçait plus, les vides qui se creusaient, pour diverses raisons, à toutes les étapes de cette longue carrière, c'est ce qui ne nous paraît pas possible. Nous pouvons en croire, à peu près complètement, Quintus, Cicéron lui-même, et enfin ce qu'en rapporte Plutarque.

Il ne faut pas oublier, au surplus, que Quintus, arrivé pauvre à Rome comme son frère, et qui n'avait pas comme lui de riches clients, avait pourtant comme lui de belles villas, dont Cicéron surveillait les embellissements pendant son absence. On ne peut pas dire pour Quintus, que la fortune était le produit de ses plaidoiries, et cependant, pour lui aussi, la fortune était venue. Il y avait donc, pour les deux Cicéron, d'autres moyens de s'enrichir.

Quant aux suffrages, et aux discours ou aux actes politiques, il faut rendre cette justice à notre orateur, qu'il ne les a jamais vendus pour de l'argent. Du moins on ne le lui a jamais reproché sérieusement, et on n'aurait pas manqué de le faire, s'il eût seulement éveillé quelque soupçon à cet égard (2).

Les clients pouvaient, à la vérité, tourner la loi Cincia d'une

(1) V. les autres détails donnés en note ci-dessus, p. 74 et 77.
(2) Voir toutefois Plutarque, *Cic.*, IX, et l'*Invective attribuée à Salluste.*

autre façon. A Rome, on instituait fréquemment de simples amis héritiers, ou on leur laissait des legs; c'était un usage que l'on devait pratiquer naturellement, en vue d'exprimer sa reconnaissance, pour des services gratuitement rendus; et Cicéron acquit souvent, par ses plaidoiries, le droit d'en bénéficier. Cette forme de la gratitude chez le client est encore louable, quoique moins méritoire de sa part, et moins sûre pour l'avocat.

En effet, il a relevé le compte exact de ce qu'il a touché, sa vie durant, de ce chef; c'est quatre millions en tout (1).

Mais les autres vingt ou vingt-cinq millions, d'où sont-ils donc venus? C'est ce que nous pouvons nous demander encore, car ils ne sont arrivés ni d'Arpinum, ni de Cilicie, ni de chez le libraire, ni même, du moins de son aveu, de chez les clients.

Et d'abord, ce qu'il nous paraît urgent d'affirmer de plus fort ici, pour dissiper tous les doutes, c'est que Cicéron ne fut ni un concussionnaire, ni un dilapidateur, ni un usurier. Tous ceux qui ont étudié de près la vie de cet homme si naturellement juste, qui l'ont jugé, comme nous, dans ses innombrables lettres, c'est-à-dire d'après nature, sont d'accord à cet égard. Malgré quelques insinuations, peu autorisées d'ailleurs, tous ses biographes lui rendent ce témoignage, auquel nous tenons à nous associer, pour l'honneur du grand personnage, non moins que dans l'intérêt de notre thèse.

Ce n'est pas, nous pouvons l'affirmer, dans les concussions, malheureusement si fréquentes autour de lui, qu'il a cherché sa fortune. S'il l'eût fait, c'est surtout dans sa province proconsulaire, en Cilicie, qu'il en eût trouvé l'occasion. Or, c'est là que M. d'Hugues l'a spécialement étudié dans son remarquable ouvrage : *Une province romaine sous la République,* et il n'y est pas question d'une sorte d'honnêteté relative seulement, mais « de son intégrité, de son désintéressement, de sa délicatesse pointilleuse qui devait lui servir de règlement (2). » Le même auteur ajoute, en divers autres passages de son beau livre, « que la Cilicie eût dû bénéficier de l'administration excellente d'un homme tel que Cicéron, si grand à la fois par le génie et par le cœur... Ce fut le plus humain, le plus intel-

(1) *Ad. attic.*, XVI. V. quelques détails dans Marquardt, *op. cit.*, § 106.
(2) G. d'Hugues, *Une province romaine sous la République*, p. 362.

ligent des hommes... Et qui donc a jamais mis en doute la modération et le désintéressement de Cicéron... N'y a-t-il pas, de la part de certains historiens, quelque maladresse à lui faire une gloire de n'avoir pas volé comme tant d'autres? Le vrai mérite n'était pas tant de s'abstenir soi-même, que d'obliger les autres à suivre cet exemple. Quelques bottes de foin qu'il eût pu réquisitionner, chemin faisant, auraient fait moins de mal à la province que l'insigne mollesse de sa conduite à l'égard d'Appius Claudius... Il sortit de sa province, comme il y était entré, les mains nettes (1). » C'était bien *salvis legibus*, comme il le dit lui-même.

« Il finit son administration, » dit V. Le Clerc, « par un trait de générosité sans exemple avant lui, et qui n'eut pas sans doute beaucoup d'imitateurs. Comme il avait épargné par son économie un million de sesterces sur la somme qui lui était assignée pour sa dépense annuelle, il les remit libéralement au trésor. Ce désintéressement, dit-il, fit murmurer tous ceux de sa suite, qui s'attendaient à lui voir distribuer entre eux cet argent. Cependant il ne manqua pas non plus de leur faire trouver beaucoup d'avantages à l'avoir servi, et les récompenses qu'ils reçurent de lui furent honorables (2). » C'est toujours la même chose : des générosités, de grosses dépenses, sans qu'on puisse apercevoir la source où elles viennent s'alimenter, ni surtout leur attribuer des origines criminelles.

De même il renonça, plus tard, en faveur d'Antoine, au proconsulat de la riche province de Macédoine qui lui était échue en partage, et ensuite à celui de la Gaule Cisalpine, qu'il abandonna à Q. Metellus.

Il faut donc encore chercher ailleurs.

Drumann, qui a étudié en détail la vie de Cicéron, avec peu de sympathie à la vérité, comme la plupart de ses compatriotes, mais qui en a analysé les actes avec un soin méticuleux, s'est, à notre avis, rapproché de la vérité. Il s'étonne de la fortune de Cicéron; que serait-ce s'il y avait compté la donation des douze millions faite avec Oppius, dont il paraît ne

____

(1) *Eod.*, p. 4, 8, 10, 242, 363. Voir, dans le même sens, Gaston Boissier, *loc. cit.*

(2) V. Le Clerc, *Vie politique de Cicéron, in med.* — Cic., *Ad Att.,* VII, 1.

s'être pas suffisamment préoccupé. Quand il cherche l'origine de tout cela, il y ajoute, entre autres sources, l'argent des publicains. Reste à savoir par quelle voie arrivait cet argent (1). C'est ce que Drumann ne nous dit pas.

Ce qu'il y aurait de mieux à faire, peut-être, serait d'interroger sur ce point Cicéron lui-même. Or, il a répondu à la question, du moins en thèse, et d'une manière générale : « *publicis sumendis.* » Il s'agit seulement de bien comprendre ces mots, passés jusqu'ici, à peu près inaperçus.

La démonstration serait plus complète, s'il était possible de prendre le spéculateur sur le fait. N'en désespérons pas. Il y a des choses de telle importance dans la vie que, quoi qu'on fasse, on ne parvient jamais à les dissimuler complètement.

Voici d'abord ses déclarations de principe.

Il ne connaît, quant à lui, que trois moyens de s'enrichir honnêtement : Le commerce, « *mercaturis faciendis,* » le travail, « *operis dandis* » et enfin « *publicis sumendis,* » les opérations sur les adjudications de l'État, fermes de l'impôt ou entreprises de grands travaux publics (2), plus clairement les opérations des publicains. Nous demandons qu'on accepte pour le moment cette traduction. Nous la légitimerons avec toute son étendue et toute sa portée, dans le sens le plus moderne du mot. C'est l'un des objets principaux de ce travail (3). Le public bénéficiait de ces entreprises, en prenant

(1) *Op. cit.,* § 106.

(2) *Parad.,* VI.

(3) Remarquons, en effet, qu'il n'est pas question ici, seulement de ceux qui prennent une part directe à la perception de l'impôt, des adjudicataires, des publicains proprement dits, mais des spéculateurs qui se multiplient autour d'eux.

Il s'agit ici d'opérations financières, à la portée du public, puisqu'il s'agit d'une ressource ayant un caractère général. On ne dirait pas chez nous, que les fonctions d'employé des contributions ou des chemins de fer et travaux publics, sont l'une des trois uniques sources où le peuple doit trouver ses moyens d'existence, au même rang que le commerce et les professions libérales. A ce moment-là, ce qu'on a appelé depuis la plaie du fonctionnarisme n'existait pas à Rome ; elle n'apparut que sous l'Empire. Ce n'est donc pas seulement au travail de la perception que ces mots de *publicis sumendis* peuvent s'appliquer ici. Quelques traducteurs disent « dans les fermes de l'impôt, » c'est vrai, mais pas

des actions et en opérant sur leur valeur variable, comme on le fait de nos jours.

Le commerce lui est prohibé comme sénateur; n'en parlons pas.

Le travail est gratuit pour lui comme avocat. La loi Cincia est là; et il ne considérerait pas comme un procédé honnête et avouable, celui qui consisterait à violer les lois. Il fallait, dans tous les cas, y mettre une certaine mesure, comme nous l'avons dit. Ce second procédé ne compte guère plus que l'autre, pour lui, et nous devons passer encore.

Restent les opérations sur les entreprises des publicains, comme seul moyen légal et usuel à sa portée.

Or, nous verrons que c'est justement au Forum où il va lui-même tous les jours de sa vie, que ces opérations se réalisent et se concentrent. Les publicains richissimes, les directeurs et sous-directeurs de grandes compagnies par actions s'y réunissent très régulièrement, aux mêmes endroits, pour y recevoir leurs courriers de province, pour y retrouver leurs actionnaires et leurs clients, constater le cours des *partes*, délibérer et donner leurs ordres. On y est en relation avec le monde entier, et on y fait des affaires avec les correspondants de toutes les provinces; on s'y ruine ou on y fait des fortunes subites, voilà ce que nous établirons à n'en pas douter.

Il y avait là une place, auprès des deux Janus, où les naufrages fréquents des uns servaient à enrichir les autres. Nous expliquerons amplement tout ce trafic énorme. Là, tous les jours, Cicéron voit les publicains, il s'y entretient avec eux, comme il a le soin de l'écrire à son frère Quintus.

Se mêlait-il à ces groupes affairés de financiers que Plaute nous peindra sous de vives couleurs, ou bien à ces capitalistes entourant les banquiers à leur place quotidienne, seulement pour causer des événements du jour, ou plutôt n'était-il pas là pour user, lui aussi et avec eux, de ce troisième moyen de faire fortune à l'usage des honnêtes gens, « *Publicis sumendis ?* » Que faut-il en penser? Qu'est-ce donc qui aurait pu l'attirer si assidûment dans ce quartier de la finance, pendant

suffisamment compréhensif; il faudrait y ajouter les grands travaux publics, et autres spéculations innombrables et d'immense étendue.

les périodes, surtout, où il abandonnait la politique pour ne plus s'occuper que de ses propres affaires (1)?

Cherchons encore dans la correspondance. Nous y trouverons que, pendant une de ces années où les événements le tenaient éloigné des fonctions publiques, il confiait ce qui suit à Atticus : « Maintenant, j'agis au Forum, de façon à ce que chaque jour le zèle de nos hommes et nos *ressources* aillent en augmentant : *ut opes nostræ augeantur* (2). » Peut-on traduire ici le mot *opes nostræ* du texte, par les mots *nos richesses*, comme on le fait très fréquemment? S'il en était ainsi, il n'y aurait plus, pensons-nous, aucun doute possible. Cicéron se serait enrichi au Forum comme les autres financiers s'y enrichissaient, en y exposant leurs fortunes dans la spéculation. Mais la suite de la phrase prouve que ce mot doit être pris dans un sens plus général, et c'est pour cela que nous avons employé, pour le traduire, le mot français *ressources*.

Pourtant ce mot *opes* ne comprend-il pas ici les résultats matériels, en même temps que d'autres que l'on peut recueillir au Forum, la considération, l'influence politique? C'est ce que nous croyons. Le mot *opes* doit se référer nécessairement à quelque chose de positif, et, dans ce moment, Cicéron ne recherchait pas les suffrages de ses concitoyens. « *Rem publicam nulla ex parte attingimus.* »

Il semble, du reste, et c'est un trait curieux de son caractère, toutes les fois qu'il fait des affaires d'argent plus ou moins honorables, se réfugier instinctivement à l'abri des mêmes équivoques. On dirait qu'il veut se tromper lui-même et rester au-dessus des préoccupations vulgaires. C'est ainsi, qu'à l'occasion de son second mariage, après avoir avoué, dans une lettre à Plancius, le mauvais état de ses affaires domestiques

---

(1) Ce qu'il y trouve représenté, il le dit bien : *Honestissimæ et maximæ societates.* « Les plus honorables et les plus grandes compagnies. » N'est-ce pas le langage moderne? *Ad. Quint.*, 695, 61. Voy. sur ce point notre étude, *infra*, chap. II, sect. III.

(2) Voici ce texte que nous transcrivons dans toute son étendue pour qu'on puisse en apprécier la portée : « *Nunc ita nos gerimus, ut in dies singulos et studia in nos hominum et opes nostræ augeantur. Rempublicam nulla ex parte attingimus. In causis atque in illa opera nostra forensi summa industria versamur. Quod egregie non modo iis, qui utuntur opera, sed etiam in vulgus gratum esse sentimus. Domus celebratur, occurritur, etc.* » *Ad. attic.*, II, 22 (695-59).

et la nécessité d'y mettre ordre, il termine sa phrase en disant que s'il épouse à soixante-trois ans sa riche pupille, c'est pour se créer des relations plus fidèles que les anciennes. Il oublie, à trois lignes de distance, le vrai motif, qui était de remettre ses affaires à flot. « *Novarum necessitudinum fidelitate contra veterum perfidiam muniendum putavi,* » dit-il; il faut y ajouter la fortune, qu'il détenait déjà comme tuteur de la jeune fille, et qu'il avait besoin de garder d'une façon ou de l'autre.

Ce qui nous confirme, d'autre part, dans la pensée que ce sont les relations d'affaires, et l'argent des publicains, que Cicéron vient chercher au Forum, c'est l'intérêt tout particulier qu'il manifeste précisément pour eux et pour les opérations qu'ils y pratiquaient. Dans une lettre de l'an 708-46, il écrit à Brutus pour lui recommander Varron; « à peine venu au Forum, » dit-il, « Terentius Varron a cherché mon amitié, cette amitié s'accrût immédiatement par deux raisons qui devaient redoubler ma sympathie : la première, c'est l'objet de ses études... la seconde raison, c'est qu'il *s'attacha aussitôt aux sociétés des publicains;* à la vérité, je ne l'aurais pas voulu, parce qu'il y fit de grosses pertes, mais cette association dans un ordre qui se recommande si fort à moi, « *mihi commendatissimi* », rendit notre amitié plus solide (1) ».

Il est absolument certain, comme nous le verrons dans un chapitre spécial, que, non seulement Cicéron était en relations journalières avec les financiers et particulièrement avec les grands publicains au Forum, mais qu'il était leur ami et leur protecteur; qu'il leur rendait des services, en disant que ce n'étaient que des actes de réciprocité et de reconnaissance; qu'il les appelait *valde familiares, amplissimi, nobis optime meriti,* et de bien d'autres mots plus expressifs encore, que nous signalerons dans ses lettres et ses discours.

Il nous paraît résulter de tout cela, que Cicéron ne fut pas associé en nom, ce qui ne lui était pas permis comme sénateur, mais qu'il dut se procurer des actions, des *partes,* sur lesquelles il spécula, à Rome et sur toutes les places où les publicains entretenaient des relations avec Rome, *ut opes augeantur,* pour accroître ses ressources. Nous verrons, par la suite, qu'il savait

____

(1) *Ad. fam.,* XIII, 10 (708-46).

indiquer le prix de ces actions, en tenant compte de leur valeur à un moment donné, c'est-à-dire au cours du jour.

Cette explication des origines restées jusqu'à ce jour obscures, de la fortune du grand orateur, nous paraît d'autant plus probable, qu'elle s'appuie enfin sur un autre fait certain de sa vie, qu'il semble avoir voulu laisser aussi dans l'ombre.

Nous allons, en effet, terminer l'énumération de ces demi aveux, en prenant le spéculateur sur le fait, ou du moins en affaires d'argent avec les publicains, et alors, peut-être, ne restera-t-il plus aucun doute sur ses relations et ses habitudes financières.

Nous voulons parler des créances considérables et nombreuses qu'il a eues pendant tout le temps que dura sa correspondance, en province et à Rome. Cerellia, cette femme âgée à laquelle il s'intéressait tant sur ses vieux jours, sa *necessaria*, comme lui-même, avait des créances en Asie, il les recommandait chaleureusement aux soins de ses amis, en même temps que ses propres fonds.

En mai 703, il s'agit d'une créance de cent soixante-quatre mille francs (1), en juin, c'est une autre plus modeste, de cinq mille francs, et puis une autre de cent quatre-vingt mille francs (2). En 706, il écrit qu'il a à lui, en Asie, une grosse somme, cette fois, quatre cent quarante mille francs disponibles, deux millions deux cent mille sesterces en monnaie de cistophores, et qu'on peut en disposer par billets pour payer ce qu'il doit à Rome (3). Il était en ce moment dans les plus

---

(1) *Ad. attic.*, V, 5 (mai 703). *Explicatum sit illud*, HS, XX et DCCC.

(2) *Ad. attic.*, V, 9 (juin 703). Maxime de XX et DCCC : *Cura ut sciamus.*

(3) *Ad. attic.*, XII, 1 (février 706-48). Il est vrai que cette somme de 2,200,000 sesterces se trouve numériquement la même que celle qui lui a été enlevée par Pompée chez les publicains d'Éphèse. On a conclu, sans donner des preuves, que c'était ce que Pompée lui avait pris à Éphèse qui lui restait dû deux ou trois ans plus tard, dans une ville d'Asie, qu'il ne désigne pas. Mais rien, si ce n'est la similitude des chiffres, n'autorise cette conclusion, et on ne voit pas comment, si Pompée lui a enlevé cette somme (*abstulisse*), elle s'y trouve encore ; ou bien, s'il l'a rendue, comment il ne l'a pas rendue à Rome, où il doit l'avoir emportée, et où il est dans les termes de la meilleure amitié, en ce moment, avec Cicéron qui, du reste, en avait fait son deuil, nous

grands embarras : « *Quibus acerbissime afflictor.* » Sur tout cet argent, il ne donne, dans ses lettres, aucune explication, pas même à Atticus ; on dirait qu'il affecte sur cette matière de ne s'exprimer jamais qu'à demi-mot. Il n'expliquait pas davantage à Atticus comment lui venait tout cet autre argent que, si souvent, il le chargeait de dépenser en le priant de ne pas compter.

L'argent qui lui était ainsi dû, ou qui lui revenait, n'était pas de l'argent placé à intérêts ; ce n'est pas sous cet aspect que Cicéron le présente dans ses lettres. Il faut, d'ailleurs, à notre avis, lui rendre cette justice, qu'il ne se livrait pas à l'usure, comme le faisaient beaucoup de ses contemporains les plus célèbres ; du moins rien ne l'indique. Nous savons même qu'il avait refusé, en province, de faire des entreprises équivoques, dans lesquelles sa femme Terentia avait voulu l'engager.

Mais ce qui n'est pas douteux, c'est que ces grands publicains et ces riches banquiers du Forum, qu'il voit tous les jours, sont eux-mêmes en relations d'affaires avec tous les pays de l'univers, surtout avec la province d'Asie, *tam opima et fertilis*, la première de toute la terre « *pour les publicains* (1). » Par l'intermédiaire de ces derniers, on peut avoir des créanciers et des débiteurs partout.

Comment cela pouvait-il se faire? Le discours *pro lege Manilia* nous l'apprendra en détail. Pour faire nommer Pompée, l'ami des publicains, général en chef de la guerre contre Mithridate en Asie, Cicéron démontre, avec la plus grande éloquence, au Sénat et au peuple, qu'il faut se hâter de mettre en sûreté les valeurs de tous genres apportées par les publicains dans cette province ; et ce qu'il faut sauvegarder aussi, ajoute-t-il, c'est l'argent, ce sont les sommes énormes que *les citoyens de Rome*, les plus honorables chevaliers, y ont *engagées* dans les entreprises vectigaliennes : « *Quorum magnæ res aguntur in vestris vectigalibus exercendis occupatæ.* » Nous re-

l'avons vu. En tout cas, que ces sommes soient distinctes, ou qu'il y ait une somme unique, ce que nous ne pensons pas, c'est chez les publicains d'Asie et par leur caisse que passent ces millions de sesterces, ce qui est pour nous le fait capital. Restent, d'ailleurs, les autres créances énormes de Cicéron, et celles aussi que Cerellia possède en Asie, et sur lesquelles veille son ami.

(1) *Pro lege Manilia*, VI et VIII.

viendrons en détail sur tous ces faits que nous pouvons invoquer légitimement ici, parce que nous les établirons sûrement à la place qui leur est réservée dans notre travail (1).

C'est bien chez les publicains aussi, nous l'avons vu, chez les publicains d'Ephèse, que Cicéron avait remis personnellement, en passant, le produit de ses économies proconsulaires. Evidemment les publicains étaient ses hommes d'affaires, il était leur client.

Avons-nous à rechercher maintenant comment quatre cent quarante mille francs en cistophores étaient dus, un peu plus tard, à notre orateur, à l'honorable chevalier et d'autres grosses sommes à Cerellia, dans cette même province d'Asie, que continuaient à exploiter les publicains, avec l'argent venu de Rome?

C'était pour Cicéron et aussi pour sa vieille *necessaria Cerellia*, ou bien des dividendes à toucher sur place, ou bien le prix d'actions, de *partes*, vendues sur le lieu même, et payables en monnaie du pays ; car, pour ces raisons de détail ou pour d'autres, les rapprochements que nous faisons s'imposent, et les preuves nous semblent faites.

Il avait donc peut-être déjà, en l'année 687-67, des motifs tout personnels de dire dans sa chaude harangue : « Protégez-les donc ces publicains qui nous sont si précieux. » Il se servait même d'un mot plus expressif, plus caractéristique de son impressionnabilité ordinaire : « *Qui nobis fructuosi sunt.* » Fructueux, dirons-nous, non pas seulement à raison des impôts qu'ils perçoivent pour l'Etat et des grandes entreprises qui leur sont adjugées, mais fructueux aussi pour les particuliers : « *Quod ad multorum civium pertinet.* »

Le fait vient donc éclairer la déclaration de principes de l'auteur des paradoxes, sur les trois moyens de faire fortune de son temps. Il pratiquait le moyen resté à sa disposition : « *Publicis sumendis,* » et comptait par centaines de mille francs, par millions de sesterces, ce qui lui en revenait très souvent d'un seul coup.

Nous répugnerions à affirmer que Cicéron ait aidé la fortune en sachant trop sûrement prévoir la baisse, ou vendre trop à propos des *partes carissimas*, des actions en hausse. A-t-il

(1) *Eod.* Voy. le chap. III, sect. II, § 6 : *Les publicains en Asie.*

abusé, par exemple quelquefois, de ses informations officielles ou autres, au profit des grands publicains pour partager leurs bénéfices ou même pour opérer sur des valeurs sur lesquelles il pouvait prévoir une brusque variation ? On peut se le demander.

Sa haute situation de consulaire et de sénateur influent, le mettait à même d'être toujours bien informé des nouvelles politiques. Il fut assurément au courant des moindres nouvelles apportées des provinces par les courriers d'Etat, *tabellarii*, et des premiers instruits, à partir du moment où il fut nommé augure. Or, par une coïncidence singulière, on peut remarquer qu'il fut élevé à ces hautes fonctions sacerdotales et politiques dans le courant de l'année 700-54, c'est-à-dire pendant cette année précisément où, besogneux en février, il donnait, en octobre, six ou huit millions au peuple, où il songeait ensuite à offrir un portique pour l'Académie à Athènes, et puis réunissait d'autres millions en vue de son triomphe (1).

Il pourrait y avoir dans ces dates, de terribles rapprochements à faire, pour les esprits portés aux observations pratiques. Voyons les choses de plus près.

Cicéron était sans préjugé en ce qui concernait la dignité de ses fonctions de pontife. Ce n'était pas par sentiments religieux qu'il les avait briguées, mais uniquement pour les avantages qu'il en pouvait retirer; c'est là un fait incontestable.

Etait-ce des augures ou des aruspices seulement, qu'il voulait parler, lorsqu'il redisait complaisamment après Caton : « Que

(1) Il se considérait bien comme étant, par situation, au courant des questions d'Etat, lorsqu'il disait, au point de vue des affaires publiques : « Itaque in hac custodia, et tanquam in specula, collocati sumus... Equidem non deero : monebo, prædicam, denuntiabo, testabor semper deos hominesque quid sentiam... » Philip., VII, 7. Nous ne pouvons nous empêcher de remarquer particulièrement qu'en cette année (700-54), il était, en sa qualité d'augure, mis au courant de toutes les nouvelles reçues par les magistrats, auxquels il devait prêter son ministère, spécialement dans les comices, où il pouvait prononcer la fameuse formule « altero die » pour en faire ordonner le renvoi. Il pouvait donc prévoir les influences qui devaient se produire sur le marché, dès l'arrivée des *tabellarii*, des courriers d'Etat. Cette observation a d'autant plus de gravité, que, d'une part, il n'est fait mention d'aucune plaidoirie prononcée par lui pendant cette année, et que, d'autre part, il ne devait pas avoir à compter sur les produits de ses travaux antérieurs, puisqu'il exprimait, peu de temps avant sa bonne fortune, des inquiétudes sur sa situation pécuniaire. C'était évidemment une aubaine inattendue.

ceux-ci ne pouvaient se regarder entre eux sans rire. » Il aurait pu le dire également de tous ; et c'était son avis à n'en pas douter. Mais le titre d'augure lui conférait des honneurs suprêmes avec une influence directe et souveraine sur les grandes affaires de l'Etat ; il en possédait tous les secrets.

Certes, c'était une action déshonnête que de se faire ainsi le ministre de pratiques religieuses qu'il considérait comme de grossières impostures (1) ; voulait-il, en outre, en tirer profit ? Cela devait lui paraître assurément moins criminel, que de voler le trésor, ou de piller les provinces, comme tant d'autres.

Incontestablement, il fréquentait, tous les jours, le monde des spéculateurs, avant, après, et même pendant la durée de ses plus hautes fonctions politiques. Nous ne voudrions pas mettre gratuitement à sa charge des abus ou des indélicates-ses, bien à portée de la main cependant, lorsqu'on possède un secret d'Etat avant qu'il ait pénétré dans le public, et qu'on fréquente personnellement le marché tous les jours. Mais ce que nous affirmons, c'est que tout cela était possible et même facile à la bourse de Rome, absolument comme dans nos bourses modernes, à raison de l'influence des événements poli-tiques sur les affaires. Nous le démontrerons jusqu'à l'évidence par les discours de Cicéron lui-même (2).

Or, les plus graves événements de la guerre des Gaules et la réduction de Cypre en province romaine, correspondent préci-sément à cette première année du pontificat de Cicéron, si fer-tile en millions, et il avait dû se produire des variations très brusques et très fréquentes sur le marché de l'argent au Forum.

Ce sont là les passes périlleuses pour les imprudents, où les gens avisés font fortune, et l'on peut dire que Cicéron, en ce

----

(1) Voir en ce sens tout son traité de *Divinatione* et spécialement sur le mot de Caton, *De Divinatione*, II, 24 ; *De natura deorum*, I, 26. « Les augures et les aruspices étaient proprement les grotesques du paga-nisme, » dit Montesquieu. C'est de Cicéron lui-même qui était augure que nous apprenons ce qu'il faut en penser. « On en avait retenu l'usage pour l'utilité de la République, » reprend l'auteur de l'*Esprit des lois*. Cela ne nous paraît pas suffisant pour justifier Cicéron de s'être fait sciemment le complice de ces impostures. Il fut bien plus honnête homme en disant publiquement ce qu'il en pensait en 709-45.

(2) Voy. notamment le discours *Pro lege Manilia*, et surtout le pas-sage que nous transcrivons au chapitre III, sect. I, § 6 de notre étude.

moment-là, ne savait que faire de son argent. Il le répandait somptueusement, presque follement, autour de lui par millions, et il n'avait pas plaidé une seule fois dans l'année (1).

Nous verrons que la spéculation et le jeu étaient d'ailleurs tout à fait dans les mœurs des riches de l'époque, particulièrement dans celles des chevaliers, des bourgeois d'origine, comme Cicéron.

Ce ne sont, disons-le bien, que de simples questions que nous nous posons sur ces derniers points d'un caractère personnel et délicat; nous n'avons pas de texte explicite à cet égard.

Comment en aurions-nous, d'ailleurs? En supposant nos conjectures exactes, Cicéron n'avait aucune raison d'indiquer en détail dans ses lettres à des amis, ce qui nous préoccupe ici. Et ses comptes avec les hommes d'affaire ne nous sont pas parvenus. Mais son silence même, sa discrétion sur les causes de ces prospérités subites et de ces ruines, qui viennent parfois surprendre Atticus, le conseiller et l'ami, jusqu'à l'écrasement, sont peut-être une preuve indirecte de plus, à l'appui de ce que nous pensons sur les soubresauts de cette fortune agitée. Comment ne dit-il pas tout simplement à son confident d'où lui vient tout cet argent inespéré, alors qu'il entre avec lui dans tous les détails de ses affaires infiniment moins importantes?

Malgré les insinuations de ses ennemis, le silence de ceux qui ont parlé de lui peut certainement s'expliquer de la même façon. Cicéron ne faisait rien que de très ordinaire en spéculant au Forum, même sur des millions, par ces temps où l'on était habitué à un maniement de fonds colossal dans la capitale du monde, et alors qu'on y voyait tous les ans des proconsuls et des généraux revenant trente et quarante fois millionnaires, des provinces pour lesquelles, peu de temps avant, ils étaient partis couverts de dettes.

Au reste, il ne poursuivait ainsi, selon ses propres expressions, que ce dont il avait besoin pour vivre (*opus esse quæsito*) (2), car ce qu'il dépensait, c'était pour lui, en quelque sorte, le juste nécessaire. Il le dit littéralement à propos des beaux jardins qu'il lui faut à la fin de sa vie. Ne lui avons-

(1) Le Clerc (tableau chronologique), *Œuvres de Cic.*, t. I.
(2) Paradoxe VI, *eod.*

nous pas vu écrire à Atticus : « achète-les, coûte que coûte, ces jardins, même les plus beaux, *quanti quanti*, ne crains rien pour le prix, *ce qui est nécessaire* est toujours bien acheté (1). »

Il était facilement arrivé, sans doute, à être de ceux pour qui l'indispensable, c'est le superflu. Il ne faut pas trop le reprocher à son tempérament d'artiste, et d'orateur méridional, à ses mœurs, à la fois grecques et italiennes.

Cicéron nous raconte que, pendant son enfance, on apprenait dans les écoles à réciter le texte suranné de cette loi barbare des Douze Tables, abrogée en grande partie, mais que l'on vénérait encore comme une relique des luttes glorieuses de jadis : « *Discebamus enim pueri XII, ut carmen necessarium ; quas jam nemo discit.* » C'était au milieu du septième siècle.

Quand Cicéron est devenu un homme, ces antiques traditions se sont effacées pour toujours, « *quas nemo jam discit,* » personne n'apprend plus le vieux texte.

Aussi, par son éducation, est resté en lui quelque chose de ce patriotisme traditionnel et mystique, de ces scrupules personnels, de ces points de l'honneur romain que l'on ne retrouve presque plus désormais, à l'époque des sceptiques et des démagogues.

Alors il est devenu lui-même, avec le temps, le philosophe raisonneur qui a perdu toute foi aux anciennes croyances, l'homme aux goûts artistiques qui dépense inconsidérément son patrimoine en vanités ou en folies. Malgré la délicatesse de sa nature, malgré l'humanité de ses sentiments, il n'hésite pas à couvrir de son honorabilité, à environner de tout l'éclat de sa parole, la classe de ces intraitables publicains qui pressuraient la province, l'épuisaient sans pitié et s'enrichissaient de la ruine de leurs innombrables victimes.

Enfin, malgré la droiture et la loyauté de sa vie, d'une façon ou de l'autre, tout le monde est d'accord à cet égard, il permet à ces publicains reconnaissants, de l'intéresser directement à leurs fortunes équivoques ou criminelles, pour parer à une partie des frais de sa vie élégante et coûteuse (2).

Ainsi, par une chance heureuse pour l'histoire des faits que

____

(1) *Ad. attic.*, XII, 23.

(2) Drumann, *Geschichte Röms*, t. VI, § 106. Tous les auteurs qui ont étudié la vie de Cicéron ont été amenés à signaler ces rapprochements réitérés entre ses affaires d'argent, et celles des publicains.

nous étudions, se sont conservés jusqu'à nous, les souvenirs austères du passé de Rome, confondus dans les détails d'une même existence avec les mœurs sceptiques, dissolues, réalistes et imprévoyantes des temps nouveaux.

Nous trouvons, réunis en un point commun, les derniers reflets des origines glorieuses, et les présages funestes de la fin des libertés publiques.

On doit pardonner beaucoup à Cicéron, en souvenir de ses chefs-d'œuvre et aussi à raison du temps dans lequel il a vécu.

Il lui fallait, en vérité, pour devenir tout ce qu'il a su être, ces millions aussi faciles à perdre qu'à gagner. Sans eux, nous n'aurions pas eu Cicéron, ou du moins, nous l'aurions eu très différent de ce qu'il est resté pour nous, par ses œuvres.

Comment aurait-il pu s'élever et vivre de pair, ensuite, avec ces grands seigneurs de la finance et du patriciat, très inférieurs à lui, de toutes manières, et bien moins scrupuleux, mais dont la société était devenue, comme il le pensait, le strict nécessaire, pour sa vie politique, aussi bien que pour son délicat et merveilleux tempérament d'écrivain.

C'était un aristocrate par nature, dont le talent aurait été étouffé, s'il eût été contraint à vivre au milieu des vulgarités et des clameurs de la plèbe.

Ne soyons pas trop sévères pour ses fautes. La justice de Dieu seule peut être absolue, parce que, seule, elle peut tout voir, en tenant un compte exact des difficultés que chaque être a dû rencontrer dans la vie et des préjugés sous l'empire desquels il a passé son existence. Telle était déjà la doctrine supérieure professée par l'homme illustre en la personne duquel nous avons voulu surtout, faire revivre les mœurs de son temps.

Mais la pensée qui reste dominante en présence de ce grand nom de Cicéron, c'est que son génie oratoire a pu glorieusement braver les siècles, et que ses œuvres devront toujours être placées au premier rang, parmi les plus beaux titres d'honneur de l'esprit humain.

Nous pourrions assurément donner beaucoup d'autres détails sur la vie privée des Romains de ce temps, sur le luxe somptueux de leurs plaisirs et de leurs fêtes ; tout cela a été si souvent décrit dans des tableaux très artistiques, très saisissants, que nous ne devons pas y insister ici.

Dans les affaires de finance, le sentiment moderne de l'honneur a-t-il avantageusement remplacé la vieille tradition romaine du respect de la foi promise ou jurée, qui s'était longtemps conservée, au moins dans les rapports des citoyens, malgré ces enrichissements soudains et ces opulences d'origines si diverses? C'est ce qui nous semble difficile à juger.

Il ne faut pas oublier, malgré tout, que ce ne sont pas les hontes de Rome qui lui ont donné la puissance et la domination sur l'univers ; bien au contraire, c'est par là qu'elle a décliné vers sa chute. C'est le moment de le redire, l'histoire serait sans logique et sans moralité, si elle n'avait pas pu relever, en même temps que les vices ou les abus dont nous venons de parler dans les dernières parties de ce chapitre, les énergies traditionnelles, la fidélité religieuse à la parole jurée, la fierté native et le dévouement à la patrie, qui survécurent quelque temps à la dissolution des mœurs, dans les dernières années de la République.

Il est temps maintenant d'introduire sur la scène les publicains eux-mêmes et les banquiers ; de les voir, jouant leur rôle dans ce monde romain qui finit par aimer l'argent par-dessus tout, au milieu de ce peuple dont nous avons essayé d'indiquer les passions, les caractères divers, les procédés et les ambitions, dans leurs changements à travers les siècles.

La suite de ce travail éclaircira, nous l'espérons, beaucoup de choses que nous n'avons pu qu'indiquer ici.

CHAPITRE II.

L'ŒUVRE FINANCIÈRE ET POLITIQUE DES PUBLICAINS ET DES BAN-
QUIERS. — HISTOIRE INTERNE. — CENTRALISATION DES AF-
FAIRES A ROME.

Ulpien, dans un texte rapporté au Digeste, nous donne une
définition qui, par la simplicité de sa forme, n'indique guère
le rôle important qu'ont joué les publicains, durant une longue période de l'histoire de Rome. Il ne faut pas s'en étonner.
L'institution avait perdu toute son activité et sa grandeur à
l'époque classique. Elle figure à peine, par quelques dispositions répressives ou d'exécution, dans les Compilations de Justinien. Le pouvoir impérial avait, depuis longtemps, absorbé
toute initiative privée.

Le jurisconsulte s'exprime ainsi (L. 1, § 1, D. 39, 4, *de pu-*
blicanis) : « *Publicani sunt qui publico fruuntur : nam inde no-*
» *men habent, sive fisco vectigal pendant, vel tributum conse-*
» *quantur : et omnes qui quid a fisco conducunt recte appellantur*
» *publicani.* »

Les publicains sont ceux qui traitent avec l'Etat, pour prendre à ferme les impôts ou les revenus des terres publiques,
pour entreprendre, soit les fournitures, soit les transports de
vivre ou de munitions pour les armées, soit enfin les grands
travaux publics. Dans cette dernière matière des travaux publics, l'une des plus considérables, garderont-ils logiquement
et effectivement leur nom, quand ils traiteront avec les cités,
ou avec toute autre *universitas*, se rattachant à l'organisation
de l'Etat ? C'est ce que nous aurons à examiner ultérieurement.

Quelle qu'ait été l'étendue de leurs spéculations, et quoique
leurs œuvres financières aient eu pour champ principal d'ap-

plication les provinces, il ne faut pourtant pas confondre les publicains avec les *negotiatores* : ces trafiquants nombreux et pleins d'audace, dont il est souvent question à l'époque de la République.

Après les guerres Puniques, Rome semble avoir eu conscience de la force d'expansion qui allait conduire ses armées de victoire en victoire, dans l'univers entier. Sous l'influence de ce sentiment de fierté nationale, et animés par la passion du gain, les *negotiatores* s'étaient répandus de bonne heure, dans la plupart des provinces que Rome devait soumettre ; avant que les armées n'eussent pénétré dans le pays, ils en avaient déjà pris possession. Ils étendaient progressivement, des frontières de la province, jusque dans l'intérieur des terres, par tous les moyens en leur pouvoir, et par le seul effet de leur énergie personnelle, leur domination financière et commerciale.

C'est ainsi que l'insurrection des Gaules, par laquelle se termina la guerre, fut suscitée par les abus ou les déprédations des Romains, déjà répandus dans tout le Midi, et éclata par le massacre des *negotiatores* de Genabum (1). Cicéron rapporte, en effet, que, même avant la conquête, il ne se déplaçait plus en Gaule un solide, qui ne figurât sur les registres des citoyens romains (2).

Et lorsque, en 666-88, les habitants de l'Asie occidentale procédèrent, sous la direction de Mithridate, à ce massacre de cent cinquante mille Romains, qui fut le début d'une grande guerre, ils ne se vengeaient pas seulement des publicains et des proconsuls qui avaient commis leurs excès dans les provinces déjà conquises, ils égorgeaient dans ces « Vêpres Asiatiques (3) » les trafiquants italiens qui s'étaient avancés bien au delà des possessions romaines, à l'abri d'alliances conclues, ou simplement, soutenus par le prestige de leur race. Il en fut de même en Afrique ; nous retrouverons ces faits, à leur place chronologique dans l'histoire, et nous les redirons avec plus de détails (4).

(1) César, *De bello gall.*, VII, III.
(2) Cicéron, *Pro Fonteio*, I. César signale ce fait que les Belges n'avaient pas encore subi l'influence des *mercatores*, lorsqu'il arriva dans leur pays.
(3) D'Hugues, *loc. cit.*, p. 47.
(4) Salluste, *Jugurtha*, XXVI.

Ces *negotiatores*, comme les publicains eux-mêmes (1), faisaient souvent des affaires de banque. Cependant, c'est à tort que l'on confond, parfois même dans les ouvrages les plus autorisés, tous ces trafiquants, sous le nom commun de banquiers. C'est aller beaucoup trop loin, et nous devons apporter ici plus de précision dans les termes.

Occupons-nous d'abord des publicains, nous parlerons ensuite des banquiers, laissant de côté les *negotiatores*, trafiquants en détail, dont nous n'aurons à traiter qu'incidemment, et dans leurs rapports avec les personnages que nous étudions.

SECTION PREMIÈRE.

Les publicains. — Caractères de leurs entreprises. — Personnel de leurs sociétés.

§ 1er. — *Adjudications de l'Etat. — Leurs débuts.*

L'histoire des publicains ne remonte pas à l'époque royale. Elle se place, presque tout entière, entre les guerres Puniques et Auguste.

De grands travaux furent exécutés pendant la royauté, mais tout donne à penser que c'était sous la direction des agents de l'Etat et l'autorité du roi, que s'exécutaient ces travaux. Un passage de Tite-Live ne peut laisser aucun doute à cet égard ; pas plus que les paroles que l'historien orateur place, à cette occasion, dans la bouche de Brutus (2). On sait, du reste, que les citoyens furent très souvent requis, même malgré eux, pour construire les solides édifices et les beaux aqueducs dont les ruines, encore visibles, remontent aux premiers temps de Rome (3).

De même, pour la perception des revenus publics qui, d'ailleurs, ne devaient pas être considérables, l'adjudication ne dut pas être très pratiquée sous les rois. Cependant, les terres publiques devaient être déjà louées, et il est certain que l'exploi-

---

(1) César, *De bello civ.*, III, III, 31, 103; *Vell. Pat.*, II, 11.
(2) Tite-Live, I, 56; II, 59.
(3) Tite-Live fait dire à Brutus, pour exciter le peuple à la révolte : « *Opifices ac lapicidas, pro bellatoribus factos.* »

tation des salines fut donnée à l'adjudication de très bonne heure.

Quant à des associations organisées pour ces exploitations, il n'en est question nulle part, à l'égard de l'époque royale.

Il en est à peu près de même, du commencement de la République, jusqu'aux guerres Puniques, 490-264 ; ou, du moins, les documents ne sont ni très clairs, ni très nombreux ; et on en est encore à peu près réduit aux conjectures sur l'œuvre des publicains à cette époque.

Cependant, il résulte de plusieurs textes de Tite-Live, que, dès le début de l'ère républicaine, les terres conquises en Italie devenaient, en grande partie, biens du domaine public, et étaient adjugées à des fermiers moyennant des redevances en nature ou en argent (1).

Tout, au reste, fut mis en adjudication chez les anciens Romains, les travaux les plus simples, les patrimoines insolvables, les liquidations difficiles, et bien d'autres choses plus humbles, si nous en croyons les *Satires* d'Horace (2).

Il faut reconnaître, d'ailleurs, que d'autres peuples plus anciens avaient dès longtemps connu la ferme des impôts ; elle était pratiquée en Orient, en Grèce, en Sicile notamment et même en Gaule chez les Æduens (3), bien avant la conquête. Est-ce aux Grecs ou aux Carthaginois que ces usages ont été directement empruntés ? Nous répondrons, avec M. Luigi Correra, le dernier qui ait écrit sur cette matière, que c'est assez difficile à indiquer (4). Probablement, c'est à la pratique générale que les Romains se sont conformés. Mais ils devaient, comme en toutes choses, aller bien plus loin que tous leurs devanciers.

---

(1) Voir les quelques détails donnés à ce sujet par Belot, *op. cit.*, p. 182; Tite-Live, XXVII, 3, tome II; Mommsen, *op. cit.*, t. V, p. 409.

(2)   Qucis facile est ædem conducere, flumina, portus,
    Siccandum cluviem, portandum ad busta cadaver,
    Cunducunt foricas......   (Horace, *Sat.*, III.)
Voir aussi Horace, *Epit.*, II, et Mommsen, t. IV, p. 133.

(3) César, *De bello gall.*, I, XVIII : « Dumnorix complures annos portoria, reliquaque omnia Æduorum vectigalia parvo pretio redempta habere... »

(4) *Di alcune imposte dei Romani.* Turin, 1887.

7

§ 2. — *Développements subits de l'industrie, de la spéculation et des grandes sociétés de publicains.*

Les grandes sociétés de publicains ont dû se développer avec une rapidité étonnante, car, nous le savons, Polybe écrivait peu de temps après les guerres Puniques, vers 610-144, et de son temps, l'œuvre des Compagnies avait déjà pénétré partout, avec ses *socii* et ses *participes*.

On devrait supposer, en effet, à priori, que ce n'est pas en quelques années que les mœurs publiques peuvent se transformer ainsi, et qu'il faut du temps pour que les capitaux d'un peuple très avisé, osent prendre, avec ensemble, cette direction financière nouvelle, si opposée par sa nature aux instincts de prudence des vieux Quirites.

C'est que, depuis le troisième siècle avant notre ère, une révolution à la fois politique et économique avait commencé à Rome, et avait presque subitement agrandi son œuvre dans tous les sens. M. Belot a consacré une étude spéciale à l'examen de ces faits, et il en indique l'origine et les causes. « Les Romains, » dit-il, « qui, pendant des siècles, étaient restés un petit peuple continental, protecteur du commerce de quelques villes de la côte, comme Circeii, Antium, Terracine, mais enfermé lui-même dans un horizon étroit, voué à l'agriculture et à la guerre contre de pauvres montagnards comme les Eques, les Sabins, les Samnites, les Herniques, se trouva en un demi-siècle transformé en un grand peuple méditerranéen. Il avait maintenant des ports fréquentés par tous les marins, des îles, des flottes de guerre et de commerce. Il faillit armer en 515-239, sous prétexte de délivrer cinq cents marchands italiens emprisonnés par les Carthaginois, pour avoir porté des armes et des vivres aux mercenaires révoltés contre Carthage (1). » Et il ne cessait de grandir merveilleusement.

La passion du trafic s'était bientôt développée à un tel point, même chez la plèbe, que les soldats romains eux-mêmes se faisaient trafiquants, et prenaient le soin d'emporter de l'argent dans leur ceinture, en vue de le faire produire, jusque dans les pays lointains où les amenait la guerre. Lorsque le

______

(1) Belot, *La révolution économique, etc.*, p. 116.

service leur en laissait le loisir, ils spéculaient, ils se faisaient *negotiatores*, et ne devaient pas mettre grand scrupule dans l'exercice de cette profession, qu'ils cumulaient avec le métier des armes. Tite-Live nous dit cela très expressément, à propos de l'expédition de Flamininus contre Philippe de Macédoine : « *Negotiandi ferme causa argentum in zonis habentes* » (577-177) (1).

Presque tout à coup les valeurs monétaires s'étaient tellement abaissées, que le prix des objets les plus usuels avait décuplé à Rome (2).

La transformation fut, à l'égard du mouvement des fortunes privées, aussi prompte que complète; il en fut de même pour les grandes affaires, et tout cela produisit presque instantanément, on le comprend, les plus graves modifications dans la politique intérieure et extérieure de Rome, aussi bien que dans les finances publiques.

L'énergie que le soldat est habitué à apporter dans les combats et les fatigues de la guerre, le citoyen resté à Rome la met alors à s'enrichir par son travail, ses entreprises, ses relations d'affaires à travers les mers et les terres nouvelles.

Il ne faut pas confondre, en effet, les Romains de ces temps des premières conquêtes extérieures, avec ceux des siècles précédents, et moins encore avec les oisifs, les hommes vicieux et les frumentaires des siècles qui vont suivre.

Le Romain des sixième et septième siècles, c'est encore l'homme énergique, de cette race illustre, qui s'élance vers un avenir de gloire et de richesses inouies, qui veut que le monde entier se soumette à elle corps et biens, et qui entend tout conquérir, au dehors comme au dedans, par l'habileté autant que par la force.

Ces trafiquants hardis, sortis de Rome pour aller chercher fortune au delà des frontières, et que nous avons vus si entreprenants et si fiers, ne sont que les émanations de ce centre d'activité de la ville où tout s'anime de plus en plus, où l'on travaille, où l'on spécule avec la fièvre que donne la vue de l'or arrivant à flots des provinces conquises. Tout s'agite et tout s'organise, en vue des résultats positifs du présent. Mais, il

(1) Tite-Live, XXXIII, 29.
(2) Belot, *eod.*, 104 et suiv.

faut bien le dire, l'avenir est menacé, parce que les vieilles traditions s'effacent de jour en jour.

Cependant, l'Etat, en s'agrandissant, reste fidèle aux anciens usages : il donne en adjudication, aux enchères publiques, ses domaines à exploiter, les mines, les travaux publics, les impôts. Tout ce qui appartient à l'Etat, et il garde le plus possible, passe aux mains des adjudicataires, qui spéculent à sa place et pour leur propre bénéfice.

Or, avec les conquêtes et les immenses rapines de ce temps, tout prend des proportions démesurées et inattendues.

Il faudra donc, pour répondre aux besoins publics et aux nouvelles entreprises, constituer des sociétés puissantes, grouper des capitaux. C'est ce que feront les chevaliers qui ont quelques avances, et qui veulent courir à la fortune.

Mais cela ne leur suffira bientôt plus; il faudra faire appel à la petite épargne, qui est le nombre, c'est-à-dire s'adresser au grand public. On le fera par le seul procédé possible : au moyen de l'action. C'est à cette époque, sans aucun doute, que l'action est apparue.

Comment pourrait-on en douter, lorsque Polybe nous affirme que, pendant que les uns entreprennent en leur nom, d'autres font société avec eux « *cum his societatem habent,* » que d'autres, enfin, versent, sous le nom des associés véritables, de l'argent dans leurs entreprises « *alii horum nomine bona sua in publicum addicunt,* » et que cela comprend le peuple à peu près tout entier; lorsque, d'autre part, Cicéron nous répète, en des termes devenus usuels, et déjà mis par nous en relief, qu'il y a là des *socii participes,* ayant des parts dans les sociétés adjudicataires, et des parts que l'on transfère, *dare partes,* qui peuvent changer de valeur et sont susceptibles de hausse et de baisse, ainsi que nous le disons aujourd'hui.

Mais, on le comprendra, nous avons hâte de préciser à cet égard ; nous ne devons pas, sur ce point essentiel de notre étude, nous contenter de probabilités et de conjectures. Polybe et Cicéron, par leurs renseignements très nets, si on les examine attentivement, par leurs affirmations très autorisées, et parfaitement d'accord avec les autres indications très nombreuses, qui résultent des écrits ou des faits se référant à la même période de l'histoire romaine, seront les guides qui éclaireront le plus sûrement notre route.

Nous n'avons rien à apprendre à personne sur la valeur des écrits de Cicéron, et nous n'avons pas besoin de l'établir. Dans ses discours, dans ses plaidoyers et dans ses lettres, on retrouve la vie de Rome prise sur le fait ; c'est là surtout que nous puiserons à pleines mains, des documents aussi nombreux qu'intéressants sur les publicains et les banquiers, ses amis les meilleurs, *valde familiares*, *optimi*.

Quant à Polybe, écrivain grec, et moins généralement pratiqué de nos jours, il nous a fourni un document spécial et des explications de la plus haute valeur, sur lesquels nous aurons à fixer toute notre attention. A raison même de la portée élevée que nous donnerons à ses déclarations, c'est un devoir pour nous de le montrer sous son vrai jour ; et, par la même raison, c'est à d'autres que nous emprunterons leurs appréciations sur le mérite de ses œuvres, sur sa compétence comme écrivain politique, sur son exacte et haute probité comme historien.

Esprit supérieur, il était venu de Grèce pour étudier les mœurs politiques et militaires de Rome. Il s'était fait connaître dans la haute société romaine ; il avait su s'attirer l'amitié et la confiance des plus illustres citoyens. Il vécut en relations fréquentes avec Paul-Émile, avec les Scipions et tous les autres maîtres du jour ; il fut même employé dans des missions difficiles à l'occasion des rapports de la Grèce avec la grande République. Mommsen en parle avec respect et admiration ; voici ce qu'il en dit : « Les vicissitudes de la fortune lui avaient montré, mieux qu'aux Romains eux-mêmes, la grandeur historique de leur capitale... Jamais peut-être il ne s'est rencontré d'historien réunissant aussi complètement en lui les qualités précieuses de l'écrivain qui puise à même les sources... Il décrit les pays et les peuples, il expose leur système politique ou mercantile, et remet à leur place, trop longtemps négligée, tous les faits multiples et importants que les annalistes ont laissés au rebut, faute de savoir à quel clou, à quelle date précise les suspendre... Chez Polybe, quelle circonspection, quelle persévérance dans l'emploi des matériaux... Jamais ancien ne l'emporta ici sur lui... L'amour de la vérité était pour lui une seconde nature (1)... » Fénelon en parle dans le même

(1) Mommsen, *Histoire romaine*, t. XI, p. 103 et 105.

sens (1). On raconte que celui qui devait être le plus puissant génie de notre siècle, Bonaparte, passait, à le lire et à le méditer, les meilleurs moments de sa vie solitaire de l'école de Brienne. Cicéron lui-même avait déjà signalé Polybe comme l'historien le plus digne de foi (2).

Appien, Tite-Live, Velleius Paterculus lui-même, n'ont pas pu voir de près, comme Polybe, ces débuts de la vie nouvelle, au sortir des guerres puniques, alors que la cité latine commençait à se porter en conquérante, au delà du sol de l'Italie. Ils ne sont venus que plus tard, et les années qui les séparent de cette époque du travail de la première expansion, sont précisément de celles où ne cessèrent pas de se produire, dans les masses, les transformations les plus inattendues et les plus profondes. Tout venait d'être changé de leur temps, par un revirement dans les mœurs qui avait eu les effets d'une révolution. Et voilà pourquoi ils restent à peu près muets sur des institutions essentielles jadis, mais bouleversées depuis, et que Polybe nous explique avec la plus grande clarté, parce qu'elles fonctionnaient encore sous ses yeux.

C'est ce que M. Laboulaye a observé très justement. « Il est incroyable, » dit-il (3), « avec quelle rapidité les institutions de la République ont été oubliées sous l'empire. Parmi les écrivains qui ont vu la République, Salluste, Tite-Live, Cicéron, tiennent le premier rang ; César est de moindre ressource... Polybe nous donne peu de renseignements sur le droit criminel ; mais pour l'organisation intérieure de la République, quelles pages, chez les anciens, comme chez les modernes, sont à comparer à son examen de la constitution romaine. »

Nous pouvons désormais avancer sûrement, à la suite de deux guides d'une valeur si haute et si bien établie.

---

(1) « Polybe est habile dans l'art de la guerre et dans la politique ; mais il raisonne trop, quoiqu'il raisonne très bien. Il va au delà des bornes d'un simple historien. Il développe chaque événement dans sa cause : c'est une anatomie exacte. Il montre, par une espèce de mécanique, qu'un tel peuple doit vaincre un tel autre peuple, et qu'une telle paix, faite entre Rome et Carthage, ne saurait durer. » — Fénelon, *Lettre à l'Académie*, au chapitre VIII (Projet d'un traité sur l'histoire).

(2) « *Sequamur enim potissimum Polybium nostrum, quo nemo fuit in exquirendis temporibus diligentior.* » Cicéron, *De Rep.*, II, xv.

(3) *Essai sur les lois criminelles des Romains*, introduction, XVII.

Or, voici comment s'exprime Polybe, en nous décrivant l'organisation intérieure de Rome : « Il y a un grand nombre de choses qui sont données à ferme par les censeurs, les entreprises de constructions publiques qu'il serait difficile d'énumérer, et aussi les revenus de l'Etat, ceux établis sur les fleuves, les ports, les jardins, les mines, les champs, et enfin tout ce qui est l'objet des marchés de l'Etat. Tout cela est livré à l'exploitation du peuple, à tel point que *tout le monde*, peut-on dire, est intéressé à ces adjudications et aux bénéfices que l'on y réalise. Les uns se portent eux-mêmes directement adjudicataires devant les censeurs, d'autres cautionnent les adjudicataires, d'autres font société avec eux, et d'autres, sous leur nom, apportent des fonds à ces entreprises publiques (1). »

Ce qui résulte de ce passage, c'est d'abord que l'Etat, par l'intermédiaire de ses magistrats et de ses adjudicataires, concentrait entre ses mains, non seulement toutes les opérations sur les finances publiques, mais les grandes entreprises de toute nature. Nul autre que lui, d'ailleurs, n'aurait pu le tenter, parce qu'il réservait à ses publicains seuls, la possibilité d'organiser des sociétés capables d'entreprendre les opérations financières ou industrielles de grande portée. Nous reviendrons spécialement sur cette considération très importante, en examinant de près le fonctionnement de ces sociétés et de leurs agents. Nous déterminerons, en même temps, le caractère juridique de ces grandes associations, et les différents rôles de ceux qui les constituent. Nous devons les examiner d'abord dans les traits généraux de leur existence.

Or, ce que nous constatons par la suite du texte de Polybe, c'est que non seulement ce sont les spéculations de ces sociétés qui se multiplient dans tous les sens, mais qu'il en est ainsi, surtout, du nombre de ceux qui y prennent part.

« Tout cela, » dit le texte, « est livré à l'exploitation du peuple, à tel point que tout le monde, peut-on dire, ὡς ἔπος εἰπεῖν,

---

(1) Polybe, *Hist.*, VI, 17. Voici le passage grec de la partie essentielle du texte original : « Παντα χειρίζεσθαι συμβαίνει τα προηιρεμένα διὰ τοῦ πλήθους, και σχηδὸν, ὡς ἔπος εἰπεῖν, παντας ἐνδεδέσθαι ταῖς ὠναῖς καὶ ταῖς ἐργασίαις ταῖς ἐκ τούτων. Οἱ μεν γὰρ αγόραζουσι παρὰ τῶν τιμητῶν αὐτοὶ τὰς ἐκδόσεις, οἱ δὲ κοινωνοῦσι τούτοις, οἱ δ'ἐγγυῶνται, τοὺς ἠγαρακότας, οἱ δὲ τὰς οὐσίας διδόασιν ὑπὲρ τούτων εἰς τό δημόσιον. »

παντας, est intéressé à ces adjudications et aux bénéfices que l'on y réalise. »

A moins de ne tenir aucun compte de ces affirmations formelles, et c'est ce qu'il n'est pas permis de faire, puisque c'est de Polybe qu'elles émanent, est-ce que nous ne sommes pas amenés à voir surgir, dans ce passé lointain, cette foule des petits rentiers, d'actionnaires, par lesquels vivent aujourd'hui les grandes entreprises, et fonctionne, même le crédit de l'Etat?

Les Romains de cette époque, nous ne craignons pas de l'affirmer, nous avaient évidemment dépassés, dans ce mouvement d'affluence des petits capitaux vers les grandes entreprises. Quel que soit de nos jours le nombre des porteurs de titres de toute espèce, y a-t-il un écrivain exact et sérieux qui oserait, pour en indiquer la multiplicité, se servir des expressions employées par Polybe pour nous dire, dans le langage le plus net et le plus simple, ce qui se passait de son temps?

Evidemment, personne ne s'y trompe, ce « *tout le monde* » intéressé dans les spéculations des publicains, ne doit pas, même pour Rome, être pris au pied de la lettre. Pour avoir des actions, quelque minimes qu'elles soient, des *particulas*, il faut avoir réalisé des épargnes, et tout le monde n'en a jamais été là, à Rome, pas plus qu'ailleurs, dans aucun temps. Mais, ce que nous pouvons affirmer sûrement, c'est que c'était de ce côté que se dirigeaient presque tous les capitaux de la classe moyenne en fermentation, et aussi beaucoup plus qu'elles ne le font chez nous, pour les valeurs de bourse, les petites épargnes de la plèbe. Le temps des usures patriciennes provoquant les révoltes sanglantes, tendait à se transformer, à mesure que l'argent devenait moins rare, et que les spéculations s'étendaient bien loin des limites de l'*Ager Romanus*.

Au surplus, le bon sens indique qu'il avait fallu tout cela, ou bien tout au moins un procédé équivalent, pour répondre aux exigences nouvelles et immodérées de l'ambition romaine. Polybe va nous fournir, dans ses observations profondes sur la politique, des documents qui nous semblent décisifs, pour nous démontrer la diffusion vraiment incroyable des capitaux de ces sociétés jusqu'au fond de la plèbe, et Cicéron viendra nous en rendre témoignage à son tour, dans une multitude d'occasions. Mais avant de consulter ces textes, ne pouvons-nous pas attester que les choses devaient tout naturellement, pour ainsi dire, se produire comme elles l'ont fait.

Nous avons insisté sur ces considérations de simple bon sens, dans notre exposé général du sujet, parce que c'est là ce qui devait y être mis en relief, comme trait caractéristique et comme résultat certain de cette étude historique (1). Quand un peuple, disions-nous à priori, réalise de vastes opérations où les millions constituent l'élément indispensable, il n'a à sa disposition que deux procédés, connus et pratiqués dans l'histoire du monde. Ou bien, il a à sa tête un chef tout-puissant, qui réunit entre ses mains l'argent de tous ses sujets et en dispose à son gré. C'est ce que firent, pour accomplir leurs œuvres gigantesques, les monarques de l'Orient. C'est la réunion des capitaux par l'oppression et par la contrainte. Ou bien, la concentration doit se faire par l'association libre des capitaux de tous, et par l'attrait du bénéfice que chacun espérera en retirer.

Les empereurs romains ont reculé, ils sont revenus au premier procédé ; ils ont fait comme on avait fait avant eux, pour édifier les immenses travaux des grands empires asiatiques ; c'était le despotisme en toutes choses.

La République romaine avait manié autant d'argent qu'eux, et accompli d'aussi grandes œuvres, c'est le second procédé qu'elle avait dû nécessairement employer : la concentration des fonds par le mobile volontaire de l'intérêt. Or, pour cela, ajoutions-nous, c'est l'action cessible et limitée dans ses risques qui s'impose. C'est notre procédé moderne, le seul qui puisse amener l'affluence volontaire de ces grandes valeurs, divisées en petites fractions innombrables, que l'on n'attire qu'à la condition de les laisser toujours libres et maîtresses de leurs mouvements, avec des risques de pertes limités à l'apport et des espérances de gain indéfinies. Tels sont les *desiderata* indispensables aux actionnaires de tous les temps et de tous les pays. Si on n'offrait pas tout cela, le public refuserait cet argent, qu'il va perdre de vue en le versant entre des mains à peu près inconnues. Les Romains furent donc amenés, par la force des choses, à organiser, par actions, la plus grande partie du capital de leurs immenses sociétés. Il en a été et il en sera

____

(1) Voy. notre aperçu général du sujet, *supra*, p. 12 et suiv.

toujours nécessairement ainsi, quand on voudra attirer à soi les petites et inépuisables épargnes du grand public.

Il fallait bien, d'ailleurs, à un autre point de vue, que ce mouvement général de l'argent, qui se répandit dans le peuple par l'œuvre des publicains, se produisît d'une manière ou d'une autre. Comment la classe moyenne et la plèbe elle-même auraient-elles pu se résigner à ne pas avoir leur part dans les bénéfices des conquêtes pour lesquelles elles avaient courageusement versé leur sang ? Comment auraient-elles pu résister au désir d'attirer à elles, quelques parcelles de cet or qui affluait à Rome de tous côtés, lorsque le moyen venait, pour ainsi dire, s'offrir de lui-même à chacun, par l'intermédiaire des publicains et de leurs exploitations lucratives que soutenait l'Etat ?

L'industrie privée était écrasée par le travail des esclaves, déconsidérée dans l'opinion, mal rémunérée dans ses produits. Les entreprises de l'Etat seules pouvaient réaliser les grandes opérations de l'industrie, du commerce et des finances publiques, parce que, seules, elles pouvaient, par leur organisation privilégiée, avoir la durée et l'étendue. La classe moyenne dut naturellement tourner ses regards et ses convoitises de ce côté. Elle contribua assurément, de sa personne, à l'œuvre des publicains, car il est certain que, « les enchères couvertes, les publicains partaient avec une armée d'agents et d'esclaves pour la province qui leur était livrée (1); » mais elle voulut aussi, très légitimement, être associée directement aux résultats. Elle le fut par les *partes*, en apportant des capitaux qui se multipliaient à l'envi par des bénéfices incessants, accomplis sans scrupule, le plus souvent cyniquement, aux dépens des provinces conquises.

Les employés libres et citoyens romains étaient probablement presque tous actionnaires, tout nous autorise à le croire, suivant l'expression de Valère Maxime au sujet de l'un d'eux : « *particulas habebant* (2). » Mais le plus grand nombre des actionnaires restait à Rome, employés à l'administration centrale ou simplement rentiers. Ceux-ci avaient parfois de grosses parts : « *Magnas partes publicorum habebant* (3). » Les nobles

(1) Duruy, t. II, chap. v.
(2) Valère-Maxime, VI, 9, n° 7. Cicéron, *Verr.*, 2, *passim*.
(3) Cicéron, *Pro Rabirio*.

y avaient aussi des actions importantes, mais secrètes, suivant l'expression de Mommsen (1).

Ainsi peut s'expliquer, même pour l'époque où les distributions publiques ne pouvaient suffire à faire vivre la foule des frumentaires, ce mot du tribun Philippe, rapporté par Cicéron : « *Non esse in civitate duo millia hominum qui rem habeant. Il n'y a pas dans la ville deux mille hommes qui aient quelque chose* (2). » Les grandes fortunes étaient peu nombreuses, en effet ; les immeubles surtout étaient réunis dans le patrimoine de quelques grandes familles ; mais la classe moyenne bénéficiait des richesses amassées par les publicains, très probablement elle jouait sur la variation des cours, au Forum et dans les basiliques.

Par là, et avec la ressource modeste du petit commerce et de la petite industrie, se soutint quelque temps cette vigoureuse classe moyenne qui avait fourni des légions à d'innombrables guerres. Cicéron ne le dit-il pas formellement dans un texte dont nous lui avons fait application à lui-même (3)? « Il n'y a que trois procédés à la portée de ceux qui ont besoin de gagner de l'argent honnêtement : le commerce, le travail, et les adjudications publiques, *publicis sumendis* (4). » Chez tous les peuples, c'est du commerce ou du travail professionnel que vit la bourgeoisie ; le trait caractéristique pour les Romains, c'est qu'on ajoute l'œuvre des fermes de l'État, c'est-à-dire les entreprises des publicains, comme troisième ressource normale du grand public, mise sur le même rang que les deux autres. C'est la reproduction sous une autre forme du mot de Polybe, « tout le monde, peut-on dire, » est intéressé aux bénéfices de ces entreprises.

Cette classe moyenne était, d'ailleurs, restée plus forte et plus nombreuse qu'on ne le croit peut-être, puisque, par une merveille de dignité patriotique ou d'orgueil de race, les prolétaires ne furent admis dans l'armée que par une innovation de Marius. A cette époque, cependant, les Romains avaient déjà, depuis longtemps, de nombreuses armées en campagne,

(1) Mommsen, *op. cit.*, t. V, p. 58.
(2) Cicéron, *De offic.*, II, 2.
(3) *Supra*, chap. I, sect. VI, p. 81.
(4) Paradoxes, VI, II.

ils avaient étendu leurs victoires en Italie et au delà des mers, de tous les côtés à la fois, en même temps qu'ils peuplaient de leurs *negotiatores* aventureux les terres destinées aux conquêtes de l'avenir. « *Equites romani milites et negotiatores* (1). » La classe moyenne s'enrichissait, et elle semblait, par ce fait même, destinée à décliner plus que tout autre sous l'influence dissolvante des mœurs nouvelles (2).

Mais, en dehors de ces considérations générales, de leur nature toujours un peu vagues, ce qui prouve, jusqu'à l'évidence, que ce mouvement de la spéculation, dans les entreprises de l'Etat, fut, au sixième siècle de Rome et au commencement du septième, aussi général, aussi universel et aussi important que nous le disons, c'est la suite de ce précieux chapitre de Polybe, que nous voudrions pouvoir reproduire tout entier ici, et qui nous donne une idée si merveilleusement exacte de l'état politique et économique des anciens.

En constatant l'ascendant et l'autorité très effective qu'exerce le Sénat sur le peuple, Polybe en recherche les causes; or, celle qu'il place la première de toutes, celle sur laquelle il insiste presque exclusivement, c'est que le Sénat a entre ses mains le sort des publicains, c'est qu'il lui appartient de leur accorder des délais, de diminuer leurs charges, d'annuler leurs baux, de les juger, ainsi que les autres causes, et, par là, de léser ou de favoriser tous ceux qui s'intéressent à ces adjudicataires, c'est-à-dire par la force même des choses, le peuple tout entier (3).

(1) Salluste, *Jugurtha*, 65.

(2) « Que l'on consulte les listes civiques ! » dit Mommsen. « De la fin des guerres d'Annibal à l'an 595, le nombre des citoyens va croissant, chose qui s'explique facilement par les distributions faites tous les jours et sur une grande échelle des terres domaniales; après 595, où le cens a donné 328,000 citoyens valides, on entre dans une période constamment décroissante; les listes de l'an 600 tombent au chiffre de 324,000, celles de 607 tombent à 322,000, celles de 623 à 319,000; chose déplorable pour une époque de paix au dedans et au dehors. » Comment pouvait-il en être autrement, dans une société où la famille commençait à se décomposer par la plaie toujours envahissante du divorce, et où les traditions domestiques étaient supplantées par les vices qui avaient fait périr les plus grand peuples de l'antique Orient ?

(3) Voici, en effet, la suite du texte dont nous avons commencé à transcrire plus haut la traduction (voy. p. 103) : « Tout cela est au pou-

Il y a là, assurément, une constatation qui devrait paraître au premier abord singulière et sur laquelle, cependant, on ne s'est jamais beaucoup appesanti, que nous sachions. Le texte fait partie d'une section concernant la constitution de la République romaine ; étude des plus curieuses, au point de vue politique, où, suivant l'expression de M. Maynz, « l'historien grec cherche à démontrer, avec sa sagacité habituelle, que c'est la combinaison intelligente des trois éléments : peuple, Sénat et magistrats, qui constitue le grand mérite de la constitution romaine et la rend supérieure à toutes les autres constitutions connues (1). »

Pour arriver à sa démonstration, Polybe signale d'abord les attributions du Sénat : elles sont considérables en toutes matières ; il les énumère longuement, et, cependant, lorsqu'il recherche, en poursuivant sa thèse, ce qui constitue, aux yeux du peuple, le prestige et l'autorité de cette illustre assemblée, c'est à son influence sur les affaires des publicains qu'il s'arrête.

Le Sénat n'est-il pàs cependant législateur ? N'est-il pas le maître de la politique, des affaires extérieures, de l'administration, du culte, de la distribution du butin, de la levée des armées, de la fixation des impôts, et de tant d'autres choses (2) ?

Tout cela doit sembler de peu d'importance à l'historien, au

voir et à là discrétion du Sénat, car il peut accorder des délais, si quelque événement malheureux est intervenu il peut faire remise aux publicains d'une partie du prix de leur ferme, ou même si un accident empêche l'opération de se réaliser, il peut annuler l'adjudication. Or il y a là une multitude de choses, à l'égard desquelles peuvent être lésés ou soutenus, ceux qui spéculent sur les fonds publics et les adjudications ; et tout cela revient aux sénateurs. Mais surtout, c'est dans l'ordre des sénateurs, que sont pris les juges, pour la plupart des poursuites publiques ou privées, pour peu que l'accusation ait de la gravité. En sorte que tous sont soumis à la puissance du Sénat, et, de crainte d'avoir un jour besoin de recourir à lui, personne n'ose résister ni s'opposer à sa volonté » (Polybe, *loc. cit.*, VI, 17). On voit qu'à côté du droit sur les publicains, il n'est question ici que des droits de juridiction comme de chose d'importance. Mais ce droit de juridiction, les publicains s'en empareront bientôt, de telle sorte que nous serons obligés de faire l'histoire des lois judiciaires, pour faire celle des publicains.

(1) Maynz, *Cours de droit romain*, introduction, n° 49, note.

(2) V. Willems, *Le Sénat de la république romaine*, I, chap. IV, p. 329.

moins dans les rapports du peuple et du Sénat, car pour lui, si le peuple est soumis au Sénat, c'est d'abord, parce que le Sénat tient dans ses mains le sort des publicains. L'autre élément de puissance dont parle Polybe, c'est la judicature ; dans quelques années elle allait passer aux publicains, pour augmenter encore leur importance, et nous les verrons alors devenir tout à fait les maîtres dans l'Etat.

Quel est l'historien soucieux de la vérité qui eût osé, sans l'avoir constaté par lui-même, donner une pareille prépondérance à une attribution que l'on devait croire si secondaire et si spéciale, parmi les pouvoirs sans nombre de ce corps tout puissant, que l'on comparait à une assemblée de rois.

Il faut, pour qu'un semblable état de choses ait été ainsi rapporté par Polybe, qu'il en ait été vivement frappé ; il faut, en d'autres termes, que ces entreprises des publicains aient eu sous ses yeux, dans les mœurs et la vie des affaires romaines, un caractère d'intérêt universel, une importance dont il n'a pu nous retracer l'image exacte, que parce qu'il en a été personnellement le témoin.

Aussi les adjudications constituaient-elles, à chaque échéance, une sorte d'événement d'intérêt public. L'ouvrage de Dezobry, si plein de documents, et souvent si judicieusement exact, en fait une description très animée. La foule se porte en masse au Forum, s'y groupe en nombre immense autour du censeur, et le peuple est attentif à toutes les péripéties des enchères (1).

(1) Lettre LXXXIII, t. III : « Une espèce de fermentation sourde travaille l'ordre équestre depuis un mois ; elle n'a fait que croître de jour en jour, et ce matin, le quartier du Forum, rempli de chevaliers, est dans une agitation prodigieuse : la basilique Æmilia (ceci est écrit pour le temps d'Auguste ; voir plus bas ce qui concerne les basiliques), les tavernes neuves, les arcs de Janus, sont littéralement assiégés d'une foule immense de peuple, mouvante, bruyante, qui se heurte, va, vient, entre, sort, a l'air affairée, effarée, impatiente, inquiète, comme si l'ennemi était aux portes de Rome, comme si on était dans l'attente ou l'appréhension d'un grand événement. Il s'en prépare, en effet, un très grand pour l'ordre équestre ; le bail des publicains expire dans peu de temps, et l'on va procéder, aujourd'hui même, à une nouvelle vente pour cinq années, des revenus de la République. Les sociétés sont en présence, tous les intéressés directs ou indirects, grands ou petits, sont aussi accourus sur le Forum... Les préparatifs de cette lutte financière, à laquelle j'ai déjà assisté plusieurs fois, l'aspect de cette foule animée d'un sentiment unique, celui du lucre, m'ont fait fuir. » Cette descrip-

L'histoire de notre temps ne parlera guère, sans doute, des incidents relatifs aux adjudications même des plus grandes entreprises de l'Etat; il en est différemment dans l'histoire romaine. Nous verrons Dion Cassius, Tite-Live, Cicéron, Asconius et d'autres encore, nous rapporter avec détail, les difficultés résultant des demandes de résiliation ou de réduction des adjudications concédées aux publicains, comme de faits historiques importants. Les plus grands personnages de Rome seront mêlés à ces difficultés; Caton d'Utique, Crassus, Pompée, César lui-même s'en préoccuperont comme de choses du plus haut intérêt, tant il est vrai qu'elles se rattachent de toutes façons, directement, au grand public. Et lorsque, plus tard, des hommes politiques oseront toucher aux privilèges des publicains, notamment aux lois judiciaires, on leur fera payer cher leur audace.

Devons-nous nous étonner de cette merveilleuse expansion, et faut-il en douter? On a pu traiter la chose comme incomprise, ou même comme incompréhensible, avant le dix-huitième siècle, et passer, sans jeter un regard sur ce qui en avait été écrit dans l'antiquité. Mais l'expérience et la pratique des faits contemporains sont venus apporter la lumière, et entourer de l'intérêt le plus saisissant ces faits que nous voyons revivre, avec tous leurs éléments caractéristiques, autour de nous, à l'occasion des grandes émissions.

Depuis Law, il nous a été donné, bien souvent, en France, de constater que rien ne se propage d'une façon plus réellement étonnante, que cette passion subite d'apporter ses capitaux aux monteurs d'affaires, de s'associer à eux, afin de poursuivre des gains réels ou imaginaires dont personne ne semble douter, à l'instant de la vogue. On se dispute les premiers rangs, pour souscrire et verser son argent. Tout le monde veut avoir sa part de bénéfices, ou au moins de spéculation et d'espérances, en vue d'un avenir, dont les arrêts sont cependant

tion est, sans doute, une conjecture, mais, sauf le dernier mot qui aurait, au moins, besoin d'être expliqué, elle est extrêmement vraisemblable et juste, et c'est pour cela que nous l'avons transcrite, sans vouloir cependant en exagérer la valeur. Ajoutons que tout cela devait être vrai, surtout avant Auguste, et dut disparaître même sous son gouvernement. (*Rome au siècle d'Auguste.*)

trop souvent pleins d'amère déceptions, et tournent parfois au désastre. Chez les Romains, il est vrai, ces déceptions étaient moins redoutables que chez nous, parce que l'Etat n'était pas sans pitié pour ses adjudicataires malheureux, leur accordait des remises, et souvent fermait les yeux sur leurs abus les plus criminels. La spéculation n'en avait que plus d'attrait pour la foule avide de ce butin, qui arrivait ainsi des provinces jusqu'à elle. On voit, par les faits qui précèdent, que la chose avait pris des proportions auxquelles nous n'atteignons pas.

Pour qu'un peuple se laisse aller à ces entraînements chanceux et souvent passionnés, pour qu'il compromette ou multiplie ses richesses, dans des combinaisons quelquefois très complexes, très obscures ou très périlleuses, il n'est pas nécessaire qu'il ait une longue existence, pas même qu'il soit complètement organisé.

N'est-ce pas ce qui s'est presque constamment produit, dès le début de ces gouvernements innombrables, et chez ces peuples durs à la peine, que nous avons vus se constituer, depuis le commencement de ce siècle, dans l'autre hémisphère?

C'est de l'association privée que beaucoup sont nés; c'est par elle, et par les combinaisons multiples qu'elle comporte, qu'ils se sont presque tous développés, après avoir subi des fortunes diverses.

Les peuples d'antique origine qui recherchent notre civilisation, subissent, comme les autres, et au sortir même de leur barbarie, les entraînements instinctifs et parfois redoutables de l'association financière, quand ils en ont une fois senti l'attrait. Si nous en croyons des renseignements autorisés, le Japon a vu se former, dans la seule année 1887, plus de six cent quatre-vingt sociétés par actions, et les années avoisinantes présentent toutes des chiffres en rapport avec celui-là.

Le Japon, pourrait-on nous dire, sans avoir notre civilisation, en est du moins le témoin et en subit l'influence; nous le reconnaissons assurément. Mais que peut être cette peuplade primitive, sortant à peine de ses maisons de bois, comme intelligence, comme habileté pratique, juridique et financière, à côté de ce grand peuple Romain, qui avait travaillé, combattu, triomphé de tous les peuples avec qui il avait été mis en rapport, légiféré par lui-même, discuté pied à pied sa constitution et ses lois, et réalisé déjà tout cela magnifiquement, dès le sixième siècle de son existence.

Ce qu'ont fait le Japon et les autres peuples de diverses races dès leur début dans la civilisation, comment Rome ne l'aurait-elle pas fait au temps de la puissance et de la liberté? Il fallait l'étincelle, dira-t-on. Nous répondrons qu'elle avait jailli. Dès que Rome eut senti dans ses mains la force que pouvait fournir l'association de ses capitaux immenses, l'élan fut donné : tout le constate dans les écrits de ceux qui en furent juges par eux-mêmes. Cette Babel financière dont parle Mommsen commence aux premières grandes conquêtes, avec les publicains et avec les banquiers ; et, dès lors, c'est la vie d'un peuple en fermentation qui se soulève ; tout le monde va mettre à trafiquer, l'ardeur avide que l'on apportait naguère à travailler le sol romain, à faire l'usure, à livrer des batailles, et à augmenter le territoire conquis.

Cette organisation nouvelle des affaires d'argent s'est développée d'elle-même, s'est réglée ; elle est devenue le fait persistant et normal. Les grandes sociétés sont restées la base de l'organisation du travail et des finances nationales ; elles ont d'autant plus prospéré, qu'elles faisaient, presque à coup sûr, d'énormes bénéfices, pendant toute la durée de la République.

Outre l'influence qu'elles exerçaient accidentellement, dans certains cas spéciaux, sur les faits de la politique intérieure et extérieure, elles eurent leur rôle permanent et leur fonction dans l'organisation de l'Etat, puisqu'elles se constituaient pour toutes les entreprises de l'Etat et exclusivement pour elles.

Mais nous trouverons encore, à un autre point de vue, dans l'histoire des lois et des faits, la preuve évidente de cette extraordinaire et fatale puissance qu'ont exercée les financiers à Rome, par d'autres moyens (1). Comme tous les despotes, ou bien comme les régimes révolutionnaires de tous les temps, c'est par la *tyrannie judiciaire* qu'ils se sont assuré l'exercice de leurs plus abominables excès, car il faut ordinairement aux hommes, au moins les apparences de la justice pour gouverner.

Nous verrons, en effet, que de nombreuses lois judiciaires se sont succédé des Gracques à Auguste ; la plupart ont eu pour but d'assurer aux publicains, par le mode de recrutement

____

(1) Laboulaye, *Essai sur les lois criminelles des Romains*, p. 86.

des juges, non seulement l'exercice de leurs droits, mais la protection et le maintien de leurs abus les plus horribles et les plus sanguinaires à l'égard des provinciaux. Et cela s'est fait consciemment, ouvertement, constitutionnellement, dans les comices, par l'influence de l'ordre des chevaliers, parfois avec la connivence des grands, et le concours intéressé d'une grande partie des suffrages de la plèbe.

A-t-on jamais songé, dans notre siècle, plus financier pourtant que tous ceux qui l'ont précédé, et sous un gouvernement stable, à autoriser d'avance les bénéfices excessifs, ou même les abus des grandes compagnies, par la disposition des lois organisatrices de nos jurys civils et criminels, chargés de les juger, comme on le fit à Rome pendant de longues années? Les complaisances du pouvoir législatif n'iront jamais, il faut l'espérer, jusqu'à ce degré de dépravation publique.

Sans doute, il y aura toujours des magistrats prévaricateurs dans les tribunaux, et aussi des suffrages intéressés dans les Chambres ; mais, si après avoir considéré les principes manifestement supérieurs qui dominent l'institution de nos jurys criminels et d'expropriation, et leur mode de recrutement, on se réfère aux actes même de ces jurys, il est impossible de trouver nulle part une suite systématique de solutions législatives ou judiciaires partiales et ouvertement intéressées. Ces jurys ont été créés, par les lois, aussi éclairés et aussi indépendants que possible. Nos jurys criminels restent au-dessus de tout soupçon de partialité coupable ; et s'il existait une tendance dans les évaluations de nos jurys d'expropriation, elle serait plutôt favorable aux particuliers qu'aux compagnies ; ce qui peut s'expliquer d'ailleurs de diverses façons.

Chez les Romains, au contraire, non seulement les juges furent, de parti pris, cyniquement favorables aux publicains et intraitables pour les gouverneurs, les magistrats et pour tous ceux qui tentaient de gêner leurs rapines, mais, pendant des années, c'est en vue de ce résultat que furent faites les lois sur l'organisation et le recrutement des juridictions. Dès lors, nous verrons, dans les détails de leur histoire, les publicains devenir ouvertement les maîtres de l'Etat ; nous avons déjà signalé ces faits qui seraient vraiment incroyables, si Festus, Appien, Pline et bien d'autres ne les avaient pas affirmés dans les termes les plus énergiques ; nous en rechercherons l'explication.

Par le fait, l'importance que prirent les compagnies dans le monde romain fut telle, que lorsque Cicéron a voulu peindre les manifestations dont il fut l'objet, à l'occasion de ses disgrâces passagères, on dirait qu'elles composaient à elles seules, pour lui, le *populus*, le vrai peuple romain tout entier. Et c'était bien ce que nous avait fait entendre Polybe, en effet. « J'ai été désigné par le Sénat comme l'homme nécessaire, dit Cicéron ; mais l'ordre équestre est, par sa dignité, très voisin du Sénat. Or, toutes les sociétés de tous les publicains (*omnes omnium publicanorum societates*) ont comblé de témoignages les plus élogieux mon consulat et tous les actes de ma vie. » Au-dessous de ces compagnies, derrière lesquelles semble disparaître l'ordre des chevaliers, dans l'esprit de Cicéron, il n'y a plus rien que les scribes et les humbles collèges d'artisans, de *montani* ou de *pagani*, c'est-à-dire, presque sans transition, la plèbe la plus infime (1).

Dans le même discours, pour sa maison, Cicéron reprend vers la fin ses énumérations, et là, il place dans la hiérarchie savante de ses périodes oratoires les sociétés avant les ordres de l'Etat (*societates, ordines*) ; nous savons maintenant ce que cela signifie. Dans le discours *pro Murena* il fait plus encore, il place les sociétés avant les membres les plus considérables du Sénat lui-même (2).

(1) « *Proximus est huic dignitati (senatus) ordo equester : omnes omnium publicanorum societates de meo consulatu, ac de meis rebus gestis amplissima atque ornatissima decreta fecerunt. Scribæ qui nobiscum in rationibus monumentisque publicis versantur, non obscurum de meis in republicam beneficiis suum judicium decretumque esse voluerunt. Nullum est in hac urbe collegium, nulli pagani aut montani (quoniam plebei quoque urbanæ majores nostri conventicula, et quasi consilia quædam esse voluerunt), qui non amplissime, non modo de salute mea, sed etiam de dignitate decreverint.* » Cicéron, *Pro domo*, 28. A la fin du même discours, Cicéron, faisant une nouvelle énumération dans le même sentiment, place encore les sociétés à la tête : « *Omnes societates, omnes ordines.* » Le traducteur, sous la direction de M. Nisard, a instinctivement corrigé, il a déplacé les rangs et traduit : « tous les ordres, toutes les sociétés, » croyant que ceci allait, comme ailleurs, après cela. La traduction de M. Le Clerc a fait de même. Cicéron n'aurait probablement pas accepté ce dérangement dans l'ordre d'une période très voulue, qui prépare la fin du discours. *Eod.*, 56.

(2) « *Quid si omnes societates venerunt, quarum ex numero multi hic sedent judices ? Quid si multi homines nostri ordinis honestissimi ?* » (*Pro Murena*, XXXIII.)

Par les efforts habiles et sans scrupules de ce peuple, que soutenaient à la fois l'énergie des mœurs anciennes et l'enivrement des victoires nouvelles, par la force de ces puissantes sociétés qu'il avait su organiser, et donc l'action se répandait partout, l'or tant désiré ne tarda pas à venir, mais il accomplit, sans délai, son œuvre corruptrice et destructive. « Enrichis de dépouilles, vivant au sein de la licence des armes, » écrit Dion Cassius (1), « depuis quelque temps en possession des biens des nations vaincues, les Romains eurent à peine goûté les délices de l'Asie, qu'ils rivalisèrent de dissolution avec ses habitants et foulèrent bientôt aux pieds les mœurs de leurs ancêtres. » Les publicains n'y perdirent d'abord rien de leur puissance, au contraire, mais, nous pouvons le redire pour terminer ces observations sur l'ensemble de leurs œuvres, la République devait succomber avec eux, et, pour une part très large, par le fait de leur influence démoralisatrice et dissolvante.

§ 3. — *Impôts et travaux publics mis en adjudication* (2).

Avant les guerres Puniques, à la fin du quatrième siècle, fut créé un impôt sur lequel la spéculation devait se porter, et qui fut, dès son origine, mis en adjudication : la *Vicesima manumissionum* (3), pendant que se continuaient, depuis la plus haute antiquité, le fermage de la *scriptura*, ou impôt sur les pâturages publics, et celui des *portoria*, impôt des douanes. Il en fut de même de l'impôt sur le prix des ventes, sur les transmissions héréditaires et de bien d'autres que nous étudierons tour à tour, parce qu'ils furent tous donnés en adjudication aux publicains.

A partir des guerres puniques, le jour se fait complètement sur la fixation des impôts et sur leur mode de perception.

L'*ager provincialis* s'est immensément étendu, et le régime des *Decumani*, des collecteurs de tributs en nature ou en argent sur les immeubles, s'est immédiatement organisé. C'est là

______

(1) Dion Cassius, *Frag.*, an de Rome 657. Voir, sur le même point, l'intéressant résumé de Florus, III, 13.

(2) Comme nous pensons pouvoir consacrer ultérieurement une étude spéciale à l'objet du présent paragraphe, nous nous bornons, ici, à quelques notions générales et succinctes.

(3) Voy. Tite-Live, VIII, 16.

que les publicains commettent leurs exactions, sinon les plus considérables, du moins celles qui sont les plus odieuses aux populations. Le régime n'est pas le même dans toutes les provinces, mais presque sur tout le territoire romain on retrouve les publicains, soit comme adjudicataires de la dîme, ainsi que nous le verrons spécialement pour la Sicile et l'Asie, soit comme intermédiaires spéculant sur la transmission du produit des impôts sur le sol et les personnes, en même temps qu'ils sont adjudicataires d'impôts indirects à percevoir, ou de travaux publics à effectuer (1).

Enfin, les mines et carrières appartenant à l'Etat étaient données plus fréquemment que jamais en adjudication.

En même temps s'accomplissaient les grands travaux d'embellissement dans Rome, à l'aide des richesses recueillies, par tous les moyens, dans le monde entier. On commença à tracer aussi les grandes voies qui devaient conduire du Mille d'or aux extrémités de l'univers. C'est le temps des grandes entreprises qui commencent et vont en se développant (2).

« A l'époque de Polybe, » dit Marquardt (3), « la dépense la plus importante pour l'Etat était celle des travaux publics. C'étaient, outre les travaux d'entretien des murs, des routes et des conduites d'eau, la construction des temples, des *Porticus, Basilicæ,* l'établissement des voies romaines, des *Fora,* les installations pour les *ludi circenses,* les fournitures pour l'armée (4). C'était, la plupart du temps, aux censeurs qu'était

(1) Les municipes avaient parfois le droit de percevoir des revenus (*vectigalia*) dans certaines provinces; cela constituait les principales ressources de ces municipes. Il en était ainsi pour le municipe d'Arpinum, pour celui d'Atella, dont Cicéron se fait le protecteur auprès des magistrats et de César lui-même. Cicéron, *Ad. fam.,* XIII, 7 et 11.

(2) Appien (*De bello civili,* I, XXII) indique spécialement pour les routes, qu'elles étaient données en adjudication à des entrepreneurs. « Gracchus, » dit-il, « établissait de longues routes à travers l'Italie; ainsi il s'attachait la multitude des adjudicataires de ces travaux et de leurs ouvriers : c'était une troupe toujours prête à exécuter tout ce qu'il ordonnait. »

(3) *L'organisation financière des Romains,* par Marquardt, trad. Vigié, p. 108.

(4) « *Sulpicius prætor sex millia togarum, trigenta tunicarum et equos, deportanda in Macedoniam præbendaque arbitratu consulis locavit.* » Tite-Live, XLIV, 16.

confié le soin de faire exécuter ces travaux. On y consacrait la moitié ou même une plus grande partie des *vectigalia*, c'est-à-dire des impôts indirects (1). » Les temples étaient construits, « tantôt par un général, avec les produits du butin de la guerre, ou bien par les édiles, avec les produits des amendes qui leur étaient attribués, ou bien par le Sénat, en vertu d'une décision spéciale. C'est par un magistrat ayant l'*imperium* que les travaux étaient mis en adjudication... L'Etat ne se préoccupait que des moyens de communication d'intérêt général, des chaussées, des aqueducs, des ponts et des ports, tandis que les travaux municipaux, et spécialement les chemins vicinaux et les ponts y relatifs, furent laissés de plus en plus à la charge des communes (2). »

Les sociétés des publicains se portaient, parfois simultanément, adjudicataires de ces grands travaux et de la perception des impôts. Elles pouvaient y joindre les grandes entreprises de transports, que facilitaient leurs relations déjà organisées avec les provinces, ou qui, à l'inverse, leur servaient à étendre leurs propres établissements.

L'adjudication se faisait dans les mêmes formes, et aux mêmes conditions que pour les impôts. On retrouve partout les *mancipes*, les *prædes*, les garanties à fournir sur les biens, *prædia subsignata*, et l'adjudication devant le censeur, ou un autre magistrat, avec le cahier des charges pour les travaux à exécuter, *locationes censoriæ* (3).

Il nous paraît incontestable que les adjudicataires de travaux, même d'intérêt privé, bénéficiaient, par le seul fait de l'intervention du magistrat dans l'adjudication, du régime spécial des sociétés de publicains. Nous voyons, en effet, que Verrès, ayant mis en adjudication publique, en sa qualité de préteur, des constructions de colonnes à faire pour un pupille, se permit d'insérer dans la *Lex* cette disposition : *Qui de L. Marcio, M. Perpenna censoribus redemerit, eum socium ne admittito, neve ei partem dato, neve ei redimito.* Voilà bien les mots

---

(1) Tite-Live, XXIX, 44; XL, 51; XL, 46, 16; XLI, 27; XLIV, 16, 9.

(2) Marquardt, *loc. cit.*, avec les textes nombreux des auteurs indiqués en note.

(3) Belot, *Histoire des chevaliers*, p. 163. V° *Lex Puteolana parieti faciundo*. Egger, *Lat. Serm. vet. reliquiæ*, p. 248. Mommsen, *C. I. L.*, I, p. 577. Nombreux textes de Tite-Live et de Cicéron.

caractéristiques des sociétés que nous étudions : *socium admittere, partem dare* ; et, cependant, il s'agit de travaux effectués par ordre de justice, sans doute, mais dans un intérêt privé. Or, Cicéron ne conteste pas à Verrès la légalité de la mesure qu'il a prise dans son cahier des charges ; mais seulement la manœuvre frauduleuse que cette mesure dissimulait (1).

Il n'en reste pas moins vrai qu'il fallait l'intervention d'un magistrat pour obtenir ce résultat anormal, au point de vue de l'organisation des sociétés, et que, par conséquent, l'Etat resta toujours le maître de laisser se créer ou de défendre, à son gré, les associations de capitaux.

§ 4. — *Personnel des sociétés : différentes espèces d'associés* socii *et* participes ; *fonctions diverses et agents.*

Toutes les situations que l'on peut prendre dans le fonctionnement des grandes sociétés de spéculation, sont indiquées dans le texte de Polybe que nous avons rapporté plus haut. On est adjudicataire en nom, ou simplement caution et garant, ou bien on s'associe à l'entreprise comme simples *participes*.

Il était bien rare, sans doute, que les grandes entreprises de l'Etat fussent adjugées à un seul homme, sans associé; cela se faisait cependant, paraît-il, même pour les *Vectigalia*. Une inscription, rapportée par Orelli, porte ces mots : « *Feci securè solus semper fiscalia manceps* (2). »

Il semble cependant résulter de l'esprit même de cette inscription, que ce n'était pas une chose usuelle, que de se porter seul *manceps*, c'est-à-dire adjudicataire en nom, fût-ce avec l'aide des *participes* et des cautions. L'étendue des lots mis en adjudication devait, en effet, empêcher le plus souvent les simples citoyens, quelque riches qu'ils fussent, de se porter seuls adjudicataires de la ferme des impôts, tout spécialement. L'organisation de la commandite par action devait transformer la spéculation, en la rendant accessible à tous.

Mais qu'est-ce que le *manceps* ? Et les *participes* ? On le voit, nous ne saurions parler plus longtemps des publicains, sans donner une notion sommaire et précise, de ces procédés d'ad-

____

(1) Cicéron, II, *Verr.*, I, 15.
(2) Orelli-Henzen, *Selectæ inscript.*, n° 3351, t. II, p. 79. Voy. Saint-Girons, *loc. cit.*, p. 81.

judications et du personnel des sociétés qui en assuraient la réalisation.

Les prétendants se présentaient devant le censeur ou les autres magistrats chargés de concéder l'adjudication. L'adjudicataire s'appelait *manceps*, parce que, disent Festus (1) et Cicéron (2), il levait la main pour se faire attribuer l'adjudication aux enchères. Il pouvait y avoir plusieurs *mancipes* ou un seul. On pouvait faire enchérir par un *nuntius* (3). Les *mancipes* étaient responsables solidairement de leur engagement vis-à-vis de l'Etat (4). L'Etat avait un privilège sur tous leurs biens (5). Ils devaient fournir un *præs* ou des *prædes*, c'est-à-dire des cautions pour garantir leurs obligations et, en outre, des garanties réelles (6).

Mais des associés pouvaient intervenir après coup, et, sans être responsables vis-à-vis de l'Etat, l'être, en vertu du contrat de Société, envers le *manceps* et envers les tiers.

Le *præs* lui-même pouvait joindre à ses obligations le titre d'associé. *Utilitatis causa*, on avait accordé à ces *socii* des faveurs spéciales destinées à faciliter leur intervention dans l'administration active de la société ; c'est ainsi qu'on leur avait donné le droit d'user d'interdits créés pour les *mancipes* (7).

A cette espèce d'associés devaient s'appliquer les mots de Polybe : « *Cum his societatem habent* (8). »

A une troisième classe de personnes, enfin, aux *participes* ou *affincs*, s'appliquaient incontestablement ces derniers mots de l'énumération : « *Alii eorum nomine bona sua in publicum addicunt.* »

(1) Festus, v° *Manceps*.
(2) Cicéron, *In Verr.*, II.
(3) L. 32 et 33, D., 17, 2, *pro Socio*.
(4) L. 13, C., 4, 65, *de locato et conducto*.
(5) L. 38, § 1, D., 42, 5, *de rebus auctoritate judicis possid. vel vend.*
(6) Festus, v° *Præs*.
(7) Ulp., liv. I ; D., 43, 9, *de loco publico fruendo*.
(8) Nous préférons, pour faire cette étude juridique, le latin de la traduction de l'édition F. Didot, Paris, 1859, au texte grec et aussi à la traduction française : au texte grec parce que le latin est plus intelligible pour la plupart des lecteurs que le grec, et nous le préférons même à la traduction française, parce que le traducteur latin nous paraît avoir choisi judicieusement les mots propres de la langue du droit que nous étudions.

Nous croyons voir, en effet, dans cette énumération transcrite plus haut en entier, l'association de personnes en nom, très manifestement opposée à l'association anonyme des capitaux. Polybe indique d'abord les *commandités* responsables *in infinitum*, et puis ensuite les *commanditaires* bailleurs de fonds, qui sont irresponsables au delà de leur apport, parce qu'ils ne figurent pas en nom parmi les associés.

Est-ce à dire que nous retrouvions telle quelle, notre commandite par actions, sous la République romaine? Nous n'avançons cette affirmation très nettement que pour la commandite simple : Caton l'a très ingénieusement organisée, peut-être même découverte comme moyen de garantie contre ses débiteurs (1).

Quant à la commandite par actions, ce que nous croyons pouvoir affirmer, c'est que les Romains en ont connu tous les ressorts essentiels. S'ils n'en ont pas formulé toutes les règles, ils en ont compris et largement obtenu, en fait, tous les résultats utiles.

Nous constaterons, en effet, d'abord, que les sociétés de publicains ont la personnalité civile et qu'elles se perpétuent malgré la mort des associés. Nous ajoutons qu'elles ont leur élément responsable qui est dans la personne des *mancipes* et des *socii*; sur ce point-là, il n'existe aucun doute; ce sont les associés en nom, tenus indéfiniment des engagements sociaux. Les *participes*, au contraire, se présentent à nous comme des commanditaires; ce sont des associés de second rang, attachés à l'entreprise plutôt qu'aux entrepreneurs, *affines conductionis*.

Nous examinerons en détail, plus tard, ces divers agents des sociétés de publicains et leurs attributions; mais notre étude actuelle sur le rôle qu'ont joué ces sociétés dans l'histoire serait incomplète, ou laisserait trop de doutes sur une question essentielle, si nous ne fixions pas nos idées à l'égard de ces *actionnaires*, que les commentateurs semblent avoir laissés en oubli. Nous avons étudié la question au point de vue de l'économie générale et de l'histoire, donnons-nous la plus complète certitude, en invoquant les textes et les principes du droit.

Il faut observer, d'abord, que les *participes* ne sont pas con-

____

(1) Plutarque, *Caton l'Ancien*, 20. — Voy. le texte traduit en note, *infra*, p. 126.

sidérés comme de véritables *socii*. Tite-Live les appelle *affines conductionis*, et le mot *particeps*, qu'on leur consacre partout, se traduit par les mots *part prenant, participant*, qui ne sont certainement pas synonymes d'*associé*.

Ce ne sont pas non plus des croupiers, c'est-à-dire des associés d'associés ; car on les appelle souvent, quoique improprement, *socii*, et on indique incontestablement toujours, que c'est avec la société qu'ils traitent. Le *particeps* est *affinis conductionis*, non *socius socii* (1).

Polybe nous a dit qu'il verse des capitaux dans l'entreprise *sous le nom d'autrui*, ce qui est déjà fort caractéristique assurément de la situation des commanditaires.

Comme pour compléter cette notion, Asconius (2) nous dit du *particeps* : « *Non indivise agit ut socius.* » Que signifient ces mots : « Il n'agit pas indivisément comme un associé. »

En adoptant le sens qui se présente au premier abord, ils semblent dire, que le *particeps* ne peut pas agir pour la société considérée dans son ensemble, indivisément, ou comme personne morale ; qu'il ne la représente pas. Admettons-le, pour un instant.

Si tel est, en effet, le sens véritable de ces mots, nous trouvons la notion du commanditaire presque aussi nette, sous un premier aspect, dans les textes latins, que dans ceux de notre Code de commerce qui dit : « Le nom d'un associé commanditaire ne peut faire partie de la raison sociale » (art. 25). — « L'associé commanditaire ne peut faire aucun acte de gestion, même en vertu de procuration » (art. 27, modifié par la loi du 6 mai 1863). — *Alii horum nomine bona sua in publicum addicunt...* Voilà la teneur de l'article 25. — *Non indivise agunt...* Voilà celle de l'article 27.

L'analogie entre les deux législations nous paraîtrait même démontrée, sans cette dernière proposition, à laquelle nous serions portés, d'ailleurs, à donner un autre sens ; nous allons l'indiquer plus bas.

Cependant, il ne suffit pas de dire que le commanditaire ne

______

(1) Le croupier était connu et pratiqué à Rome dans les sociétés ordinaires (L. 19 et 20, D., *pro socio*, 17, 2).

(2) Asconius, *In divin.* « *Aliud enim socius aliud particeps qui certam partem habet, et non indivise agit ut socius.* »

figure pas en nom dans la société pour l'avoir complètement défini ; son caractère essentiel c'est de n'être « passible des pertes que jusqu'à concurrence des fonds qu'il a mis ou dû mettre dans la société » (art. 26, C. de C.).

C'est ce qui nous reste à établir, et cela nous paraît résulter, pour le *particeps*, d'abord de ce qu'il ne figure pas en nom dans la société. La présence du *nom* dans les actes de la société est tout naturellement l'indice de la responsabilité personnelle, or nous venons d'établir que le *particeps* porte son argent dans les entreprises au *nom* des associés, ὑπὲρ τούτων, dit le texte grec. Son propre nom ne paraît pas ; comment pourrait-on soutenir qu'on a compté sur sa responsabilité, quand on ne connaît pas même son existence ?

De plus, s'il est vrai que le droit du *particeps* est aliénable, le bon sens indique qu'il n'est plus question de responsabilité indéfinie à son égard. L'aliénabilité du titre implique par elle-même l'absence de responsabilité personnelle. C'est ce que proclament en principe, sauf quelques dérogations très rares et très restreintes, toutes les lois modernes. Et les nécessités pratiques indiquent qu'il n'en peut être autrement ; c'est le caractère inhérent aux associations de capitaux sans nom, comme sont les capitaux du *particeps* et du commanditaire. Le changement réitéré des titulaires doit faire disparaître leur individualité ; la part sociale circule, sans considération des personnes qui la possèdent successivement.

Nous croyons que l'on pourrait même invoquer dans le sens de cette irresponsabilité à l'égard de toute personne, les mots d'Asconius : *non indivise agit*, en les expliquant autrement, malgré la tendance toute naturelle que l'on éprouve à leur donner l'interprétation que nous venons d'indiquer plus haut, et qui a le mérite de paraître toute simple : il ne représente pas la société en agissant. Mais en agissant contre qui ? Voilà ce qui donne à réfléchir.

Si on observe attentivement la situation, on remarquera que, du moment où le *particeps* ne paraît pas en nom dans la société aux yeux des tiers, de même qu'il ne peut être tenu personnellement envers eux, il ne saurait être question de ses actes sociaux à leur égard. La chose est tellement évidente, qu'il nous semble qu'Asconius n'a pas pu songer à ces actes à l'égard des tiers, pour dire qu'ils ne se produisent pas *indivise* ; ils ne peuvent pas se produire du tout, ni *divise*, ni *indivise*, voilà la vérité. Le *particeps* n'est rien pour les tiers (1).

Mais si le *particeps* ne peut pas évidemment agir en cette qualité contre les tiers, il peut, au contraire, agir contre les associés en nom, quand le moment est venu pour lui d'obtenir sa part. Il nous semble que ce n'est qu'à cette poursuite que peuvent se référer les mots d'Asconius. Ils constatent simplement, en d'autres termes, qu'on refuse au *particeps* l'action *pro socio* contre les associés.

Ces mots *non indivise agit ut socius*, signifieraient, d'après nous, que le *particeps* ne peut faire valoir ses droits, comme les associés ordinaires, contre la société, et qu'il ne peut obtenir sa part, que sur les bénéfices déterminés après le partage et la liquidation, entre associés en nom. C'est-à-dire que le *particeps* ne viendrait pas au partage comme partie en cause, sauf la faculté de s'assurer que la liquidation et le partage n'ont pas été faits en fraude de ses droits.

Cela n'empêcherait en rien, d'ailleurs, la répartition par anticipation des bénéfices réalisés, répartition facultative ou réglée par l'acte social, et qui se fait, de notre temps, sous la forme des dividendes.

Il résulterait de cette interprétation, que le *particeps* n'aurait qu'une chose à faire : réclamer, comme l'indique son nom, la part représentant son apport et ses bénéfices sur les fonds affectés à cette destination dans la liquidation, sans avoir rien à démêler dans les pertes éventuelles auxquelles la société pouvait être exposée. Il ne se présenterait que sur l'actif fixé dans la liquidation et non pendant l'indivision, *non indivise* ; et s'il n'y a rien à prendre, surtout s'il n'y a que des dettes au partage, alors il n'a plus à agir. Cette interprétation nous semble confirmée par ces mots : « *Nam particeps qui certam partem habet,* » qui précèdent dans les textes les mots « *non indivise agit ut socius.* » Il nous paraît donc certain que le *particeps* n'est

(1) La loi française, dans l'article 27, C. de C., a établi une prohibition relative aux actes de gestion, qu'elle sanctionne en infligeant au commanditaire la responsabilité *in infinitum* ; elle n'a pas eu à dire que le commanditaire n'agit pas en principe au nom de la société ; c'était inutile parce que la chose était évidente. Elle a établi une sanction pour les cas où on accomplirait ce fait illégal, parce qu'il peut devenir fâcheux en donnant à la société un crédit qu'elle ne mériterait pas.

responsable *in infinitum*, ni envers les tiers, ni envers ses coassociés. Comme pour l'actionnaire, ses risques ne peuvent dépasser son apport. Mais nous devons nous hâter, pour ne pas nous éloigner trop longtemps du domaine de l'histoire.

Nous reconnaîtrons, d'ailleurs, que les textes ne sont pas aussi explicites sur cette limitation de la responsabilité, que sur les autres points; il y a une raison pour expliquer ce silence, et elle est péremptoire; c'est que la question ne pouvait guère se présenter en pratique, et qu'on n'avait pas dû songer à la prévoir.

Il ne faut pas oublier, en effet, que nous ne parlons que des compagnies fermières de l'Etat, les seules qui puissent s'organiser par actions; or, l'Etat intervenait quand ses entrepreneurs étaient en perte; alors il les dispensait de payer le montant de leur adjudication, ou il le réduisait, ou même il résiliait le bail (1).

Cette faveur devait être d'une pratique assez fréquente, car nous l'avons vu figurer dans le texte de Polybe, comme l'une de ces attributions du Sénat, auxquelles le peuple ajoutait la plus grande importance; celle qui assurait au Sénat son autorité sur le peuple. Il peut accorder des délais, et, s'il est intervenu quelque malheur, relever les publicains d'une part de leurs obligations, ou bien annuler l'adjudication, si un événement empêche l'entreprise de se réaliser (2).

Puisque les *socii* n'avaient pas à supporter les pertes résultant des cas fortuits ou de force majeure, à plus forte raison les simples *participes* ne devaient-ils pas avoir à les redouter; c'est ainsi que, la question ne devant pas se présenter en fait, on n'avait pas eu besoin de spécifier la solution.

La question de responsabilité des *participes* ne se présenterait donc qu'en cas de perte par faute des *socii*; mais ce serait leur faire supporter la faute d'autrui que de les soumettre à de pareilles éventualités. Nos commanditaires ne sont pas res-

(1) Nous avons bien rapporté ci-dessus, que Terentius Varron avait perdu de l'argent dans les affaires des publicains, mais c'était probablement en spéculant sur les *partes*, ou bien, s'il était lui-même *socius*, il se trouvait, avec sa compagnie, dans un cas très exceptionnel. Cicéron, *Ad. fam.*, XIII, 10.

(2) « *Nam et diem proferre et si qua intervenerit calamitas, mercedum parte publicanos relevare, aut si quis casus impedierit quominus exilum res habere posset, locationem rescindere.* »

ponsables *in infinitum*, parce qu'ils ne peuvent pas avoir la direction ; il en était de même des *participes*. La loi 6, § 8, D., *pro socio*, nous fournira la preuve que cette responsabilité ne pouvait, en aucun cas, porter sur les *affines* ou *participes*.

Ceci n'exclut pas, bien entendu, la possibilité et même la nécessité de réunir les *participes* et de les consulter en assemblée générale dans certains cas, à raison de l'intérêt qu'ils ont à la prospérité de la société et de l'argent qu'ils y ont apporté. Les Verrines nous fournissent des exemples de ce fait (1) ; et c'est une analogie de plus avec nos sociétés modernes. Ce parallélisme constant entre les détails pratiques des deux législations nous prouve bien que nous sommes dans la vérité, en affirmant l'identité de leurs principes sur notre matière.

On peut dire seulement : heureux publicains, heureux actionnaires, qui n'avaient pas de débâcle à redouter, et que l'Etat tout-puissant mettait à l'abri du danger. C'est ainsi que, chez nous, certaines sociétés par actions ne fonctionnent qu'avec la garantie de l'Etat.

Les *participes* étaient donc de vrais commanditaires.

Nous avons ajouté que ces commanditaires l'étaient sous les formes de l'action, c'est-à-dire que leurs *partes* avaient le caractère de transmissibilité. Caton avait imaginé la commandite simple (2) ; les publicains pratiquèrent la commandite par actions.

Quant à la transmissibilité par suite de décès, les textes indiquent, à n'en pas douter, qu'elle fut admise de tout temps

(1) *Verr.*, II, 70, 71.

(2) Voici, à cet égard, le texte fort explicite de Plutarque, (trad. Ricard), *Caton l'Ancien*, n° 20 : « Il exigeait de ceux à qui il prêtait son argent, qu'ils fissent, au nombre de cinquante, une société de commerce, et qu'ils équipassent autant de vaisseaux sur chacun desquels il avait une portion qu'il faisait valoir par un de ses affranchis nommé Quintion, qui, étant comme son facteur, s'embarquait avec les autres associés et avait sa part dans tous les bénéfices. Par là il ne risquait pas tout son argent, mais seulement une petite portion dont il tirait de gros intérêts. » C'est bien la commandite avec tous ses avantages pour le commanditaire unique qui l'invente et l'impose. Les débiteurs sont associés et tenus suivant les termes du droit commun ; quant à Caton, il a des portions qui lui procurent des bénéfices proportionnels sur chaque navire, au lieu d'intérêts, mais il n'expose que l'argent qu'il a déjà fourni, il n'en perdra jamais davantage en aucun cas.

pour les publicains. Nous n'avons pas besoin de rappeler que c'est une faveur qui ne s'étendit jamais aux autres sociétés.

Nous n'avons aucun doute, non plus, après ce que nous avons déjà dit, sur la transmissibilité des *partes* entre vifs, caractère essentiel de l'action. Ces *partes* étaient transmissibles normalement et en principe, à Rome ; elles avaient donc tous les caractères requis pour constituer des actions, même d'après les doctrines les plus exigeantes à cet égard (1). Elles avaient un cours variable ; le mot de Cicéron, *partes illo tempore carissimas*, suffirait à lui seul pour l'établir ; mais nous avons déjà ajouté d'autres preuves à celle-ci.

Avant d'achever cet aperçu, et sans attendre de traiter la question juridique *ex professo*, nous dirons quelques mots seulement, sur les modes de transmission, probablement admis par les publicains.

Nous aurons ainsi suffisamment caractérisé, dans leur ensemble, leurs moyens d'agir et l'organisation de leurs sociétés, pour pouvoir avancer en sécurité dans le domaine de leur histoire.

Certainement, la transmission de ces *partes* était en dehors des règles de la cession de créance, et nous pensons que la *procuratio in rem suam* n'a rien à faire ici. Comment aurait-on pu appliquer cette forme, née du scrupule des juristes, au cas où l'on devait céder une de ces parts que nous appellerions non libérée de notre temps. Or, cela devait se faire, puisque les publicains n'étaient pas obligés de verser immédiatement le montant de l'adjudication, et qu'ils étaient soumis à des garanties pour les prestations à réaliser.

Il y avait, dans ce cas, évidemment une obligation transmise avec la part vendue, ce qui déroge doublement aux règles ordinaires du droit civil ; les procédés de ce droit devenaient donc tout à fait insuffisants.

C'est que les besoins de la pratique avaient brisé les cadres trop étroits du droit normal. *Dare partes carissimas*, *habere*, *eripere partes*, est-ce là le langage juridique ? *Dare* est une

---

(1) Nous nous bornons à signaler l'existence des nombreuses et brillantes controverses qui se sont produites sur les traits distinctifs de l'action. Voy. spécialement le rapport de M. le conseiller Voisin sur l'arrêt de Cass., 5 nov. 1888.

expression technique dans la langue du droit, qui ne s'est jamais appliquée aux créances ordinaires, et encore moins aux obligations, et c'est Cicéron qui l'emploie ici, sans cesse, en plaidant, devant les tribunaux de Rome. Tous les écrivains de son temps qui ont eu l'occasion de parler des *partes*, ont répété ce même mot, *dare partes*, si étranger à la langue classique.

Peut-être y avait-il des titres transmissibles par voie de transfert. Les mots *eripuit partes*, en particulier, indiquent-ils nécessairement qu'il y avait des titres transmissibles matériellement, sauf mention ultérieure à inscrire sur les registres? La traduction littérale pourrait autoriser cette manière de voir; mais cela ne nous paraît pas suffisant pour établir une opinion.

Observons, d'ailleurs, que les formes des *chirographa* ou des *syngraphæ* dont parle Gaius, ou même celle des *arcaria nomina*, ont, peut-être, été employées à ces transmissions de titres, visées et revêtues des cachets ou autres marques de la compagnie (1).

Il paraît certain, en effet, que ces transmissions étaient mentionnées sur ces registres si admirablement tenus en double ou en triple, qu'on ne put plus en faire disparaître les traces d'une fraude, à l'occasion du procès de Verrès.

Comment aurait-on pu connaître les *participes* sans ces mentions? Or, on les connaissait. Nous verrons, d'ailleurs, le transfert employé pour la transmission, à suite de décès, des parts sociales (L. 55, D., *pro socio*, 17, 2) (2).

En somme, que manquait-il à ces sociétés, pour les faire ressembler complètement à nos sociétés en commandite par actions? Rien, que des éléments secondaires.

Ainsi les parts aliénées n'étaient pas égales entre elles, comme nos actions et nos coupures; il y avait des *partes magnæ* et des *particulæ*. Elles n'étaient sans doute pas fixées à l'avance, comme dans nos émissions. Et, cependant, l'emploi de ces mots ordinairement au pluriel, *partes carissimæ*, *partes magnæ*, semble indiquer l'existence d'un système pratique de division des *partes*.

(1) Gaius, III, 131 et s.

(2) Tite-Live, dans un texte cité par nous, parle de la prohibition établie par les censeurs d'être *socii* et même *affines ejus conductionis*, ce qui fait bien supposer l'indication du nom des *affines* sur les registres de l'administration centrale, sans cela, comment cette prohibition eût-elle pu recevoir son exécution? Tite-Live, XVIII, 16.

Nous ne savons pas si des formes particulières de publicité étaient exigées pour la constitution de la société. En tout cas, nous l'avons dit, la *Lex censoria* était publiée à l'avance et contenait, comme notre cahier des charges, l'indication des obligations et des droits établis par l'Etat, à l'égard des adjudicataires.

En résumé, nous croyons avoir établi, pour le moment, par ces considérations juridiques forcément sommaires ici, que les deux éléments, *socii* d'une part, *participes* de l'autre, étaient nettement séparés, au point de vue des responsabilités, comme ils le sont dans notre commandite ; les *partes*, comme nos actions, étaient incontestablement transmissibles entre vifs et par suite de décès, elles se vendaient et leur cours était mobile.

Il n'en fallut pas davantage pour qu'elles se répandissent dans toutes les classes de la société, et fussent, comme semblent l'admettre presque tous nos historiens contemporains, la base de grandes spéculations financières sous la République.

Les publicains avaient de nombreux agents, que l'on appelait aussi parfois publicains, et qui pouvaient être de l'ordre le plus infime. C'était un abus de langage, car nous verrons que ceux-ci n'avaient juridiquement aucun des droits ou des obligations réservés aux publicains (1) ; à moins qu'ils ne fussent en même temps actionnaires, *particulas habeant.* C'étaient très fréquemment des esclaves ou des affranchis ; quelques-uns s'appelaient *tabellarii*, *coactores*, désignations très expressives par elles-mêmes.

La nature de leurs fonctions dans des provinces spoliées, et les exactions dont ils étaient les agents, parfois violents, leur avaient attiré la haine et le mépris des provinciaux, avec lesquels ils étaient en contact direct. Ils étaient plus ou moins nombreux, suivant l'importance du service auquel ils étaient attachés. Souvent, peut-être, ils étaient tenus à avoir des actions, en vertu d'une règle admise, dans certains cas, par la pratique chez nous.

Outre les agents de la perception, les publicains adjudica-

---

(1) « *At Rupilius non publicanum in Sicilia egit, sed operas publicanis dedit..., quem enim diurnas capturas exigentem animadverterunt, eumdem jura dantem, classesque et exercitus regentem viderunt.* » Valère-Maxime, VI, 9, 8. Cicéron, *P. Rabir post.*, XI.

taires des entreprises même les plus lointaines avaient organisé un service de communications par courriers spéciaux, qui est pour nous du plus haut intérêt.

Ces courriers, que l'on appelait *tabellarii*, mettaient sans cesse en relation, les agents des provinces avec le service de la direction résidant à Rome, et aussi avec les spéculateurs du Forum et des basiliques. Nous verrons, en analysant plus loin certains écrits de Cicéron, que les valeurs subissaient très vivement, sur le marché romain ; l'influence des nouvelles apportées de la province ; c'était sur ces nouvelles, surtout, que devait se fixer, comme aujourd'hui, le cours des *partes* ; aussi ce service était-il très bien entretenu.

M. Ernest Desjardins, dans un travail qui contient le résumé de leçons professées en 1878, à l'Ecole des hautes études, a donné des détails très intéressants sur les *tabellarii* en général. Il en résulte très clairement que les services des courriers des publicains étaient bien plus rapidement organisés, et souvent bien mieux desservis que ceux des gouverneurs, dans les provinces les plus éloignées, livrées, comme toutes les autres, à leurs exploitations immédiatement après la conquête.

C'est ainsi que, de nos jours, les reporters des journaux ou les dépêches de la bourse, font souvent plus de diligence que les services publics, pour porter les nouvelles les plus importantes aux intéressés et aux gouvernements eux-mêmes, pendant la guerre comme pendant la paix (1).

(1) Après avoir transcrit un passage d'une lettre écrite par Cicéron à Atticus (V, xvi) pendant son gouvernement en Cilicie, M. Desjardins ajoute : « Ce passage nous apprend donc : 1° qu'un gouverneur de province, — cependant tout puissant en vertu de l'*imperium* qui lui était conféré, — était contraint, en temps ordinaire, d'avoir recours à l'obligeance des *tabellarii* de l'entreprise privée des publicains ou fermiers de l'impôt, pour transmettre de ses nouvelles à Rome, et 2° que les *conductores* avaient un service entretenu évidemment à leurs frais, pour l'expédition de leurs dépêches, et sans doute pour le transport des sommes qu'ils avaient encaissées. Cependant, les proconsuls ayant l'*evectio*, c'est-à-dire le droit de faire circuler, à l'aide de réquisitions, leurs envoyés officiels, devaient avoir, à plus forte raison, des courriers spéciaux pour l'envoi de leurs messages ; mais les départs de ces *tabellarii* étaient sans doute limités à certaines époques fixes... Il fallait de quarante à cinquante jours pour se rendre de Cilicie à Rome ; et il est bien évident qu'ils ne franchissaient pas tout cet espace à pied et en bateau, mais qu'ils prenaient souvent des chevaux... Cicéron, *Ad. att.*, V,

L'administration des compagnies était dirigée par un *magister*, ou plusieurs *magistri*, qui siégeaient à Rome. Ceux-ci étaient aidés, le plus souvent, par des administrateurs, et assistés d'un conseil qu'ils pouvaient réunir, aussi bien que l'assemblée générale elle-même, suivant les circonstances. En province, un ou plusieurs *pro magistri* représentaient la société (1).

Il est fréquemment question dans les évangiles des publicains qui étaient en Judée (2). Nous aurons à parler spécialement de Zachée et de saint Matthieu. Le récit évangélique assimile presque toujours les collecteurs d'impôts aux personnes les plus décriées ; *peccatores* et *publicani* sont placés sur le même rang, quelquefois le rapprochement est pire encore.

Il est cependant intéressant d'observer que, lorsque les publicains viennent demander à saint Jean-Baptiste ce qu'ils doivent faire, l'Evangile porte : « *Ne faites que ce qui vous est permis.* » La réponse faite aux soldats est bien plus explicite et plus sévère : « *Neminem cuncutiatis, neque calumniam faciatis, et contenti estote stipendiis vestris ;* » « Ne commettez de concussion envers personne, abstenez-vous de toute injustice, contentez-vous de votre solde ; » ce qui semble indiquer que les vexations des soldats étaient plus redoutables encore, et leurs excès plus graves que ceux des publicains.

Dans un autre évangile, le publicain est pris comme le modèle de l'humilité la plus sincère et du repentir le plus touchant : « *Et publicanus a longe stans, nolebat ad cœlum oculos levare : sed percutiebat pectus suum dicens : Deus propitius esto peccatori (3).* » « Et le publicain, se tenant éloigné, ne voulait pas lever ses yeux vers le ciel ; mais il frappait sa poitrine en disant : O Dieu, soyez propice au pécheur. » Evidemment, les

15, 16 et 19. — *Epist. famil.,* V, 21 ; VIII, 6. Bibliothèque des Hautes études, 35ᵉ fascicule, 1878.

(1) Cicéron, *Ad. attic.,* XI, 10 ; *In Verr.,* II, 2, 70 ; Orelli, *Inscr.,* édit, Henzen, III, 6, 642.

(2) Ev. sec. Luc, ch. III, v. 12 et 13 : « *Venerunt autem publicani ut baptizarentur et dixerunt ad eum ; magister quid faciemus ? At ille dixit ad eos : Nihil amplius quam quod constitutum est vobis, faciatis.* » Ev. sec. Matth., IX, 11, 12 ; XI, 19 ; XVIII, 17 ; XXI, 31. — Sec. Marc., II, 15-16. — Sec. Luc., V, 27, 28, 29, 30 ; VII, 29, 34 ; XV, 1 ; XVIII, 10 ; XIX, 2.

(3) Ev. sec. Lucam, cap. XVIII, v. 13.

publicains de la Judée inspiraient, à l'époque de la vie de Jésus-Christ, plus de mépris que de haine. L'autorité d'Auguste s'était déjà appesantie sur eux et avait mis un frein à leurs abominables excès.

Il est probable, d'ailleurs, que, sauf pour saint Matthieu et Zachée, qui sont de hauts fonctionnaires, les publicains dont parle l'Evangile étaient surtout les petits employés qui se perdaient dans la foule; c'étaient, sans doute, plus particulièrement ces *coactores*, ces publicains improprement dits, dont nous avons indiqué l'humble situation, et qui étaient en contact direct avec le peuple.

Le nombre des associés et de leurs actionnaires devait être très considérable dans certaines provinces; puisque Cicéron nous dit, qu'en Sicile, Verrès écarta, dans une circonstance, la foule des associés et se contenta d'en réunir quelques-uns. D'autres fois, ce sont les publicains encore, que l'on nous présente comme se portant en nombre, au-devant de grands personnages de Rome, à leur arrivée dans la province. L'évangile nous parle de la « *turba multa publicanorum* (1). » Tout cela implique que beaucoup de ces sociétés avaient une très grande importance, non seulement au point de vue des affaires à traiter, mais encore au point de vue du nombre des personnes, sociétaires ou *participes*, fonctionnaires de bureaux ou agents de communications, de perceptions et de contraintes qui s'y rattachaient.

Les indications que nous venons de donner, se réfèrent à des textes concernant principalement les adjudicataires des *vectigalia*. La même organisation se retrouvait dans les sociétés adjudicataires des travaux publics.

§ 5. — *Le droit de cité est-il nécessaire pour les publicains?*
Les publicains de l'Evangile.

Dans les premiers temps, tous les publicains étaient Romains, sans doute. En fut-il de même toujours?

Ce dut être une question assez grave, à raison de l'importance que prirent dans l'Etat, ceux qui s'enrichissaient dans ses opérations financières et industrielles.

____

(1) Ev. sec. Luc., V, 27 à 30, *infra*, p. 134.

C'était laisser une immense force entre les mains des provinciaux, que de les admettre comme les citoyens, à bénéficier des adjudications de l'État, et l'on pourrait voir dans ce fait, s'il s'est produit, un progrès considérable vers cette unité politique et civile, que Caracalla voulut brusquer, par cupidité, et que Justinien devait rendre complète et définitive.

La question, d'abord, ne paraît pas présenter de difficultés, en ce qui concerne les employés d'ordre inférieur, les *coactores*, les *tabellarii*, les messagers et même les scribes ; la plupart du temps, des esclaves ou des affranchis étaient attachés à ces fonctions, et c'était même des gens très dépravés dans certaines provinces ; les textes latins nous rapportent que l'autorité fut obligée d'intervenir, pour enjoindre aux publicains de les mieux choisir.

Une partie de ce personnel inférieur était évidemment pris dans la province même où on l'employait. Pourquoi l'aurait-on amené de Rome? On avait tout avantage à recruter les agents de perception, dans le pays dont ils connaissaient la langue, les usages, l'état des fortunes, les ressources et même les personnes.

Nous n'aurons pas non plus d'hésitation en ce qui concerne les *participes*, ceux qui avaient une part de commanditaires dans la société, sans être sociétaires aux yeux du public. Sans doute, la plupart de ces actionnaires, cachés ou connus, devaient être à Rome, puisque tout ce qui avait quelque argent, sous la République, était actionnaire ; mais il devait y en avoir beaucoup hors de Rome, et nous avons déjà indiqué des textes qui prouvent que les porteurs de titre constituaient, même en province, des foules nombreuses et qui devenaient parfois bruyantes, comme on peut le voir de notre temps dans certaines occasions.

La question paraît plus délicate, en ce qui concerne les vrais associés, connus, responsables, surtout ceux qui avaient pris part, comme *mancipes*, à l'adjudication ou qui représentaient la Société, comme *pro magistri*.

Il nous semble qu'on peut trouver, spécialement dans les textes des évangiles, la preuve que ces situations d'associés ou même de sous-directeurs pouvaient appartenir à des pérégrins. S'il en était ainsi en Judée, comment n'en aurait-il pas été de même partout?

Au surplus, s'il s'était agi d'une société ordinaire, il n'y aurait pas eu de doute ; la société étant un contrat du droit des gens, les pérégrins avaient été de tout temps admis à la pratiquer ; même les juifs qui étaient assez généralement mal vus par les Romains. La question pouvait être plus douteuse dans le cas actuel, à cause des relations qu'impliquent les affaires des publicains et leurs traités avec l'Etat, dont ils sont, au fond, les percepteurs, pour l'impôt, ou les agents, dans l'exécution des grandes entreprises publiques ; et aussi à raison des considérations politiques dont nous parlions un peu plus haut.

Les textes évangéliques se réfèrent à l'époque du Christ, c'est-à-dire à la période qui termine, à peu près, celle que nous étudions ; mais, incontestablement, les règles de capacité relatives à cette époque ont dû s'appliquer de tout temps, ou au moins dans le siècle qui l'a précédée.

Il est souvent question de publicains en général, dans les Evangiles ; mais il est trois personnages qui y figurent individuellement.

Le premier est le pauvre publicain dont nous avons parlé, et dont le Christ fait ressortir l'humilité, pour blâmer l'orgueil des pharisiens. Nous ne savons rien de sa nationalité ; il était probablement l'un des agents que l'on prenait sur place, et qui n'avaient que les dédains de la fonction, sans en avoir les bénéfices (1).

Il n'en est pas de même des deux autres : Zachée et saint Matthieu. C'étaient, tous les deux, d'opulents publicains (2).

Zachée était considéré par le peuple juif, en sa qualité de publicain, comme un prévaricateur ; et quand Jésus le fait venir à lui, du milieu de la foule, et le fait descendre du sycomore où il n'avait pas dédaigné de monter, pour voir passer le Christ, très entouré en ce moment, l'Evangile ajoute : « *Et cum vidissent omnes, murmurabant, dicentes quod ad hominem*

____

(1) Certains auteurs prétendent qu'il n'y a là qu'une parabole, mais cela importe peu à notre point de vue.

(2) Il en était probablement de même de Lévi, dont parle saint Luc, Ev., V, 27, 28, 29, 30 : « *Et vidit publicanum nomen Levi sedentem ad telonium et ait illi sequere me... et secutus est eum... et fecit ei convivium magnum in domo sua ; et erat turba multa publicanorum et aliorum, et murmurabant pharisæi... »*

peccatorem divertisset (1). » « Et lorsqu'ils eurent vu cela, tous murmuraient, disant qu'il se détournait en allant vers un pé-cheur. » Et alors Zachée offre de donner aux pauvres la moitié de ses biens ; et s'il a commis des fraudes, il se déclare prêt à en restituer quatre fois la valeur (2), et Jésus répond : « Sa maison a été bénie aujourd'hui ; lui aussi est fils d'Abraham. »

Une controverse très vive s'est élevée, parmi les théologiens, pour déterminer la nationalité de Zachée.

Ce qu'il y a de certain, c'est que Zachée était associé, et non simple employé des publicains, puisqu'il avait fait fortune, et qu'il offrait de rendre au quadruple ce qu'il aurait indûment acquis. Les commis, employés ou agents n'étaient pas tous esclaves ; ceux qui étaient libres, étaient payés au jour le jour, sans doute à tant pour cent (*capturas diurnas*), sur ce qu'ils avaient péniblement recouvré à domicile. Ce ne sont pas d'ordinaire ces petits recouvreurs qui arrivent à la fortune, et qui ont de grandes restitutions à faire (3).

Zachée était très probablement le *pro magister* dont nous avons parlé, c'est-à-dire le sous-directeur de la société, en rapport constant avec le magister ou directeur qui restait à Rome, car saint Luc l'appelle ἀρχιτελώνης, c'est-à-dire chef des préposés à l'impôt.

L'autre publicain est un des quatre évangélistes, c'est saint Matthieu. « *Et cum transiret Jesus,* » dit l'Evangile, « *vidit hominem sedentem in telonio, Matthæum nomine. Et ait illi, sequere me et secutus est eum.* » « Et comme Jésus passait, il vit un homme assis au bureau de l'impôt, du nom de Matthieu. Il lui dit : Suis-moi, et celui-ci le suivit. » Ici encore la foule s'étonne, et Jésus répond : « *Non enim veni vocare justos sed peccatores* (4). » « Je ne suis pas venu appeler les justes, mais les pécheurs. »

---

(1) Ev. sec. Lucam, cap. XIX, v. 9.

(2) « *Stans autem Zachæus dixit ad Dominum : Ecce dimidium bonorum meorum, domine, do pauperibus ; et si quid aliquem defraudavi, reddo quadruplum.* »

(3) Valère-Maxime, VI, 9, 8. — Cicéron (*Pro Rabirio*, 11) dit que les *Coactores* avaient 5 %. Mais ce tarif ne devait porter que sur certaines recettes extraordinaires. Ou bien, il dépassait de beaucoup nos usages modernes à l'égard des porteurs de contrainte, si les *Coactores* n'étaient que cela.

(4) Ev. sec. Matth., cap. IX, v. 9.

Saint Matthieu siégeait *in telonio*, c'est-à-dire au bureau des impôts, spécialement de l'impôt des douanes (1). Ce devait être aussi un *socius*, car il ne revint pas à son ancien état, après la résurrection du Christ ; et un commentateur remarque que s'il ne le fit pas, comme le firent les autres apôtres, c'est parce que sa conscience devait s'y opposer (2). Ce qui implique qu'il devait participer aux bénéfices, et ne pas se borner aux *capturæ diurnæ*, comme un simple employé (3).

Les commentateurs, même les plus anciens de l'Evangile, se sont demandé si Zachée et si saint Matthieu étaient Juifs, ou s'ils étaient Gentils, c'est-à-dire Romains, dans l'espèce.

Pour Zachée, Tertullien, saint Cyprien, saint Jean Chrysostome et saint Ambroise pensent qu'il était Romain. Saint Jérôme (4) émet la même opinion concernant saint Matthieu.

L'opinion contraire nous semble beaucoup plus plausible. Elle est soutenue par d'autres autorités également très imposantes (5), et nous l'adoptons pour deux raisons qui nous paraissent décisives, en laissant de côté, ici, celles qui ont un caractère plus exclusivement religieux.

La première raison, c'est que Jésus appelle Zachée, fils d'Abraham, ce qu'il n'aurait pas dit, si Zachée avait été Romain ; la seconde, c'est que le nom de Zachée est un nom hébreu. Il en est de même de saint Matthieu, qui porte un nom hébreu. Or, les Romains n'auraient jamais consenti, à cette époque, à porter un nom qui pût faire douter de leur natio-

---

(1) Les *Telonarii* paraissent être plus spécialement les entrepreneurs des douanes. Nous insisterons sur ce point dans notre deuxième partie. (Voy. Salkowski, *Quæstiones de jure societatis*, p. 18.) Ce sont les publicains de cette espèce qui semblent avoir été déconsidérés plus que tous les autres (*eod.*). Il en était de même du Lévi dont parle saint Luc, V, 27.

(2) Homilia sancti Gregorii papæ XXIV, in evang. : « *Matthæus vero ad telonii negotium non residit : quia aliud est, victum per piscationem quærere, aliud autem telonii lucris pecunias augere... Quæ ergo ad peccatum implicant, ad hæc necesse est ut post conversionem animus non recurrat.* » Offic. intra Oct. Paschæ, feria quarta.

(3) « *Nec tam execrabile esset nomen publicanorum*, » dit Tertullien, « *apud dominum, nisi extraneum vendentium ipsius cœli et terræ et maris transitus* » (de Pudicitia, cap. IX).

(4) *Epist.*, 146.

(5) Voy. Cornelius a Lapide, V^is *Matthæus, publicanus.*

nalité, essentiellement orgueilleuse et exclusive dans toutes ses manifestations, surtout quand il s'agissait d'un nom juif.

Nous en concluons qu'en Judée, et par conséquent, sans doute, dans toutes les autres parties de l'empire, les *Socii publicani* pouvaient être, soit Romains, soit pérégrins.

Les privilèges de la cité romaine s'effacent, en effet, à mesure que s'étendent les richesses et la conquête. C'est la vieille forme du patriotisme autoritaire et jaloux, qui disparaît par la force des choses.

Nous observerons, d'ailleurs, que les Israélites n'avaient pas plus de sympathie pour les publicains, leurs compatriotes, que pour les publicains de nationalité romaine. Les peuples se soumettent, volontiers, à l'impôt qui représente les services rendus par l'Etat; ils n'acceptent jamais, sans se plaindre, les exactions, quelle que soit la main qui les leur fait subir.

En Sicile, les publicains, même de l'ordre le plus élevé, furent aussi pris parmi les indigènes, ils le furent, parfois, parmi les femmes de mauvaise vie, et même parmi les esclaves. Il est vrai que c'est sous la préture de Verrès que les faits racontés par Cicéron se passaient, et que Verrès n'avait aucun scrupule, ni pour le choix des personnes, ni pour celui des procédés; en tout cas, la chose est indubitable. « *Æschrionis Syracusani uxor est Pippa... Hic Æschrio Pippæ vir adumbratus, in Herbitensibus decumis novus instituitur Publicanus* (1). » Cet Eschrion de Syracuse est admis à l'adjudication; c'est donc un *Manceps* pérégrin. D'ailleurs, pour lever tous les doutes, nous n'avons qu'à faire remarquer que Cicéron justifie ce choix des indigènes : « *Siculi siculos non tam pertimescebant.* » « Les Siciliens ne redoutaient pas autant les Siciliens. »

Mais Verrès avait été bien plus loin. Il avait envoyé, non comme agent, mais comme publicain *decumanus*, un esclave, dans une petite ville de son territoire. Cicéron s'en indigne : « *Cur hoc auctore, non Romæ quoque servi publici ad vectigalia accedant* (2). » Une autre fois, c'est un esclave de Vénus qu'em-

____

(1) *In Verr.*, act. II, lib. III, nᵒˢ 33 et 34. — Paul parle aussi, dans un texte du Digeste, L. 47, *pr.*, D., 49, 14, *de jure fisci* d'une femme : « *Moschis quædam fisci debitrix ex conductione vectigali.* »

(2) *In Verr.*, act. II, lib. III, nᵒ 37.

ploie Verrès, Banobal ; et Cicéron , de plus en plus irrité par cette audace, s'écrie : « *Cognoscite nomina publicanorum* (1). » « Connaissez les noms des publicains. »

Dans les discours sur les blés, où il est constamment question de publicains, nous trouvons un autre détail digne d'être noté, c'est que fréquemment des villes entières, se constituant en société, se portaient elles-mêmes adjudicataires de la levée de leurs propres impôts (2).

Les douanes d'Asie, comme celles de Sicile, ont été affermées tant au profit des publicains qu'au profit des indigènes (3).

Enfin, il est probable que lorsque les Romains adoptaient les modes de répartition et de perception d'un impôt tels qu'ils existaient dans une province conquise, ils devaient admettre, ordinairement aussi, les adjudicataires indigènes qui leur offraient, avec leur expérience personnelle et spéciale, des garanties de solvabilité. Il en fut ainsi probablement en Egypte, et c'est ce qui s'était produit pour la Sicile et la province d'Asie, à certaines époques.

§ 6. — *Conditions diverses de capacité.*

Nous ne ferons qu'indiquer ici l'existence de certaines incapacités prononcées par les lois. Pour ceci encore, c'est ailleurs que nous devrons entrer dans les détails de la matière ; nous devons faire remarquer seulement, pour que notre coup d'œil d'ensemble sur le personnel des sociétés soit complet, qu'on avait déclaré incapables de faire partie des sociétés adjudicataires, quelques personnes, pour des raisons spéciales et diverses.

C'étaient d'abord : les magistrats chargés d'attributions financières, à qui il était défendu de se porter *mancipes*. Ce furent aussi les mineurs de vingt-cinq ans, les tuteurs et curateurs, les reliquataires d'un précédent bail et autres débiteurs du fisc (L. 49, D., 19, 2. — L. 46, § 14, D., 49, 14. — L. 9, §§ 2 et 3, D., 39, 4). L'incapacité pouvait aussi résulter d'une

---

(1) *In Verr.*, act. II, lib. III, n° 39.
(2) *Eod.*, n° 42.
(3) Vigié, *Des douanes dans l'empire romain*, p. 75.

sentence judiciaire (L. 9, D., 48, 19) ou d'un simple ordre de censeur et porter même sur la qualité de *particeps*.

Enfin, nous constatons qu'en 217 ou 219 avant J.-C., la loi *Claudia* défendit aux sénateurs ou fils de sénateurs d'avoir un navire qui tînt plus de 300 amphores, pas plus que ce qu'il fallait pour les besoins de leurs domaines; elle leur prohibait toute spéculation, et notamment le droit de prendre part aux entreprises publiques (1). Nous l'avons dit, il est probable qu'ils ne se portèrent pas *mancipes*; mais on a pu soutenir qu'ils devaient être *socii*, peut-être sans être administrateurs; on peut affirmer, dans tous les cas, qu'ils furent très largement *participes*, c'est-à-dire actionnaires.

§ 7. — *Les publicains appartiennent à l'ordre des chevaliers qu'ils comprennent presque en entier.*

Ce fut parmi les riches bourgeois que se recrutèrent les publicains, c'est-à-dire parmi ceux que l'on appelait à Rome les chevaliers. Il en fut de même pour les banquiers et par la même raison. Vers la fin de la République, l'esprit de spéculation s'était si universellement répandu dans cette classe de citoyens, que l'on confondait à peu près ces désignations. Cicéron dit : « *Publicani, hoc est equites Romani* (2). » « Publicains, c'est-à-dire chevaliers romains. » Les deux noms représentaient, pourtant, deux choses très différentes, par leur origine et leurs caractères politiques.

Ce qu'il y avait au fond de cette habitude de langage, c'est que tous ceux qui pouvaient spéculer ouvertement, le faisaient sans scrupules et souvent avec une passion effrénée.

M. Emile Belot a consacré un chapitre de son *Histoire des chevaliers* aux entreprises financières de l'ordre qu'il étudie. Il indique les origines de cet ordre, en admettant l'opinion de Nieburh, qui nous paraît, en réalité, très conforme aux traditions aristocratiques et exclusives de la cité. Le Romain de

(1) Tombée en désuétude sous Cicéron, cette disposition fut renouvelée par la loi Julia, *repetundarum*. Dion Cassius et Asconius disent formellement que la prohibition était générale : « *Quæstus omnibus patribus indecorus.* » V. *infra*, § 7, p. 141.

(2) *In Verr.*, II, III, 72. — Quintus, *Cic. de petit. consul.*, I.

vieille race ne veut pas être confondu avec le reste du monde, pas même avec les hommes des autres races italiennes.

Les chevaliers, d'après ce système historique, se seraient recrutés surtout dans la bourgeoisie des villes italiennes attirée à Rome, et le patriciat uniquement dans la cité.

On peut aujourd'hui se dire Parisien d'origine, sans remonter le cours des générations et sans grande difficulté, par le seul fait qu'on est né à Paris. Beaucoup même n'y regardent pas de si près, parce que la France forme une nation homogène et unie qui ne s'absorbe pas encore tout à fait dans sa capitale. Rome voulait, au contraire, constituer à elle seule le centre de toutes choses, et elle pouvait le vouloir ; on y pensait que la vraie noblesse ne devait avoir pris de tout temps ses sources que dans les murs de la ville éternelle, *in urbe;* un Italien ne pouvait être noble, s'il n'était pas de pure race romaine. A cet ordre d'idées et spécialement à la conquête du droit de cité, se rattachent, on le sait, les guerres sociales qui ensanglantèrent à diverses reprises le sol de l'Italie.

Tout cela nous oblige à dire quelques mots des chevaliers. Nous serons très brefs.

On sait que Servius Tullius avait créé dix-huit centuries de chevaliers dans la première classe. « La chevalerie romaine, » dit Belot (1), « ne demeura pas plus d'un siècle enfermée dans les cadres inflexibles des dix-huit centuries, images de la cité des rois. En dehors de ce corps aristocratique s'éleva un nouvel ordre équestre. C'était la bourgeoisie des cantons ruraux, qui se mit à la tête de la plèbe pour combattre le patriciat. Cette aristocratie plébéienne finit par s'ouvrir l'accès des magistratures curules, et les hommes nouveaux des municipes eurent des sièges au sénat de Rome. »

Ce fut le *cens* qui conféra, dès lors, le droit au titre de chevalier. A ce titre, furent réservés trois privilèges honorifiques, fort recherchés dans une société très préoccupée des relations du monde et du classement des personnes, partout où on se réunissait, en public surtout.

Les chevaliers eurent, d'abord, au théâtre, à une certaine époque, des places réservées, qui furent fixées aux quatorze bancs derrière l'orchestre ; ils portaient l'anneau de fer ou de

(1) *Histoire des chevaliers*, conclusion, p. 420.

bronze anciennement, d'or ensuite ; et il y eut, enfin, un no-
biliaire de l'ordre équestre, sur lequel ils figuraient par leur
nom. Ce fut Jules César qui le fit dresser. Le patricien ambitieux avait besoin des riches bourgeois ; il connaissait et mettait en pratique les moyens de les prendre par leurs faibles.

A l'époque où la conquête de Rome s'étendit, les fortunes
se développant scandaleusement, par les exactions de tous
genres dont les vaincus furent victimes, on comprend à quels
hasards fâcheux fut exposé le recrutement de cette classe des
chevaliers ; et, en même temps, quelle puissance elle dut acquérir, par cette opulence qui se développait sans mesure.

Pourquoi l'œuvre des publicains et des banquiers se ren-
ferma-t-elle dans l'ordre des chevaliers ? Il est aisé de l'expliquer. Ce n'est pas que le goût de la spéculation fût particulier aux gens de cette classe. Mais, d'une part, les plébéiens
n'avaient pas l'argent qui est absolument nécessaire aux
grandes affaires, puisqu'ils étaient les pauvres. Ils devaient se
borner à acheter de petites actions, *particulas*, ce qui en faisait
bien des associés commanditaires, mais ne leur donnait pas le
titre de publicains, pas plus que celui de chevaliers.

Les patriciens ou les nobles sénatoriaux, d'autre part, spéculaient aussi, mais d'une façon différente. Ou bien ils orga-
nisaient de grandes opérations d'un caractère équivoque, à la
faveur des fonctions publiques qu'ils avaient exercées. Pompée
s'est signalé sous ce rapport ; les écrits et même les actes de
Cicéron en rendent témoignage. Ou bien ils prenaient des
parts importantes dans les entreprises des publicains, mais
sans paraître en nom (1). Ils y étaient simplement *participes*,
parce que les mœurs leur défendaient d'y prendre part ouvertement, et que les lois mêmes leur opposèrent des prohibitions
formelles, lorsque les mœurs ne suffirent plus à arrêter leur
désir de chercher la fortune par tous les moyens (2).

(1) Mommsen, *op. cit.*, t. V, p. 58.

(2) Notamment, *Lex Flaminia*, 537-217. Tite-Live, LXIII. Mommsen,
IV, p. 244, note. Défense était faite aux membres de l'ordre sénatorial
d'entrer dans les sociétés de publicains (Dion Cassius, LXIX, 16. Tacite,
Ann., IV, 6). Le grand négoce leur avait été interdit sous la République
par le plébiscite Claudien de l'an 219, ainsi que les fournitures par adjudication (Asconius, p. 94. Dion Cassius, LV, 10. Voy. Bouché-Leclercq,
Manuel des institutions romaines, p. 128, n. 4).

Au surplus, en arrivant aux grandes fonctions de l'Etat, qui leur appartenaient fréquemment en fait; lors même que ce ne fût plus un droit de leur caste, les patriciens avaient un moyen bien plus sûr d'agrandir largement leur patrimoine. On le sait bien; et nous n'insisterons pas; ils se faisaient donner, au sortir de charge, le gouvernement d'une province, et cela suffisait.

Les provinces étaient donc rançonnées diversement : par les magistrats d'un côté, par les publicains de l'autre. Il est vrai que magistrats et publicains s'entendaient d'ordinaire, pour se prêter un mutuel appui dans leurs affaires et en assurer la prospérité commune ; ce fut longtemps le but avéré des lois judiciaires, ainsi que nous l'expliquerons en détail ; alors les provinces n'avaient plus ni le moyen, ni le droit de se plaindre.

Pour des raisons différentes, la situation des patriciens et des plébéiens était donc la même dans ces sociétés, toutes proportions gardées ; ils avaient ces parts sociales cessibles que nous nommons des actions, qu'ils appelaient *partes*. Lorsque les chevaliers ne figuraient pas en nom dans l'adjudication, ils devaient avoir eux aussi des *partes*.

L'assimilation s'accentuera chez nous, lorsque la petite bourgeoisie et les ouvriers y mettront de plus en plus leurs épargnes, ainsi qu'ils commencent déjà à le faire. Grâce à Dieu, elle ne sera jamais complète. Les initiatives privées, même les plus humbles, ne sont pas menacées d'absorption par l'Etat ou par les grandes compagnies privilégiées, de notre temps, autant qu'à Rome. Elles resteront, il faut l'espérer, par la force de nos mœurs et de nos lois, plus libres et, par cela même, plus énergiques, plus justes dans leurs œuvres et plus fécondes pour le bien public.

§ 8. — *Appréciation du système des adjudications de l'Etat.*

Montesquieu pouvait mieux voir que les hommes de notre temps, les effets de ces procédés de la ferme et de l'adjudication appliqués à l'impôt, parce qu'ils étaient pratiqués sous ses yeux. C'est ainsi que nous pouvons, à l'inverse, voir mieux que lui, et mieux comprendre les grands mouvements de la banque et de la spéculation.

L'illustre écrivain a traité la matière, avec une hauteur de vue et dans un langage qui lui sont propres. L'un des chapitres de son livre sur l'*Esprit des lois* (1), porte pour titre ces mots :

« Qu'est-ce qui est plus convenable au prince et au peuple, de la ferme ou de la régie des tributs ?

» Par la régie, » dit-il, « le prince épargne à l'Etat les profits immenses des fermiers, qui l'appauvrissent d'une infinité de manières. Par la régie, il épargne au peuple le spectacle des fortunes subites, qui l'affligent... Par la régie, le prince épargne au peuple une infinité de mauvaises lois qu'exige toujours de lui l'avarice importune des fermiers, qui montrent un avantage présent dans des règlements funestes pour l'avenir. » Tout cela est d'une admirable clarté, c'est le résumé de l'histoire des publicains à Rome, aussi bien que l'histoire des fermiers généraux en France.

Ce qui est également évident, c'est ce qu'ajoute Montesquieu quelques lignes plus bas : « Il y a un art des inventions pour prévenir les fraudes, que l'intérêt des fermiers leur suggère et que les régisseurs n'auraient su imaginer. »

On voit moins clairement, peut-être, la logique de ce qu'il dit ensuite, que, dans les républiques, les revenus de l'Etat sont presque toujours en régie. C'est le contraire qui semblerait, cependant, devoir se produire, à raison du caractère égalitaire et libéral de l'adjudication, mise à la portée de tous.

L'histoire de la République romaine contredit absolument en fait son affirmation. C'est au moins une exception. Mais, en vérité, quelle énorme exception cela devait constituer aux yeux de Montesquieu, dans l'histoire de l'humanité ! Nous l'avons dit, le système du fermage des impôts dura autant que la République romaine, malgré le caractère aristocratique de ce gouvernement. Il s'effaça rapidement pour faire place, en la plupart des cas, à la régie, quand arriva l'empire, avec son fonctionnarisme, et les procédés autocratiques qui lui étaient naturels, dans la distribution des faveurs ou des charges de l'Etat. C'est donc le contraire de ce qu'indique Montesquieu comme un principe, qui s'est passé dans la république romaine.

(1) Liv. XIII, ch. xix. Voy., en outre, Fournier de Flaix, *Traité de critique et de statistique comparée des institutions financières au dix-neuvième siècle.* Paris, 1888.

De notre temps, la ferme des impôts n'existe plus guère, en fait, autour de nous. Elle n'a, sans doute, que bien peu de partisans. Mac Culloch soutient, cependant, qu'elle est avantageuse, dans le cas des taxes « qui peuvent être perçues sans investigations dirigées sur les affaires privées des individus (1). » Mais quelle est la taxe à l'égard de laquelle on peut sûrement protéger les particuliers contre les exigences, les subtiles chicanes, et parfois contre la rudesse impitoyable des adjudicataires devenus agents du fisc. Ce mode de perception augmente certainement l'impopularité de l'impôt ; nous le voyons bien pour les droits de place dans les marchés, et même pour les octrois dans certaines de nos villes.

Est-ce que les taxes sur les fenêtres, les chevaux, les voitures, l'emploi du papier timbré pour certains actes, et les douanes, cités par Mac Culloch comme susceptibles de fermage, ne peuvent pas devenir l'objet de mille tracasseries et de mille exactions, quoiqu'elles n'impliquent pas une investigation dans les affaires privées des individus? Montesquieu affirme très justement le contraire dans ces paroles énergiques : « Les Etats les plus malheureux sont ceux où le prince donne à ferme ses ports de mer et ses villes de commerce. » Assurément, il s'agit là des douanes, et c'est, en effet, précisément sur elles que portèrent peut-être les plus redoutables abus des publicains.

Quant à l'exécution des travaux publics, au contraire, le système des adjudications est universellement et très opportunément admis aujourd'hui.

Il en est de même pour les fournitures de l'Etat, et particulièrement pour celles des armées. Là, sans doute, la surveillance doit être vigilante et sévère. Les abus y sont à craindre incontestablement, surtout en temps de guerre; mais quels que soient les scandales dont nous avons eu à souffrir les tristes effets, il faut bien reconnaître que la faute en est presque toujours à la pression exercée par les circonstances, plus qu'à l'institution elle-même.

Comment trouverait-on ailleurs ce que peut donner l'adjudication de ces sortes de choses? Le mobile de l'intérêt privé, avec sa puissance indéterminée de développement et sa fécondité

____

(1) Voy. de Parieu, *Traité des impôts*, t. I, p. 105-107.

hâtive, peut devenir, à certains moments de crise, absolument nécessaire pour obtenir la promptitude des résultats et la quantité des produits exigés impérieusement, par exemple, en vue des besoins de l'attaque ou de la défense nationale.

Pour ces sortes d'entreprises, on ne spécule que sur les prix de revient et le montant de l'adjudication, et seulement dans les rapports de l'adjudicataire avec l'Etat; les particuliers n'en souffrent donc que par les malfaçons ; mais l'Etat, s'il le veut bien, est ordinairement de force à empêcher les abus de ce genre.

Le danger s'est fait sentir de bien autre façon, lorsque, au contraire, les particuliers ont été livrés directement en pâture, avec l'assentiment et dans l'intérêt de l'Etat, à l'avidité de spéculateurs qui sont presque des fonctionnaires, comme cela a lieu forcément pour la ferme des impôts. Les provinces romaines, l'Italie elle-même, eurent tant à en souffrir, qu'on essaya à plusieurs reprises, mais inutilement, sous la République, de modifier ce mode de perception ; on fut jusqu'à suspendre la levée de certains impôts.

Tous les autres dangers indiqués par Montesquieu, notamment les immenses et subites fortunes, et bien d'autres maux plus graves encore et spéciaux à la société romaine, se réalisèrent par le fait des publicains. C'est à Salluste (1), à un Romain, à un ancien proconsul de Numidie, où il avait commis d'abominables exactions, que Montesquieu semble avoir emprunté les austères paroles, que nous avons rapportées plus haut, sur le danger de pareilles fortunes.

Sully avait signalé les mêmes dangers à Henri IV, d'un point de vue moins élevé peut-être, mais très juste et très pratique. « Ce sage ministre, » dit M. Oscar de Vallée, « pensait que les fortunes excessives, faites dans le maniement des deniers publics ou dans les usures privées, étaient d'un funeste exemple pour tout le monde et surtout pour la noblesse, disposée à échanger son honneur contre de l'argent. Il ne se trompait pas sur le caractère du luxe qu'engendrent les richesses ainsi obtenues, et savait bien qu'au lieu d'exciter l'émulation dans le travail, il arrachait les hommes aux professions utiles,

(1) Ou tout au moins, à des lettres qui furent écrites vers son époque, et sur l'auteur desquelles on est en contestation aujourd'hui.

les corrompait en un instant, et leur inspirait cette avidité dont on ne rougit pas, parce qu'elle se répand comme un mal contagieux (1). »

SECTION II.

Les banquiers ; nature et développement de leurs opérations (2).

Nous avons dit qu'il ne fallait pas confondre sous le nom de banquiers, tous les *negotiatores* qui s'agitaient à Rome sur le Forum ou qui exerçaient leur industrie dans les provinces.

Beaucoup, il est vrai, faisaient des opérations sur le numéraire, accessoirement à leur commerce, et il en était fréquemment de même pour les publicains qui, au besoin, trafiquaient accessoirement aussi sur les prêts et dépôts d'argent. Mais il ne suffit pas de prêter son argent à intérêt ou même de faire des avances de fonds, pour faire, à proprement parler, des affaires de banque. On peut être capitaliste, usurier même sur une très grande échelle, et traiter de grosses affaires d'argent, sans être banquier, de la bonne ou de la mauvaise catégorie.

Brutus plaçait à Chypre ses capitaux à 48 pour 100, Verrès les plaçait en Sicile à 24 pour 100, en Bretagne, Sénèque n'avait pas eu plus de scrupules, et nous savons que le grave Caton faisait des prodiges pour assurer le produit et la solidité de ses placements. Vers la même époque, les Allobroges devaient à Fonteius, ou à ses prête-noms, 30 millions de sesterces. Presque toutes les villes de la Carie étaient débitrices d'un certain Cluvius de Pouzzoles. Salamine devait des sommes considérables à ce Scaptius, prête-nom de Brutus, qui faisait mourir de faim les sénateurs assiégés dans leur curie, pour les faire payer. Pompée avait prêté des centaines de millions de sesterces à des rois ou à des villes de la Grèce et de l'Asie. On ne peut pas dire cependant que Brutus, Verrès, Sénèque, Caton et Pompée fussent des banquiers.

(1) O. de Vallée, *Les manieurs d'argent*, p. 47.

(2) On peut voir une bibliographie très étendue sur cette matière et quelques détails historiques intéressants, au *Répertoire général alphabétique du droit français* publié sous la direction de M. Fuzier-Herman, par MM. Carpentier et Frèrejouan du Saint. Paris, 1891, t. VII, p. 421, v° Banque.

Méritent-ils même qu'on se borne à les appeler des capitalistes ou des spéculateurs ! L'histoire pourrait, à bon droit, les flétrir d'un autre nom. Malheureusement, leurs procédés n'étaient pas des exceptions ; ils n'étaient, au contraire, que le reflet des mœurs communes à presque tous les riches des derniers siècles de la République.

On sait que les premières révoltes, de la plèbe eurent pour cause les dettes et les excès des usuriers ; mais dans les temps anciens, c'était plus encore contre les riches patriciens que contre les banquiers ou *argentarii fœneratores* de profession, que ces révoltes étaient dirigées. La nature des réclamations prenait un caractère essentiellement politique, dans lequel les revendications de castes se généralisaient, et finissaient par dominer les plaintes des intérêts matériels en souffrance.

Nous ne devons parler, ici, que de ceux qui pratiquaient des procédés réglés par les lois, ou régis par des traditions et des coutumes professionnelles ; non des actes de spéculation accidentels ou frauduleux par eux-mêmes.

§ 1er. — *Caractères généraux de la banque et des banquiers de Rome ; leurs dénominations.*

Les banquiers, à proprement parler, c'est-à-dire ceux qui font profession de trafiquer sur l'argent, l'or, les monnaies et les valeurs d'échange, en général, devaient être fort nombreux à Rome, si l'on en juge par la série extraordinaire de noms qui ont servi à les désigner. Il faut reconnaître, d'ailleurs, que leurs opérations furent de natures très diverses.

On commença évidemment par organiser instinctivement le commerce du change des valeurs métalliques, accompagné de l'appréciation des métaux, dans les boutiques du Forum. Mais dès que les relations de Rome s'étendirent vers l'Orient, le marché fut envahi, non seulement par les pratiques et les usages de la banque établis depuis longtemps en Grèce, mais par les Grecs eux-mêmes, qui en avaient l'expérience et le goût.

C'est pour cela, certainement, que les divers procédés de la spéculation reçurent des noms grecs, et que les spéculateurs eux-mêmes furent appelés du nom générique de *Grecs*, *Græci*. Peut-être finit-on par prendre ce nom en mauvaise part, comme on disait, dans un autre sens, *Græculi* (1). C'est justement ce qui s'est produit chez nous, pour ce nom de *Grecs* et pour quelques autres, à l'occasion de ces mêmes affaires d'argent.

Les banquiers furent essentiellement des manieurs d'argent, dans tous les sens du mot, et nous ne pouvions les laisser de côté dans cette étude. Mais ils ne constituèrent pas, comme les publicains, un Etat dans l'Etat ; aussi n'aurons-nous que peu de choses à rapporter sur ce que nous appelons leur histoire externe, c'est-à-dire sur les événements de l'histoire romaine qui se rattachent à leurs opérations.

Il existe, au contraire, des documents fort nombreux sur leur histoire interne, c'est-à-dire sur le fonctionnement de leur institution, considérée en elle-même.

Nous pourrons, en conséquence, entrer dans certains développements, soit ici, pour indiquer le rôle qu'ils ont dû jouer dans le monde romain, à raison de la nature de leurs spéculations ; soit ultérieurement, si nous cherchons à déterminer en détail, les règles juridiques qui concernent leurs rapports entre eux, avec le public, ou celles qui régissent leurs sociétés.

Incontestablement, ce qui a fait la force des publicains, c'est leur organisation en grandes sociétés de capitaux. A la vérité, les sociétés formées par les banquiers ont été nombreuses, intéressantes à étudier de près, elles ont été l'objet de dispositions spéciales de la loi ou de la jurisprudence ; mais il y avait une raison pour qu'elles n'atteignissent jamais le même degré de puissance. C'est la loi romaine du droit commun sur les sociétés qui, en continuant à les régir en principe, empêcha certainement les institutions de crédit de prendre, comme chez nous, leur essor.

Nous avons vu que l'Etat s'était réservé, instinctivement ou par principe, peu nous importe ici, mais très réellement en fait, le monopole des grandes opérations, et nous avons indiqué le moyen très simple qu'il avait adopté pour cela. Il avait fait de la liberté d'association un privilège dont il restait le maître. Or, les banquiers étaient des spéculateurs privés. Même d'après les opinions les plus avancées à cet égard, s'ils

---

(1) Cicéron, *Ad Quintum*, I, 1. « *Fallaces sunt permulti et leves... Ipsis diligenter cavendæ sunt quædam familiaritates, præter hominum perpaucorum qui sunt vetere Græcia digni.* »

eurent un caractère public, ce ne fut que d'une manière accessoire, secondaire ou exceptionnelle ; et c'est pour cela qu'ils ne purent pas bénéficier des moyens d'organisation nécessaires pour faire fonctionner des opérations étendues, comme le font de notre temps les banques nationales, et les grandes sociétés de crédit. Assurément ils avaient à côté d'eux des sociétés de publicains aussi largement organisées que nos grandes compagnies, et qui auraient pu leur servir de stimulant ou de modèle, mais il ne leur était pas permis, par le droit, d'étendre aussi loin leur ambition.

Les publicains tenaient leur mission de l'Etat. En se portant adjudicataires des impôts, des travaux publics ou des fournitures (*redemptio, locatio censoria*), ils achetaient, en même temps que l'entreprise, nous l'avons démontré, le droit de l'exploiter en dehors de la loi commune et avec des actionnaires.

L'Etat n'avait pas songé à se faire banquier, ni à organiser des sociétés de banques privilégiées, ni à mettre les entreprises de la banque en adjudication, comme il le faisait pour tant d'autres choses. Les banquiers durent se contenter, quand ils voulurent étendre leurs affaires, de la petite société privée avec son *jus fraternitates*, qui soumettait tout au caprice ou à la mort de chacun des associés.

Sans doute, les publicains auraient pu faire la banque, et l'organiser sur de larges bases, puisqu'ils avaient les moyens légaux de réunir les capitaux nécessaire. Ils la firent, en effet, parfois, en mettant à profit les ressources de leur puissante organisation. Nous verrons même que Sylla leur fut favorable, de ce côté, tout en voulant les frapper à la tête, sur leur domaine de prédilection, l'Asie ; car eux seuls furent assez riches pour se faire les banquiers des pauvres provinciaux dont Plutarque nous a retracé les misères. Dans cette circonstance, ils augmentèrent inopinément les bénéfices espérés de leur entreprise principale, l'adjudication des impôts. Rien n'indique que le fait se soit produit ailleurs avec les mêmes développements.

Nous constaterons cependant que Cicéron et Pompée se servaient des publicains de Grèce, pour faire de considérables dépôts d'argent.

Toutes ces indications et bien d'autres, pourraient donner à penser, en réalité, que c'est par les publicains que se firent les plus grandes opérations de banque de l'antiquité. Mais ce n'était pas là le principal objet de leurs associations ; leur spéculation essentielle devait porter sur l'entreprise qu'ils s'étaient fait adjuger, et qui devait suffire à absorber d'ordinaire leurs capitaux et leurs soins.

Nous ne pourrons donc trouver de grandes associations spécialement affectées aux opérations de banque, ni chez les publicains, ni chez les banquiers ordinaires. Nous n'en trouverons pas chez les publicains, par la raison que nous venons de donner : ils avaient la possibilité légale et les moyens d'agir, mais ils avaient un autre objet à réaliser. Nous n'en trouverons pas dans les banques ordinaires, parce qu'elles n'avaient ni la vitalité légale nécessaire, ni les moyens de s'étendre jusqu'aux sociétés de capitaux.

Mais, en revanche, que de fonctions nombreuses et variées ces manieurs d'argent ont dû exercer pour en retirer un profit plus ou moins exagéré, suivant leur valeur morale très diverse, ou la situation qu'ils occupaient, jusque sur les degrés les plus extrêmes de l'échelle sociale.

Plus occupés que les nôtres du change métallique, à cause du peu de fixité et de la variété des valeurs monétaires, surtout dans les temps anciens, ils ont été beaucoup moins avancés qu'eux pour le maniement des fonds par les titres ; ils ne connaissaient, quoi qu'en aient pu dire des juristes autorisés, ni la lettre de change, du moins avec la clause à ordre, ni les valeurs au porteur proprement dites (1).

Les Romains ne pratiquèrent pas la monnaie fiduciaire, ils ne firent que des monnaies faussées.

Malgré ces infériorités et ces lacunes, l'intervention des banquiers dans les affaires d'argent paraît avoir été peut-être plus usuelle encore que de notre temps, pendant les derniers siècles de la République romaine.

On a cherché à grouper les noms très nombreux donnés à ceux qui spéculaient sur la monnaie et les valeurs (2). Mais il nous paraît que l'on doit agir très prudemment à cet égard.

(1) Voy. Caillemer, *Antiquités juridiques d'Athènes*.

(2) Voir notamment les thèses de doctorat de MM. Da, Paris, 1877 ; Cruchon, Paris, 1878 ; Chastenet, Paris, 1882 ; Taudière, Poitiers, 1884. — Voy. aussi Guillard, *Les banquiers athéniens et romains*. Et dans l'ancienne littérature de notre pays, Saumaise, *De Fœnore trapezitico*, 1640.

D'abord, les mêmes hommes devaient pouvoir joindre à leur titre générique de banquiers *argentarius* ou *mensularius*, des qualifications variées. Nous croyons, en d'autres termes, qu'il y avait, dans cette diversité de noms, du moins en principe et sauf exceptions (1), des dénominations de fait et de langage usuel, plutôt qu'un système de classification juridique ou légale.

Voici les principales dénominations que l'on trouve dans les textes romains littéraires ou juridiques.

Et d'abord les désignations qui semblent être génériques sont celles de *mensularii*, d'*argentarii*, de *trapezitæ*, *danistæ*, auxquelles on joignait, suivant les cas et les spécialités, celles de *locatores*, *venditores*, *mercatores*, *ærarii* et même *vascularii* et *fabri*, surtout dans les temps anciens, où la monnaie se confondait presque avec les métaux qui servaient à la faire.

Le nom de *collybistæ* se réfère plus spécialement à des opérations de change, celui de *nummularii* aux opérations sur les monnaies métalliques, celui de *probatores* aux opérations de contrôle, celui de *fœneratores* aux avances de fonds.

D'autres dénominations similaires, dont quelques-unes ont été empruntées aux Grecs, se retrouvent encore dans les textes, ainsi que l'expression même de *Græci*, qui nous ramène, sinon à l'origine, du moins à l'époque du premier développement des banques de Rome (2).

§ 2. — *Actes divers compris dans les opérations usuelles des Banquiers.*

1° *Contrôle et change des monnaies métalliques.* — Les pre-

(1) Voy. *Dictionnaire* de Daremberg et Saglio, vº *Argentarii*, article de E. Saglio, et pour les questions de droit, *eod.* vº, article Humbert. — Mommsen, *Hist. de la monnaie romaine*, III, p. 172, liv. Iᵉʳ de la traduction Blacas; et Fr. Lenormant, *La monnaie dans l'antiquité*. Paris, 1879.

(2) Voici quelques dénominations qui s'appliquent, d'après les écrivains latins, à ceux dont nous parlons, en sus de celles que nous indiquons au texte : « *Argenti structores*, *locatores*, *mercatores*, *hemerodanistæ*, *cernatistæ*, *argenti spectatores*, *probatores*, *æsculatores*, *zigostates*, *campsores*, *cambiatores*, *bancarii*. Voir le classement de M. Cruchon, *loc. cit.*, qui contient d'autres expressions équivalentes, et quelques-unes aussi qui s'en éloignent trop.

mières opérations sur les valeurs durent porter, non sur de la monnaie proprement dite, ni sur des titres, mais sur les lingots de métal qui en firent les premiers offices.

Nous ne referons pas ici l'histoire des monnaies. La matière a été traitée par des maîtres éminents, à diverses reprises (1). Nous nous bornerons à rappeler, en des traits généraux, ce que l'on trouve condensé sur ce point dans un texte célèbre de Paul, au Digeste (2), auquel il suffit d'ajouter quelques observations.

« Chez les Romains primitifs, » dit M. F. Lenormant (3), « comme chez les Grecs d'Homère et chez tous les peuples aryens à leur origine, où la vie pastorale a joué un si grand rôle, non seulement la monnaie était inconnue, mais ce n'étaient même

----

(1) Voy. notamment Mommsen, *loc. cit.* Fr. Lenormant, *Monnaie dans l'antiquité*, 3 vol. Lévy, 1879. VIII° et IX° liv. des séances de l'Acad. en 1877. Et du même auteur, l'article v° *As*, au *Dictionnaire* de Daremberg et Saglio.

(2) L. 1, pr., D., *de contr. emptione*, 18, 1 : « *Origo emendi vendendique a permutationibus cœpit : olim enim non ita erat nummus : neque aliud merx, aliud pretium vocabatur : sed unusquisque secundum necessitatem temporum ac rerum, utilibus inutilia permutabat, quando plerumque evenit ut quod alteri superest alteri desit : sed quia non semper, nec facile concurrebat, ut, cum tu haberes quod ego desiderarem, invicem haberem, quod tu accipere velles, electa materia est, cujus publica ac perpetua æstimatio difficultatibus permutationum æqualitate quantitatis subveniret : eaque materia forma publica percussa, usum dominiumque non tam ex substantia præbet quam ex quantitate : nec ultra merx utrumque, sed alterum pretium vocatur.* » Aristote avait donné une définition dans laquelle, fait observer M. Lenormant, on trouve, plus nettement indiquée, la distinction entre la monnaie signe et la monnaie marchandise. Aristote ajoute, en effet, que la matière employée a une *valeur par elle-même*, et que la marque a pour but de délivrer de l'embarras de continuels mesurages. — Voy. Lenormant, *La monnaie dans l'antiquité*, t. I, p. 91, et III, p. 19. Aristote, *Politic.*, I, 6, 14-16 ; t. I, p. 53, trad. B. Saint-Hilaire. Paul a voulu évidemment abréger sa définition, les mots *non tam ex substantia quam ex quantitate* prouvent bien que la notion complète était dans son esprit, et même elle apparaissait dans sa définition.

(3) Fr. Lenormant, art. du *Dict.* de Daremberg et Saglio, v° *As*, qui cite : Varro, *De ling. lat.*, V, 19 ; Columel, *De re rustica*, 6 ; Festus, *De Verb, signif.*, p. 213, édit. Lindemann ; cf. Marquardt, *Hanbd der rom. Alterth.*, III, II, p. 3 ; Festus, p. 202 ; Cicéron, *De Republ.*, II, 9, 16 ; Varro, *De re rustica*, II, 1 ; Pline, XXXIII, 1, 7 ; Lange Röm. Alterth., t. I, p. 455 et suiv.

pas les métaux qui formaient la matière principale des échanges. La valeur des choses s'estimait et se payait en bétail (*pecus*), d'où vient le nom *pecunia*, conservé plus tard pour désigner le signe des échanges commerciaux. Dans tous les fragments parvenus jusqu'à nous, des lois les plus anciennes de la République, le taux des amendes est fixé en bœufs et en moutons, et ce n'est que relativement plus tard qu'on y voit apparaître une taxation en sommes monnayées ou même en poids de métal. »

On échange d'abord les objets les uns contre les autres, c'est l'époque primitive, avec laquelle notre institution n'a rien à voir. Mais un objet commun d'échange se produit ; c'est du cuivre ou de l'airain d'abord (*æs*) ; il faut, à chaque vente, vérifier la substance des lingots, en déterminer le poids, et aussitôt les *mensularii* apparaissent derrière leur table, au Forum, dans des *tabernæ*, voisines d'abord de celles des bouchers, qu'elles chassent et supplantent bientôt. C'est l'époque où le *libripens* jouait un rôle effectif. Laissons de côté, pour le moment, ces modestes échopes, avec leur banc ou leur table (*mensa*), nous les verrons s'embellir, se déplacer, pour se porter, ainsi transformées, sous les colonnades des somptueuses basiliques.

Au lingot primitif de cet *æs rude*, composé de cuivre mêlé à quelque peu d'étain, succédèrent des fragments marqués par les particuliers eux-mêmes. L'intervention de l'Etat n'apparaît qu'à une époque incertaine, que la tradition romaine fait remonter à Servius Tullius (1), mais qui n'est pas probablement aussi ancienne. Il n'y a de documents officiels, à cet égard, que depuis la loi Alternia-Tarpeia (de 300-454), suivie des lois Menenia-Sestia (302-452), et Julia-Papiria (324-430). La monnaie d'argent ne fut employée qu'en 486-268, en vertu de la loi Fabia-Ogulnia ; la monnaie d'or sous César seulement (2).

Lorsque la monnaie officielle fit son apparition, les Romains

(1) Pline, *Hist. nat.*, XVIII, 3, 12 ; Festus, *op. cit.*, p. 246.

(2) « Pendant toute la durée de la République, » dit M. Lenormant (t. I, p. 181), « les Romains, à l'exemple des Athéniens, ne fabriquèrent des monnaies d'or, que dans les cas exceptionnels, bien que toutes les grandes affaires se réglassent au moyen de payements en or, sous forme de lingots ou d'espèces étrangères librement tarifées par le commerce. » *Sic*, Mommsen, *H. R.*, t. II, p. 119.

étaient donc en relations avec les peuples qu'ils avaient commencé à soumettre, les *negotiatores* étrangers étaient venus trafiquer avec le public et les *negotiatores* de Rome. Bientôt après, vinrent les Grecs. Or, en supposant que la monnaie romaine fût acceptée à Rome sans contrôle, il ne pouvait en être de même des monnaies ou des valeurs étrangères qui, toutes, n'avaient pas encore réalisé les mêmes progrès que la monnaie romaine.

Ce que les *mensularii* primitifs faisaient pour les payements en lingots, ils durent nécessairement le faire pour les ventes, dans lesquelles les monnaies étrangères, inconnues ou douteuses, s'introduisirent de toutes parts sur le Forum. Elles n'y avaient pas cours forcé, on le pense bien : *Loco mercis habebantur* (1), sauf peut-être quelques monnaies grecques (2) ; et le rôle des banquiers, appréciateurs des monnaies ou intermédiaires du change, n'en devint que plus difficile et plus important.

Le butin fait à la suite des guerres de conquête dut augmenter encore cette affluence de valeurs exotiques, et c'est ainsi que le *collybus*, c'est-à-dire le change, fut la principale opération des banquiers anciens, en même temps que la *probatio*, le contrôle des monnaies, la fixation des cours de change (*æraria ratio*) (3), l'assistance à la pesée et au versement qui en était fait.

On le voit, c'est sur les valeurs métalliques effectives, plutôt que sur les monnaies considérées dans leur valeur représentative, que les premiers banquiers portèrent leurs opérations. Il ne faut donc pas s'étonner de les voir étendre leur trafic aux objets métalliques de toutes formes, et se rapprocher du métier des orfèvres changeurs. C'est ce qui explique les noms de *vascularii*, de *fabri* et même *lapidarii*, qui se confondent parfois, dans l'ancienne littérature latine, avec ceux de *mensularii* ou d'*argentarii* (4).

Les Romains admirent-ils légalement un système de mon-

---

(1) Pline, *Hist. nat.*, XXXIII, 3, 13.
(2) Mommsen, *Hist. de la monnaie*, p. 196 à 207.
(3) Cicéron, *Pro Quintio*, 4 ; L. 39, D., *de solutionibus*, 46, 3.
(4) L. 39, D., *de auro argento*, 34, 2, et L. 61, *pr.*, D., *de obl. et act.*, 44, 7.

naie fiduciaire, c'est-à-dire la circulation d'objets de valeur purement conventionnelle comme nos billets de banque? Ce système avait été longtemps pratiqué avant eux dans beaucoup de pays de l'Orient ; ils le connurent donc, sans doute, mais ils ne tentèrent même pas de l'employer ; ils ne se servirent que de monnaies frauduleuses, avec cours obligatoire, dont l'emploi se rattache aux attributions des banquiers romains. Nous devons, par conséquent, en dire quelques mots.

On avait employé, en Orient, des monnaies de plomb, d'étain et de terre cuite, à titre de valeurs échangeables et ayant cours usuel. C'étaient de véritables monnaies fiduciaires. M. Lenormant rapporte, dans son savant livre (1), le texte qui figure sur plusieurs galettes quadrilatères d'argile employées en Asie pour le commerce. Ce sont des mandats de payement réglant l'échéance, les intérêts, le débiteur, le porteur, avec remise de place en place ; c'est la lettre de change, moins la clause à ordre ; peut-être la circulation en devenait-elle possible sous forme de mandat, comme dans la *procuratio in rem suam* romaine. Les Egyptiens avaient eu une monnaie de verre dont l'usage se continua, dans le pays, sous les Byzantins et sous les Arabes (2).

On a dit que les Romains avaient eu aussi une monnaie fiduciaire de bois, par conséquent sur l'absence de valeur de laquelle ils ne pouvaient pas se tromper, rien ne le prouve. Ce qui est certain, au contraire, c'est qu'ils ont, à diverses époques, gravement faussé leurs monnaies.

Ils se servirent, pour cela, de monnaies *fourrées*, suivant l'expression de Mommsen, c'est-à-dire de pièces « qui se composent d'un flan de métal de peu de valeur, cuivre, fer, plomb ou étain, formant âmes, et revêtu, dans toutes ses parties, d'une mince feuille d'argent ou plus rarement d'or. Ame et enveloppe ont été soumises en même temps à la frappe monétaire. Les pièces fourrées étaient donc des monnaies sans valeur intrinsèque que l'on émettait pour des espèces d'argent ou d'or et par une opération frauduleuse (3). »

Le Sénat ordonna, à plusieurs reprises, de mêler cette mon-

(1) *La monnaie dans l'antiquité*, t. I, p. 114 et suiv.
(2) *Eod.*, p. 214.
(3) *Eod.*, p. 222.

naie à la monnaie sincère, c'est ce que l'on appelait *miscere monetam*; on le fit, pour la première fois, pendant la guerre d'Annibal, après la bataille de Trasimène, en même temps que la loi *Flaminia*, par une autre sorte de fraude, réduisait le poids de l'as. Ces procédés antiéconomiques se renouvelèrent sous l'Empire.

On comprend quel trouble ces mesures durent jeter dans la circulation et dans le crédit, nous en avons eu de plus récents exemples dans notre histoire, et nous pouvons en juger presque par nous-mêmes.

C'est pour cela qu'en 670-84, Marius Gratidianus ordonna la vérification des monnaies et fit retirer les pièces fourrées de la circulation. Des *argentarii* furent chargés de cette opération qui rentrait dans la sphère de leurs occupations ordinaires et qui se rattachait au caractère de leurs fonctions semi-officielles. Le peuple lui en témoigna sa reconnaissance avec enthousiasme. « On éleva, dans tous les carrefours, des statues au préteur qui avait pris l'initiative d'une aussi bienfaisante réforme et l'on rendit à ces statues des honneurs presque divins, en brûlant devant elles des cierges et de l'encens. » Sylla renversa les statues, fit périr le préteur dans les tortures les plus barbares, et revint, en vertu de la *Cornelia testamentaria*, au système du cours forcé des monnaies fourrées (1).

Mais on sait comment le public traite les valeurs fictives discréditées, et quelle est l'inutilité de tous les actes du gouvernement pour en assurer la circulation, quand arrive la débâcle.

Sans doute, les banquiers romains comme ceux du moyen âge durent servir d'intermédiaires aux justes résistances de la pratique, du bon sens et de l'honnêteté publique. L'Empire pourtant, dans les premiers siècles surtout, conserva ces détestables traditions. On est revenu, de notre temps, au juste sentiment des choses à cet égard. Les grandes opérations de la spéculation sur le change et sur les monnaies fiduciaires sincères sont restées, et ne cesseront plus, probablement, d'employer cette sorte de marchandise, la plus maniable de toutes, et ces valeurs de papier, basées sur le crédit et qui sont, en retour, si nécessaires à son fonctionnement.

---

(1) Cicéron, *De offic.*, III, 20, 80; Pline, *Hist. nat.*, XXXIII, 9, 132; Lenormant, *loc. cit.*, p. 231.

2° *Avance de fonds, placements et autres actes divers.* — Mais ce n'est pas à cela que devait se borner l'intervention des banquiers romains, et nous allons leur voir accomplir, de bonne heure, les opérations qui les rapprochent davantage des banquiers modernes.

Cujas avait proclamé l'importance ou, du moins, la fréquence vraiment extraordinaire de leur intervention dans les affaires, lorsqu'il disait : « *Et propterea nec, sine argentario, ullus contractus habebatur, in quo modo pecunia intercederet* (1). » « Ainsi, sans un banquier, aucune affaire d'argent n'était traitée. »

Assurément, ils ont fait, comme opérations ordinaires et normales des avances d'argent, et, lorsque l'on ne trouvait pas à exercer le *mutuum* gratuit, avec un ami désintéressé, comme dit Saumaise, dans son traité de *Fœnore trapesitico*, on recourait au banquier qui prêtait à intérêt (2). Plaute indique cette ressource, comme une chose toute naturelle, à l'égard d'un fils prodigue, dans son *Pseudolus* :

Ba. *Fuit occasio, si vellet, jam pridem, argentum ut daret.*
Ca. *Quid si non habui ? Ba. Jam haberes, invenires mutuum,*
    Ad danistam devenires, adderes fenusculum,
    Surripuisses patri.

Ba. « C'était l'occasion, s'il le voulait, de donner de l'argent.
Ca. Et si je n'en avais pas ? Ba... Tu en aurais tout de suite, tu
    trouverais à emprunter, tu irais trouver le banquier, tu lui
    offrirais un petit intérêt, et ainsi, tu en soutirerais à ton père. »

On appelait, parfois, les banquiers *fœneratores*, ce qui indique qu'ils pratiquaient usuellement le prêt à intérêt; ils le firent même, sous diverses formes de contrats. Il est fort probable, d'ailleurs, que si le dépôt irrégulier fut usité chez eux sur une grande échelle, ainsi que nous le verrons tout à l'heure, c'est que non seulement les banquiers spéculaient sur leur argent, mais qu'ils faisaient valoir aussi celui qui leur était confié, lorsqu'on le laissait se confondre dans leur caisse.

Les abus de l'usure paraissent, cependant, avoir été prati-

______

(1) Cujas, sur la loi 8, *Depositi, lib. 9, Quæstiones Papin.* — Voy. aussi Cicéron, *Pro Quintio*, 4, et L. 39, D., *de solut.*, 46, 2.
(2) Chap. I, p. 34 de l'édit. de Lyon, 1640.

qués au moins dans les temps anciens, plus encore par les particuliers et spécialement par les riches patriciens que par les banquiers. C'est ce qui nous semble résulter, nous l'avons déjà dit, du caractère politique des révoltes provoquées par les dettes et l'usure.

Cependant, de très bonne heure, sans doute, les banquiers cessèrent d'opérer exclusivement sur les valeurs métalliques en nature. De leurs opérations de crédit, le *mutuum*, c'est-à-dire la livraison des espèces, avec stipulation d'intérêts, dut être la forme la plus primitive et la plus simple, c'était la forme accessible à tous, prêteurs et emprunteurs; celle que le droit romain protégeait par ses actions les plus normales. Le *mutuum* et la stipulation, en dehors des paroles réservées aux citoyens, étaient, on le sait, des contrats du droit des gens, et ils étaient protégés par des actions *stricti juris*. C'était, qu'on nous permette le mot, le procédé classique et usuel de tous les temps.

Mais les banquiers, *apud omnes gratiosi* (1), procédaient par d'autres combinaisons plus caractéristiques et plus spéciales à leur métier, sur lesquelles nous aurons à nous arrêter davantage.

Au contraire, ce serait sortir de notre sujet, que de parler des incidents législatifs, judiciaires ou politiques, dont les intérêts furent l'occasion, sous toutes les formes admises. Tantôt libres, tantôt défendus absolument, le plus souvent limités à un taux *maximum*, les intérêts donnèrent lieu à des abus que nous avons eu souvent à signaler en passant, et dont nous devons nous borner, en ce moment, à rappeler la persistance.

Mais ce que nous devons remarquer, ici, c'est que ces abus furent tels, qu'on avait des doutes, même encore à l'époque de l'Empire, sur la moralité et l'utilité des opérations de banque. Sénèque, dont nous avons indiqué les débordements usuraires en Sardaigne, pouvait encore se permettre de dire philosophiquement au public : « *Quid fœnus et calendarium, et usura, nisi humanæ cupiditatis extra naturam quæsita verba ? Quid sunt istæ tabulæ, quid computationes, et venale tempus et sanguinolentæ centisimæ ? Voluntaria mala ex constitutione nostra pendentia...*

____

(1) Cicéron, *De offic.*, 14, n° 58.

inanis avaritiæ somnia (1). » « Qu'est-ce que le capital, et le livre des échéances, et l'intérêt, si ce n'est autant d'expressions inventées par la cupidité humaine et hors nature? Qu'est-ce que ces registres et ces comptes, et ces délais coûteux et ces intérêts couverts de sang? Ce sont des maux que nous voulons et qui découlent de notre constitution... des imaginations de notre vaine avarice. »

Les banquiers devaient survivre à toutes les déclamations et à toutes les lois, aussi bien que la représentation légitime du loyer de leur argent, quelle que fût la forme employée pour en assurer le recouvrement.

Nous avons des documents positifs très anciens, déterminant ce qu'il y a de licite et d'usuel dans leurs actes, et l'on en retrouve encore, jusque dans les recueils de Justinien. Marquardt en a tracé un tableau d'ensemble. « C'est par l'intermédiaire des *argentarii*, » dit-il (2), « que se faisaient la plupart des payements, comme aussi ils se chargeaient de l'encaissement des sommes dues, du placement à intérêt des capitaux, de la vente des marchandises et particulièrement de la liquidation des hérédités par la voie de la vente aux enchères, et enfin des placements de toute nature ; les opérations de change, notamment l'échange des monnaies étrangères et la vente des monnaies romaines, paraissent avoir été réservés aux *nummularii*. Ceux-ci, d'ailleurs, comme les *argentarii*, faisaient toutes les opérations qui rentraient dans le commerce des banques, acceptaient des capitaux en dépôt, faisaient des payements pour le compte d'autrui, plaçaient des capitaux à intérêt, et pour les opérations de change prélevaient un bénéfice ou agio. »

On retrouve donc, dans le ministère des banquiers, c'est-à-dire dans l'accomplissement de ces actes et dans ceux sur lesquels nous allons donner quelques indications plus précises, les attributions réparties chez nous entre les agents de change, les commissaires priseurs et les courtiers, pour les *auctiones* ou ventes publiques (3), les changeurs, les escompteurs et les sociétés de crédit de toute espèce.

(1) Sénèque, *De Benef.*, VII, x.
(2) *Op. cit.*, p. 80 et 82.
(3) Voy. Caillemer, *Revue historique*, 1877-78, p. 400 ; et les curieux

A Rome très probablement, comme dans certaines de nos grandes places commerciales aujourd'hui, les spéculateurs en étaient venus, vers la fin de la République, à ne plus traiter, même les affaires les plus simples, sans l'intervention des intermédiaires de profession. C'est cette pratique très commode et très avantageuse sous certains rapports, qui donne une si grande importance commerciale et de si gros bénéfices, spécialement aux courtiers en marchandises de Marseille, depuis de longues années. Nous avons cité le passage de Cujas qui signale ce trait des mœurs publiques comme très caractérisé dans la société romaine ; il faut bien qu'il en fût ainsi, pour que les banquiers y fussent si nombreux et désignés sous des titres si divers que, malgré la multitude de noms que nous avons signalés, nous n'en avons pas certainement épuisé la liste.

3° *Dépôts réguliers et irréguliers.* — On pratiqua fréquemment le dépôt régulier, et, sans doute, aussi le sequestre chez les banquiers. Mais le dépôt irrégulier fut un des actes les plus usuels et, j'ajoute, les plus caractéristiques de leur profession. C'est chez les banquiers, peut-être, qu'il prit naissance. « Il se faisait, surtout, chez eux, » dit M. Accarias, « eux seuls pouvant, quotidiennement, trouver, à cette façon de s'obliger, plus de profit que de gêne (1). »

Le trésor public, lui-même, recourait à ces dépositaires de profession (2).

On admit que le dépôt irrégulier fût productif d'intérêts, même de plein droit, suivant la bonne foi et les usages. La restitution en fut garantie par un privilège spécial, particulièrement en cas de faillite du banquier. Ce sont là des points sur lesquels des controverses se sont élevées. Nous aurons à les examiner en détail, lorsque nous traiterons le côté purement juridique de la matière (3). Nous signalerons, seule-

détails relatifs aux tablettes de *Lucius Cæcilius Jucundus*, découvertes à Pompéi en juillet 1865 : *Tabulæ auctionnariæ.* — Voy. aussi la thèse de M. Cruchon, p. 196 et suiv.

(1) Accarias, *Précis de droit romain*, t. II, p. 437, 3ᵉ édit.

(2) Cicéron, *Pro Flacco*, 19.

(3) Sur deux textes contradictoires d'Ulpien relatifs au privilège du déposant, la controverse est assez animée pour que M. Cruchon, dans sa thèse, ait pu signaler l'existence de douze systèmes différents. *Loc.*

ment, ces mots d'Ulpien, à propos de l'opération dont nous parlons en ce moment : « *Necessarium usum argentariorum ex utilitate publica* (1). »

Toutes les parties devaient, en effet, trouver des avantages dans ce procédé ; et on comprend que, dès l'antiquité, il fut très pratiqué et soutenu par les juristes, comme d'utilité publique. Le déposant, d'une part, y trouvait le moyen de faire fructifier son argent, la possibilité de le retirer facilement, et des garanties spéciales de restitution ; et, d'autre part, le banquier dépositaire avait à sa disposition des fonds sur lesquels il pouvait étendre ses spéculations et augmenter ses bénéfices.

4° *Mandats de payements.* — On pouvait utiliser ces dépôts de beaucoup d'autres manières. « Que les *argentarii* fussent dépositaires réguliers ou non, » dit M. Humbert, notre savant maître, « les déposants les chargeaient souvent d'opérer pour leur compte des payements (*scriptura per mensam* ou *de mensa solvere*), et l'on avait même admis d'assez bonne heure, qu'on pouvait les charger d'opérer des prêts (*mutuum*), pour le compte du déposant sur un mandat appelé *præscriptio* (*præscribere, solvere ab aliquo*). Il arriva, naturellement, que les capitalistes prirent l'habitude de verser leurs deniers chez l'*argentarius*, avec clause tendant à leur faire produire intérêts, tout en se réservant la faculté d'en ordonner l'emploi à volonté (2). »

Il y avait là, assurément, des opérations qui tendaient à assouplir aux besoins de la pratique journalière, ce qu'on a appelé le formalisme du vieux Droit romain, et le fait est, par lui-même, intéressant à constater ; mais faut-il aller jusqu'à déclarer que c'est notre chèque moderne que l'on retrouve dans ces mandats de payement ? Nous dirons, comme nous l'avons déjà dit, à propos de la lettre de change, que c'est le trait caractéristique, la clause à ordre donnant la faculté de circulation jusqu'à l'échéance, qui manque dans les deux cas (3) ; en réalité, les Romains ne connurent pas plus l'un

---

cit., p. 180 et suiv. ; L. 7, § 2 et 3, D., *depositi vel contra*, 16, 3, et L. 24, § 2, D., *de rebus auctor.*, 42, 5.

(1) L. 8, D., *depos.*, 16, 3.

(2) *Dict.*, de Daremberg et Saglio, v° *Argentarii*.

(3) Ce pourrait être, tout au plus, un chèque souscrit au profit d'une

que l'autre de ces merveilleux instruments de crédit, dans ce qu'ils ont de plus original et de plus fécond.

Peut-être même, n'arriva-t-on à ce procédé des ordres écrits, de ces mandats de payement, qu'après de bien longues hésitations. Sénèque dit que, de son temps encore, le déposant amenait son créancier à la table du banquier détenteur de ses fonds, et le faisait payer devant témoins (*pararii*). Il déchargeait, du même coup, le banquier son débiteur, et se déchargeait lui-même de sa dette par le versement effectif des fonds entre les mains de son créancier présent. C'est le procédé le plus simple ; ce fut, probablement, le premier employé. Les livres du banquier vinrent donner d'autres facilités.

5° *Contrat de change.* — Quelquefois, les Romains qui avaient à toucher de l'argent dans un lieu éloigné, au lieu de s'y rendre eux-mêmes, y envoyaient un esclave. Ce procédé, assez facile pour les gens riches, possesseurs de très nombreux esclaves et de serviteurs élevés de façon à ce qu'on pût compter sur eux, n'était pas, cependant, à la portée de tout le monde, et, en tout cas, il était trop compliqué. Les textes du Digeste nous le montrent comme employé au cas de prêt à la grosse (*nauticum fœnus*) ; nous n'avons à le signaler ici, sous cet aspect, que comme trait de mœurs.

Mais nous avons vu que les banquiers servaient usuellement d'intermédiaires, soit pour recevoir, soit pour effectuer des payements, cela pouvait-être utilisé aisément dans les remises de place en place, ou contrats du change.

Quels étaient les procédés suivis à cet égard ? Quoique la question touche, par ses détails, plutôt au Droit qu'à l'histoire des banques, nous ne pouvons pas, cependant, même à ce dernier point de vue, passer complètement sous silence ce qui avait été admis dans la pratique romaine.

Lorsqu'on voulait obtenir le payement d'une somme versée à Rome, dans un autre lieu, on pouvait le faire par *permutatio* ; par exemple, Cicéron envoyant son fils à Athènes, et voulant lui éviter l'ennui et le danger de transporter avec lui de la monnaie, s'était préoccupé de lui en faire avoir par ce moyen, à son arrivée. « *Id quæro*, » écrivait Cicéron à Atticus son

personne déterminée, ainsi que la loi du 14 juin 1865 permet de le faire. Art. 1er.

ami, « *quod illi opus erit Athenis permutarine possit an ipsi ferendum est* (1). » « Je te demande si ce dont il aura besoin à Athènes pourra être obtenu par *permutatio*, ou s'il faudra qu'il l'emporte avec lui. » A la suite de cette première lettre, Atticus répond que la *permutatio* est possible, et Cicéron écrit pour qu'elle ait lieu : « *De Cicerone ut scribis, ita faciam, ipsi permittam de tempore : nummorum quantum opus erit, ut permutetur tu videbis* (2). » « Je ferai comme tu me dis pour Cicéron, je lui en procurerai à l'occasion ; et tu verras de lui obtenir, par *permutatio*, l'argent qu'il lui faudra. » Il s'agissait là évidemment d'une sorte d'ouverture de crédit, avec remise de place en place, au moins entre banquiers.

6° *Moyens de poursuite : actions civiles et prétoriennes.* — Pour accomplir ces opérations, les banquiers avaient diverses actions à leur service, d'autres existaient au service de leurs clients.

Par l'action *de eo quod certo loco*, le banquier, qui avait promis de faire un payement sur une autre place, pouvait y être indirectement contraint par l'indemnité à laquelle il s'exposait, s'il se bornait à payer à Rome (3). L'action était arbitraire ; elle ne paraît pas, d'ailleurs, avoir été organisée principalement en vue du commerce de la banque.

Il en est de même de l'action résultant du *mandatum pecuniæ credendæ* ; elle pouvait singulièrement faciliter les mandats de versements de fonds, puisque celui qui faisait l'avance à l'emprunteur avait action contre le *mandator* qui lui servait de garant, et que cela pouvait se faire dans les formes les plus simples. Ceci n'empêchait pas les banquiers de se servir, au profit de leurs clients, des autres modes d'*intercessio* pratiqués par tout le monde.

L'action *receptitia*, au contraire, était spéciale aux banquiers.

(1) *Ad. attic.*, liv. XII, n° 24.

(2) *Ad. attic.*, liv. XII, n° 27. Voir aussi : XV, 15 ; V, 15 ; XI, 1, 24 ; ad. div., 11, 17 ; III, 5 ; ad. quint., frag. 1, 3 ; *pro Rabirio*, 4.

(3) « *Ideo in arbitrium judicis refertur hæc actio, quia scimus quam varia sint pretia rerum per singulas civitates regionesque : maxime vini, olei, frumenti : pecuniarum quoque, licet videatur una et eadem potestas ubique esse, tamen aliis locis facilius, et levibus usuris inveniuntur, aliis difficilius, et gravibus usuris.* » — L. 3, D., *de eo quod certo loco*, XIII, 4.

Nous n'exagérerons rien assurément sur ses effets très caractérisés, si nous en référons au texte de M. Accarias qui ne se laisse pas facilement entraîner à de simples conjectures. « Nous savons, » dit le savant romaniste (1), « que les banquiers seuls s'obligeaient dans la forme du *receptitium* ou *receptum*, que leur obligation était sanctionnée par une action perpétuelle dite *receptitia*, et qu'elle avait pour objet un ou plusieurs payements à faire à un tiers ou pour le compte d'un tiers, et cela sans qu'on distinguât si ce tiers était ou non créancier du banquier ni si lui-même devait quelque chose ou ne devait rien à la personne qui toucherait le payement. L'objet du *receptum* ainsi déterminé, on voit tout de suite que, selon les circonstances, il contient une ouverture de crédit ou n'est qu'une façon de mettre à la disposition d'un client, soit à jour fixe, soit à volonté, des fonds qu'il a déposés dans une maison de banque ou qu'elle a encaissé pour lui. On voit aussi que, comme le *receptum* ne suppose aucune provision fournie au banquier, l'action qui en résulte n'est pas exposée à échouer contre l'exception *non numeratæ pecuniæ*, et, à ce point de vue, ce contrat présente un avantage évident sur la *stipulatio* et la *transcriptio*. Mais comment se formait-il ? Quelques mots obscurs de Justinien ont fait croire à plusieurs interprètes qu'il exigeait des solennités de paroles. Mais à ce compte le *receptum* eût été d'une application plus gênante que le contrat *litteris*, et au lieu de simplifier les rapports des banquiers avec leurs clients, il les eût compliqués. J'estime donc que, s'il exigeait quelques formalités, ce ne pouvait être que des écritures et probablement fort simples. A l'époque de Justinien, le *receptum* était presque tombé en désuétude. » Cette disparition s'explique, le constitut était venu prendre sa place, et l'on sait que Justinien fondit les deux institutions (2).

Tout cela est absolument affirmé, non seulement par les données du droit, mais aussi par celles de l'histoire, et l'on voit ainsi quelle variété d'opérations le droit, même le plus ancien, avait voulu rendre possible à ces banquiers de tous noms (3).

(1) Accarias, *op. cit.*, t. II, p. 776, 3ᵉ édit. ; n° 720, p. 614, 4ᵉ édit.
(2) §§ 8 et 9, Inst. IV, VI, *de action*.
(3) Quint., XI, 92 ; Plaute, *Curculio*, II, 3, 66 ; III, 1, 64 ; IV, 3, 3 ; V, 2, 30 ; 3, 34.

§ 3. — *Livres et écritures. Contrat* litteris *et billets. Comptes courants. Compensations.* Editio rationum.

L'un des principaux moyens de procéder dans les affaires des banquiers, fut l'emploi de ces registres que, presque jusqu'à l'empire, tous les citoyens tenaient encore avec un soin religieux, mais qui servaient depuis longtemps déjà, tout particulièrement dans les maisons de banque. Nous verrons Cicéron présenter comme un fait absolument extraordinaire que l'on apporte en justice un brouillon à la place du *Codex*, et que ce livre, rendu indispensable par les mœurs, ne soit pas tenu régulièrement chez un citoyen qui se respecte (1).

Le *Codex* avait servi, dans les temps anciens, à faire le contrat *litteris*. Du temps de Justinien, il ne servait plus à cet usage et on ne le trouvait plus chez les particuliers. Mais il restait encore chez les banquiers à l'état de registre obligatoire.

Il ne faut donc pas s'étonner de ne trouver que peu de renseignements sur le *Codex* dans les compilations de Justinien. Un texte du manuscrit de Gaius en a donné quelques-uns très intéressants. Sans nous arrêter aux difficultés qu'a suscitées l'explication complète de ce texte, nous constaterons, comme remontant aux temps très anciens de Rome, la pratique de la séparation en colonnes spéciales, du doit et de l'avoir sur ce livre. Le registre s'appelle le *Codex accepti et depensi*. On y procède aux *nomina transcriptitia a re in personam* ou *a persona in personam, in utraque pagina*, c'est-à-dire que le contrat *litteris* s'y constitue par l'inscription au *débit*, corrélative à celle qui doit être faite au *crédit* comme dans nos livres tenus en partie double (2).

Cette pratique, nécessaire pour former le contrat *litteris*, d'après une opinion que nous croyons exacte, s'était conservée sur les registres des banquiers, même après la disparition de ce contrat, et telle qu'elle était pratiquée du temps de Labéon. C'est ce qui semble résulter des termes d'un texte que nous

(1) Cicéron, *Pro Roscio*, 2; *Verr.*, II, liv. 23.

(2) Gaius, III, §§ 128 à 131. — « *Huic omnia expensa, huic omnia feruntur accepta, et in tota ratione mortalium sola utramque paginam facit,* » dit Pline, *Hist. nat.*, II, 7.

transcrivons plus bas, à l'occasion de l'*editio rationum*, et dont nous aurons à parler.

Ces registres, soit à l'époque où le contrat *litteris* existait encore, soit à celle où il avait disparu, servirent à pratiquer les opérations les plus ingénieuses de la banque moderne, et notamment les comptes courants. M. Humbert n'hésite pas à l'admettre. « Les riches Romains, » dit-il, « en vinrent à être en compte courant avec leurs banquiers, et nous croyons que l'ouverture d'un crédit était une opération connue de ces habiles manieurs d'argent, et qui n'avait rien de contraire aux principes du droit romain. En effet, l'*expensitatio* ou contrat *litteris* ne repoussait pas toute modalité, puisqu'il admettait la solidarité parfaite ou corréalité (1). »

Les banquiers eurent, en outre, un registre spécial, dont il est question dans les textes et qui s'appelait le *calendarium*; c'était le livre des échéances; il portait ce nom, parce que les échéances correspondaient d'ordinaire à l'époque des calendes.

On dut user de même des *arcaria nomina* et aussi des *syngraphæ*, des *chirographa*, papiers détachés, qui rendaient les relations plus faciles avec les pérégrins (2).

On voit combien les Romains se sont rapprochés des pratiques de notre temps dans ces matières. Les livres obligatoires, les registres tenus en partie double, les billets, tout s'y retrouve, excepté, à la vérité, le plus essentiel, la clause à ordre, et partant la libre circulation des valeurs. Le progrès ne s'était réalisé que pour les actions des compagnies de publicains; mais seulement, sans doute, par voie de transfert, à notre avis.

Il existait encore quelques autres dispositions spéciales aux banquiers, dont l'une des plus caractéristiques est l'*editio rationum*. Tous ceux qui tiennent une banque peuvent être contraints à fournir, à tout instant, leurs comptes à leurs clients et même à des tiers. Voici les expressions d'Ulpien à ce sujet :

---

(1) *Dict.* de Daremberg et Saglio, v° *Argentarii*, II ; M. Pilette, *Revue hist. de droit*, 1861, et M. Thézard, *Revue critique*, 1871, dans des articles sur la compensation, ont assimilé les comptes courants des Romains à ceux de notre temps, avec les règles spéciales admises par la jurisprudence sur l'unité du titre résultant du reliquat. M. Cruchon, dans sa thèse sur les *argentarii* et sur les comptes courants, a combattu cette opinion. Paris, 1878.

(2) Gaius, III, §§ 131 et suiv.

« *Prætor ait : argentariæ mensæ exercitores rationem , quæ ad se pertinet , edant adjecto die et consule. § 1. Hujus edicti ratio æquissima est : nam cum singulorum rationes argentarii conficiant , æquum fuit , id quod mei causa confecit , meum quodammodo instrumentum mihi edi* (1). » « Le préteur a dit : que ceux qui tiennent table de banquiers fournissent les comptes les concernant, en fixant la date du jour et de l'année. § 1. La raison de cet édit est des plus équitables : car les banquiers tenant des comptes pour les particuliers, il est juste que l'opération faite pour moi me soit rapportée sous la forme d'une sorte de titre. »

Il est probable que cette disposition d'origine prétorienne était antérieure à l'empire ; elle répond aux mœurs commerciales du temps où l'initiative individuelle dans les affaires d'argent fut à son apogée ; et Gaius, en expliquant, à son tour, le motif de la disposition, nous confirme dans cette opinion : « *Ideo argentarios tantum , neque alios ullos absimiles eis edere rationes cogit ; quia officium eorum atque ministerium publicam habeat causam ; et hæc principalis eorum opera est , ut actus sui rationes diligenter conficiant* (2). » « On force les banquiers seuls à fournir leurs comptes et non d'autres personnes qu'il ne faut pas confondre avec eux , parce que leur office et leur ministère a un caractère public ; et ce doit être un de leurs soins principaux, de tenir note de leurs comptes avec diligence. »

Les banquiers étaient donc légalement tenus d'avoir leurs comptes en règle, car leurs clients avaient le droit de les exiger, à l'occasion des procès qu'ils pouvaient avoir, soit avec eux , soit même avec des tiers (3), et ce, sous peine des dommages résultant du défaut de production de comptes. Le préteur pouvait même accorder ce droit à d'autres, mais *cognita causa* , et en faisant prêter serment que la demande n'était pas faite dans un but illicite, *jusjurandum calumniæ* (4).

Cette *editio rationum* n'était pas exactement la communica-

---

(1) Ulpien, L. 4, *pr.*, et § 1, D., *de edendo*, II, 13 ; L. 6, § 7, et 10, § 2, *epo.*

(2) Gaius, L. 10, § 1, D., *eod. tit.*

(3) *Eod., leg. pr.*

(4) L. 8, D., *eod. tit.*

tion ou la représentation des livres, telle qu'elle est régie par le Code de commerce, mais elle se rapprochait plus de la représentation que de la communication, en ce que c'était seulement la partie des comptes relative au procès qui devait être rapportée (1). Tandis que, chez nous, c'est en principe, le livre même qui doit être communiqué ou représenté, à Rome, le banquier pouvait, soit dicter le contenu du registre, soit en fournir copie, soit apporter le livre lui-même (2).

Ces dispositions s'étendent à d'autres personnes qu'aux banquiers; à leurs héritiers d'abord et aussi au père ou au maître, si c'est un fils ou un esclave qui ont fait la banque, de manière à engager la responsabilité de ceux dont ils dépendent. Il en de même dans quelques autres cas spécifiés par les textes.

Enfin, cette *editio rationum* suppose une série d'opérations accomplies, et il ne suffirait pas d'un acte isolé pour que le banquier fût tenu d'*edere rationes* dans les conditions que nous venons d'indiquer.

A cette tenue des registres se réfèrent des dispositions sur la compensation, qui restent aussi spéciales aux banquiers, et qui indiquent bien que les comptes courants étaient chez eux de pratique fréquente et normale. Ainsi, lorsque l'*argentarius* présente ses comptes en justice, il est tenu, sous les peines rigoureuses de la *plus petitio*, de ne demander que la différence résultant de la balance qu'il a dû établir dans le compte personnel de son client (3). Ce n'est pas seulement par ce qu'il doit tenir ses livres en règle, tout le monde est tenu à l'exactitude; mais c'est surtout parce que pour lui, les comptes de toute nature qu'il entretient avec ses clients, sont habituelle-

(1) L. 10, § 2, D., *eod. tit.*
(2) L. 6, § 7, D., *eod. tit.*
(3) « *Rationem esse Labeo ait, ultro citro dandi accipiendi, credendi obligandi, solvendi sui causa negotiationem : nec ullam rationem nuda duntaxat solutione debiti incipere : nec si pignus acceperit, aut mandatum, compellendum edere : hoc enim extra rationem esse. Sed et quod solvi constituit argentarius edere debet; nam et hoc ex argentaria venit.* » Le Constitut suppose, en effet, lui aussi, deux obligations (L. 6, § 3, D., *eod. tit.*).

Justinien maintint cette obligation, il l'étendit même (L. 22, C., *de fide instr.*, IV, 21).

ment complexes, et parce que, d'autre part, les livres sont des sortes de documents publics sur lesquels tout le monde a des droits (1). C'est à l'égard des banquiers, seulement, que la compensation de plein droit a été admise, avec toute sa rigueur, dans la législation romaine, même des temps anciens.

§ 4. — *Attributions ayant un caractère public.*

Les *argentarii* exercèrent, outre la banque proprement dite, des délégations qui les rapprochent de certains de nos officiers ministériels ; ils étaient chargés des ventes aux enchères, par exemple ; on les appelait alors *argentarii auctionatores*. On a trouvé récemment, dans les fouilles de Pompéi (2), quelques indications curieuses à cet égard. Ils liquidaient les successions ou arbitraient les situations pécuniaires embrouillées.

Sous le nom de *mensarii*, c'est eux surtout qu'on employa, très probablement, dans certaines crises monétaires ou financières de l'Etat. Ils facilitent alors officiellement la circulation des valeurs, liquident, en vertu d'une délégation spéciale de l'Etat, les affaires des citoyens. Nous retrouverons ces faits en étudiant les banquiers dans leurs rapports avec les événements de l'histoire. Mais, de même que nous n'avions pas d'intérêt, ici, à les considérer dans leurs fonctions de contrôleurs ou d'orfèvres, *argentarii fabri*, *vascularii*, *probatores*, *monetales*, de même, nous laisserons de côté ces sortes d'offices qui ne touchent qu'indirectement, au maniement ordinaire des affaires, et à la circulation normale des richesses. C'est dans ces dernières opérations seulement que nous les étudierons ; c'est là qu'ils ont joué un rôle considérable. Là, ils étaient de véritables banquiers, avec la diversité des fortunes et des chances qui se rattachent aux affaires d'argent, dans tous les temps et dans tous les pays.

§ 5. — *Faillites.*

A Rome, beaucoup d'*argentarii* arrivèrent à la considération et à l'opulence, mais beaucoup, aussi, sombrèrent sur la mer

---

(1) Gaius, IV, § 64 et suiv.

(2) Nous avons cité plus haut l'étude faite par M. Caillemer sur ce texte. *Supra*, p. 159.

orageuse des spéculations financières. Les dénominations de la pratique sont très nombreuses pour désigner les catastrophes de ce genre, et l'on est frappé de la ressemblance qui existe entre ce vocabulaire funèbre de l'antiquité et celui de notre temps ; les mêmes images s'y retrouvent. On dit de cette triste fin, qui n'est pas d'ailleurs exclusivement réservée aux banquiers : *mergere*, « sombrer ; » *abire*, « partir ; » *foro cedere*, « quitter la place ; » *mensam evertere*, « renverser sa table ; » faire banqueroute, *banco rotto*, et même *decoquere*, dont la traduction littérale devient presque trop familière dans notre langue. Le *decoctus*, « l'homme cuit » encourait la note d'infâmie ; il était soumis à donner caution pour plaider (1), on envoyait ses créanciers en possession de ses biens, pour faire vendre son patrimoine en masse sous la direction de l'un d'eux, désigné sous le nom de *magister*, et que l'on choisissait le plus possible, sans doute, parmi les *argentarii* (2). C'est dans ce cas, spécialement, qu'on pouvait faire valoir le privilège spécial du dépôt chez les banquiers, dont nous avons parlé, et c'est à cette hypothèse principalement que se réfèrent les textes.

§ 6. — *Sociétés de banquiers. Corréalité.*

Nous avons eu l'occasion de dire que les banquiers ne pouvaient former que des sociétés de personne, et que c'est là, ce qui avait très probablement restreint la portée de leurs opérations, et diminué leur rôle dans l'histoire. Néanmoins, les sociétés de banquiers furent assez fréquentes chez les Romains ; elles furent soumises à quelques règles spéciales que nous ne devons que mentionner ici, mais qui ont donné lieu à de graves discussions juridiques.

Evidemment, il ne faut pas confondre ces sociétés d'*argentarii* avec les corporations ou collèges que formèrent les banquiers en s'unissant, comme le firent, à une certaine époque, tous les gens de même métier, de la même profession. Il ne faut pas les confondre, non plus, avec l'état d'indivision qui pouvait résulter, par exemple, de la mort d'un banquier laissant plusieurs héritiers.

(1) Gaius, IV, 102.
(2) Gaius, III, 79.

Ces sociétés se constituaient par simple contrat consensuel, sans aucune des formes de publicité qui sont exigées de nos jours.

La personnalité civile, qui se rattache à la nature même de nos sociétés commerciales, n'existait pas non plus, comme elle existait pour les publicains. Cette personnalité était accordée aux collèges et corporations autorisés, il est vrai, mais ces associations n'avaient aucun but de spéculation (1).

Les sociétés de banquiers pouvaient se former comme sociétés *totorum bonorum* ou *omnium quæstuum*; normalement, elles ne devaient être que *alicujus negotiationis*, c'est-à-dire exclusivement en vue de l'exploitation de la *mensa*, de la banque. « *Quod quisque tamen socius non ex argentaria causa quæsiit id ad communionem non pertinere* (2). » « Ce que chaque associé retire d'ailleurs que des opérations de banque, reste en dehors de la société. » C'est la société *unius negotiationis*, dont le jurisconsulte nous indique les effets; ce devait être la société usuellement pratiquée entre banquiers.

Mais une grave dérogation au droit commun, généralement reconnue aujourd'hui, quoiqu'elle ait été fort discutée, fut admise à l'égard des effets de l'obligation contractée par l'un des associés avec les tiers (3). Nous considérons, en effet, comme démontré, que cette obligation entraînait de droit, l'engagement solidaire de tous les autres associés.

Nous pourrons indiquer, ailleurs, les arguments fournis par les textes; nous nous bornerons à faire remarquer ici, au point de vue des faits et de la pratique, tout ce que cette solution a de rationnel et de vraisemblable. Le client n'entend-il pas traiter avec la banque, plutôt qu'avec la personne déterminée de l'associé avec lequel il se met en rapport? Il fallait bien que, sans avoir les avantages de la personnalité civile, du moins chacun des associés engageât toute la *maison*, — si l'on me permet cette expression moderne, — en traitant avec un de ses clients. Une solution contraire eût créé des embarras

(1) L. 1, D., *quod cujuscumque*, 3, 4.
(2) L. 52, § 5, D., *pro socio*, 17, 2.
(3) Savigny, *Des obligations*, trad. Joson, t. I, p. 171. — Demangeat, *Obligations solidaires*, p. 164. — Accarias, t. II, p. 517, note 2, 3e édit. ; p. 146, note 3, 4e édit.

incessants, et aurait pu nuire au crédit, non seulement de quelques-uns des associés, mais encore, et par le fait même, à celui de la banque toute entière. La pratique avait indiqué et imposé la solution nécessaire, déjà du temps de Cicéron (1). De même, et à l'inverse, chaque *argentarius* associé avait action contre le débiteur de la maison de banque, indépendamment de toute clause de solidarité (2).

La corréalité pouvait même se produire entre banquiers non associés, par le fait d'une *stipulatio* ou d'une *expensilatio* communes. Les textes ont prévu ce cas en ces termes : « *Quorum nomina simul facta sunt* (3). *Quorum nomina simul eunt* (4). »

Ces procédés adoptés pour faciliter les relations et augmenter le crédit des banquiers, se rattachent à l'emploi de leurs livres, et rentrent dans le courant de la pratique des affaires commerciales. Une grave controverse s'est élevée, à son occasion, sur les effets produits par la novation réalisée vis-à-vis de l'un des banquiers seulement (5). Mais ce n'est pas le moment de pénétrer dans les détails difficiles de cette question de droit.

§ 7. — *Conditions requises pour exercer la banque. Situation sociale des banquiers dans le monde de Rome.*

Nous avons signalé, à plusieurs reprises, le caractère public qu'affectaient, dans certaines circonstances, ou à certains égards, les opérations des banquiers. Gaius disait (6) : « *Officium eorum atque ministerium publicam habet causam.* » Nous avons vu que leurs livres paraissaient avoir le caractère de registres publics, qu'ils pouvaient être invoqués par toute personne et qu'ils faisaient foi en justice. « *Publicam habent fidem* (7). » Les banquiers étaient, en outre, chargés de délé-

---

(1) Cic., *Ad Her.*, II, 13.

(2) Humbert, *Dict.* de Daremberg et Saglio, v° *Argentarii*, qui cite : Paul, fr. 27, D., *de pactis*, II, 14; Demangeat et Savigny, aux lieux cités dans la note précédente.

(3) L. 3, *pr.*, D., *de pactis*, 2, 14.

(4) L. 34, D., *de receptis*, IV, 8.

(5) Les lois 27, D., *de pactis*, II, 14, et 31, § 1, D., *de nov.*, 46, 2, paraissent être en opposition. Nous reviendrons sur ce point.

(6) L. 10, § 1, D., *de edendo*, 2, 13.

(7) L. 24, § 2, D., *eod.*

gations qui revêtaient un caractère officiel comme l'*auctio*, la fixation du change, etc. Enfin, ils étaient soumis à la surveillance du *præfectus urbi*.

Faut-il conclure de tout cela qu'ils étaient des fonctionnaires désignés par l'Etat, et que le nombre de leurs charges était limité? Nous ne le pensons pas. Leur fonction se rapprocherait plutôt, par leur caractère, des tutelles, qui constituaient aussi un *munus publicum*. C'est la loi romaine elle-même qui fait ce rapprochement (1), au sujet de la compétence des tribunaux à leur égard. La vérité est que les affaires dont ils s'occupaient appelaient, comme celle des incapables, la surveillance et parfois l'intervention de l'Etat (2).

C'est ce qui semble résulter d'une incapacité qui est de règle aussi, en matière de tutelle, l'incapacité des femmes. Callistrate dit, dans un texte inséré au Digeste (3) : « *Feminæ remotæ videntur ab officio argentarii : cum ea opera virilis sit.* » La forme presque dubitative de ce texte, et ces mots, *ea opera*, prouvent bien qu'il ne s'agit pas d'une fonction publique. L'incapacité de la femme paraît résulter ici plutôt d'une disposition de convenance et d'usage, que d'une mesure légale, comme semble devoir l'être l'exclusion des femmes des fonctions politiques ou judiciaires. On a même mis en question l'affirmation de Callistrate. Un texte du Code soulève un doute (4), et quelques inscriptions parlent de femmes *argentariæ* ; mais on pense que ces inscriptions appellent *argentariæ* des femmes de banquiers, pour leur faire partager le titre de leurs maris, *honoris causá* (5).

Au surplus, il nous paraît incontestable que la qualité de citoyen ne fut jamais requise pour être banquier. Ce furent même les étrangers qui introduisirent les opérations de banque proprement dites dans le marché romain, et nous savons que

(1) L. 45, D., *de judiciis*, 5, 1.

(2) Leur situation était analogue, sous ce rapport, à celle qui est faite à nos courtiers de marchandises par la loi de 1866.

(3) L. 12, D., *de edendo*, II, 13.

(4) L. 1, D., *de edendo*, II, 1.

(5) *C. I. L.*, t. VI, II° part., p. 942, n° 5134. Il faut reconnaître, d'ailleurs, que certaines dispositions du droit prises à l'égard des femmes, telles que la loi Voconia, et le sénatus-consulte Velléien, durent être pour les femmes, qui auraient voulu spéculer, de sérieux obstacles.

les Grecs, particulièrement, y avaient joué un rôle si prédominant, que l'on avait confondu tous les banquiers sous leur nom.

Très fréquemment, on employa des affranchis ou des fils de famille, ou même des esclaves, pour faire le commerce de la banque. Les textes parlent assez souvent de cette pratique. L'action *institoria* garantissait aux tiers l'exécution des obligations contractées par l'agent, dont le maître où le mandant devenait personnellement responsable (1).

On donnait aux esclaves des fonctions diverses dont les noms indiquent le caractère. C'étaient : le *Servus kalendario præpositus, mensæ præpositus, coactor, collectarius* (2). C'étaient assez souvent des hommes libres qui exerçaient ces missions modestes. Peut-être les banquiers accomplissaient-ils quelquefois par eux-mêmes ces fonctions de leur charge (3).

La *mensa*, c'est-à-dire l'office, était considérée comme une valeur transmissible. Ulpien dit (4) : « *Qui tabernas argentarias vel cæteras, quæ in solo publico sunt vendit, non solum, sed jus vendit; cum istæ tabernæ publicæ sunt, quarum usus ad privatos pertinet.* » « Celui qui vend des boutiques de banquiers ou autres placées sur le sol public, ne vend pas le sol, mais un droit; ces boutiques étant choses publiques, les particuliers n'en ont que l'usage. » D'autre part, un texte de Papinien déclare que l'on peut laisser une *mensa* par fidéicommis (5) : « *Mensæ negotium ex causa fideicommissi cum indemnitate heredum per cautionem susceptum, emptioni simile videtur et ideo non erit quærendum an plus in ære alieno sit quam in quæstu.* » « Un office de banque accepté à titre de fidéicommis avec une indemnité fixée pour les héritiers, c'est comme le fait d'une vente, et l'on

____

(1) L. 4, §§ 2 et 3, D., *de edendo*, 2, 13; L. 1, et 5, § 3, D., *de instit. act.*, 14, 3; L. 19, § 1, D., *eod.*; L. 5, § 1, D., *quod jussu*, 15, 4.

(2) Horace, *Sat.*, liv. I, sat. IV, vers 85 et 87.

(3) On trouve, du moins sous l'Empire, des inscriptions portant des titres très honorifiques pour des *coactores*. Le *C. I. L.* contient des inscriptions nombreuses concernant des banquiers, avec des qualifications très diverses.

(4) L. 32, D., *de contr. Emp.*, 18, 1. On pouvait même donner en gage ou hypothèque une *taberna*. Cela s'entendait, alors, des marchandises qui y étaient contenues. L. 34, D., *de ping. et hip.*, 20.

(5) L. 77, § 16, D., *de leg.*, n° 31.

n'aura pas à rechercher s'il y a plus de dettes que de gains. »

S'agit-il là d'une charge achetée avec l'intervention de l'État, comme celles de notre temps? Non évidemment; cela résulte des deux textes précédents. Le premier assimile, en effet, les *tabernæ* des banquiers aux autres *tabernæ, vel cæteras.* C'est donc uniquement le droit de continuer le commerce dans la *taberna*, que l'on transmet comme on transmet une location ; seulement, sur le Forum, le propriétaire du sol, le locateur, c'est l'État. C'est à cela que se borne le rôle de l'État, pour toutes les boutiques placées sur le sol qui lui appartient. Le second texte est encore plus concluant, car il admet la trasmission de la *mensa* par fidéicommis, sans parler d'autre condition de validité.

Mais sur quoi porte la vente? Il résulte du premier texte que l'on peut céder son bail, nous venons de le dire. Ajoutons que cela devait se faire, soit que la *taberna* fût sur le Forum, soit qu'elle fût ailleurs. Mais le texte de Papinien va bien plus loin, car il admet la vente du fond de commerce lui-même, c'est-à-dire non seulement de la boutique avec son achalandage, mais encore de l'actif et du passif; il ne peut y avoir aucun doute à cet égard. Comment le successeur opérait-il cette transmission vis-à-vis des tiers, c'est-à-dire à l'égard des créanciers et des débiteurs de l'ancien banquier son prédécesseur? C'est ce qui devait être, sans doute, moins simple que dans notre Droit, et c'est sur quoi le texte reste muet. « *Quærendum an plus in ære alieno sit quam in quæstu.* »

Les *argentarii* durent s'organiser de bonne heure en corporations. Ils obtinrent pour cela l'autorisation nécessaire. Le *Corpus inscriptionum* indique la présence de ces collèges, dans plusieurs villes d'Italie. Mais nous n'avons pas à insister sur ce point, et cela pour deux raisons : la première, c'est que les textes relatifs à ces collèges de banquiers se réfèrent à une époque postérieure à la République et sont, par suite, en dehors du cadre de notre travail; la seconde raison, c'est que ces corporations n'avaient en elles-mêmes et ne pouvaient avoir aucun but de spéculation. C'étaient, à côté des associations ouvrières d'origine très ancienne à Rome, des sortes de syndicats professionnels où l'on s'occupait des intérêts communs du métier, où l'on se donnait des fêtes funéraires et autres, où quelquefois on secourait les indigents de l'association. Au bas empire, ces corporations subirent la réglementation et la dépendance que l'on imposa à toutes choses. Justinien prit des mesures particulièrement favorables aux sociétés d'*argentarii* (1).

Les banquiers paraissent avoir joui, de tout temps, à Rome, d'une grande considération. Sans doute, la comédie et la satire ont exercé leur malignité sur le compte de ces financiers très en vue de toutes façons ; mais qu'est-ce donc qu'elles ont épargné, et en réalité quel est l'homme ou l'institution humaine qui pourraient ne pas s'offrir, de quelque côté, aux traits aiguisés de leurs critiques ou de leurs malices? Ceux qui traitent avec le public y sont exposés plus que tous autres. D'ailleurs, c'est dans les professions où la confiance et l'honorabilité personnelle doivent jouer un rôle prédominant, que les abus deviennent le plus faciles et le plus odieux à la fois, et l'on devait trouver à Rome, des agents d'affaires tarés et véreux comme il en existera assurément partout et toujours. Ce sont ceux-là dont Plaute rapporte les chicanes :

> Ut disputata est ratio cum argentario
> Etiam plus ipsius ultro debet argentario.
>> (*Aulularia*, act. III, sc. VI).

« Quand on discute un compte avec un banquier, on doit toujours quelque chose au banquier. »

Il ne peut pas être davantage question des banquiers dignes de ce nom, lorsqu'on nous représente ces gens qui, ayant touché une somme au Forum, s'enfuient comme les lièvres auxquels on rend la liberté, pour de courts instants, dans les jeux du cirque.

> Ubi quid credideris extemplo à foro
> Fugunt, quam ex portá ludis cum emissus, lepus.

« Lorsque vous leur prêtez quelque chose, ils fuient immédiatement du Forum comme s'enfuit le lièvre à qui l'on ouvre une issue pour l'envoyer aux jeux. »

(1) Voy. l'*Histoire des classes ouvrières avant 1789*, par M. Wallon, de l'Institut. *Passim*.

Les trois vers suivants du *Curculio* seraient par trop sévères s'ils s'appliquaient indistinctement à tous les banquiers.

> Habent hunc morem plerique argentarii
> Ut alius alium poscant reddant nemini :
> Pugnis rem solvant, si quis poscat clarius.

« L'habitude des banquiers c'est de demander et de ne jamais rendre ; ils vous payent à coup de poings si on devient trop pressant. »

C'est aussi, évidemment, une exagération de la comédie, cette tirade sur le prêt que nous traduisons comme finement humouristique et curieuse. (*Curculio*, act. V, sc. III.)

« Ceux qui disent qu'on place mal son argent chez les banquiers, disent une sottise ; moi je dis qu'on ne l'y place ni bien ni mal, j'en fais aujourd'hui même l'expérience. On ne fait pas des placements chez eux, puisqu'ils ne rendent jamais ; on perd son argent, voilà tout. Ainsi, il faut que celui-ci me paye dix mines : il parcourt avec agitation toutes les banques voisines ; et puis plus rien. Je le rappelle, je fais du bruit : il me répond en m'appelant en justice. J'avais une affreuse peur qu'il ne me payât par un procès ; mais des amis l'ont raisonné, il m'a apporté mon argent chez moi (1). »

Il en est de même de ce rapprochement quelque peu injurieux que nous trouvons dans la même comédie, et qui se termine par une image exacte de l'inanité des lois vis-à-vis de ceux qui ont, en quelque sorte, pour profession de veiller à ne pas s'y laisser brûler les doigts. « *Quasi aquam ferventem, frigidam esse, ita vos putatis leges.* » (*Curculio*, act. IV, sc. II.)

On a dit, avec raison certainement, que Plaute avait fait pour les banquiers, ce que Molière avait fait pour les médecins. Il ne devait pas être le seul à les transporter sur la scène.

Antoine, reprochant à Octave ses prétentions aristocratiques, lui rappelait qu'il avait eu dans sa famille, des *argentarii* qui

(1) Argentariis male credi qui aiunt, nugas prædicant ;
Nec bene, nec male credi dico : id adeo hodie expertus sum.
Non male creditur, qui nunquam reddunt, sed prorsum perit.
Velut decem minas dum hic solvit, omneis mensas transiit.
Postquam nihil fit, clamore hominem posco ; ille in jus me vocat.
Pessume metui, ne mihi hodie apud prætorem solveret.
Verum amici compulerunt, reddit argentum domo.

avaient noirci leurs mains dans la pratique du *Collybus* (1).

Il est incontestable, cependant, que leur profession fut honorée. On les appelait usuellement *boni, optimi viri*, et il fallait bien qu'il en fût ainsi, puisqu'ils recevaient sans cesse des missions de confiance volontaires, de la part des particuliers et de l'Etat. C'est ce que nous dit expressément Cicéron (2) : « *De quærenda et collocanda pecunia, commodius a quibusdam optimis viris ad Janum medium sedentibus, quam ab ullis philosophis ulla in scola disputatur.* » « On discute mieux sur les fonds à gagner et à faire valoir, chez certains hommes *optimi* qui siègent auprès du Janus du milieu, qu'on ne pourrait le faire dans aucune école de philosophes. »

Sous l'Empire, on les qualifiait de *perfectissimi, honestissimi, clarissimi.*

Ces manieurs d'argent, qui étaient évidemment plus ou moins considérés selon leur réputation et leur valeur personnelle, étaient soutenus par le caractère de leur profession, lorsqu'elle s'exerçait au grand jour; ils étaient en relation avec l'univers entier. Ils avaient des correspondants partout où se faisait le commerce ; à défaut d'autres confrères, ils y trouvaient les publicains, banquiers eux aussi, à l'occasion.

Il ne saurait être douteux, en effet, que les relations d'affaires les plus actives aient existé entre les *argentarii* et les publicains. Nous avons démontré que les administrateurs des grandes Compagnies se réunissaient au Forum. Cicéron les y voyait tous les jours, et, par eux, avait des nouvelles du gouvernement de son frère en Asie. Ils y venaient, avec bien d'autres, traiter des affaires devant les *tabernæ argentariæ*, et surveiller aussi le cours de leurs actions qui devait se modifier, sous l'influence de la politique du jour, être très chères ou à bon marché, comme l'indique Cicéron, suivant les nouvelles de la guerre ou de tout autre événement public (3).

(1) « *Cassius Parmensis quadam epistola, non tantum ut pistoris, sed etiam ut nummularii nepotem, sic taxat Augustum ; materna tibi farina ex crudissimo Ariciæ pistrino : hanc finxit manibus Collybo decoloratis, Nerulonensis mensarius.* » Suétone, *Augusti vita*, ch. IV.

(2) *Pro Cæcina*, IV, 72, 3. Voy. aussi Aur. Victor, *De viris illustr.*, 72, 3. Horace, *Sat.*, liv. I, VI, 86.

(3) *Pro lege manilia*, et *infra*, ch. III, sect. I, § 6, l'extrait transcrit.

SECTION III.

Centralisation des affaires à Rome et lieu de réunion des spéculateurs.

Très anciennement, tous les *negotiatores* avaient naturellement pris l'habitude de se réunir au Forum, comme le firent les marchands du quatorzième siècle au Pont-au-Change de Paris, et ceux du seizième siècle à la Bourse des marchands, à Lyon et à Toulouse notamment (1).

Mommsen (2) remarque que ce qui caractérise les grandes spéculations romaines, c'est leur centralisation absolue. Le caractère d'unité et la tendance à absorber toutes choses dans la capitale de l'univers, se retrouve dans l'organisation du grand commerce de Rome, comme dans son administration et dans ses finances, en politique et en toutes matières.

Or, les intermédiaires et les trafiquants avaient besoin de se réunir pour traiter promptement leurs affaires. Ils furent vite en besogne ; le Forum devint de bonne heure le marché de l'argent et des grosses spéculations ; les banquiers y avaient leurs bancs, *mensularii, mensas.*

Mais avec les progrès du temps, de pareils hommes, et ceux qui traitaient avec eux ou circulaient autour de leurs bureaux, habitués au luxe dans leurs demeures, ne pouvaient rester ainsi exposés aux intempéries des saisons. Les basiliques s'élevèrent sur le Forum même ; elles furent, dès leur début, infiniment plus riches et plus belles, elles furent aussi, sans aucun doute, beaucoup plus fréquentées que nos bourses modernes ; les banquiers s'y multiplièrent ; ils y dressèrent leurs comptoirs, leurs *Mensæ*, et les établirent même avec une élégance et un confortable auxquels l'Etat vint contribuer de bonne heure, en y disposant les boucliers dorés pris sur les ennemis.

On retrouve sur des bas-reliefs antiques, représentant les banquiers derrière leur comptoir, la présence des grillages

(1) Voy. l'édit de juillet 1549 de Henri II : « Etablissons une bourse commune des marchands à Toulouse, à l'instar, similitude et semblance du change de notre ville de Lyon. »

(2) *Loc. cit.*, t. VI, p. 27.

employés de nos jours par les caissiers, pour mettre le numéraire et les billets à l'abri des mains indiscrètes du public (1).

De notre temps, il n'y a qu'une bourse dans les plus grandes capitales, avec quelques annexes au dehors ; à Rome, il y en eut plusieurs qui étalèrent leurs splendeurs à côté les unes des autres, longtemps avant le règne d'Auguste.

Sous le nom de basilique, nom assez singulier avec une pareille destination, se fondèrent successivement des monuments vastes et d'aspect somptueux, aux portes et aux toits de bronze, affectant à l'intérieur les mêmes dispositions que notre Bourse de Paris. Ces monuments s'appelaient ainsi, a-t-on dit, parce qu'ils étaient destinés à recevoir le peuple-roi ; peut-être était-ce plutôt un nom simplement emprunté aux usages de la Grèce.

Ampère, parcourant les ruines de Rome, fait remarquer que « l'avènement des capitalistes et des financiers coïncide, d'une manière remarquable, avec l'établissement des deux premières basiliques élevées, l'une par Caton, la basilique Porcia, et l'autre, par le père des Gracques, la basilique Sempronia. Le même progrès de l'influence financière dans la société romaine, ajoute-t-il, avait fait remplacer les boutiques de bouchers, situées dans le Forum, du côté de la curie, par les bureaux des changeurs et des prêteurs, qu'on appelait *argentariæ novæ* (2). »

C'est bien réellement à l'usage des commerçants surtout, qu'étaient faites ces basiliques, car Vitruve, donnant les règles qui doivent en diriger la construction, commence ainsi : « Les basiliques qui sont dans les places publiques doivent être construites dans l'endroit le plus chaud, afin que, pendant l'hiver, les *commerçants* puissent y trouver un abri contre les rigueurs de la saison (3). »

On y faisait, à la vérité, autre chose que du commerce. Les

(1) Voir le bas-relief reproduit dans le *Dictionnaire des antiquités grecques et romaines*, de Daremberg et Saglio, v° *Argentarii*.

(2) Ampère, *L'Histoire romaine à Rome*, t. IV, p. 268 ; *Caton et les Gracques*. — Tite-Live, XXVI, 27. — Voy. aussi *Promenades archéologiques*, par Gaston Boissier, ch. Ier, n° 2.

(3) Vitruve, V, I. — Voy. *Dictionnaire des antiquités grecques et romaines*, v° *Basilica*, art. de J. Guadet, et les nombreuses citations à l'appui.

tribunaux y tenaient aussi leurs audiences, comme au Forum dont elles étaient une prolongation, et les gens de toute espèce s'y promenaient, en causant des événements ou des choses du jour, comme sous les portiques.

Non seulement il y en eut simultanément plusieurs à Rome, mais les villes les plus commerçantes de province en avaient aussi. On en retrouve assez fréquemment des traces dans les fouilles qui se font partout aujourd'hui avec plus de soin qu'autrefois. « A l'intérieur comme à l'extérieur, les matières précieuses et les œuvres d'art furent prodiguées par les fondateurs qui se faisaient un titre d'honneur de cette magnificence. »

Mais nous ne devons pas nous arrêter ici sur ce sujet curieux. L'histoire de ces monuments et du Forum lui-même se rattache aux faits publics et extérieurs de la vie des banquiers. Elle trouvera sa place tout naturellement dans une autre partie de notre étude (1). Nous allons donc revenir aux manieurs d'argent eux-mêmes, à leur vie de tous les jours, en les suivant sur le terrain ordinaire de leurs opérations, dans leur boutiques, devant leur table, sur le marché où ils vont traiter leurs affaires.

On a retrouvé, surtout dans les écrits littéraires du temps de la République ou du commencement de l'Empire, d'intéressants détails sur l'aspect de ce personnel de plus en plus nombreux, qui remplissait, du matin au soir, le Forum et les monuments publics environnants ; on pourrait presque en constituer une sorte de topographie vivante.

L'agitation y était très grande. Aux habitude bruyantes des méridionaux et à l'exubérance italienne venaient se mêler, dans les siècles qui nous occupent, des passions de toute nature, et particulièrement celle de l'or, surexcitée par l'affluence des richesses de toutes les provinces (2). C'est ainsi que nous

(1) *Infra*, ch. III, sect. III.

(2) L'aspect de la population devint de plus en plus pittoresque à mesure que tous les peuples du monde connu y furent représentés par suite de l'extension des conquêtes romaines. On peut en voir d'intéressantes descriptions dans l'*Histoire romaine* de M. Duruy, et dans les études sur les mœurs ou les institutions à l'époque d'Auguste, de Dezobry, Friedlœnder, Gaston Boissier, Fustel de Coulanges et de bien d'autres historiens ou lettrés.

avons vu ce banquier mauvais payeur, de la comédie, qui se met à courir chez tous ses confrères, qui passe de comptoir en comptoir, puis revient tout haletant, fait du bruit et du scandale autour de son créancier étonné, le menace de le citer en justice, et, finalement, sur les observations de ses confrères, se calme et paye ce qu'il doit. Les scènes de ce genre devaient être fréquentes et venaient se mêler aux hableries tapageuses de certains promeneurs ou aux cris des aruspices, des bateleurs et des personnes de toutes catégories qui s'y donnaient des rendez-vous d'affaires ou de plaisir.

Nos Bourses modernes, malgré les bruits étourdissants qui s'y font entendre à certaines heures, ne sauraient nous donner une idée de cette foule bigarrée de toutes façons, mêlée, et cependant très classée, que l'on voyait à Rome et dans les grandes villes de l'antiquité romaine. Les anciens, les hommes du moins, vivaient beaucoup plus que nous hors de chez eux ; la politique, la justice et les lois, comme les relations de la vie de société, tout, à peu près, se passait au Forum ou à l'Agora. Il n'y avait, en dehors de cela, de causeries que dans les festins ; on ne connaissait pas les salons ; seulement, le même monde se retrouvait, par les beaux jours, sur les promenades ou sous les colonnades élégantes des portiques publics. A la vérité, les femmes honnêtes ne s'y arrêtaient guère. Et c'est là cependant que se traitaient toutes les petites affaires de la ville, comme les grandes affaires du monde entier, lorsque Rome l'eut conquis.

Plaute a eu l'heureuse inspiration de faire paraître dans son *Curculio*, pour nous renseigner exactement, un personnage inconnu aujourd'hui, à moins qu'on ne traite comme tel notre régisseur parlant au public. Sous le nom de *Choragus*, chef de la troupe, nous pourrions même employer des noms plus caractérisés et plus modernes, ce personnage vient, pendant la pièce, donner les détails les plus précis concernant les gens qui occupent le Forum, ses diverses parties et tous ses attenants. Il vient dire par où il faut passer pour trouver chaque groupe, nous pourrions dire chaque classe de la société, à sa place habituelle. Ces indications très nettes à l'usage des spectateurs, nous sont évidemment beaucoup plus utiles qu'à eux, et nous allons essayer de suivre notre guide à travers cette foule si animée et si bruyante, il y a deux mille ans.

La société y est tellement hétérogène que nous devrons garder le latin pour désigner quelques-uns de ces groupes, car le lecteur français veut être respecté.

Heureusement, quant à ceux qui nous intéressent, nous n'aurons aucun inconvénient à les mettre ici au grand jour de notre idiome ordinaire. Voici, d'abord, le texte latin.

> Commonstrabo, quo in quemque hominem facile inveniatis loco,
> Ne nimio opere sumat operam, si quem conventum velit,
> Vel vitiosum, vel sine vitio, vel probum, vel improbum,
> Vel perjurum convenire volt hominem, mitto in comitium
> Qui mendacem et gloriosum, apud Cluacinæ sacrum.
> Diteis damnosos maritos sub basilica quærito.
> Ibidem erunt scorta exoleta, quique stipulari solent.
> Symbolarum conlatorum apud forum piscarium.
> In foro infimo boni homines, atque diteis ambulant.
> In medio propter canalem, ibi ostentatores meri.
> Confidenteis, garrulique, et malevoli supra lacum,
> Qui alteri de nihilo audacter dicunt, contumeliam,
> Et qui ipsi sat habent, quod in se possit vere dicier.
> Sub veteribus, ibi sunt qui dant quique accipiunt fœnore.
> Pone Castoris, ibi sunt, subito quibus credas male :
> In Tusco vico, ibi sunt homines qui ipsi sese venditant,
> In velabro vel pistorem, vel lanium, vel aruspicem,
> Vel qui ipsi vortant, vel qui alii, ut subvortentur, præbeant.
> Sed interim forcis crepuere : linguæ moderandum'st mihi.
> (Curculio, act. IV, sc. I.)

Cherchons, dans cette foule, nos faiseurs d'affaires, nos manieurs d'argent ; ils sont fort nombreux, sans doute, et, avec les marchands, ils y constituent la partie principale du public, car ils y figurent sous plusieurs noms et dans divers groupes distincts, autour desquels circulent les spéculateurs et les capitalistes.

Le *Choragus* nous guide : les premiers que nous rencontrons sont en bien mauvais voisinage, dans une basilique :

> Diteis damnosos maritos sub basilica quærito.
> Ibidem erunt scorta exoleta ; quique stipulari solent.

Voici bien des gens d'affaires, car ils passent leur vie à s'engager envers autrui et à engager les autres envers eux, dans la forme normale de la *stipulation*. Pourquoi sont-ils en si mauvaise compagnie, et pourquoi surtout Plaute s'appliquet-il à faire ressortir, par la forme de sa phrase, un semblable entourage des deux sexes? Nous l'examinerons.

Un peu plus loin, le monde change d'aspect ; au bas du Forum, *in Foro infimo*, notre guide nous indique les *boni homines* et les riches, *ditcis*, cette fois sans épithètes, qui circulent ; c'est là que nous espérons trouver la classe distinguée de ceux que nous cherchons :

> In foro infimo boni homines, atque ditcis ambulant.

Si nous allons jusqu'aux anciennes boutiques, nous rencontrerons encore d'autres hommes d'argent, ce sont les *fœneratores*, ceux qui font des avances avec intérêts ou chez qui on met de l'argent pour le faire valoir :

> Sub veteribus, ibi sunt qui dant, quique accipiunt fœnore.

Enfin, plus loin, viennent des marchands de toute espèce, des promeneurs de tout genre et ceux qui apportent au marché les produits de leurs terres pour les vendre, et qui nous importent peu.

Que représentent exactement ces trois groupes qui s'occupent évidemment tous les trois de spéculations sur l'argent et qui cependant restent si distincts et se tiennent si séparés? Ici nous sommes bien réduits à des probabilités, mais nous croyons y voir des classifications naturelles très vraisemblables, parce qu'elles sont dans l'ordre des choses, qu'elles se produisent toujours, et qu'elles sont tout spécialement conformes aux traditions et aux mœurs romaines.

Nos trois groupes de financiers pouvaient faire des spéculations de même genre avec une spécialité prédominante, suivant le temps, les circonstances et les moyens d'agir, mais ils devaient se distinguer surtout par l'importance de leur commerce et l'honorabilité de leur situation.

En tête, nous placerons les *boni homines* du *Forum infimum*. Il ne faut pas, évidemment, se contenter d'une traduction littérale qui ne signifierait rien. Nous savons, au contraire, que *boni homines* est le nom que l'on donnait aux banquiers de profession, lorsqu'ils s'étaient attiré l'estime du public par leur expérience des affaires et leur honnêteté assurée. C'étaient les intermédiaires de confiance dans les grosses opérations de crédit, et c'est pourquoi promènent dans leurs voisinages les riches, *diteis;* comme à la bourse, de notre temps, les spéculateurs circulent autour de la corbeille.

Viennent en second rang, les prêteurs à intérêt qui occupent les anciennes boutiques des *argentarii* primitifs : les *fœneratores* qui nous paraissent encore considérés, mais à un degré moins élevé; ceux-ci ne sont qualifiés ni en bien ni en mal par le poète.

Mais nous ne dirons plus là même chose de ceux que nous avons rencontrés d'abord ; de ceux qui *stipulent*, à côté d'un monde de tristes femmes, *scorta exoleta*, et de maris opulents cherchant traîtreusement des aventures, sous les colonnades de la basilique contemporaine de Plaute. Ces agents d'affaires paraissent subir un rapprochement très volontairement injurieux, dans les vers du poète comique. C'étaient, sans doute, ces banquiers véreux, qui justifiaient les plaintes et les insultes qu'on leur adressait, parfois sans les distinguer des autres, mais que l'on retrouve en tout temps et en tout pays, près des frontières qui séparent la spéculation de l'escroquerie. On est là dans le monde où tous les vices se donnent la main.

Pour ceux-ci, il n'est pas question de grand-livre, de *Codex* et d'*Expensilatio* ; ils contractent des engagements *par paroles*, probablement de moindre importance que les autres, et à courte échéance, *stipulari solent*. Il nous semble qu'on pourrait retrouver là, quelques-uns des groupes de ceux qu'en terme de bourse ou de coulisses, on appelle les agents ou les banquiers marrons. Ce sont les manieurs d'argent d'ordre inférieur, qui ne se mêlent pas aux autres, et traitent leurs affaires au milieu d'une foule équivoque de promeneurs intéressés et d'habitués des deux sexes.

A la vérité, ces groupements se font ainsi d'eux-mêmes, partout où les gens d'affaires sont réunis ; et, il faut le dire, dans aucun monde, le classement n'est plus prompt, ni plus instinctif, ni plus nécessaire. Il dut se faire plus nettement à Rome que partout ailleurs ; dans une ville où régnait cette vanité extérieure, et cette morgue traditionnelle qui était passée, surtout avec ses travers, de la *nobilitas* jusqu'aux citoyens de la plèbe. C'étaient les préventions futiles, ou l'exclusivisme calculé, se substituant, dans les relations privées, à la vraie noblesse, à la vieille fierté romaine, et aux vertus austères de l'antique patriciat désormais transformé.

La comédie et le roman contemporains, en s'appliquant à peindre ce qui se passe autour d'eux, pourraient sembler, aujourd'hui même, avoir voulu s'inspirer des descriptions des écrivains latins, comme on le faisait souvent autrefois, notamment au grand siècle. Il n'en est rien, sans doute, mais on voit bien que l'image à reproduire est restée la même pour tous. Plaute et Horace, Ponsard et Zola, en décrivant le monde de la Bourse, ont eu, à travers les années, les mêmes passions et les mêmes personnages à traduire; et c'est pour cela que leurs œuvres devaient se ressembler, même en se bornant à être exactes, chacune en ce qui les concernait, dans le monde de leur temps.

Mais ceux qui nous intéressent spécialement dans ces groupes, nous l'avons dit, ce sont ces *boni homines* et les hommes riches que nous avons classés les premiers, et auxquels il nous faut revenir.

Du temps de Plaute, les représentants des compagnies de publicains ne se faisaient pas remarquer, sans doute, beaucoup au Forum; leur puissance commençait à peine à se manifester, 574-180. Du temps de Cicéron, au contraire, les *magistri* et les publicains de toutes les grandes compagnies y abondaient, et ce fut, sans doute, à ce groupe des hommes riches, des *boni homines*, et de leurs conseillers ou agents, qu'ils durent se joindre, car ils devinrent les grands seigneurs de la finance.

Nous avons vu à quels frais et avec quels soins, les publicains des provinces les plus éloignées avaient organisé un service de dépêches portées par ces *tabellarii* qui s'échelonnaient jusqu'à Rome (1). On y était presque aussi bien renseigné sur les entreprises des publicains que dans la province elle-même, et Cicéron, qui devait utiliser, un jour, ce service pour sa correspondance de Cilicie, donnait, de sa maison de Rome, des indications à son frère Quintus, sur ce qui se passait dans

(1) Cicéron, *Ad. attic.*, V, XV, et XVI, 703-51; *Epist. fam.*, VIII, 7, 704-50; *Ad. attic.*, V, XXI. 704-50. Voy. l'article sur les *Tabellarii*, courriers porteurs de dépêches, par M. Ernest Desjardins, dans la *Bibliothèque des hautes études*, 1878, p. 51 et suiv., et *supra*, chap. II, sect. I, § 4, p. 131.

la province d'Asie, dont ce dernier était le gouverneur et où il résidait.

Dans le discours *pro lege Manilia*, où nous avons puisé tant de précieux renseignements, il nous parle des nouvelles que les publicains reçoivent journellement à Rome, sur les projets de Mithridate, et sur les dangers qui menacent les sociétés des mines et des *vectigalia*. C'est par les mêmes intermédiaires qu'il se renseigne sur son frère, et qu'il peut lui écrire : « *Non enim desistunt nobis agere quotidie gratias, honestissimæ et maximæ societates* (1). » Chaque jour arrivaient les courriers.

C'est au Forum, évidemment, ou dans les basiliques, qu'il retrouve tous les jours les représentants de ces très honorables et très grandes sociétés (2) ; à moins qu'il ne les voie aussi, se succédant à son domicile, pour exprimer leurs sentiments au frère du proconsul d'Asie, ce qui n'est guère vraisemblable, même avec les habitudes obséquieuses des Romains de cette époque. Le rendez-vous universel et journalier, c'est le Forum.

Les grandes sociétés publicaines y étaient représentées par leurs agents probablement, et aussi par leurs *magistri*, c'est-à-dire par leurs directeurs, qui résidaient toujours à Rome, quelque éloigné que fût d'ailleurs le lieu où s'accomplissait l'entreprise. De même, chez nous, c'est à Paris que les grandes compagnies financières ou industrielles ont leur domicile et leur direction.

Le nombre des sociétaires présents à Rome, même pour les exploitations les plus lointaines, devait être toujours considérable.

C'était là qu'était fixée la partie principale du conseil de direction et des actionnaires, ainsi que le personnel évidemment très nombreux des scribes, que nécessitait la tenue merveilleusement exacte des comptes et des livres des compagnies.

Ce qui fait qu'on ne peut douter de la présence et de l'activité de tous ces intéressés aux affaires des publicains sur le marché, c'est que, précisément, c'était à leurs opérations que se rattachaient les mouvements dans le crédit et les finances

____

(1) Cicéron, *Ad quint. frat.*, lettre de 693-61. *Ad quint.*, I, 1.

(2) « *Quod tibi quotidie ad forum descendenti, meditandum esse dixeramus,* » dit Quintus à son frère Cicéron, candidat au consulat. *Ad Tullium fratrem, de Petitione consulatus.*

publiques, auxquels nous avons souvent fait allusion, et que nous retrouverons plus tard en détail (1).

C'est bien sur ces entreprises, sur ces valeurs que la spéculation se portait de préférence, car ceux que Cicéron déclare vouloir sauver d'une débacle menaçante, ce sont particulièrement ces nombreux citoyens habitants de Rome qui ont engagé leurs fonds et ceux de leurs familles sur les mines et les impôts d'Asie (2); *magnæ res in vestris vectigalibus occupatæ.*

Nous retrouverons tous les faits auxquels nous faisons allusion en ce moment, en parcourant l'histoire externe des publicains. Mais comment aurions-nous pu les passer sous silence, à propos de la Bourse de Rome, dont nous cherchons à déterminer le trafic, les opérations, et même, grâce à Plaute, la topographie?

Il est certain, en effet, que le trafic qui s'y produisait était aussi hasardeux que considérable.

On y jouait gros jeu, car les Romains étaient joueurs par instinct et par tradition. On y jouait, ou du moins l'on y faisait les spéculations les plus considérables sur ce qui se traitait chez les Banquiers, c'est-à-dire sur les valeurs échangeables, et, par conséquent, sur les fonds des publicains, les plus exposés de tous aux événements politiques; car il est question de ruines et de fortunes subites, quand les écrivains Latins nous parlent du Forum.

A ce sujet, il faut bien reconnaître, d'abord, que les Romains étaient joueurs, spéculateurs. Leur éducation était dirigée dans cet esprit. Horace se plaint, non pas dans une satire, mais dans une épître, de voir que, de son temps, on apprend à manier l'argent et à calculer, en même temps qu'on apprend à parler. C'est un trait de mœurs que le poète entend rapporter sur le ton simple et exact de l'épître, et non pas un fait isolé. Peut-être, sous ces habitudes traditionnelles et précoces, voyait-il, dans son imagination de poète, se préparer les publicains avides et les rapaces proconsuls de l'avenir. Laissons-lui la parole :

« Nos enfants de Rome apprennent, par de longs exercices,

______

(1) Voy. *infra*, chap. III, sect. III, § 6 : Les publicains en Asie du temps de Cicéron.

(2) *Pro lege Manilia, loc. cit.*

à partager un as en cent portions. « Dis-moi donc, fils d'Albinus, si d'un *quincunx* (1) je retire une once (2), que reste-t-il? Tu peux répondre. — Triens (3). — Parfait. Tu sauras garder ton argent. Mais, si je remets une once, qu'est-ce que cela fait? — Semis (4). » C'est bien ; quand ces soucis et ce désir de l'argent auront une fois envahi les âmes, aurons-nous encore ces poésies gardées sous l'huile incorruptible du cèdre, et que l'on conserve sur les tablettes légères de bois de cyprès (5)? »

Aristote a dit : « La poésie est plus philosophique et plus vraie que l'histoire. » Il est certain qu'elle pénètre, en effet, plus profondément dans les mœurs et qu'elle va chercher jusqu'au caractère intime des peuples. Si nous savons lire sous les mots et juger d'ensemble, c'est à elle que nous devons demander la peinture fidèle de son temps.

Or lorsque Juvénal, dans sa satire sur l'exemple (6), veut énumérer les vices les plus épidémiques et les plus héréditaires à Rome, c'est par le jeu et ses chances funestes, l' « *alea damnosa,* » qu'il commence la longue liste :

> Si damnosa senem juvat alea, ludit et heres
> Bullatus, parvoque eadem movet arma fritillo.

« Si le jeu de hasard périlleux attire le vieillard, son héritier joue aussi, dès sa jeunesse ; lui aussi s'exerce avec les cornets faits à sa taille. »

Peut-être Juvénal venait-il lui-même de subir les rigueurs de la fortune, car il en parlait avec amertume, lorsqu'il pla-

----

(1) 5/12. L'as se divisait en 12 onces.

(2) 1/12.

(3) 4/12 ou 1/3 de l'as.

(4) 6/12 ou la moitié de l'as.

(5)
    Romani pueri longis rationibus assem
Discunt in partes centum diducere. « Dicat
Filius Albini : si de quincunce remota est
Uncia, quid superat? Poteras dixisse — Triens — Eu !
Rem poteris servare tuam. Redit uncia : quid fit?
Semis. » At hæc animos ærugo et cura peculi
Quum semel imbuerit, speramus carmina fingi
Posse linenda cedro et lævi servanda cupresso?
        (Horace, *Lettre aux Pisons*, vers 325-332.)

(6) Juvénal, *Sat.*, XIV. Cicéron, *In Vatin.*, XII *bis*.

çait le jeu au premier rang, dans l'ordre des vices nuisibles et contagieux. Mais ne tombons pas dans les conjectures fâcheuses. Ce qui est certain, c'est que les *aleas* du Forum n'étaient pas moins redoutables que les autres.

Horace nous parle de ce Volanerius qui, empêché par la goutte de jouer, payait un homme à la journée, pour jeter les dés à sa place (1). On ne voit guère de semblables choses aujourd'hui.

Et, comme pour confirmer à nos yeux ces traits de satire, des lois existaient pour punir les abus qui y étaient flagellés, et les jeux de hasard de toute nature, d'une peine pécuniaire du quadruple des valeurs engagées (2). Il fut rendu un édit censorial à ce sujet en 639-115. D'autres dispositions du droit prétorien et des sénatus-consultes prirent des mesures dans le même sens ; on fut jusqu'à punir les joueurs de la prison et des chaînes. *In Latumias et vincula publica.* Cicéron représenta Antoine comme un joueur incorrigible, et l'accuse de distribuer à ses compagnons de jeu les fonctions de juges et les faveurs de l'Etat. Il parle de l'un d'eux, Licinius Dentatus, en spécifiant qu'il a été condamné comme joueur et qu'à raison de cette condamnation, il est défendu de jouer avec lui (3).

Cette passion du jeu se donnait-elle carrière au forum et dans les basiliques (4), là où toutes les autres passions venaient si impudemment s'étaler ? Comment pourrait-on en douter, en présence de tant d'espèces de gens que l'amour de l'argent y amenait ?

Lucilius, un autre satirique antérieur à Juvénal, dépeignait

(1)   Scurra Volanerius, postquam illi justa chiragra
         Contudit articulos, qui pro se tolleret atque
         Mitteret in phimum talos, mercede diurna
         Conductum pavit.

(Horace, *Sat.*, liv. II, 7, vers 15 et suiv.)

(2) *Dict.* de Daremberg et Saglio, article Humbert, v° *alea.*

(3) Cicéron, 2e *Philipp.*, XXIII et XXXIX. Ces lois étaient plus sévères que les nôtres qui punissent bien ceux qui tiennent des maisons de jeu mais non pas les joueurs. 3e *Philipp.*, XIV ; 5e *Philipp.*, V ; 13 *Philipp.*, XI.

(4) 2e *Philipp.*, XIV, XXIII. Dans plusieurs de ces textes on rapproche les joueurs des Grecs, *Græci.* Il faut se souvenir que c'était le nom des spéculateurs du Forum. Le nom a conservé chez nous le même caractère facheux, précisément aussi, dans le monde des joueurs.

déjà, dans ses écrits, ces hommes qui, « du matin au soir, courent au Forum, préoccupés d'un seul souci, feindre l'honnêteté et se tromper les uns les autres. »

Enfin, il faut bien expliquer par ces spéculations hasardeuses sur les opérations diverses du Forum, ces tempêtes si dangereuses dont parlent les écrivains, et ces naufrages si fréquents qui se produisaient entre les deux Janus, c'est-à-dire précisément au lieu que fréquentaient les manieurs d'argent sous leurs divers noms (1). Horace en parle comme d'une chose bien connue (2), et la peinture qu'il fait des mœurs de ce joueur opulent hier, pauvre aujourd'hui, semble prise dans notre siècle, où les favorisés de la capricieuse fortune se font aussi, volontiers, collectionneurs et acheteurs d'objets d'art, moitié par vanité et moitié par calcul, en comptant toujours sur leur habileté et leur bonne chance. Ces rapprochements ne restent-ils pas curieux et instructifs jusque dans leurs moindres détails?

Il n'y a, à cet égard, d'incertain pour nous, que les procédés d'exécution. Quant au jeu sur le change de l'argent, sur les marchandises ou sur les valeurs, on ne saurait contester qu'il ait été poussé à Rome jusqu'à ses derniers excès. Comment pourrait-on refuser de voir la cause, là où les effets se révèlent si incontestablement? Comment pourrait-on nier les spéculations audacieuses et les jeux passionnés du Forum, lorsqu'on sait les fortunes subites et scandaleuses, et les effondrements aussi, qui s'y produisaient comme des faits ordinaires (3).

(1) Là où on discute « *De quærenda et collocanda pecunia.* » Pro *Cæcina*, IV, 72.

(2) Horace, *Sat.*, II, III :

> « Postquam omnis res mea Janum
> Ad medium fracta est, aliena negotia curo,
> Excussus propriis. Olim nam quærere amabam, » etc...

« A présent que toute ma fortune a été détruite au Janus du milieu, je m'occupe d'autres affaires, les miennes m'ont été supprimées; » et il continue : « Autrefois, je recherchais les vases d'airain où le rusé Sisyphe avait lavé ses pieds, les figures étranges, les sculptures primitives. En bon connaisseur, je mettais sur cet objet cent mille sesterces! Moi seul, je savais acheter des jardins et des palais! »

(3) Lorsque, sous l'Empire, les financiers ont disparu, entraînant avec eux les jeux sur les valeurs de bourse, ils n'ont pas supprimé pour cela la passion du jeu; mais on ne joue plus qu'aux terribles jeux de dés que saint Cyprien anathématise; et alors ce n'est plus au Forum que

En résumé, on faisait donc au Forum et dans les basiliques, beaucoup d'affaires; on s'y livrait à des spéculations et à des commerces de toute nature; on y adjugeait des travaux et des entreprises de toute espèce; on y traitait de la politique et de bien d'autres choses encore; on y préparait les élections et l'on y plaidait devant les juges de divers ordres; le peuple-roi semblait exploiter et gouverner, de là, les affaires de l'univers.

C'était, sous la République, le centre de tout, le point d'où prenait son origine le mouvement qui devait se répandre dans le monde connu, et c'est en cet endroit justement, sur ce terrain illustre du Forum, que fut placée par Auguste, comme un symbole, la *Borne d'or*, point de départ et d'arrivée de toutes les voies romaines.

Il nous reste, pour faire revivre dans leur véritable milieu, et avec la physionomie de leur rôle, les publicains, les hôtes habituels du Forum et des basiliques, à parcourir, dans l'ordre chronologique, les principaux faits de leur vie publique à Rome, tels qu'ils sont rapportés par les écrivains anciens. Nous procéderons ensuite de même pour les banquiers; et puis, nous tracerons l'histoire du Forum et des basiliques, considérés, à notre point de vue, comme terrain de la bourse romaine. Ensuite nous pourrons nous résumer et conclure.

cela se passe. Nous reviendrons sur ce point dans notre étude chronologique. Voy. *infra*, ch. III, sect. II.

CHAPITRE III.

SUITE CHRONOLOGIQUE DES ÉVÉNEMENTS DE L'HISTOIRE ROMAINE CONCERNANT LES PUBLICAINS ET LES BANQUIERS. — HISTOIRE EXTERNE. — ARRANGEMENTS DU FORUM ; ÉDIFICATION DES BASILIQUES.

C'est le sort commun de presque toutes les institutions très puissantes, d'attirer sur ceux qui en sont les agents, tour à tour, ou même simultanément, les injures les plus violentes et les plus basses flatteries.

Tel fut, en effet, le sort des publicains et des banquiers, que l'on appelait la force de la patrie, la fleur des chevaliers ; que l'on comparait, d'autre part, à la même époque, à des bêtes féroces, et à l'égard desquels, il faut bien le reconnaître d'ailleurs, les récriminations furent bien plus souvent justifiées que les adulations ou les éloges.

Les publicains furent constamment mêlés, par la nature même de leurs actes, aux plus grandes affaires de l'Etat ; il ne faut donc pas s'étonner que les faits rapportés par l'histoire sur leur compte, soient assez nombreux. Il n'en fut pas de même des banquiers, qui restèrent presque toujours agents ou intermédiaires des intérêts privés.

Nous allons constater, l'histoire en mains, que les publicains, à raison de leurs privilèges, acquirent, en droit et en fait, une telle puissance dans l'Etat, qu'ils finirent par en devenir les maîtres, jusqu'au moment où les généraux, restant à la tête de leurs armées après la victoire, en vinrent à se disputer le pouvoir, dans Rome même.

Les banquiers suivirent les publicains dans leur fortune politique, parce qu'ils appartenaient à la même classe et se mouvaient, pour ainsi dire, dans leur orbite. Nous les verrons fonctionner, en se développant, sur le terrain de leurs opérations, au Forum et dans les basiliques.

Section première.

Exposé et chronologie des faits de l'histoire romaine concernant les publicains.

L'histoire, avons-nous dit, ne parle des publicains que depuis l'époque des guerres Puniques ; et cependant *l'ordo publicanorum* existait déjà à cette époque ; les publicains constituaient dès lors, on ne sait depuis quand, un ordre dans l'Etat (1).

Jusque-là, certains impôts avaient déjà été donnés en adjudication ; c'était par le même procédé de la mise aux enchères que les travaux publics avaient été, sans doute, exécutés sous la République. Il en était ainsi des mines, des salines, des carrières. « *Hi qui salinas et cretifodinas et metalla habent publicanorum loco sunt,* » dit Cicéron. La loi 1 du titre *Quod cujuscumque universitatis,* de Gaius, au Digeste, fait le même rapprochement pour les mines d'or et d'argent. Mais, nous le savons, il n'y avait rien là que de très ordinaire ; l'adjudication était le procédé employé partout où il était praticable, dans la vie privée aussi bien que dans la vie publique.

Nous allons rattacher naturellement notre étude aux grandes périodes de l'histoire romaine.

§ 1er. — *De l'époque des guerres puniques jusqu'aux Gracques* (540-214 à 621-133).

Le monde romain n'était ni très riche ni très brillant, il pratiquait encore les vertus antiques, lorsque nous voyons certains publicains faire leur entrée dans l'histoire, par un acte de fraude impudente, qu'ont prévu et puni nos lois pénales les plus sévères.

Ne dirait-on pas qu'il n'y a plus rien à trouver de nouveau pour tromper ses semblables, depuis bien longtemps, lorsque

---

(1) Mommsen le dit à plusieurs reprises dans son *Traité sur le droit public romain*. Voy. notamment le t. VI, 2ᵉ partie, p. 109, note 2, de la traduction Girard. Paris, 1889.

l'on voit, dès avant les guerres Puniques, à une époque où la marine est à l'état tout à fait primitif, et la spéculation encore à l'enfance de l'art, d'audacieux trafiquants combiner et accomplir, au préjudice de l'Etat, le fait le plus éhonté de baraterie (1)? Pouvait-on être plus fâcheusement inventif, dans un temps où la pratique de l'assurance n'avait pas encore habitué les gens sans scrupules à aller odieusement chercher la fortune, jusque dans les naufrages et les événements sinistres de tous les genres?

C'était donc en 540 de la fondation de Rome (214 av. J.-C.). Tite-Live raconte que Posthumius et Pomponius Veientanus se chargèrent des fournitures et des transports de la guerre. Ils avaient fait insérer dans leur marché, que les risques de mer seraient au préjudice de l'Etat. Or, ils chargèrent sur des navires hors de service, des marchandises de peu de valeur, les firent couler en haute mer, et réclamèrent le prix de navires et de marchandises d'une valeur considérable. Ils avaient eu soin d'ailleurs de préparer, au moyen de bateaux amenés dans ce but, le sauvetage des marins complices de cette fraude périlleuse.

Le Sénat n'osa pas poursuivre cet acte, sur la dénonciation qui avait été portée devant lui, pour ne pas soulever contre lui l'ordre entier des publicains, tant cet ordre était déjà puissant et redoutable. Les tribuns du peuple n'eurent pas les mêmes craintes; ils accusèrent Posthumius devant les comices, et proposèrent contre lui une amende de deux cent mille as (2).

Les publicains se sentirent tous atteints par cette poursuite exercée contre l'un d'eux, ainsi que l'avait prévu le Sénat. Ils se portèrent en grand nombre à l'assemblée des comices et firent, par leurs violences, ajourner la décision. Les tribuns reprirent, malgré tout, leurs accusations aux comices suivants, et Posthumius fut condamné au bannissement.

____

(1) Loi du 10 avril 1825, titre II : Du crime de baraterie. « Tout capitaine, maître, patron ou pilote chargé de la conduite d'un navire ou autre bâtiment de commerce, qui, volontairement et dans une intention frauduleuse, le fera périr par des moyens quelconques, sera puni de la peine de mort. » (Cet article a été modifié par l'article 89 du décret du 24 mars 1852.)

(2) Tite-Live, XXXV, 1, 3 : « *Quia patres ordinem publicanorum in tali tempore offensum nolebant. Populus severior, vindex erat fraudis.* »

Ce n'était que justice, et cependant les publicains devaient, sans tarder, prendre leur revanche.

Leur puissance, d'ailleurs, ira en croissant avec leurs richesses, et nous verrons bientôt le temps où leurs fraudes, cyniquement pratiquées, s'effectueront sans qu'ils aient jamais rien à craindre, étant désormais à l'abri de toute poursuite. C'est l'époque prochaine où l'on verra les publicains devenir à la fois juges et parties, dans les affaires de finances, qui sont les leurs.

Cependant, toute trace du patriotisme et de la vertu antique n'avait pas encore disparu. On en était à la transition entre les mœurs anciennes et la cupidité égoïste des mœurs futures.

Et en effet, deux années après l'odieux stratagème de Posthumius, en 542-212, pendant qu'un impertubable citoyen achetait le champ où Annibal campait victorieux, après la bataille de Cannes, des publicains, suivant la même voie de confiance héroïque et vraiment romaine, faisaient des avances considérables d'argent au Trésor, sans demander aucune garantie.

Ce n'est pas chose vulgaire que ces avances ainsi proposées par des financiers de profession, à un Etat menacé de si près dans son existence même par un ennemi victorieux et implacable. Or, à l'honneur de la Rome et des publicains de cette époque, le fait dont nous parlons ne fut pas l'œuvre isolée d'un seul homme.

Ce furent trois sociétés de publicains qui se disputèrent la gloire de secourir la patrie en détresse. Elles offrirent à l'Etat de faire les fournitures dont il avait besoin, se faisant promettre simplement qu'on les payerait avec les premiers fonds qui rentreraient dans la caisse publique. « *Ut cum pecunia in ærario esset ii primum solverentur* (1). » Ils imposèrent seulement deux conditions, très raisonnables d'ailleurs : L'Etat devait d'abord dispenser les associés du service militaire, et ensuite on devait leur garantir les risques de l'ennemi et ceux de la tempête.

Peu de temps après, un fait du même genre se produisit; nous nous reprocherions de ne pas le signaler expressément

______

(1) Tite-Live, XXIII, 49.

pour le porter encore à l'actif des publicains et de Rome elle-même ; car les faits de cette nature vont devenir bien rares. Voici comment Tite-Live raconte celui-ci : « Comme les censeurs, vu la détresse du trésor, ne faisaient plus les adjudications ayant pour objet l'entretien des édifices sacrés, ou la fourniture des chevaux curules, et autres choses semblables, il se présenta un grand nombre des habitués de ces adjudications, qui engagèrent les censeurs à tout faire, à donner à l'entreprise, comme s'il y avait de l'argent dans la caisse. Personne ne devait exiger de l'argent qu'après la fin de la guerre(1). » Valère Maxime reproduit le fait en termes encore plus énergiques : « Les publicains exhortèrent les censeurs chargés des adjudications à tout donner à l'entreprise, comme si la République regorgeait d'or, disant qu'ils pourvoiraient à tout ; ils s'engageaient à ne pas réclamer un as avant l'achèvement complet de la guerre (2). »

Voilà bien assurément le beau côté du caractère romain.

Le Trésor était épuisé ; on avait eu recours à la réserve de l'*aurum vicesimarium*, qui avait produit un poids de quatre mille livres d'or ; mais tout cela était insuffisant. Et c'est à ce moment que des fournisseurs, des spéculateurs, consentent à travailler sans rémunération, pour que rien ne souffre dans les services publics.

N'est-ce pas un étonnant et admirable spectacle, de la part surtout des chevaliers, des hommes de cet ordre dont un si grand nombre venait de rester sur le champ de bataille de Cannes, qu'Annibal avait envoyé à Carthage trois boisseaux pleins des anneaux qu'on avait enlevés de leurs cadavres ?

Saluons au passage ce dernier trait de désintéressement et de foi dans l'avenir de Rome. Nous ne retrouverons plus rien

---

(1) Tite-Live, XXIV, 18 : « *Cum censores ob inopiam ærarii se jam locationibus abstinerent ædium sacrarum tuendarum, curuliumque equorum præbendorum, ac similium his rerum, convenire ad eos frequentes, qui hastæ ejus generis assueverant, hortatique censores, ut omnia perinde agerent, locarent, ac si pecunia in ærariis esset. Neminem nisi bello confecto, pecuniam ab ærario petiturum esse.* »

(2) Valère-Maxime, V, VI, 8 : « *Publicani ultro aditos censores hortati sunt, ut omnia sic locarent, tanquam respublica pecunia abundaret, seque præstituros cuncta ; nec ullum assem, nisi bello perfecto petituros polliciti sunt.* »

de semblable, dans la série des faits que nous allons signaler, pour caractériser désormais les publicains et leurs œuvres.

A partir de ce moment, en effet, nous n'aurons plus à parler d'eux, qu'à raison de leurs démêlés avec l'Etat ou de leurs exactions envers les particuliers. Tite-Live rapporte qu'à l'instigation des tribuns, les édiles eurent à poursuivre souvent, dans le cours du sixième siècle, les fermiers des pâturages publics. « *Multos pecuarios damnarunt... Multos pecuarios populi judicium adduxerunt* (1). » Il faut que les abus et les résistances des publicains aient été très graves, pour que l'historien ait éprouvé le besoin de constater ces poursuites.

Déjà à cette époque, la puissance des sociétés de trafiquants commençait à se faire sentir dans la direction des affaires publiques. « Ces sociétés, » dit M. Vigié avec les autres historiens de Rome, « ne furent pas étrangères à la destruction de Carthage ; elles vont pousser les Romains à une lutte avec les cités commerçantes de la Grèce, et mettre, après leur destruction, tout le commerce méditerranéen dans les mains des Romains (2). »

Après avoir étudié l'état des grandes fortunes de Rome, Mommsen ajoute : « Peut-on s'étonner, maintenant, si les capitalistes s'imposent à la politique extérieure ; si par rivalité de marchands ils ont détruit Carthage et Corinthe, comme autrefois les Etrusques ont détruit Alalie, et les Syracusains Cœré ; si malgré la résistance du Sénat, ils ont maintenu Narbonne (3). »

Nous avons vu les *negotiatores* précéder les grandes armées en Asie, en Afrique, en Gaule ; lorsque César se prépare à franchir les Alpes, il se préoccupe encore du commerce avec l'Italie, des obstacles naturels et de ceux qui proviennent des douanes à la frontière. « *Causa mittendi fuit*, dit-il, *quod iter per Alpes, quo magno cum portoriis mercatores ire consuerant, patefieri volebat* (4). »

L'exécution des entreprises de travaux des publicains fut, souvent aussi, l'objet des préoccupations de l'Etat.

(1) Tite-Live, XXXV, 7 et 10 ; XXXIII, 42.

(2) Vigié, *Des douanes dans l'Empire romain*, p. 18. Mommsen, *Hist. rom.*, t. IV, p. 353 et 354 ; t. VI, p. 25 et suiv.

(3) Mommsen, *eod.*, t. VI, p. 26.

(4) César, *Comm.*, 3, 1.

Ce sont d'abord les grandes agglomérations d'esclaves que l'Etat leur reproche. Le temps des guerres serviles se fait déjà pressentir, et les esclaves deviennent un danger public, lorsqu'on les réunit en grand nombre dans les ateliers ou les chantiers des publicains.

C'est ainsi qu'en 612-142, une compagnie de publicains afferma une forêt dans le Brutium, pour en extraire la poix brutienne très renommée à cette époque. Les esclaves qu'ils employaient se livrèrent à des violences et à des crimes dont les publicains eurent à répondre, et qui furent si graves que Strabon et Cicéron les ont rappelés, à la distance de plus d'un siècle (1).

De même encore, peu de temps après, à la suite de ces redoutables soulèvements serviles qui grondaient sur tous les points de l'Italie, ont dut prendre des mesures à l'égard d'autres adjudicataires de grands travaux.

Les lavages d'or de Victumulæ se faisaient depuis 611-143 pour le compte de l'Etat. On fit, à leur occasion, des règlements, en vertu desquels on enjoignit aux entrepreneurs de n'avoir jamais plus de 5,000 travailleurs réunis sur le même point. Plus tard, un sénatus-consulte arrêta complètement cette exploitation, qui devenait un foyer de révolte.

Mais les publicains eux-mêmes s'étaient déjà rendus coupables des plus graves excès.

En 587-167, le Sénat vota l'abandon des mines de la Macédoine, parce que, dit Tite-Live : « Là où il y a un publicain, le droit public n'est qu'un vain mot, ou bien la liberté des alliés n'existe plus ». « *Ubi publicanus est, ibi aut jus publicum vanum, aut libertatem sociis nullam esse* (2). » Nous verrons que les Romains ne se montrèrent pas toujours aussi soucieux de la légalité, ni de la liberté de leurs *socii*, les provinciaux.

Bientôt, Rome ne fut pas plus maîtresse des excès de ses publicains qu'elle ne le fut des rapines de ses proconsuls ou de ses généraux. Le pouvoir et la richesse allaient devenir des proies que devaient se disputer, dans un désordre toujours croissant, l'ordre sénatorial, les chevaliers et la plèbe, d'une part, et, d'autre part, les hommes politiques de Rome, et les

____

(1) Strabon, VI, 1 ; Cic., *Brutus*, 22. Voy. Belot, *loc. cit.*, p. 185.
(2) Tite-Live, XLV, 18.

généraux revenant de province à la tête de leurs armées victorieuses.

Nous laisserons les orateurs populaires et les soldats se disputer les faveurs et le pouvoir de l'Etat, dans les camps ou sur
la place publique ; mais si nous suivons les événements de la
politique quotidienne et normale à Rome, nous y retrouverons
les publicains triomphants d'ordinaire, quoique vaincus parfois, dans cette lutte des trois ordres, qui s'est attachée comme
une plaie mortelle aux flancs de l'Etat républicain.

Vainement quelques cœurs élevés, quelques graves personnages à l'âme encore romaine, s'efforceront de rétablir l'équilibre et la paix. C'est devenu une tentative irréalisable entre
ces hommes de castes de tout temps séparées, où les traditions
de rivalités haineuses se sont conservées mieux que les vertus
civiles.

Tous les citoyens des ordres supérieurs sont enivrés par les
faveurs inattendues de la fortune et de la gloire ; presque tous
vont à la guerre, et ils rentrent dans Rome, excités à la lutte
par leurs habitudes belliqueuses. Ils apportent, dans les relations de la paix, l'ambition violente et l'énergie indomptable
qui faisait leur force contre les ennemis du dehors.

Le père des Gracques, Sempronius Gracchus, « combattit
avec mesure et équité les Scipions et les grands ; d'une main,
il réprimait les publicains, et, de l'autre, il refoulait les affranchis dans une seule tribu (1). » Vains et derniers efforts
d'une politique d'apaisement et d'équilibre ! Désormais, ce
sera presque toujours le caprice du parti au pouvoir, ou la
violence des factions, qui gouverneront, sous les dehors de la
légalité.

En 574-180, Caton avait donné à ferme, en qualité de censeur,
à des prix élevés, la perception des impôts, et, avec des rabais
très raisonnables, l'exécution de grands travaux publics. Il
avait fait là son devoir de magistrat intègre et soucieux des finances de l'Etat. Mais voici que la faction de Flamininus ne
veut pas qu'il en soit ainsi ; elle intrigue au Sénat, et obtient,
par la pression la plus éhontée, une délibération qui casse les
adjudications et en ordonne de nouvelles plus favorables aux
publicains. Certains tribuns, plus ardents que les autres, rap-

____

(1) Duruy, *Hist. des Romains*, t. II.

porte Plutarque (1), voulaient même que l'on citât Caton devant le peuple, pour avoir, sans doute, trop bien veillé aux intérêts du trésor public.

Peu de temps après, les censeurs Claudius Pulcher et Sempronius Gracchus, voulant renouveler une mesure antérieurement prise par Caton, avaient interdit à ceux qui, sous la censure précédente, avaient pris part aux adjudications, de se présenter actuellement comme *socii*, et même comme *affines conductionis*. Cela provoqua une véritable émeute, et les publicains se transportèrent auprès du tribun, qui consentit à proposer une loi annulant les nouvelles adjudications, et autorisant tous les citoyens indistinctement à se présenter aux enchères, qu'on dut recommencer. Les censeurs furent mis en jugement. Les publicains s'habituaient à faire la loi (2).

Les mœurs s'altèrent, la plèbe se réveille et s'agite, car nous touchons aux premières années du septième siècle de Rome. Les grandes lois agraires vont inaugurer le mouvement démocratique qui se personnifie sous le nom des Gracques.

Les publicains étaient la bourgeoisie riche; ils eurent à souffrir des lois agraires d'abord, autant que le patriciat. Aussi vit-on les deux ordres se prêter un mutuel concours pour frauder, notamment la loi agraire de Licinius Stolon, qui défendait à tout citoyen de posséder plus de 500 jugères (126 hectares) de terres publiques, et d'y nourrir plus de 100 têtes de gros bétail et 500 têtes de petit (3). Les nobles (*nobiles*), en rendant la justice, et en réglant, au Sénat, les comptes de l'État, se montrent indulgents pour les adjudicataires des pâturages, et acceptent sans contrôle leurs déclarations, pour que ceux-ci les laissent, à leur tour, mener leurs immenses troupeaux paître gratuitement sur les terres publiques. La prépondérance des publicains s'établit donc de plus en plus solidement dans toutes les affaires qui les intéressent. En combattant ouvertement avec les uns, en pactisant habilement avec les autres, ils arrivent à leur but.

---

(1) Plut., *Caton*, 17. Voy. Duruy, *loc. cit.*, p. 352. Tite-Live, XXXIX, 44.

(2) Tite-Live, XLIII, 16.

(3) Velléius Paterculus, II 6; Cicéron, *De lege agraria*, II, 5; Appien, *G. civ.*, I, 8. Voy. Belot, *Hist. des chev.*; Tite-Live, liv. XXXIX.

§. 2. — *Les Gracques.* — *Loi agraire.* — *Loi frumentaire.* — *Loi judiciaire; ses effets par rapport à la puissance des publicains et des spéculateurs* (621-133, 643-111).

La révolution politique et financière des Gracques, commencée en vue de donner l'aisance à la plèbe, et d'opposer aux excès d'une aristocratie hautaine et immodérée, une classe moyenne sage et forte, eut des conséquences tout opposées sur les destinées de Rome.

Les Gracques s'étaient assigné une mission élevée et patriotique, ils avaient apporté au service de leur cause, des cœurs généreux, des âmes fortes et vraiment romaines, de rares qualités d'intelligence et de courage. C'est ce qui a rendu leur nom illustre dans l'histoire, et, à cet égard, la fière patricienne qui leur avait donné le jour, et qui leur fit entendre souvent les avertissements d'une âme supérieure, a pu légitimement se faire appeler avec orgueil, la mère des Gracques.

Mais ils n'avaient pas prévu, sans doute, les redoutables conséquences de leurs innovations aventureuses ; et lorsqu'ils les aperçurent, il était trop tard pour s'en rendre maître, soit à cause de la force du courant irrésistible qu'ils avaient créé, soit parce qu'ils se laissèrent entraîner eux-mêmes, par les passions d'une lutte profondément animée, et qui ne tarda pas à devenir violente.

Presque sur tous les points de leur vaste entreprise, ils manquèrent leur but, ou le dépassèrent. Par la loi *agraire*, ils redoublèrent les éléments de discorde et jetèrent le trouble dans le monde romain ; ils inaugurèrent, par la loi *frumentaire*, la plus détestable et la plus fatale des institutions, la plus opposée à l'objet de leur loi agraire ; enfin, ils assurèrent le triomphe des publicains, de l'aristocratie d'argent, et garantirent pour longtemps l'impunité à leurs plus affreuses exactions, par l'effet de leur loi *judiciaire*, toujours combattue et toujours persistante, par ses effets, jusqu'à Sylla.

Nous ne dirons que quelques mots des lois agraires et frumentaires, nous insisterons, au contraire, beaucoup plus sur les lois judiciaires, qui constituent un des points les plus importants de l'histoire des publicains et même de l'histoire politique et financière de Rome.

1° *Loi agraire.* — Certainement les lois agraires, du moins celles des Gracques, ne touchèrent pas, en principe, aux propriétés privées ; elles ne furent pas, comme on le dit quelquefois par erreur, des lois communistes en elles-mêmes. Nulle part, nous l'avons établi, la propriété n'a été proclamée plus inviolable qu'à Rome.

Il faut, pourtant, voir les choses sous le vrai jour de la réalité ; ces concessions temporaires qu'il s'agissait de remanier et de distribuer aux pauvres, étaient restées, pour la plupart, deux ou trois siècles en la possession héréditaire des familles auxquelles il s'agissait de les enlever sans indemnité, afin que d'autres en pussent jouir, à leur tour, comme de la chose de tous. Or beaucoup de ces biens avaient été aliénés par leurs possesseurs, à titre de vente ou d'échange. Le caractère de concession à terme s'était effacé, devant des actes qui en avaient fait, par erreur sans doute, mais presque unanimement, dans l'opinion de leurs possesseurs séculaires, une propriété patrimoniale et véritable. Il fallait remonter à des temps oubliés, pour établir la légalité des titres de l'Etat. Dans de semblables conditions, que peut être la légalité ? « Qu'importe, en pareil cas, » dit Mommsen, « la décision des jurisconsultes dans la pratique des affaires ? Bien plus, les répartiteurs, choisis dans le parti ardent, prenaient parfois sans scrupule dans le domaine privé (1). » On devine l'immense trouble que durent produire, parmi les antiques concessionnaires, ces bouleversements inattendus (621-133).

Spurius Cassius, Licinius Stolo, Flaminius, avaient précédé, il est vrai, les Gracques dans cette voie ; et les membres les plus éclairés de la noblesse, Mucius Scœvola, Licinius Crassus et Appius Claudius, avaient donné leur assentiment à la loi agraire de Tibérius Gracchus ; mais les lois de cette nature ne se font d'ordinaire bien connaître que dans l'application (2). Il eût fallu une prudence extrême dans la mise en pratique, pour les rendre inoffensives et les empêcher d'être iniques (3).

---

(1) Mommsen, *loc. cit.*, t. V, pp. 35 et 44.
(2) Laboulaye, *loc. cit.*, p. 206.
(3) De vives discussions se sont élevées dans ces derniers temps, spécialement sur la loi agraire de Licinius Stolon ; les uns ont dit qu'elle avait osé toucher même aux propriétés privées, d'autres ont été jusqu'à nier son existence, malgré les affirmations formelles de Tite-Live. Nous

D'ailleurs, après avoir provoqué ces désordres, la loi agraire des Gracques ne profita même pas à ceux pour qui elle avait été faite, et la loi frumentaire, nous le verrons, concourut à ce résultat. Les concessions furent revendues immédiatement à leurs anciens possesseurs à vil prix, sur beaucoup de points, ou abandonnées par les concessionnaires habitués aux facilités de la ville, et bientôt dégoûtés de l'isolement et de la rudesse de la vie des champs.

C'étaient les publicains et les nobles d'Italie qui avaient eu particulièrement à souffrir de ces lois. « Tibérius et Caius » Gracchus, en proposant de partager le domaine public que » Rome avait en Italie, aux pauvres des tribus rustiques, bles- » saient les chefs italiens, comme l'aristocratie équestre des » municipes et la noblesse du Sénat romain. Aussi Salluste » (*Jugurtha*, 42), Tite-Live (*Épitome*, 53), Appien (*G. civ.*, 10 » et 19) s'accordent à dire que ce fut la coalition de toutes les » aristocraties de Rome et de l'Italie qui fit échouer la loi » agraire. Comment dissoudre cette coalition ? Comment sépa- » rer les sénateurs de Rome des chevaliers romains et des no- » bles des villes alliées ? Caius Gracchus en trouva le moyen, » mais en excitant des passions redoutables qui devaient sur- » vivre à la loi agraire. Aux Italiens il offrit le droit de cité » romaine, comme compensation de la perte des terres publi- » ques (Appien, I, 21). Aux chevaliers, surtout aux publicains, » il donna la judicature (1). »

Il fallait au moins cela aux publicains, pour leur imposer un instant silence, et pour que, joignant leurs plaintes à celles des sénateurs, ils ne s'entendissent pas bientôt avec eux, en vue de marcher ensemble à l'assaut des institutions démocratiques nouvelles.

Les lois agraires avaient donc satisfait quelques personnes, mais en avaient mécontenté profondément beaucoup. La loi agraire Thoria dut venir, peu de temps après, en 643-111, rétablir en partie l'ordre et la paix, troublés par les Gracques, parmi les possesseurs du sol, spécialement en Italie, en Afri-

ne pouvons pas ici entrer dans le débat, mais il nous paraît difficile de supposer une erreur ou un mensonge de la part de Tite-Live, pour des faits aussi graves, et datant de cette époque.

(1) Belot, *Hist. des chev.*, p. 196,

que et dans le territoire de Corinthe. Quant aux publicains, nous verrons que la conquête de la judicature était de nature à leur faire aisément oublier les ennuis que leur avait donnés la loi agraire; elle devait en compenser largement tous les dommages.

2° *Loi frumentaire.* — Caius Gracchus fit une innovation peut-être plus grave encore que toutes les autres, au point de vue des principes économiques, et des résultats funestes qui se produisirent par la suite, en établissant le droit à un rabais sur les blés, au profit de tout citoyen qui se ferait inscrire pour en bénéficier. Ce fut l'origine des lois sur les frumentaires, de ces lois que nous déclarerions, dans notre langage actuel, tout empreintes du socialisme d'Etat le plus dangereux.

Cette question des lois frumentaires se rattache spécialement à l'histoire des publicains, par les entreprises de fournitures que nécessitèrent les distributions de vivres, c'est-à-dire indirectement, au point de vue où nous nous plaçons en ce moment; mais elle est de telle importance dans l'histoire financière et économique de Rome, que nous ne saurions la passer sous silence. Elle fait partie intégrante de l'œuvre révolutionnaire des Gracques.

Ce sont en effet ces droits à l'assistance, créés au profit de la plèbe, qui contribuèrent à réunir dans Rome, les trois cent mille frumentaires redoutés de tous, et dont Sylla, César, Auguste, les maîtres tout-puissants osèrent seuls diminuer le nombre ou arrêter les excès. Et l'on peut dire même, que si Caius Grachus livra l'Etat aux abus déjà très graves des publicains, c'est surtout parce qu'il eut besoin d'eux, pour subvenir aux frais de ces distributions de plus en plus ruineuses et difficiles à organiser (1).

Sous le couvert de ce droit nouveau à l'alimentation, qu'un abîme sépare de la charité, ces frumentaires devinrent vite la foule des oisifs et des affamés qui parcouraient, à certains jours, les rues de la cité, avec des cris sinistres, demandant du pain et les jeux du cirque, prêts à se vendre au plus offrant, ou à mettre les armes à la main, si on ne les satisfaisait pas, et si on avait l'air de les craindre.

Il fallut le despotisme militaire des empereurs et des préto-

(1) Mommsen, *Hist. rom.*, t. V, p. 68.

riens pour les réduire. C'était la marche naturelle des choses.
Les excès d'une démocratie sans frein avaient amené la démagogie, ils devaient rendre inévitable la souveraineté brutale de
la force.

Par les distributions de terre, les Gracques avaient voulu
appeler vers la campagne les pauvres de Rome, et retenir aux
champs ceux qui étaient tentés de les abandonner ; mais en
ajoutant, aux attraits de la ville, les distributions gratuites de
blé, ils firent bien plus efficacement le contraire ; ils ne firent
que redoubler la tendance fatale au délaissement de l'agriculture par le paysan, et accroître la tourbe des prolétaires et des
mécontents, qui ne se donnaient pas même la peine de chercher du travail pour vivre honnêtement.

Les lois agraires avaient, en principe du moins, une limite
bien établie : celle du domaine privé. Les distributions ne pouvaient en avoir ; elles finirent par dépasser toute mesure.

Le droit à l'assistance, aussi bien que le droit au travail, ce
sont là, sous des formes parfois captieuses, des atteintes directes, injustes et périlleuses, portées par l'intermédiaire de
l'Etat, et sous le couvert de l'impôt, à la propriété privée qui
doit rester inviolable.

L'impôt ne doit pas être un moyen de prendre à l'un le bien
qu'il a légitimement acquis, au prix de son travail personnel
ou de l'épargne, pour le donner à un autre qui n'a rien fait
pour le mériter ; c'est en cela que consiste le mal du socialisme, avec ses répartitions nécessairement arbitraires, injustes pour le présent, dissolvantes pour l'avenir.

A raison de l'inégalité des mérites, la prétendue égalité des
biens imposée par l'Etat serait la plus choquante et la plus
funeste des injustices, si on pouvait un instant la supposer
possible dans la société humaine.

En vertu des mêmes principes, sous quelque nom qu'elles
se fassent, quand elles prennent la force d'un droit, les distributions gratuites deviennent, d'un seul coup, des primes of-
fertes à la paresse contagieuse et mauvaise conseillère.

Très différente de tout cela, distribuée par les patrons de la
gens à leurs clients fidèles, l'antique sportule reposait, avec les
mœurs de l'antique cité, sur une communauté de sentiments,
d'intérêts, de traditions, d'idées politiques et de culte religieux, sur une réciprocité très effective de devoirs et de ser-

vices ; elle contribuait à maintenir des groupes familiaux vigoureux, disciplinés, parfois très considérables, et constituant par le fait, une précieuse force de conservation et d'ordre pour l'Etat.

Rien de semblable n'existait dans la nouvelle sportule. Réclamée comme un droit, payée par nécessité et sans considération de personnes, elle ne devait créer aucun lien de reconnaissance, aucune obligation réciproque ; elle ne pouvait qu'aggraver tous les maux dont l'Etat était menacé.

Le paupérisme et les malheurs de la plèbe ne disparurent donc pas sous les bienfaits des Gracques. Bien au contraire ; des éléments nouveaux se reconstituaient et se développaient sans cesse, pour augmenter l'armée de la misère. C'est le cercle vicieux de toutes les tentatives socialistes. « Tibérius avait cru appeler à lui le peuple, il souleva la multitude. »

Ce n'était pas assurément le moyen de constituer ce corps puissant et modéré à opposer aux deux aristocraties privilégiées dans le but élevé d'organiser une démocratie durable et égalitaire qui devait, suivant le mot de Velleius Paterculus, s'étendre jusqu'aux Alpes. « Ce que Rome avait été avant les Gracques, » dit Duruy, « elle l'était encore vingt ans après ; seulement, il y avait plus de misères avec moins d'espérances (1). »

Les Gracques succombèrent sous le poids de leur propre révolution. De ce grand mouvement, deux choses surtout restèrent : les distributions de l'annone et l'administration de la justice passée aux mains des chevaliers, en vertu de la loi dont Caius Gracchus fut le promoteur. Après Tibérius, Caius Gracchus fut emporté à son tour, et certains de ses plus chauds partisans, au nombre environ de trois mille, furent massacrés ; d'autres furent jetés en prison et tués sans jugement. Les Gracques morts, le Sénat n'eut qu'un but : effacer par tous les moyens le souvenir de leurs œuvres.

3° *Loi judiciaire.* — Montesquieu et Mommsen ne font que reproduire les opinions exprimées par presque tous les écrivains romains eux-mêmes, lorsqu'ils signalent l'immense portée de ce changement dans l'ordre judiciaire, qui enlevait le droit de juger aux sénateurs, pour le donner aux chevaliers.

(1) Duruy, t. II, p. 155; *Histoire des Romains*, ch. XXII.

C'est par là que nous allons voir les publicains arriver au point culminant de leur carrière politique et financière.

« Les chevaliers étaient les traitants de la République, » dit Montesquieu ; « ils étaient avides ; ils semaient les malheurs dans les malheurs, et faisaient naître les besoins publics des besoins publics. Bien loin de donner à de telles gens la puissance de juger, il aurait fallu qu'ils eussent été sans cesse sous les yeux des juges. Il faut dire cela, à la louange des anciennes lois françaises ; elles ont stipulé avec les gens d'affaires, avec la défiance qu'on garde à des ennemis. Lorsqu'à Rome les jugements furent transportés aux traitants, il n'y eut plus de vertu, plus de police, plus de lois, plus de magistratures, plus de magistrats (1). »

« Au sein de la nouvelle société de haute finance, » dit à son tour Mommsen, « il se forma un groupe puissant, une sorte de sénat commercial, qui pesa bientôt sur le vrai Sénat de Rome... Il n'est point téméraire de croire que la désignation aux fonctions judiciaires portait, de préférence, sur les principaux partenaires des grandes sociétés financières, de la compagnie fermière des impôts d'Asie ou autres... La concordance des listes des jurés d'une part, et des tableaux des publicains associés de l'autre, fera aisément comprendre toute la puissance de l'anti-Sénat organisé par Gracchus (2)... En donnant à l'ordre marchand le contrôle des fonctionnaires provinciaux, la loi avait mis ceux-ci dans la nécessité de faire cause commune avec les premiers ; fermant les yeux sur les excès des capitalistes, ils s'assuraient pour eux-mêmes la liberté illimitée du pillage et l'impunité devant la justice (3). »

C'est au moyen des lois judiciaires, principalement, qu'ils arrivèrent à ces résultats (4) ; et M. Laboulaye rapporte très-

(1) *Esprit des lois*, liv. XI, ch. XVIII.
(2) Mommsen, *Hist. rom.*, t. V, p. 61-62.
(3) Mommsen, *op. cit.*, p. 63 et suiv.
(4) La loi judiciaire dont nous allons nous occuper, fut rendue en 632-122, sur l'initiative de Caius Gracchus, mais son frère Tibérius avait déjà préparé un projet de loi judiciaire que la mort ne lui permit pas de poursuivre. Plus modéré que Caius sur ce point, Tibérius voulait partager les jugements entre les sénateurs et les chevaliers, tandis que Caius en repoussa complètement les sénateurs. Tibérius fit rendre une autre loi dite judiciaire, mais qui ne se rattache pas au sujet actuel malgré son nom. (Dion Cassius, fragm. 88. Voy. Belot, *op. cit.*, p. 228.)

exactement que les sénateurs et les chevaliers se disputèrent avec une ardeur qui alla jusqu'à la guerre civile, ce nouvel instrument de règne, dont chacun reconnut bientôt toute la force (1).

Nous allons voir, en effet, à partir de la loi de Caius Gracchus jusqu'à l'époque d'Auguste, les lois judiciaires se succéder nombreuses. C'est aux chevaliers ou plutôt sous leur nom, aux publicains, que, par ces lois, la juridiction fut maintenue presque constamment en droit ou en fait jusqu'à Sylla (2), et

(1) *Essai sur les lois criminelles des Romains*, p. 186.

(2) On sait que les faits punissables peuvent être, à Rome, l'objet de plusieurs genres de poursuites. La poursuite d'un fait comme délit privé n'empêche pas l'exercice d'un *crimen publicum* ou accusation publique à l'égard de ce même fait, sauf application des règles du non cumul. Or, l'action privée dont parle le Digeste à l'égard des publicains (L. 1 et 5, § 1, D., *de publicanis*, et loi 9, § 5), qui autorise même une peine extraordinaire ou une action équivalente, pour protéger les contribuables contre leurs abus, devait exister déjà à l'époque des Gracques ; cela n'empêcha pas assurément l'existence et l'application de lois criminelles qui pouvaient amener les prévaricateurs et les concussionnaires devant le peuple, le Sénat, ou les *quæstiones perpetuæ*.

Lorsque les chevaliers furent admis à la judicature, ils le furent évidemment en droit, comme ils l'étaient déjà presque toujours en fait, aussi bien en matière privée qu'en matière publique. Mais les effets de l'innovation ne se firent sentir qu'en cette dernière matière ; nous laisserons donc de côté, pour le moment, la question des actions privées.

Nous nous bornerons à rappeler, qu'en principe, la souveraineté judiciaire, particulièrement en matière criminelle, appartint de tout temps au peuple dans ses comices. Cicéron disait encore, par respect pour cette antique règle : « Ce sont les sénateurs, les chevaliers, les tribuns de la solde qui jugent, mais ce sont les trente-cinq tribus qui condamnent » (Cicéron, *Pro domo*, 16 et 17), entendant exprimer par là, sans doute, que toutes les sentences rendues par les tribunaux ne l'étaient que par délégation du peuple romain.

Mais la juridiction qu'exerçaient les comices avait été progressivement déférée aux commissions nommées pour un seul procès ; puis furent établies les *quæstiones perpetuæ*, c'est-à-dire des commissions nommées pour un an, avec mission de statuer sur les faits en vue desquels elles avaient été spécialement nommées.

La pratique des jugements par commissions ou *quæstiones* fut adoptée sans difficulté ; ce fut Calpurnius Pison, surnommé l'honnête homme, Frugi, qui, pendant son tribunat de l'an 605-149, organisa la première *quæstio perpetua* contre les exactions des gouverneurs de province (*de pecuniis repetundis*). Bientôt d'autres *quæstiones* pour des crimes touchant directement à l'ordre public et aux finances furent organisées,

14

puis, bientôt après, jusqu'à l'Empire. Ce fut, suivant l'expression moderne que nous placions en relief, dès nos premières lignes, l'organisation de la *tyrannie judiciaire*.

Ceux qui n'ont vu, dans les luttes sur les lois judiciaires de Rome, que des compétitions de castes entre le Sénat et les chevaliers, en dehors desquelles les autres classes de citoyens restaient indifférentes, n'en ont donc pas saisi toute la portée. C'est le peuple tout entier qui votait et soutenait de parti pris ces lois, notamment, parce qu'il était intéressé aux exactions des publicains dont il devait bénéficier, à raison des *partes*, des *actions* répandues à l'infini dans ses mains. Les provinciaux à peu près seuls avaient à souffrir de leurs effets immédiats.

Le peuple avait été si reconnaissant à Caius Gracchus de sa loi judiciaire, qu'il lui avait laissé le droit de choisir lui-même les chevaliers qui seraient juges (1).

Le Sénat seul, en fait, s'opposait à l'organisation de ces juridictions disposées à tout permettre aux publicains. Sans doute, parmi ses membres, plus d'un gardait discrètement de ces *particulas* ou même de ces *partes magnas* qui constituaient, dès cette époque, un des éléments ordinaires du patrimoine des riches et des pauvres. Par là, quelques sénateurs étaient intéressés aux bénéfices des publicains ; mais il s'agissait surtout, pour le Sénat, de reconquérir, avec le droit de juridiction, l'une des prérogatives les plus essentielles de sa puissance, la plus importante de toutes, d'après Polybe, *Quod maximum est*. L'esprit de corps dut l'emporter chez tous, ou au moins dans la majorité de ses membres. La lutte fut soutenue vigoureusement par les sénateurs et leurs partisans, avec l'aide de toutes les influences dont ils purent disposer.

notamment en vue du péculat, de la brigue, du crime de lèse-majesté. C'est là que se produisit l'effet redoutable des lois judiciaires.

Bien qu'en principe chaque loi punissant un crime fût indépendante des autres, établit une *quæstio* spéciale, et réglât d'ordinaire, non seulement la qualification du fait et ses suites, mais encore la compétence et la procédure de l'incrimination qu'elle établissait, il y avait, cependant, des règles qui dominaient tout le système, et des lois également applicables à toutes les affaires criminelles. Il en fut ainsi, certainement, des lois relatives au recrutement des juges, c'est-à-dire des lois judiciaires.

(1) Plutarque, *Vie de C. Gracchus*, 37.

Mais les patriciens eux-mêmes et les sénateurs avaient de terribles abus à se reprocher. Ce fut un appoint pour les chevaliers.

Avant l'époque des Gracques, les provinciaux avaient évidemment été victimes des déprédations des gouverneurs et de leurs agents, aussi bien que des concussions des publicains. Nous ne pouvons que renvoyer à l'énumération des lois faites pour réprimer ces abus, rapportées et étudiées par MM. Laboulaye (1) et Humbert (2) en France, Walter et Marquardt en Allemagne (3), Maynz en Belgique (4), et par bien d'autres écrivains dont ceux-ci ont signalé et discuté les œuvres, notamment Rein, Rudorf, Zumpt, Mommsen et Savigny.

Le nombre des membres du patriciat accusés de concussions ou de faits analogues, fut considérable pendant une certaine période, à l'époque où la justice appartenait encore à l'ordre sénatorial. Les historiens anciens entrent dans de nombreux détails, qui ne touchent qu'indirectement à notre matière, et sur lesquels nous n'insisterons pas, par cette raison. D'ailleurs, pour des magistrats prévaricateurs et concussionnaires, ce serait trop faire que de les traiter ici comme de simples manieurs d'argent ; c'étaient en réalité de redoutables criminels, avec la circonstance très aggravante qui résultait de leurs fonctions et de leur autorité (5).

Ce qui est certain, c'est que les plus grands noms de Rome furent appelés sous ces inculpations, soit devant le peuple, soit devant le Sénat, soit devant les *quæstiones*. Caton fut cité quarante-quatre fois sous divers chefs d'accusation, autant de fois il fut acquitté ; d'autres illustres citoyens eurent à subir les mêmes épreuves et furent moins heureux dans les résultats ; mais ce fut l'exception. « Après la mort de Scipion Emilien,

(1) Laboulaye, *Essai sur les lois criminelles des Romains.* 1845.

(2) *Des postes chez les Romains (Recueil de l'Académie de législation,* vol. 1872, p. 306).

(3) Walter, *Histoire du droit criminel chez les Romains,* traduit par Picquet-Damesne, 1863. — Marquardt, *op. cit.*

(4) Maynz, *Esquisse historique sur le droit criminel de l'ancienne Rome.*

(5) En 614-40, Pompée, fils d'Aulus, accusé d'exaction par Cn. Q. Cæpion, par L. et Q. Mettellus, fut absous, malgré sa culpabilité et sa qualité d'homme nouveau. Cicéron, *pro Fonteio,* 10, et Valère-Maxime, VIII, v, n° 1.

la corruption des nobles s'étala sans pudeur; on vit Cotta, Salinator, M. Aquilius, accusés d'exactions par les peuples qu'ils avaient gouvernés, acheter leurs acquittements des sénateurs leurs juges (1). »

On s'indigna de l'indulgence, de la vénalité de ces tribunaux, de leur partialité pour ceux de leur caste; c'est probablement en alléguant ce motif que les Gracques demandèrent à faire passer la justice aux mains des chevaliers, et qu'ils l'obtinrent. C'était assurément tomber de mal en pire (2).

En effet, à partir de la loi de Caius Gracchus, malheur désormais aux gouverneurs de province, aux magistrats importuns qui auraient voulu empêcher les publicains de pressurer les populations à leur guise; ils auraient trouvé à Rome des juges inexorables pour les punir de leur zèle intempestif. Quant aux publicains eux-mêmes, ils n'eurent plus rien à redouter des juges, leurs amis et leurs pairs. Magistrats et publicains n'avaient donc qu'à vivre en paix et à piller sans crainte, chacun de leur côté, sans autres contrôles que celui du sentiment public, ou de leur conscience, également larges sur ce point et sur bien d'autres. Mais leur puissance devait aller logiquement bien au delà de ces résultats matériels.

Nous pensons qu'il est indispensable, pour faire apprécier le caractère et l'importance de la victoire des publicains, de ne pas nous borner à reproduire l'opinion des écrivains modernes, quelque éminents et dignes de foi qu'ils puissent être, et qu'il

---

(1) Lorsque la première *quæstio perpetua* fut organisée, en 605-149, par Calpurnius Piso, l'honnête homme, elle le fut exclusivement en vue de protéger les provinciaux. « Cette innovation, » dit Maynz, « n'avait originairement d'autre but que de donner aux alliés et aux provinciaux le droit que les citoyens avaient eu de tout temps; la *quæstio perpetua repetundarum* n'était guère autre chose qu'une application particulière du principe qui avait fait créer le grand jury connu sous le nom de centumvirs. Aussi, l'action du chef de répétondes n'était-elle d'abord, tout comme les actions portées devant le tribunal centumviral, qu'une poursuite purement civile. » (*Esquisse histor. du droit crim. de l'anc. Rome*, p. 37.)

Les lois qui attribuèrent compétence criminelle aux *quæstiones* sortirent de cette spécialité, mais, par le fait, l'institution semble avoir toujours gardé la trace de son origine.

(2) C. Gracchus avait fait, contre les sénateurs, une loi pour punir les cabales judiciaires, leurs accusations concertées et leur mauvaise foi. Appien, *G. civ.*, 1, 22. Belot, *Hist. des chevaliers*, p. 227 et 231.

est nécessaire de rapporter les passages les plus caractéristiques des principaux historiens de l'antiquité, à cet égard. Il y a là des résultats si étrangers à nos mœurs, que c'est aux anciens directement, qu'il faut laisser la parole, pour établir sur leur propre témoignage ce que nous venons de signaler sous l'autorité de Montesquieu, de Mommsen, de Duruy, de Laboulaye et de bien d'autres, qui ont vu la chose, mais sans s'y arrêter.

Après avoir rendu saillant et incontestable ce fait de la domination des financiers au moyen des tribunaux, dès l'apparition de la loi de Gracchus, nous en rechercherons l'explication dans l'état des mœurs romaines et nous en indiquerons les conséquences fatales sur les événements de la politique intérieure et extérieure de l'État.

Quant au fait, Florus d'abord l'indique nettement et sans détour ; d'après lui, ce sont les préoccupations d'argent qui ont amené les lois judiciaires, et c'est par un effet ultérieur de ces lois que les publicains, devenus juges, ont gouverné toutes les autres autorités. « Comment régna, par le fait des lois judiciaires, le chevalier combattu par le sénat, si ce n'est pour satisfaire sa cupidité, et en vue de tirer profit des biens de l'Etat et de l'effet des jugements eux-mêmes (1). » Puis il ajoute : « Le pouvoir de juger passant du sénat aux chevaliers, c'était la suppression des affaires de finance, c'est-à-dire la suppression du patrimoine de l'Etat. » « *A senatu in equites translata judiciorum potestas vectigalia id est imperii patrimonium supprimebat* (2). »

Appien signale la même révolution dans les pouvoirs publics, par l'effet des lois judiciaires : « L'ordre politique, » dit-il, « fut promptement renversé, le sénat eut simplement l'honneur, et les chevaliers la puissance. » La loi votée, on rapporte que Gracchus avait dit, que d'un coup il avait brisé la puissance du sénat... Les chevaliers en vinrent, en effet, non seulement à être les maîtres du sénat, mais à l'accabler d'injures, dans l'exercice même de leur justice (3).

(1) « *Unde regnaret judiciariis legibus divulsus a senatu eques, nisi ex avaritia, ut vectigalia reipublicæ atque ipsa judicia in quæstu haberentur...* »

(2) Florus, III, 12 et 13.

(3) Appien, *G. civ.*, I, 22 : « Ταχυ τε περιῆν ανεστράφθαι τὸ κράτος τῆς πολιτείας, τὴν μὲν ἀξίωσιν μόνην ἔπι τῆς βουλῆς ἐχούσης, τὴν δὲ δύναμιν τῶν ἱππέων.

Pline, sans entrer dans les détails, est peut-être plus expressif encore, car il oublie les chevaliers pour ne songer, dans cette révolution politique, qu'aux publicains ; c'est eux seuls qu'il en voit surgir, pour constituer un ordre nouveau dans l'Etat, et c'est eux que, désormais, on appellera les juges ; c'est la justice entre les mains des financiers. « Sous le nom de juges la séparation de cet ordre fut faite par les Gracques les premiers, en vue d'une popularité brouillonne et pour faire insulte au sénat ; bientôt soumise, cette autorité du nom passa, par l'effet des séditions, aux publicains, et les publicains devinrent pour un temps une nouvelle classe d'hommes (1). »

Montesquieu, voulant justifier ses énergiques paroles que nous avons rapportées plus haut sur la justice des traitants, invoque, lui aussi, des textes absolument décisifs pour établir la toute-puissance, les abus et les crimes de cette justice. « On trouve, » écrit-il, « une peinture bien naïve de ceci dans quelques fragments de Diodore de Sicile et de Dion (2). Mutius Scævola, dit Diodore, voulut rappeler les anciennes mœurs et vivre de son bien propre avec frugalité et intégrité. Car ses prédécesseurs ayant fait une société avec les traitants (les publicains), qui avaient pour lors les jugements à Rome, ils avaient rempli la province de toutes sortes de crimes... Toute la province fut dévastée, dit ailleurs Diodore, et les gens du pays ne pouvaient rien avoir en propre... Il n'y avait ni proconsuls, ni préteur qui put ou voulut s'opposer à ce désordre, et qui osât punir ces esclaves, parce qu'ils appartenaient aux chevaliers qui avaient à Rome les jugements (3). »

Φασὶ δὲ κυρωθέντος μὲν ἄρτι τοῦ νόμου, τὸν Γράκχον εἰπεῖν ὅτι ἀθρόως τὴν βουλὴν καθῃρήκοι... Προϊόντες γὰρ οὐκ ἐδυνάστευόν μόνον, ἀλλὰ καὶ σαφῶς ἐνύβριζον τοῖς βουλευταῖς παρὰ τὰς δίκας. »

(1) Pline, *Hist. nat.*, XXXIII, 8, fin : « *Judicum autem appellatione separari eum ordinem, primi omnium instituere Gracchi, discordi popularitate in contumeliam senatus : mox ea debellata auctoritas nominis vario seditionum eventu circa publicanos subsistit, et aliquandiu tertiæ sortis viri publicani fuere.* » Voy., sur ce point, Marquardt, *Historiæ equitum Romanorum libri*, IV, p. 18, et Belot, *op. cit.*, chap. des *Publicains*.

(2) Montesquieu, *Esprit des Lois*, *loc. cit.*, liv. XI, chap. XVIII. Diodore, *Fragm.*, liv. XXXIV et XXXVI.

(3) « *Penes quos tum judicia erant, atque equestri ordine solerent sortito judices eligi in causa prætorum et proconsulum, quibus, post administratam provinciam, dies dicta erat.* »

Voilà donc les publicains maîtres du sénat et aussi des pro-consuls et des préteurs; c'est-à-dire du gouvernement tout entier, car nous avons dit et nous allons expliquer comment ils dirigeaient les comices eux-mêmes.

Tite-Live (1), Asconius (2), Cicéron (3), Velleius Pater-culus (4) parlent dans le même sens; et Tacite, qui résume de loin et de haut ces événements du passé, rappelle les séditions armées et les alternatives de victoire et de défaite inaugu-rées par la loi judiciaire de *Sempronius*, pour les chevaliers : « C'était ce droit que l'on se disputait dans les séditions et par les armes, lorsque avec Sempronius l'ordre équestre était mis en possession des jugements, et lorsque les lois Serviliæ ren-daient ces mêmes jugements au sénat, et lorsque enfin, sur ce terrain principalement, combattaient Marius et Sylla (5). »

On voit donc bien que nous n'exagérons ni les caractères ni les effets des lois judiciaires, ni la puissance qu'en retirèrent les publicains. Après plus de quarante années de luttes, le sé-nat ne parvint à obtenir qu'une atténuation apparente de ces détestables lois. Certes, il avait accompli ou autorisé lui-même de graves abus, lorsque la justice était encore entre ses mains, mais les publicains, arrivés au pouvoir, furent, sous ce rap-port, bien plus loin que lui. «Il serait long et superflu, » dirons-nous avec Marquard (6) « de dire à quelles fraudes recoururent les publicains, d'expliquer plus longtemps de quelles usures ils chargèrent les sommes accumulées par eux dans les pro-vinces, surtout lorsque aucune des anciennes cités ne fut plus à l'abri de cette peste. »

Les magistrats et les publicains avaient chacun leur part dans ces spoliations; mais, pour ne parler que de ces derniers, rien n'était respecté par eux sous prétexte d'impôt. Les dieux eux-mêmes n'étaient pas épargnés. En Béotie, les prêtres d'Am-

---

(1) Tite-Live, XLV, 8.
(2) Asconius, *Ad div. in Quint. Cæcil.*, 3.
(3) *Verr.*, I, 13.
(4) Velleius Paterculus, II, 6, 13 et 32.
(5) Tacite, *Ann.*, XII, 50 : « *Jus quo toties seditione aut armis cer-tatum, quum Sempronius equester ordo in possessione judiciorum locaretur, aut rursum Serviliæ leges senatui judicia redderent; Ma-riusque et Sylla olim de eo vel præcipue bellarent.* »
(6) *Historiæ equitum Romanorum libri*, IV, p. 19; Berolini, 1840.

phiaraüs ét de Trophonius ayant voulu réclamer à ce sujet, les collecteurs retors et intraitables répondirent que ces dieux n'étaient pas des immortels, puisqu'ils avaient été des hommes, et qu'ils devaient payer la taxe (1).

D'ailleurs, ce n'est pas seulement aux choses que s'attaquèrent les publicains. Lorsque leur cupidité ne rencontrait pas d'obstacles, la vie humaine ne comptait pas pour eux. Marius ayant demandé des troupes auxiliaires au roi de Bythinie, celui-ci lui répondit : « La Bithynie est déserte et ruinée. Mes sujets ! demandez-les aux publicains, qui les ont réduits en servitude et les ont amenés çà et là dans vos provinces (2). »

Cicéron lui-même, l'ami des chevaliers et des publicains, emporté par la force de la vérité, se laisse aller à dire : « Lorsque l'ordre équestre jugeait, de mauvais et rapaces magistrats étaient asservis aux publicains dans les provinces ; ils flattaient ceux qui étaient en service..., celui qui aurait pensé qu'un chevalier pouvait souffrir une injure était considéré comme indigne par l'ordre tout entier (3). » Cicéron a bien dit quelquefois que les chevaliers jugèrent avec intégrité ; mais on sait combien le grand avocat se laissait impressionner facilement par les besoins de sa cause ; il est contredit par tous les auteurs, particulièrement par Appien, Tite-Live, Dion Cassius, Velleius Paterculus, Florus (4), et nous le voyons, lorsque

(1) Tite-Live, XLV, 18. Cicéron, *De nat. Deorum*, III, 19 : « *An Amphiaraus erit Deus, et Triphonius? Nostri quidem publicani, quum essent agri in Beotia deorum immortalium excepti lege censoria, negabant immortales esse ullos qui aliquando homines fuissent.* » « Amphiaraüs est-il un dieu? Et Trophonius? Nos publicains, à raison de ce que les champs consacrés aux dieux immortels, en Béotie, étaient exemptés par la loi de leur adjudication, niaient qu'on pût être un immortel quand on avait été un homme. » Voy. Villemain, *Tableau de l'éloquence chrétienne au IVe siècle*, p. 12 : *Du polythéisme dans le premier siècle de notre ère*.

(2) Diodore, XXXVI, 3. Voy. Duruy, t. II, p. 222.

(3) Cicéron, *Verr.*, III, 94. Cicéron parlait en ce moment devant des juges sénateurs. Ce n'était pas ce qu'il disait assurément dans sa *Verrine*, I, 13 : « *Quum equester ordo judicaret, improbi et rapaces magistratus in provinciis inserviebant publicanis; ornabant eos qui in operis erant... ut qui unum equitem romanum contumelia dignum putasset, ab universo ordine male dignus judicaretur.* »

(4) Appien, *Guerr. civ.*, I, 22, 35, 37. Tite-Live, *Epit.*, 50. Velleius Paterculus, II, 13. Florus, III, 13, 17. Dion Cassius, fr. 283 et suiv., édit.

rien ne s'y oppose, se donner à lui-même de formels démentis.

En réalité, les publicains soulevèrent contre eux les plaintes les plus amères et les plus violentes injures de leurs vicvictimes désarmées, et même, ce qui est plus grave, ceux qui purent les juger avec impartialité s'associèrent à ces protestations indignées.

En combattant les publicains par les armes légales, le Sénat avait donc l'appui d'une force morale : celle qui s'attachait à la justice de ses récriminations contre d'inqualifiables excès, dont les faibles, surtout, avaient à souffrir. C'est, sans doute, ce qui le soutint dans sa lutte pour les lois judiciaires. En fait, il n'arriva à rien. L'argent continua à régner par les mœurs, et le plus souvent à l'aide des lois.

L'histoire nous parle beaucoup plus des procès dirigés contre les magistrats patriciens, que de ceux dont les publicains furent l'objet devant les *quæstiones*, à diverses époques (1).

C'est que, d'abord, tant que les chevaliers restèrent juges, on pensa qu'il était inutile de porter devant eux des accusations concernant leurs amis, c'est là ce qui contribue principalement, sans doute, à expliquer le silence de l'histoire à leur égard (2). Il faut reconnaître, d'ailleurs, que les poursuites exercées

Gros. Maynz, *Esquisse historique du droit criminel de l'ancienne Rome.*

(1) Que les publicains en fussent justiciables à raison des faits de leurs entreprises, cela ne saurait soulever un doute. Les faits de leur vie ordinaire étaient même de nature à les y amener très facilement, puisqu'ils étaient les intermédiaires entre les provinciaux ou les travailleurs libres et l'Etat, et maniaient d'immenses valeurs en nature et en argent. Au surplus, les abus des publicains devaient facilement rentrer dans les cas prévus par plusieurs lois rendues dans la période que nous étudions ou peu de temps après. Il en fut ainsi de l'accusation de *péculat* ou vol des biens de l'Etat, qui pouvait être intentée contre toutes personnes et non pas seulement contre les fonctionnaires publics, puisque, pour ceux-ci, on finit par prononcer une aggravation de peine (Tite-Live, V, 32. Cicéron, *Pro Cluentio*, 53; *Pro Murena*, 20). Le crime de lèse-majesté comprenait aussi des actes dont les publicains pouvaient se rendre facilement coupables, car ce crime comprenait les atteintes même au domaine matériel de l'Etat : « *Minuisti copias majorum virtute ac sapientia comparatas.* » Telles étaient les paroles formulées dans une des *leges majestatis*, d'après un passage de Cicéron (Cicéron, *Verr.*, V, 20, Laboulaye, *loc. cit.*, p. 226).

(2) Cicéron, *Verr.*, V, 20; Voy. Laboulaye, *loc. cit.*, p. 236.

contre de simples chevaliers, des hommes sans nom, *homines novi*, n'auraient pas attiré l'attention des historiens, comme quand l'accusé s'appelait Caton ou Scipion.

Tout indique, hélas! trop sûrement l'impunité complète dont les publicains purent jouir; et, des Gracques à Sylla surtout, la province retentit des plaintes contre les abominables excès dont ils se rendirent coupables, par la tolérance et souvent avec le concours des gouverneurs. Nous venons de voir Cicéron lui-même se faire l'écho de ces tristes vérités; nous rapporterons plus loin les affreux détails donnés par Plutarque.

Les honnêtes gens de notre temps pourraient être tentés de croire que c'est exagérer la réalité, que d'attribuer à des juges une partialité aussi révoltante, et au législateur lui-même, un pareil dédain de la justice et de la pitié. Cela est également vrai, pourtant, qu'il s'agisse des juges sénateurs, qu'il s'agisse des juges chevaliers ou bien du peuple dans ses comices.

Etait-ce donc un droit acquis pour le parti vainqueur, de n'avoir de sentiments de justice que pour les siens, et de pressurer impitoyablement les vaincus, même à Rome, et quand ces vaincus étaient des citoyens?

Il faut bien le reconnaître, ce sentiment de la force primant le droit, était celui qui dominait, dans l'ardeur des luttes du Forum, au moins sur les questions d'intérêt politique ou public, et l'on peut, en se rappelant les mœurs primitives de Rome, se rendre compte de ces injustices systématiques que les vaincus eux-mêmes semblaient accepter d'avance, avec l'espoir, sans doute, d'une revanche prochaine.

C'est qu'en effet, le culte des fortes traditions avait contribué à revêtir d'un caractère religieux et légitime, tout ce qui, même dans les rapports des citoyens, pouvait tourner au profit de la famille, de la *gens*, de la caste à laquelle on appartenait, comme le culte de la patrie semblait légitimer tous les excès envers les ennemis de l'extérieur.

Dans les relations entre citoyens séparés par l'esprit de caste, on n'allait pas jusqu'à encourager le vol, comme à Sparte, parce que la propriété avait été revêtue d'un caractère sacré; mais, comme dit M. Weiss, « dans les tribunaux, les Romains exerçaient déjà avec fureur la *vendetta*, » et Caton, par exemple, encourageait un jeune homme qui poursuivait en justice les persécuteurs de son père, en lui disant : « Va, mon enfant, les libations que demandent nos ancêtres, ce sont les larmes de leurs ennemis condamnés. »

Cette passion substituée à la justice, que l'on s'était habitué à trouver naturelle dans l'âme des juges, lorsqu'il s'agissait de la famille, de la *gens* ou de l'esprit de caste, on l'accepta presque aussi facilement, lorsque les préoccupations d'intérêts purement pécuniaires vinrent se mêler, pour les avilir, à des considérations d'un ordre plus élevé. On se demandait s'il était possible qu'un publicain en pût condamner un autre ; par le fait, cela ne se fit guère, et l'on eût déclaré cela *nefastum.*

Mais ce qui est plus grave incontestablement que ces prévarications des juges, ce que l'on ne retrouverait pas normalement de nos jours, nous le constatons plus haut, à l'honneur de notre civilisation, c'est la complicité du législateur lui-même, dans l'organisation de ce système d'exactions et de crimes impunis. Les financiers tinrent dans leurs mains le législateur lui-même.

A notre avis, ce fut évidemment la conséquence de la dépravation des mœurs, mais ce devait être aussi l'effet logique du système financier et politique des Romains. Non seulement les traitants furent les maîtres parce qu'ils étaient les riches, comme le dit Montesquieu, mais aussi parce que les effets de leurs opérations s'étendaient, par leurs actionnaires, bien au delà d'eux-mêmes et leur donnaient une extraordinaire puissance dans l'Etat. Par là, ils se rendaient facilement maîtres du vote des comices, qui fonctionnaient très effectivement encore, à l'époque dont nous nous occupons.

Les publicains devinrent les maîtres parce qu'ils devinrent les juges, nous l'admettons ; mais nous ajouterons qu'ils devinrent les juges parce que le personnel des intéressés à leur spéculation constitua la majorité dans les comices chargés de régler, par leurs lois, l'organisation des tribunaux et de faire les élections. On ne vit jamais de ploutocratie plus redoutable (1).

____

(1) Lettre de Quintus (Cicéron, I, *De petitione consulatus.* Parmi les chances de succès que Quintus escompte pour l'élection de son frère, il met en première ligne les publicains : « *Habet enim ea quæ novi habuerunt; omnes publicanos, totum fere equestrem ordinem, multa præterea municipia, multos abs te defensos cujus ordinis, aliquot collegia.* » Cicéron exprime, dans de nombreuses circonstances que nous retrouverons, les mêmes appréciations sur ses ressources électorales.

Caius Gracchus n'eut donc pas beaucoup de peine, évidemment, à obtenir, dans les comices, des adhésions nombreuses à sa loi judiciaire. Nommer les chevaliers juges des *crimina publica* c'était, avec la corruption sans cesse croissante des mœurs romaines, donner aux publicains toute latitude pour faire dans leurs entreprises, mais surtout sur les *vectigalia* des provinces, d'immenses profits; puisque c'était les établir à la fois juges et parties. Or, qui devait bénéficier de ces exactions sans contrôle et parfois sans limites? Le peuple romain tout entier, *pene ad unum,* si nous admettons les démonstrations déjà faites. Comment, dès lors, le peuple n'aurait-il pas donné à ces lois son suffrage presque unanime? Comment le citoyen aurait-il pu oublier, en votant, la hausse, dont il pouvait faire bénéficier ses actions, et ne pas escompter, dans son bulletin de vote, les profits qui, pour être le produit d'abus criminels, n'en devaient pas moins être répartis avec une régularité absolue entre les associés et les actionnaires?

C'est contre les provinciaux surtout que les abus étaient possibles. Aussi verrons-nous que, parmi les entreprises des publicains, celles dont on s'occupe principalement, ce sont celles qui portent sur les *vectigalia*, et parmi celles-ci, celles des *Decumani* dominent, parce que, prélevant l'impôt sur le sol, les *Decumani* n'ont à faire qu'avec les possesseurs du sol provincial.

Or, que sont les provinciaux? De bien petites gens assurément pour les Romains orgueilleux et avides, et dont on n'a guère souci.

Donc, que des magistrats ou des traitants sans pudeur pressurent la province, la métropole n'a pas à s'en alarmer; chacun cherche à en profiter. L'Etat en souffrira peut-être dans l'avenir, si les abus vont jusqu'à l'épuisement du pays exploité; on s'en est plaint quelquefois; mais le dommage n'est qu'éventuel et indirect. On pourra poursuivre un Verrès pour satisfaire des rancunes, pour organiser une manœuvre politique, ou même, en apparence, pour l'honneur des principes; en réalité, ce ne sera jamais dans l'intérêt exclusif des victimes, et pas davantage en vue de l'intérêt public. Les magistrats et les publicains prendront d'abord assez pour laisser à l'Etat ce qui normalement lui revient, ils pourront prendre en sus ce qu'il leur conviendra de garder pour eux. Voilà la réalité des choses.

Les lois judiciaires, en autorisant les abominations parfois sanguinaires des publicains en province, furent des lois infâmes par leur but et par leur résultat. Les chevaliers n'auraient jamais obtenu par eux-mêmes la majorité nécessaire pour les maintenir. Le peuple ne sympathisait guère avec eux; il était plutôt choqué par leur luxe bruyant et leur morgue provoquante; mais il spéculait par eux et bénéficiait de leur crimes. C'est pour cela surtout, qu'à l'occasion de ces lois, il devait leur accorder la complicité de ses suffrages.

Il nous paraît indubitable que les publicains provoquaient, s'ils le jugeaient utile, ces *conciones* populaires, ces réunions publiques où se préparaient les délibérations des comices (1). Au besoin, ils devaient s'occuper de la composition des comices eux-mêmes, mais ils n'avaient, pour cela, qu'à stimuler le zèle des intéressés, afin qu'ils fussent présents au vote. Cela devait leur suffire pour constituer aisément la majorité suivant leurs désirs. Nulle part il n'est dit que les chevaliers, pour obtenir des lois judiciaires favorables, aient dû acheter les suffrages ou les enlever par des effets d'éloquence, ou les imposer par la force. Nous possédons des fragments de grands discours, qui ne sont arrivés à réaliser contre ces lois que quelques succès éphémères (2); elles reprenaient comme d'elles-mêmes leurs effets dans les comices suivants, et pour cela, ni les discours, ni les violences n'étaient nécessaires. Au besoin, les lois étaient rendues vaines et emportées par le courant des faits.

C'est ainsi qu'en répandant aujourd'hui des rentes sur l'Etat, jusque dans les derniers rangs de la société, *particulas*, les gouvernements pensent, avec raison, faire œuvre politique et exercer une influence sur les votes. Seulement, l'œuvre des Romains était, par ses résultats, une œuvre criminelle.

La comptabilité des sociétés vectigaliennes était, d'ailleurs, merveilleusement tenue. Le génie qu'avaient les Romains pour l'administration avait su obtenir, par là, que chacun pût, avec quelques économies, acquérir sa part sur le butin quotidiennement enlevé aux provinces, et répandre ainsi, dans le peuple, les bénéfices de la conquête. Les produits de ces rapines persistantes étaient régulièrement, équitablement

(1) Voy., sur ces *conciones*, Mommsen, *op. cit.*, t. V. p. 89.
(2) Voy. ci-dessous, § 3, l'extrait du discours de Crassus.

répartis entre les citoyens, comme un profit honnête et légal.

En résumé, Calpurnius Pison avait établi une loi et des tribunaux pour protéger les provinciaux ; il fut surnommé Frugi l'honnête homme ; on lui rendit hommage.

On fit plus, on conserva ses tribunaux et ses lois, on en ajouta d'autres du même genre ; mais, suivant un procédé familier aux Romains, le parti dominant rendit tout inoffensif, lois et tribunaux, quand ils auraient pu devenir gênants, et l'on garda pour les autres cas ce qu'ils pouvaient avoir de bon. Le jury criminel fut conservé, mais on sut n'en user qu'à propos.

Chez aucun peuple il n'est plus curieux, ni peut-être plus facile de retrouver les liens qui rattachent entre eux les événements en apparence les plus singuliers de l'histoire. Mais expliquer les choses ce n'est pas les justifier, et M. Laboulaye a certainement raison de dire que « rien ne contribua plus à la dégradation des mœurs et de l'esprit public que l'infamie des jugements (1). »

Nous avons hâte d'ajouter ici, à l'occasion de ces lois judiciaires, et pour l'honneur du droit romain, que les maux et les crimes que créa la toute-puissance des financiers en politique, par les jugements et par les lois, sous le couvert d'une légalité odieuse, tout cela disparut à partir d'Auguste, en même temps que ceux qui en bénéficiaient ; et que, d'autre part, les

(1) *Essai sur les lois criminelles des Romains*, p. 18. « Je pense, » dit Cicéron (*Verr.*, I, 14), « que les nations étrangères enverront au peuple romain des députés pour demander l'abolition des tribunaux contre les concussionnaires. Ces nations ont remarqué, en effet, que si ces tribunaux n'existaient pas, chaque magistrat n'emporterait des provinces que ce qui lui paraîtrait suffisant pour lui-même et pour ses enfants ; tandis qu'aujourd'hui, avec de pareils tribunaux, chacun d'eux enlève tout ce qu'il faut pour satisfaire et lui-même et ses protecteurs, et ses avocats, et le préteur et les juges ; qu'alors les vexations n'ont plus de bornes ; qu'on peut suffire à la cupidité du plus avare des hommes, mais non au succès d'un procès plus désastreux que toutes les rapines. Quelle gloire pour nos jugements ! Quelle réputation pour notre ordre ! Voilà que les alliés du peuple romain ne veulent pas qu'on instruise contre les concussionnaires, et renoncent à ces jugements institués par nos ancêtres, dans l'intérêt même des alliés. » Ces paroles étaient adressées à un jury de sénateurs, mais elles se réfèrent manifestement aux *quæstiones de repetundis* de tous les temps.

iniquités de cet esprit de caste ou même de famille dégénéré, dont nous avons parlé, n'eurent plus de raison d'être sous le système impérial qui avait tout nivelé.

Ainsi, la belle et grande époque du droit civil romain commence avec l'apaisement des passions de la politique et de la spéculation, sous le poids écrasant du pouvoir central. Ne pouvant avoir d'autres pensées, ni d'autres préoccupations de la justice et du droit, les esprits se tournent exclusivement vers l'étude et les soins des intérêts privés, que les empereurs daignent protéger et encourager sans défiance.

Le préteur et les juges introduisent alors l'équité dans les jugements, aussi bien que dans les textes du droit.

Ceux qui rendirent la justice entre les citoyens au nom du Droit romain classique, furent les dignes interprètes de ces lois devenues admirables, autant par leur caractère doctrinal que par leur équité sans cesse en progrès.

Sous la République, l'énergie indomptable des mœurs primitives avait fait accepter tous les excès de la partialité ; même dans les tribunaux les plus élevés, la puissance et l'amour de l'or firent ensuite des lois judiciaires une arme de guerre et un instrument d'oppression au profit de la féodalité financière. Assurément, ce furent les provinciaux qui gagnèrent le plus à l'établissement du pouvoir impérial.

Voilà l'enchaînement des événements sociaux que nous allons poursuivre ; les Gracques en furent les initiateurs.

Ce n'était cependant pas cela qu'avait recherché Caius Gracchus (1). Peut-être même eût-il déploré les excès qu'amena sa réforme, sur ce point et sur beaucoup d'autres, s'il en eût connu d'avance l'étendue. Très supérieur à son frère, il avait eu un plan bien déterminé, en vue de l'extension de la cité, de son gouvernement, de la colonisation et de la vie provinciale. Il était arrivé de fait à la toute-puissance.

(1) Plutarque s'est manifestement trompé sur la loi judiciaire de Caius Gracchus, en restreignant les effets de cette loi à l'introduction de trois cents chevaliers dans le Sénat. Tous les auteurs latins sont d'accord pour lui donner le sens que nous lui attribuons ici. Belot, *La révolution économique et monétaire*, etc., p. 24. L'épitome de Tite-Live contient une erreur de même nature. Voy. Laboulaye, *loc. cit.*, p. 112 ; Velleius Paterculus, II, 16 ; Tacite, *Ann.*, XII, 60 ; Florus, III, 13, 17 ; Appien, I, 22 ; Asconius, 102, 145.

Ce qu'il avait entendu faire, Diodore le dit bien nettement. « Il enleva la judicature au Sénat ; des chevaliers, il fit des juges. Par là, il troubla la bonne intelligence qui existait auparavant entre les sénateurs et les chevaliers, et rendit la plèbe plus puissante pour combattre les uns et les autres (1). » En même temps, il avait favorisé les publicains par la reconstitution des taxes d'Asie et par la suppression du contrôle du Sénat sur la taxe des fermages (2). Caius Gracchus avait dit lui-même, dans un langage violent : « J'ai jeté des poignards dans la foule de Rome, » exprimant ainsi que tous les scrupules étaient levés à ses yeux, par l'importance du but à atteindre, en vue du triomphe de la démocratie (634-122).

Mais ce que Caius Gracchus n'avait peut-être pas complètement aperçu du premier coup, les intéressés ne manquèrent pas de le voir, et tous les écrivains anciens qui sont venus ensuite, éclairés par les événements, l'ont unanimement attesté. La justice conférée aux chevaliers, c'était l'État, mais surtout la province, livrés sans défense à la cupidité des publicains.

Les Gracques firent, en réalité, de grandes choses à travers les nombreux événements de leur vie militaire, administrative et politique, mais leurs œuvres profitèrent bien plus à d'autres qu'à la démocratie pauvre à laquelle les illustres tribuns s'étaient donnés corps et biens.

Ce furent les publicains, incontestablement, qui bénéficièrent le plus de ces mouvements populaires organisés dans des vues très opposées.

Ils y gagnèrent dans leur richesse, par l'impunité qui couvrit leurs déprédations ; ils y gagnèrent dans leur situation politique et sociale par l'abaissement des patriciens et du Sénat ; ils devinrent les maîtres des lois, à leur source, et dans le cours tout entier de leurs applications.

Dirigée surtout contre les privilégiés de la fortune, la révolution finit par tourner en faveur de ceux qui étaient devenus les plus riches. Les Romains étaient plus que jamais des hommes d'argent, par la force des mœurs, et sous l'autorité des lois.

---

(1) Diodore, *Excepta Vatic.*, XXXIV-XXXVI, n° 12, t. II, p. 19.
(2) Voy. Mommsen, t. V, p. 61. — Une étude spéciale a été faite en Angleterre, par Pelham, *On the Lex sempronia C. Gracchi de provincia Asia. Trans. of the Oxford philol. Society*, 1881.

4° *Faits extérieurs.* — Pendant que ces luttes de partis se poursuivaient à Rome, les affaires des publicains se multipliaient en province, pour venir, quand les circonstances le voulaient, ou quand les choses allaient à l'extrême, se terminer dans les agitations du Forum, des basiliques ou de la curie; sur la place publique, au Sénat, ou devant les tribunaux.

Nous avons déjà mentionné ce fait singulier, de l'envahissement préalable des provinces prédestinées à la conquête, par ces sortes d'éclaireurs volontaires qui s'appellent les *negotiatores*, les trafiquants italiens. Nous les retrouvons maintenant à leur place dans l'histoire, ces hommes hardis, et il faut en dire quelques mots. Ils touchent de très près aux grands manieurs d'argent et leur ouvrent les voies en même temps qu'aux armées.

Avides de gain autant qu'aventureux et confiants dans le prestige de leur origine, ils s'étaient ainsi répandus, avant la conquête définitive, plus spécialement sur le sol de l'Afrique, de l'Asie Mineure et des Gaules. Là, ils exerçaient leur commerce interlope et soutiraient impudemment aux habitants, ou leur prenaient ouvertement tout ce qu'ils pouvaient.

Les populations de ces contrées, pour la plupart de mœurs primitives, se laissaient facilement éblouir par le prestige de ces Romains, que précédait partout la renommée de leurs victoires. Habiles et complexes dans leurs opérations, les trafiquants entraînaient sans peine leurs victimes par de trompeuses avances; ils leur prenaient le plus pur de leurs biens, et s'enrichissaient facilement à leurs dépens par la fraude et l'usure.

Mais de sourdes rancunes et des haines profondes se gravaient dans le cœur de ces gens, que des étrangers venaient dépouiller chez eux, en les traitant avec mépris. Un souffle de vengeance capable de se transformer en violentes tempêtes, s'agitait autour de ces ruines accumulées.

Alors, un jour, on voyait les flots de sang romain couler; les populations s'étaient organisées en silence, et la vengeance éclatait subitement de tous les côtés à la fois. Rome outragée envoyait alors une armée, car il fallait bien protéger les intérêts ou la vie de ceux qui avaient été épargnés et venger les victimes, et bientôt il y avait, pour les publicains et les proconsuls, une province romaine de plus à faire fructifier, à leur gré et sans risques ni périls. « *Majores vestri sæpe,* » dit Cicéron, « *mer-catoribus ac naviculariis injuriosius tractatis, bella gesserunt* (1). »

C'est ainsi qu'en 642-112, les *negotiatores* italiens furent massacrés à Cirta (Constantine), où Jugurtha les avait forcés à se réunir. Une guerre impitoyable s'ensuivit.

Vingt ans seulement, après ce premier massacre, nous assistons à ces « Vêpres siciliennes » de l'Asie, où les trafiquants italiens furent égorgés, sur le signal donné par Mithridate, le redoutable roi de Pont. Il en périt quatre-vingt mille d'après Valère-Maxime (2), cent mille suivant Appien (3); Plutarque porte le chiffre jusqu'à cent cinquante mille (4).

Il en devait être de même, quelque temps après, à Genabum, dans la Gaule, déjà exploitée par les banquiers romains avant la conquête de César (5).

Rome envoya de nouvelles armées en Afrique et en Gaule, et les nations rebelles furent définitivement soumises. Mais n'anticipons pas sur les événements.

Quant à l'Asie, il semble, en vérité, que ce malheureux pays dut être la terre classique des manieurs d'argent, la proie des spéculateurs. Elle devait évidemment ses malheurs à ses richesses et à la fertilité de son territoire, présents funestes, sans doute, d'un destin irrité. « *Asia vero tam opima et ferti-lis,* ».dit Cicéron, « *ut et ubertate agrorum et varietate fructuum et magnitudine pastionis et multitudine earum rerum, quæ ex-portantur, facile omnibus terris antecellat* (6). » C'était, suivant l'expression de M. Belot, l'Eldorado des publicains.

Déjà Caius Gracchus avait chargé de taxes directes et indi-rectes la nouvelle province d'Asie. « Il lui imposa notamment la dîme foncière, et décida que toute la province serait donnée à bail aux entrepreneurs de Rome, fermant du même coup la porte aux capitalistes locaux, et suscitant aussitôt la formation d'une société colossale pour la prise à ferme des dîmes, des redevances, des pâturages (*pascua, scripturæ*) et des douanes

---

(1) Cicéron, *Pro lege manilia*, n° 5; Voy. Tacite, *Ann.*, III, 40.
(2) Valère-Maxime, IX, 2.
(3) Mithridate, 61.
(4) Plutarque, *Sylla*. Voy. Duruy, t. II, p. 643; d'Hugues, *loc. cit.*, p. 47.
(5) Cicéron, *Pro Fonteio*, IV et suiv.
(6) Cicéron, *Pro lege manilia*, VI.

(*portoria*) d'Asie (1). » C'est sur cette terre prédestinée, surtout, que nous allons voir reparaître, dans l'ordre chronologique des événements, les exploits des publicains. Caius Gracchus lui-même avait dû poursuivre les extorsions sans pudeur, que les *negotiatores* de son temps, et spécialement Marius Aquilius, y avaient scandaleusement exercées (2).

§ 3. — *Des Gracques à Sylla.* — *Suite des lois judiciaires.* — *Les publicains sont les maîtres dans l'Etat.* — *Apogée de leur puissance.* — *Leurs abus.* — *Marius* (643-111 à 665-89).

Si l'on veut suivre les grandes lignes, fixer les traits caractéristiques de l'histoire des publicains, c'est aux luttes du Forum, aux comices, et particulièrement aux lois judiciaires, qu'il faut revenir. C'est par là que les spéculateurs affirment directement leur puissance.

Nous avons déjà dit que jusqu'à Sylla, ce furent les chevaliers, et par conséquent les publicains qui eurent presque constamment l'avantage dans ces luttes incessantes. Cicéron déclare que, dans cette période, l'ordre équestre a jugé seul sans interruption, pendant cinquante années (3). Peut-être y a-t-il quelque exagération dans cette affirmation ; ce qui est certain, c'est que le droit concédé aux chevaliers par les Gracques leur fut reconnu par la loi agraire de Thorius (643-111).

Cette loi, que nous avons annoncée, à l'occasion de la loi agraire des Gracques dont elle atténua les effets, est pour nous, encore au point de vue des lois judiciaires, d'un intérêt particulier. Elle s'occupait expressément de régler la compétence des procès entre les publicains et ceux avec qui ils traitaient en sous-ordre ; c'est aux citoyens de la première classe du cens, c'est-à-dire aux riches chevaliers, qu'elle attribuait formellement le droit de juridiction (4). On peut dire comme

(1) Ascon, *In divin.*, 122 ; Tite-Live, LXX. Voy. Mommsen, V, p. 187.

(2) Harangue de Caius Gracchus sur la possession de la Phrygie, offerte à l'enchère, par Marius Aquilius, aux rois de Bithynie et de Pont. Mommsen, V, p. 67, note 1.

(3) Cicéron, *Div. in Quintum Cœcilium*, III, XXI-XXII.

(4) *Lex Thoria agraria*, 643-111, Egger, *Latini sermonis vetustioris reliquiæ*, p. 217 : « *Quoi publicano ex h. l. pequnia debebitur... Si publicani de ea re recuperatores sibi dari postulabunt, quodplus aliterve cum pequniam sibi deberi dari ve oportere deicant tum cos... pr...*

avant, sous ce nouveau régime, encore : « *Nefas esse publica-num judicare contra publicanum* (1). » L'exploitation de la province pouvait se continuer en sécurité.

A d'autres points de vue, cette loi déplut aux chevaliers. Appien dit qu'elle arrêta la distribution des terres, et qu'elle fixa les domaines entre les mains des possesseurs (2). Ce fut un procédé très opportun pour diminuer le trouble apporté par les lois agraires antérieures, mais il résulta de cette loi une diminution considérable dans le montant des impôts à recouvrer par les publicains ; c'est ce qui souleva leur mécontentement. Le Sénat ne se décourageait pas et ne désertait pas la lutte ; il la soutenait sans force et sans mesure, comme un gouvernement malhabile de réaction ; mais il n'abandonnait pas l'espoir de reconstituer ses anciens privilèges. En 647-107 ou 648-106, Servilius Cæpion proposa l'abolition de la loi judiciaire de Caius Gracchus, et le retour aux anciens usages, par la restitution de la justice aux sénateurs. Il s'attira par là les haines du peuple, qui le lui fit rudement sentir à son retour de l'armée des Gaules (3).

Pour soutenir cette loi, Crassus prononça un discours qui dut être fort éloquent, car on le faisait apprendre dans les écoles de Rome, vers la fin de la République, comme un modèle du genre.

Si on veut juger de la passion des partis, du degré d'exaltation auquel on était arrivé dans ces discussions, et du point sur lequel ne cessait de porter la lutte, on n'a qu'à lire l'extrait de ce discours que Cicéron nous a conservé : « Arrachez-nous, arrachez-nous de la gueule de ceux dont la cruauté ne peut se rassasier de notre sang, ne permettez pas que nous soyons soumis à d'autres qu'à vous envers qui, seuls, nous pouvons et nous devons l'être (4). »

prove pr... *quo in jous adierint in diebus X proxsumeis quibus de ea re in jous aditum erit ex civibus L, quei classis primæ sienta XI dato unde alternos du...* » — Voir aussi, § 42, Belot, *op. cit.*, qui a très soigneusement analysé les dispositions nombreuses et diverses de cette loi, p. 189 et suiv.

(1) Cicéron, *Pro Flacco*, 4.

(2) Voy. les nombreux détails donnés à ce sujet par Mommsen, *Hist. romaine*, t. V, p. 145 et 146, note 1.

(3) Appien, *G. civ.*, I, 27.

(4) Cicéron, *Brutus*, 36; *De Oratore*, II, 70. Belot, *op. cit.*, p. 194 et 195 :

On ne sait pas bien sûrement si Crassus obtint ce qu'il demandait, et si, en effet, en vertu d'une loi Servilia, le Sénat arriva à composer seul les *Quæstiones*, et à en expulser les chevaliers, ainsi qu'on l'a soutenu. En tout cas, ce ne fut pas pour longtemps.

On peut affirmer en toute hypothèse, en effet, que les efforts de Cæpion et de Crassus furent sans résultat sérieux, car presque immédiatement après leur tentative, avortée ou non, une nouvelle loi, *de repetundis*, votée sur l'initiative de Servilius Glaucia, reconnaissait encore aux chevaliers, la part la plus importante de la judicature politique, et spécialement assurait leur juridiction sur les concussions des fonctionnaires dans les provinces (1).

« *Eripite nos,* » disait Crassus, « *eripite nos ex faucibus eorum, quorum crudelitas nostro sanguine non potest expleri, nolite sinere nos cuiquam servire nisi vobis universis quibus et possumus et debemus.* »

(1) On fixa à 600,000 sesterces (120,000 fr.) le cens équestre qui était nécessaire pour être juge ; on exigea, en outre, dans une loi Servilia (*De repetundis*), datée à peu près de la même époque, que l'on eût au moins trente ans, et au plus soixante ans pour faire partie des tribunaux. Il est certain que cette disposition, quoique comprise dans une loi spéciale, fut de celles qui devinrent communes à toutes les *Quæstiones.* Nous avons indiqué plus haut, que cela se pratiquait pour beaucoup d'autres règles de droit. Au reste, il existe quelque incertitude sur ces lois Servilia et sur leurs dates. Ce n'est pas ici le lieu de développer ces controverses qui nous éloigneraient de l'histoire des publicains. Les documents sont divergents à cet égard. M. Belot, qui a très savamment traité cette partie de l'histoire romaine, dit qu'un mot de Julius Obsequens, compilateur du cinquième siècle, a fait croire à un partage entre les sénateurs et les chevaliers. Tacite affirme la restitution complète ; et, d'autre part, une inscription rapportée par Orelli (n° 565) est dédiée à Cæpion : *Ob judicia restituta.* Mais MM. Belot et Laboulaye (*loc. cit.*) hésitent à admettre cette opinion qui ne nous paraît pas vraisemblable. Voy. Belot, *op. cit.*, chap. V : *Les chevaliers romains devant les tribunaux ; Histoire des lois judiciaires depuis le temps des Gracques jusqu'à la dictature de César*, et Mispoulet, *Les institutions politiques des Romains*, t. II, chap. XXI, p. 473, qui signale, avec les dates suivantes, quatre lois judiciaires dans la période que nous étudions : *Lex Cœcilia*, 631 ou 632-123 ou 122 ; *Lex Servilia*, 648-106 ; *Lex Livia*, 663-91 ; *Lex Plautia*, 665-89. Ce serait sortir du cadre de cette étude que de les examiner chacune dans leurs détails. Maynz, dans l'introduction de son *Cours de droit romain*, n° 92, fournit quelques explications à cet égard. Nous devons nous borner à renvoyer à ces autorités.

Les chevaliers furent si reconnaissants à Glaucia de cette disposition, qu'ils voulaient le nommer consul, et les comices, toujours disposés à les suivre en cette matière d'intérêt commun, s'y seraient prêtés sûrement, si sa fonction de préteur n'eût empêché Glaucia de poser sa candidature (1).

En même temps, sur la motion de Saturninus, on constitua et on mit en mouvement un tribunal spécial, pour réprimer les abus commis en Gaule par les magistrats, au cours de la guerre Cimbrique (2). C'était encore une satisfaction donnée aux manieurs d'argent chevaliers, contre ceux qui avaient osé se permettre de les poursuivre.

Au reste, les auteurs de ces mesures, Glaucia et Saturninus, n'étaient que les acolytes d'un plus grand personnage, à l'instigation duquel ils agissaient, et dont ils dépassèrent même les intentions.

Marius était venu, après ses victoires contre l'ennemi du dehors, continuer au dedans l'œuvre des Gracques; mais en soutenant la plèbe, c'est surtout contre les nobles qu'il dirigea ses coups, et c'est à eux qu'il devint odieux.

Caius Gracchus avait été l'homme politique, arrivant, par le seul ascendant de sa personne et de son nom, à se créer un gouvernement monarchique dont il avait été le chef, sous des apparences démocratiques. Marius fut le général qui, soutenu par le prestige de ses victoires, et à l'occasion par le bras de ses vétérans, faisait pressentir les tyrannies militaires à la veille de devenir définitivement maîtresses du pouvoir. Il ne se servit pas de ses légions, aussi constamment que bien d'autres, pour arriver à ses fins politiques, mais ce furent ses réformes militaires qui permirent aux généraux vainqueurs de rester, au retour de leurs expéditions, les maîtres de leurs armées, et, avec elles, d'usurper la toute-puissance.

(1) Cicéron, *Brutus*, 62; *De Oratore*, II, 48. Cette loi, appelée *Servilia de repetundis*, est donnée par M. Egger, dans ses *Latini sermonis reliquiæ*, en un extrait de seize pages, 231 à 246, elle se référerait à une date peu certaine, entre 648-105 et 654-99. M. Belot accepte cette dernière date (*op. cit.*, p. 241). Les extraits reproduits par M. Egger contiennent de nombreux détails auxquels nous ne saurions nous attarder ici; quelques-uns sont indiqués à la note précédente.

(2) Voy. Mommsen, *Hist. rom.*, V, p. 176 et 179. Voy. aussi Belot, p. 239, et Velleius, II, 11. — Valère-Maxime, VIII, 15, n° 7. — Salluste, *Jugurtha*, 65. — Diodore, *Fragm.*, L, XXXIV.

Né hors de Rome, d'une famille appartenant à l'ordre des chevaliers, c'est par l'influence de cet ordre, et spécialement par le dévouement des publicains, qu'il était arrivé au consulat ; il leur était, par ce fait, naturellement favorable.

Cependant, les mesures imprudentes de ses agents ayant déchaîné le désordre et l'anarchie dans Rome, tous les riches, indistinctement, en furent alarmés. C'est que les troubles politiques qui aggravent en réalité la misère des pauvres, beaucoup plus qu'ils n'atteignent la fortune des riches, sont redoutés cependant, surtout par ceux qui possèdent.

Ce fut un trait d'union entre les sénateurs et les publicains, qui se liguèrent contre le parti de Marius, en vue de l'intérêt commun de leurs fortunes menacées par les troubles de la rue. Il leur parut à tous qu'il fallait, à tout prix, faire cesser les dangers matériels du régime nouveau. Une nouvelle loi agraire vint les encourager à presser ce rapprochement.

Mais les chevaliers n'eurent pas à souffrir de ces événements ni, par conséquent, les publicains. Une loi de Saturninus était venue en 653-101 enlever encore aux sénateurs, pour la leur donner, la compétence en matière de violence et d'injure ; en sorte que Cicéron a pu dire qu'en 654 c'était l'ordre équestre qui tenait tous les tribunaux, et il avait par là, dans ses mains, le gouvernement de l'Etat (1).

Au surplus, les actes d'hostilité ne tardèrent pas à reparaître entre les deux puissances : *Nobilitas et Publicani*.

En 663-91, Drusus, au nom du Sénat, proposa à la plèbe de s'unir pour combattre les chevaliers. C'était une alliance trop disparate pour être durable ; elle pouvait devenir préjudiciable à trop de personnes pour n'être pas condamnée d'avance. Drusus fit cependant accepter un instant sa motion de retirer les jugements aux chevaliers ; il organisa même une *quæstio* pour faire juger les faits de corruption des juges eux-mêmes ; mais ces tentatives retombèrent bientôt, elles aussi, dans le néant. « Drusus fut dans l'impossibilité manifeste de rendre les jugements au Sénat, » dit Appien (2).

(1) Cicéron, *Pro C. Rabirio*, VII.
(2) *G. civ.*, I, 35. M. Belot, *op. cit.*, p. 255 et suiv., est entré, d'après Cicéron, Asconius, Tite-Live, Appien et Velleius Paterculus, dans de nombreux détails sur le rôle joué par Cæpion, Scaurus, Crassus, Phi-

Drusus s'était attaqué à un ennemi redoutable.

Comme les Gracques, auxquels il semblait avoir voulu emprunter leurs procédés en vue d'une cause opposée, il périt de mort violente dans la rue. L'auteur de l'assassinat ne fut pas découvert.

Pendant que se poursuivaient ces luttes sur le terrain législatif, les chevaliers, maintenus toujours maîtres de cette puissance judiciaire qu'on ne cessait de leur disputer, continuaient à l'exercer impudemment à leur profit dans les tribunaux.

Sur l'initiative du tribun Mamilius (1), les nobles, accusés de s'être vendus à Jugurtha, furent déférés aux *Quæstiones* des chevaliers. Il étaient jugés d'avance.

Un prêtre, C. Sulpicius Galba, et quatre consulaires furent condamnés à l'exil « *C. Galbam, L. Bestiam, C. Catonem, Sp. Albinum, L. Opimium, Gracchani judices sustulerunt*, » dit Cicéron dans son langage expressif (2). Cette fois encore il se montre sévère pour les juges chevaliers. Il les appelle les *Gracchani judices*; cela suffit à expliquer la sentence. Salluste dit, dans le même sens : « *Nobilitate fusa per legem Mamiliam* » (645-109).

En 649-106, les chevaliers se vengèrent aussi des malheurs publics, qui pesaient sur leurs affaires, en poursuivant d'autres grands personnages. On ne pardonna pas à Cæpion ses expéditions d'Orange et de Toulouse.

Quel que fût l'esprit de parti qui ait dirigé les poursuites et les condamnations, les chevaliers, en frappant haut, n'en avaient pas moins frappé juste, la plupart du temps. Ils ne devaient pas tarder à abuser bien autrement de leur puissance.

C'était encore dans le cours du septième siècle. Il restait, paraît-il, à Rome, quelques survivants des anciens jours, assez courageux, assez amis des lois et de la justice pour ré-

lippe, Drusus et sur les projets de réforme de ce dernier. Ce sont les péripéties de la lutte que nous avons dû résumer en deux mots, mais que l'on peut retrouver reproduites par les écrivains indiqués ci-dessus, dans la partie de leur histoire de Rome correspondant à cette époque. La concession du droit de cité aux Italiens intervient comme un instrument de combat entre les deux ordres, et, par là, les guerres sociales se rattachent aux luttes de la politique intérieure entre sénateurs et financiers.

(1) Salluste, *Jugurtha*, 30 et suiv.
(2) Cicéron, *Brutus*, 34.

prouver la fraude et chercher à la réprimer; assez haut placés, pour n'avoir à redouter les représailles de personne.

Mucius Scævola, grand pontife et consul, était le descendant de cette illustre famille, où l'on était traditionnellement, de père en fils, à la fois jurisconsultes profonds et vaillants hommes de guerre. Il fut nommé préteur en Asie. C'était, à cette époque, une des provinces les plus maltraitées par les publicains et les négociateurs qui s'acharnaient sur ces riches contrées.

Mucius Scævola, avec l'aide de son questeur Publius Rutilius Rufus, avait rétabli l'ordre et réprimé d'affreux brigandages. Il avait fait rendre justice aux provinciaux, frappé les exacteurs, fait exécuter et mettre en croix, comme c'était son droit, ceux qui s'étaient signalés par les crimes les plus graves. Tous les ans, les Asiatiques célébrèrent, depuis lors, en son honneur, une fête appelée *Mucia*, afin de rappeler la reconnaissance que leur avait inspirée cette bienfaisante et courageuse administration. Le Sénat avait approuvé sa conduite. Mais les chevaliers se sentirent tous frappés ou menacés par ces rigueurs nouvelles (1) dans la personne des publicains et aussi dans celle des magistrats, punis pour avoir autorisé leurs excès.

Ne pouvant atteindre Mucius Scævola, à cause de sa haute situation, ils s'attaquèrent à ses lieutenants. En 661-93, ils accusèrent audacieusement Publius Rutilius Rufus, le questeur qui s'était particulièrement dévoué à la courageuse mission de justice de son chef (2).

Rutilius était consulaire, juriste et historien. C'était un stoïque, au moins par le caractère, car c'est à lui que Valère Maxime attribue une parole devenue célèbre à juste titre. Un ami à qui il refusait de rendre un service inique lui ayant dit : « Comment puis-je avoir besoin de ton amitié, si tu ne fais pas ce que te je demande? » Il lui avait répondu : « Et moi donc de la tienne, si pour toi je dois faire des choses malhonnêtes(3)? »

(1) Waddington, *Les fastes des provinces asiatiques*, n° 5; P. Rutilius Rufus; Tite-Live, *Epit.*, LXX; Dion Cassius, fr. 97; Asconius, *In Divin.*, 12.

(2) Mommsen, *Hist. rom.*, t. V, p. 61.

(3) Tacite, *Ann.*, IV, 43; Diodore, XXXVII, 5; Dezobry, t. III, p. 376; Ledru, *op. cit.*, p. 69; Mommsen, *op. cit.*, V, p. 168 : « *Quid ergo mihi*

Ni l'honorabilité de son rang et de sa personne, ni l'élévation de son âme, ni la justice et la légalité des actes qu'il avait accomplis sous les ordres et la responsabilité de son chef, ne purent le soustraire aux poursuites des publicains.

Rutilius se rendit à la sommation qui lui fut adressée, mais ne voulut pas se défendre, parce qu'il comparaissait devant des juges ouvertement vendus à la cause des publicains ou publicains eux-mêmes. Cet homme de bien fut, sans hésitation, condamné à l'exil; sa fortune fut confisquée. Malgré Mucius Scævola et d'autres citoyens intègres, il fut condamné comme coupable d'exactions, et obligé de payer de ses deniers, aux vrais criminels, des indemnités considérables pour les services qu'il avait rendus à la justice, par l'accomplissement des devoirs de sa charge. Le sentiment public en fut révolté : *Quo judicio, convulsam penitus scimus esse rempublicam* (1).

Valère Maxime s'écrie, à l'occasion de ce récit, dans son chapitre de la majesté chez les Romains : « Qu'y a-t-il de plus malheureux qu'une condamnation, de plus dur que l'exil? Cependant ce malheur, en frappant P. Rutilius, victime d'une cabale de publicains, ne lui fit rien perdre de sa considération personnelle. Comme il se dirigeait vers l'Asie, toutes les villes de cette province envoyèrent des députés à sa rencontre pour lui offrir à l'envi un asile. Est-ce là un exil ou n'est-ce pas plutôt un triomphe? Il se fixa à Smyrne, au milieu des provinciaux qu'il avait défendus au péril de sa vie (2). »

Cette condamnation, outrageusement inique, qui bravait ouvertement les lois et la justice, ne resta pas un fait isolé, quoiqu'elle fût de nature à rendre circonspects les magistrats trop bien intentionnés, et à tempérer le zèle de leur conscience, pour les réformes financières.

Les poursuites et les condamnations aux peines les plus sévères se multiplièrent, deux ans après, à l'occasion des révoltes de l'Italie. Le tribun Quintus Varius fit créer une *quæstio* spéciale dite de *haute trahison*, qui frappa à coups redou-

---

opus est amicitia tua, si quod rogo non facis? » — « Imo quid mihi tua, si propter te aliquid inhoneste facturus sum? »

(1) Cicéron, *Brutus*, 30.

(2) Valère-Maxime, VI, 44. Lorsque Sylla arriva au pouvoir, il offrit à Rutilius de rentrer dans Rome, mais celui-ci préféra mourir en exil. Quintil., *Just. or.*, XI, 1; Cicéron, *De Republ.*, I, 8; *Brutus*, 22 et 91.

blés sur les sénateurs suspects d'hostilité aux idées des publicains. Gaius Cotta, Marcus Scaurus, vieillard austère, prince du Sénat, et beaucoup d'autres membres de la *nobilitas* se virent accusés ou condamnés sans raison (1). Suivant Florus, qui n'est assurément pas plus sévère que les autres historiens de cette période, les chevaliers, maîtres de la vie et de la fortune des plus nobles citoyens, pillaient impunément les trésors de l'Etat.

A cette époque, une redoutable crise financière, suite des événements de la guerre, avait éclaté sur Rome. La guerre sociale répandait ses ravages en Italie, troublant le commerce, détruisant les récoltes, arrêtant les affaires de la péninsule ; et en même temps, Mithridate organisait cette immense et subite révolte de l'Asie Mineure tout entière, dont nous avons parlé, qui devait mettre l'existence même de Rome en danger.

Au massacre de cent cinquante mille Italiens libres ou esclaves, femmes, vieillards et enfants, avait succédé la confiscation de tous leurs biens et l'arrêt subit de toutes ces entreprises financières, industrielles ou commerciales organisées sur cette terre féconde et qui, pour la plupart, venaient correspondre avec les spéculateurs de Rome, et souvent se centraliser entre leurs mains. Les immenses sociétés de publicains, reconstituées par Caius Gracchus, avaient dû être les premières atteintes.

Les Romains avaient déjà, comme l'expliquait plus tard Cicéron dans son discours *pro lege Manilia,* des capitaux considérables engagés en Asie, et qui paraissaient compromis ou même perdus pour toujours. C'était la gêne pour beaucoup, la ruine pour quelques-uns. Les sénateurs ne furent pas les moins maltraités par ce *krach* italo-asiatique ; nous verrons la preuve certaine de la détresse de quelques-uns dans les lois sulpiciennes.

Les banquiers de Rome avaient sans doute fait face aux premiers besoins ; mais, pressés de rentrer, à l'échéance, dans les fonds avancés par eux à cette occasion ou même antérieurement, ils avaient voulu agir avec énergie contre leurs débiteurs. Ceux-ci avaient demandé des délais. Ils avaient fait même plus, et, suivant les conseils de leur misère, ils avaient

(1) Florus, III, 17.

tenté de faire appliquer à leurs créanciers les anciennes lois répressives de l'usure, tombées en ce moment en désuétude.

Le magistrat compétent, le préteur urbain Sempronius Asellio, paraissait disposé en leur faveur. C'en fut assez; on ne lui laissa pas le temps de rendre ses sentences. Le tribun Lucius Cassius se mit lui-même à la tête d'une troupe de ces financiers qui réclamaient leur payement; ils trouvèrent le préteur occupé à accomplir une cérémonie religieuse; ils se précipitèrent sur lui et le massacrèrent, encore revêtu des habits du sacrifice. Ils laissèrent son corps mutilé auprès du temple de la Concorde.

Jamais les auteurs de cet assassinat audacieux et sacrilège ne furent poursuivis. C'était l'œuvre de la vengeance des chevaliers menacés dans leur argent; on était sûr que jamais une condamnation ne serait prononcée, pour un pareil fait, par les tribunaux chargés de le juger (1).

Sans doute, pour profiter de la réprobation que dût produire cet événement dans le peuple, Plautius Silvanus proposa une loi qui offrait plus de garanties d'impartialité par le choix des juges, et, en effet, il la fit voter (665-89) (2). Les trois ordres étaient représentés dans les *quæstiones* nouvelles. Mais ce ne fut qu'un palliatif insuffisant. Les chevaliers restaient, en fait, les maîtres, dans les tribus, surtout dans les tribus rustiques et dans les municipes chargées de déléguer chacune leurs quinze jurés; ce fut sur leur désignation et, par conséquent, dans leurs vues, que les délégations furent faites, et les tribunaux restèrent, au fond, à peu près ce qu'ils étaient avant la réforme, tant il est vrai que partout les financiers dirigeaient tout. Il y avait là, certainement, plus qu'une influence morale; ce n'était pas la considération qu'ils inspiraient qui pouvait agir sur le peuple. Il y avait dans les masses encore, cette solidarité d'intérêts avec les publicains et leurs affaires, qui persistait, pour assurer à ceux-ci le pouvoir, tant que le peuple restait le maître de ses votes.

La loi Plautia ne fut abolie qu'en 674-80, par Sylla (3).

(1) Tite-Live, Epit. LXXIV; Belot, *Hist. des chev.*, p. 262; Mommsen, *Hist. rom.*, t. V, p. 237.

(2) Asconius, *In Cornel.*

(3) Asconius, *In Div.*; Cicéron, *Pro Cornelio*; Belot, *op. cit.*, p. 264.

Peu de temps après la crise financière et la loi *Plautia*, en 666-88, le tribun Publius Sulpicius Rufus proposa une loi que nous devons signaler, parce qu'elle visait dans sa première disposition la crise financière, dans la seconde, les jurys de publicains.

Il proposait d'abord de déclarer déchu de son titre tout sénateur qui aurait une dette supérieure à 2,000 deniers, soit 2,250 francs. Il voulait éviter ainsi, pour le Sénat sans doute, la déconsidération bruyante qui avait atteint les débiteurs insolvables sur lesquels la crise avait attiré l'attention du public. On ne peut s'expliquer que de cette façon, la mesure générale dirigée contre les sénateurs, pour une somme relativement si faible dans leur passif. On y voit, en même temps, la preuve que, malgré les lois et les préjugés, les sénateurs s'étaient laissé prendre dans les spéculations lointaines.

Dans la seconde proposition, Sulpicius Rufus demandait que l'on rappelât tous ceux qui avaient été condamnés par les anciennes *quæstiones* de chevaliers. Il comptait, sans doute, davantage sur les jurés choisis par la loi Plautia. Il se trompait, nous l'avons vu.

Il dut, au reste, le pressentir lui-même, car, dans une troisième disposition, il cherchait à modifier le vote dans les tribus, en faisant une nouvelle distribution des citoyens dans ces tribus et en admettant les affranchis à y voter.

Ces motions passèrent avec quelques difficultés, mais le temps des délibérations et des formes légales allait disparaître. Dans les luttes du Forum, on avait commencé par le bâton, on en venait désormais à l'épée et à l'invasion des légionnaires en armes. Il ne fallait rien moins que cela pour détruire la puissance des publicains et des financiers, qui avaient tout envahi.

§ 4. — *Consulat et dictature de Sylla* (665-89 à 675-79).

Les chevaliers et, par le fait même, les publicains, devaient rencontrer un adversaire redoutable, un ennemi hautain, implacable et sanguinaire. Ce qu'avaient vainement tenté Drusus et Plotius Silvanus par les procédés légaux, Sylla allait le réaliser par les proscriptions, les confiscations, les exécutions en masse, par le fer et le feu. Marius et Cinna durent s'effacer devant le tout-puissant dictateur, devant le représentant impitoyable de la réaction aristocratique.

Marius avait été nommé général de l'expédition d'Asie, dont Sylla convoitait le commandement (665-89). Pendant que le futur dictateur, à qui rien ne devait résister, guerroyait en Italie, à la tête d'une armée courageuse et dévouée, il apprit qu'il était éliminé par les intrigues de Sulpicius, au profit d'un rival préféré. Il s'adressa alors à ses soldats, il leur fit entrevoir les profits de la guerre d'Asie, où il avait compté les conduire; il rappela à la plupart d'entre eux, qui connaissaient déjà la riche province, ce qu'ils pouvaient espérer de succès et de butin dans l'expédition qu'on lui refusait, et les amena à Rome, prêts à tout tenter avec lui.

Pour la première fois, les murailles sacrées furent franchies par les légions en armes. Marius fut défait dans les rues mêmes de la ville; il prit la fuite. Il fut arrêté aux marais de Minturnes, devenus depuis lors légendaires, et relâché par les magistrats provinciaux, qui n'osèrent toucher au sauveur de la République, et qui respectèrent peut-être plus encore en lui, le représentant des chevaliers et des villes italiennes.

Sylla devint maître de Rome. Il prit, pendant cette première occupation du pouvoir suprême, des mesures relativement modérées, dont quelques-unes même étaient opportunes et sages. Il remit en vigueur certaines dispositions anciennes sur le maximum de l'intérêt (*Lex unciaria*, 666-88); créa des colonies; augmenta de trois cents membres, choisis à son gré, le Sénat; fit quelques modifications dans l'organisation des comices; prononça, bien qu'il n'en eût pas le droit, des condamnations à mort, notamment contre douze personnages considérables; augmenta la puissance législative du Sénat; mais il respecta, malgré tout, les éléments les plus essentiels du régime politique inauguré par les Gracques.

Il en resta là, pour la première partie de son œuvre de toute-puissance. Les financiers n'avaient pas tardé à reconnaître en lui un ennemi acharné. Ils firent échouer au consulat les candidats de son choix, lui opposèrent Cinna d'abord, Strabon ensuite. Malgré les dangers que pouvaient susciter à sa cause, dans la ville, ces deux adversaires déterminés, Sylla voulut, avant tout, réaliser les bénéfices de cette guerre d'Asie qui avait été le premier objet de sa marche sur Rome, et s'embarqua, en

effet, avec les légions fidèles, auxquelles il tenait ainsi ses pro-
messes, au commencement de l'année 667-87.

Après avoir abattu la coalition des Orientaux suscitée par
le puissant et habile roi de Pont, il s'efforça de reconstituer
les affaires des Italiens survivants du massacre par lequel la
guerre avait commencé. Aux impôts et aux charges dont nous
aurons à parler bientôt, et dont il frappa l'ennemi, il joignit
une indemnité de guerre de 20,000 talents. Il laissa à son lieutenant Lucullus la charge d'assurer tous les résultats de la victoire, et revint vers Rome (671-83).

Les troubles et les luttes armées s'étaient renouvelés dans
la cité, plus que jamais divisée. Cinna et Marius y étaient ren-
trés et y avaient inauguré la terreur, par le massacre en masse
des notables du parti aristocratique. Cinna pendant son passage
au pouvoir avait supprimé toutes les dispositions apportées
par Sylla. Hostile au parti des nobles, et favorisant celui des
Italiens, il prenait des mesures de précaution contre Sylla lui-
même et ses partisans, lorsque celui-ci s'annonça par une lettre écrite au Sénat.

Après une véritable guerre entre armées romaines, Sylla
rentrait à Rome, en 672-82, comme maître et comme dictateur
tout-puissant.

Sylla détestait les chevaliers autant que cette bourgeoisie
des municipes italiens, d'où ils tiraient leur origine. Il porta
au milieu des villes italiennes la dévastation et la mort ; il en
détruisit plusieurs, il ravagea leur territoire. A Rome, il dressait, en 673-81, ses listes de proscription. Deux mille six cents
chevaliers, suivant certains historiens, un bien plus grand nombre, suivant d'autres, furent chassés ou tués, leurs biens confis-
qués au profit des amis du maître (1). Le sang des adversaires,
citoyens de toutes classes et soldats, coula à flots dans les
rues. C'était la violente réponse aux massacres de Marius.

Mais il fallait assurer l'avenir, et Sylla ne manqua pas de
faire aussi, dans ce but, ses lois judiciaires. Rien ne le pres-
sait à cet égard. Pour le moment, sa justice sommaire et ex-
péditive suffisait à tout.

Nous parlerons plus bas de la loi judiciaire Cornelia ;
parcourons d'abord les actes accomplis directement contre les

____

(1) Cicéron, *Epist. ad Quint. fratr.*, I, 1.

publicains en personne, ou contre leurs œuvres, soit pendant le premier consulat, soit à l'époque de la dictature.

D'abord, Sylla frappa ce qui restait de l'ordre équestre dans sa vanité, en lui retirant les places qui, depuis les Gracques, lui avaient été réservées dans les fêtes publiques.

Il attaqua aussi les publicains au cœur, c'est-à-dire dans leurs spéculations; car il essaya de leur enlever l'entreprise des impôts de l'Asie. Dans ce but, il chargea la province de lever elle-même ses impôts.

Mais il dut reconnaître qu'on ne peut pas procéder aussi sommairement, en pareille matière. Plus les impôts sont durs, plus il est nécessaire que le temps et l'habitude aient fait accepter le mode de perception une fois établi. Or, Sylla n'entendait pas diminuer les charges de la province; bien au contraire. Il fut obligé d'en revenir aux publicains, comme on dut le faire plus tard encore, sous César. « *Pendere ipsi vectigal sine publicano non potuerunt, quod iis æqualiter Sylla descripserat,* » dit Cicéron (1). Ce furent les habitants des villes de l'Asie qui, lassés des abus de leurs compatriotes devenus agents du fisc, demandèrent eux-mêmes qu'on leur rendît les publicains, à titre de moindre mal.

Les révolutionnaires agissent ordinairement avec plus de force que de réflexion ou de combinaisons prudentes. Nous l'avons observé pour les Gracques. De même, M. Belot remarque que « Sylla manqua de prévoyance et de logique (2). Ce fut lui-même qui, sans le vouloir, livra l'Asie à l'avidité des publicains. Il exigea des Asiatiques l'impôt de cinq années, vingt mille talents ou à peu près cent millions de francs. Les malheureux Grecs devaient ou contribuer ou emprunter. Or, ils n'avaient pas parmi eux de chefs capables d'opérer une pareille recette. Il leur fallut donc recourir aux seuls grands capitalistes d'alors, aux publicains. Ainsi, l'on peut dire de Sylla ce que Tacite a dit de Pompée, qu'il fut le destructeur de ses propres lois. »

Au bout de quatorze ans la somme avait sextuplé. Les villes furent obligées de vendre les édifices publics, les objets d'art;

(1) Valère-Maxime, IX, 2, 1; Appien, *G. civ.*, I, 95; Florus, 2, 9; Plutarque, *Sylla*, 31; Cicéron, *Ad Quint.*, I; Mommsen, t. V, p. 351.
(2) *Loc. cit.*, p. 178.

les contribuables, à leur tour, furent aussi obligés de tout vendre, même leurs enfants, comme nous le verrons, pour acquitter une partie de leur dette envers les publicains devenus banquiers (1).

Toutes les révolutions, même celles qui étaient dirigées contre les hommes de finance, continuaient donc à tourner, en définitive, à leur profit. Sylla lui-même ne parvenait pas à s'en défaire, il était condamné à les subir.

Dans cette lutte séculaire, l'aristocratie d'argent s'était substituée de plus en plus à ce que l'ordre sénatorial gardait encore de l'antique patriciat. Elle était devenue un des ressorts essentiels de la République romaine.

L'aristocratie des riches et des financiers est parfois plus supportable au peuple que l'autre, parce qu'elle est habituellement moins hautaine, moins fière, et en tout cas plus accessible. Mais dominée par le mobile de l'intérêt, qui ne représente, dans de pareilles conditions, que les jouissances de la vanité et le plaisir ; sans vertu, sans traditions, sans liens de cohésion avec les autres et avec elle-même, elle ne saurait être une force de conservation sociale. Elle ne peut pas être, comme les aristocraties familiales l'ont été parfois, un agent solide de gouvernement ; elle est plutôt un élément de dissolution, par sa morale qui est celle du droit de jouir, par son scepticisme, par son absence de principes, et par les funestes convoitises qu'elle développe naturellement autour d'elle. C'est pour cela, en regardant au fond des choses, que Montesquieu pouvait dire, autant en noble de race qu'en philosophe et en historien, « une pareille chose détruisit la République romaine. »

Sylla abdiqua en 675, après avoir exercé un pouvoir aussi absolu que violent ; mais ses œuvres lui survécurent quelque temps encore. « Il put bien quitter volontairement la souveraine puissance, mais il ne put empêcher l'effet du mauvais exemple. Chacun voulut dominer, » a dit Bossuet (2).

Il avait songé d'ailleurs lui-même à l'avenir, nous l'avons dit, et pour consacrer sa conquête, suivant la coutume, il avait fait une loi judiciaire, cette fois, au profit du Sénat. On a osé dire que, s'il l'eût faite plus tôt, il aurait pu ne pas assumer la

______

(1) Voy. *infra*, chap. III, sect. I, § 6.
(2) Bossuet, *Discours sur l'histoire universelle*, 9ᵉ époque.

responsabilité de ses crimes, parce que les sénateurs, sous les formes de la justice et avec son appui, n'auraient pas manqué d'accomplir la lugubre besogne qu'il réalisa seul. C'est, du moins, Cicéron qui l'affirme (1); et cela peut nous indiquer à quel degré s'étaient excitées les passions et les haines qui se poursuivaient entre les divers ordres de citoyens, avec l'aide des tribunaux et des lois dites de salut public.

Dans l'administration de la justice, la loi Cornélia donna aux sénateurs seuls le jugement des causes publiques, c'est-à-dire de celles où s'exerçait en réalité la direction des affaires de l'Etat. On ne laissa aux autres classes de citoyens que le jugement des affaires privées (2).

Il faut cependant remarquer que Sylla, soit pour répondre aux besoins du service, soit pour se faire des partisans plus nombreux et plus dévoués au Sénat, avait créé trois cents nouveaux sénateurs, c'est-à-dire qu'il avait doublé le personnel de cette assemblée. Ces nouveaux sénateurs avaient été empruntés à l'ordre des chevaliers ; mais ils avaient sans doute été bien choisis dans l'esprit de la politique dictatoriale. Le questeur tirait au sort le nom des juges pour chaque *quæstio*.

Les abus d'influences traditionnels et la vénalité ne manquèrent pas d'apparaître, dans les nouvelles juridictions. D'ailleurs, le dictateur avait détruit tous les moyens d'appel ou de contrôle. Le tribunat avait été désarmé, la censure fut supprimée de 668-86 à 684-70.

C'est à ces juges de l'ordre sénatorial eux-mêmes, que Cicéron osa dire pour les ramener à la pudeur. « Le peuple romain apprendra de moi... pourquoi depuis que les tribunaux ont passé à l'ordre des sénateurs et que le peuple romain a perdu le pouvoir qu'il exerçait sur chacun de nous, Q. Calidius a dit, après sa condamnation, qu'on ne pouvait honnêtement condamner un ancien préteur pour moins de trois millions de sesterces ; pourquoi, lors de la condamnation du sénateur Septimius pour crime de péculat, on fixa l'amende qu'il devait payer, d'après les sommes qu'il avait reçues comme juge ; pourquoi dans le procès de C. Herennius et dans celui de C.

<hr>

(1) Cicéron, *Pro Cluentio*, LV.
(2) Voy. l'énumération des lois cornéliennes dans Smith, *Dict.*, vº *Leges Corneliæ*. Mommsen, *Hist. rom.*, t. V, p. 375 et suiv.

Popilius, tous deux condamnés pour péculat, et dans celui de M. Atilius, condamné pour crime de lèse-majesté, il fut prouvé jusqu'à l'évidence qu'ils avaient reçu de l'argent pour prix de leurs sentences ; pourquoi il s'est trouvé des sénateurs qui, sortis de l'urne que tenait Verrès, alors préteur de Rome, allaient aussitôt condamner un accusé sans l'entendre ; pourquoi il s'est trouvé un sénateur qui, étant juge, reçut de l'argent, dans une même cause, et de l'accusé pour le distribuer aux autres juges, et de l'accusateur pour condamner l'accusé (1). »

Nous avons reproduit ce passage de Cicéron, quoiqu'il n'y soit pas directement question des publicains, parce que nous y voyons du moins, ce que l'amour de l'argent avait fait de cette société romaine, jusque dans les plus hautes sphères.

Au surplus, les publicains étaient toujours, de près ou de loin, mêlés à ces trafics ; nous allons en voir la preuve, en examinant de près le monde de la province tel que nous le décrivent les *Verrines*, dans d'intéressants détails. Ils se sentent assez forts pour braver les tribunaux de sénateurs. Ils ont perdu le pouvoir judiciaire, mais ils ont gardé l'argent, base de leur puissance et savent s'en servir, pour rester encore les maîtres devant les nouvelles juridictions. Les paroles que nous venons de rapporter n'en témoignent que trop clairement. Ils conservent, d'ailleurs, l'espérance d'un retour dans les formes ; et Cicéron argumente sans cesse, devant les *quæstiones* des sénateurs, en les menaçant de se voir enlever la judicature, s'ils ne se montrent pas à la hauteur de leur tâche (2). Les financiers n'ont pas désarmé.

----

(1) Cicéron, *Verr.*, act. II, lib. I, n° XIII. Cicéron parle, dans ce passage, de l'intégrité des anciens tribunaux de chevaliers, comme s'il croyait à cette intégrité. On a pu voir ce qu'il faut penser de ce procédé d'avocat, sans scrupule pour ses moyens de plaidoirie. « *Cognoscit ex me populus Romanus, quid sit quamobrem, quum equester ordo judicaret, annos prope quinquaginta continuos, nulla (judice equite Romano judicante) ne tenuissima quidem suspicio acceptæ pecuniæ ob rem judicandam constituta sit.* » Cela, du reste, pouvait être matériellement vrai. Les chevaliers réalisaient assez de bénéfices, par les conséquences de leurs abominables jugements, pour qu'on n'ait pas eu besoin de leur payer ces jugements.

(2) Cicéron, *Verr.*, act. 1, n°ˢ VIII, XVI, XVIII : « *Sed nos non tenebimus judicia diutius... alium ordinem ad res judicandas arbitrabuntur... Suscipe causam judiciorum.* » Act. II, liv. III, n° XCVI : « *Quod si ita est, quid possumus contra illum prætorem dicere, qui quotidie tem-*

§ 5. — *Les publicains de Sicile et Verrès* (679-75).

Quoique les discours contre Verrès soient fort connus, et aient été très souvent analysés, nous ne pouvons nous dispenser de nous y arrêter. Cicéron était juriste en même temps qu'orateur, et c'est dans ses œuvres que l'on trouve les documents les plus exacts sur le Droit spécial à son époque ; les compilations de Justinien ne peuvent plus nous en donner qu'une faible idée.

Cela est vrai surtout, pour les institutions supprimées, à peu près complètement, par le temps et la politique, comme celles que nous étudions en ce moment.

Or, les *Verrines* nous font voir, avec de curieux détails qui n'ont guère été étudiés, la vie des publicains collecteurs d'impôts, dans l'une des plus intéressantes provinces romaines, la Sicile. On y aperçoit de nombreuses compagnies vectigaliennes à l'œuvre, dans les meilleures conditions possibles, pour réaliser leurs abus. Elles y procèdent, d'accord avec le magistrat qui, chargé de les surveiller et de réprimer leurs excès, se sert d'elles, au contraire, comme du moyen le plus commode et le plus sûr d'exercer ses propres rapines.

On sait que Verrès avait été envoyé comme préteur en Sicile en 679-75. Pendant les trois ans que dura sa magistrature, il commit toute espèce d'abominations. Il avait la soif de l'or, tous les vices de son temps, et la passion des objets d'art. Etait-ce une tendance naturelle, ou subissait-il simplement, sur ce dernier point, par vanité, l'influence de la mode qui poussait les Romains vers la littérature, la philosophie, les mœurs, le langage, et les arts de la Grèce ? C'est ce qu'il est difficile de savoir (1). Ce qui est certain, c'est que Cicéron avait consacré une de ses *Verrines*, spécialement aux vols des objets d'art de tous genres, enlevés par Verrès à la Sicile (*de signis*) ; et qu'après avoir subi vingt-quatre ans d'exil, à son

---

plum tenet, qui rempublicam sistere negat posse, ni ad equestrem ordinem judicia referantur ? »

(1) Verr., act. II, lib. IV, n° I : « *Venio nunc ad istius quemadmodum ipse appellat studium ; ut amici ejus, morbum et insaniam ; ut siculi latrocinium : ego, quo nomine appellem, nescio.* »

retour à Rome, le même Verrès fut de nouveau proscrit par Antoine, pour avoir refusé de céder au puissant triumvir, de beaux vases de Corinthe.

Pour satisfaire ses désirs, il s'était habitué à ne reculer devant rien; la vie des autres ne comptait pas pour lui; Cicéron le prouvait à ses juges, dans la *Verrine* qu'il consacrait à la dénonciation de ses forfaits sanguinaires. Mais ce n'est pas à cela que nous voulons nous arrêter. Ce sont les affaires d'argent qui nous intéressent.

Justement, ce furent les banquiers de Syracuse qui osèrent accuser Verrès et le traduire devant les *quæstiones* pendant qu'il était encore dans l'exercice de son pouvoir.

C'est qu'en effet, Verrès a eu souvent affaire avec les banquiers et les publicains, et c'est dans ses rapports avec ceux-ci, qu'il nous importe de le suivre. Il était le complaisant d'abord, il devint bientôt le complice et le bénéficiaire de leurs dilapidations.

En violant pour eux et avec eux tous les principes de l'honnêteté, de la justice, des lois et des coutumes de sa province, il a fourni à son accusateur l'occasion de nous transmettre de précieuses indications sur ces coutumes et ces lois. C'est ainsi que, pour établir par analogie ce qui devait être ailleurs et que nous ne connaissons pas, il nous sera possible d'indiquer, à peu près, ce que furent au temps de Verrès en Sicile, la législation, et les principales dispositions relatives aux finances.

Nous ferons une sorte de tableau d'ensemble, incomplet assurément, et auquel manqueront les couleurs et la vie d'un admirable original nécessairement très réduit, mais nous pourrons ainsi représenter, sous une forme concrète et réelle, ce que nous ne pouvons étudier ailleurs que dans des faits historiques épars et détachés, ou dans les détails disséminés des règles d'un droit peu connu.

Quoiqu'il fût admis, en fait, que le gouvernement d'une province fut un moyen tout naturel de faire fortune, les magistrats y mettaient ordinairement, sans doute, un peu plus de réserve que Verrès, et se montraient moins larges, soit pour eux-mêmes, soit surtout pour les publicains placés sous leur autorité.

Faut-il aller jusqu'à dire, avec Cicéron, dans la seconde

Verrine, que cette alliance odieuse que nous allons voir entre publicains et magistrats, fut un fait exceptionnel? Nous savons bien que non. Et cependant le grand orateur disait : « C'est porter une accusation grave et véhémente, et inouïe depuis qu'existent les poursuites *de repetundis*, que d'inculper un très grave préteur du peuple romain d'avoir fait société avec les publicains (1). » Il disait évidemment le contraire de la vérité, au moins pour l'époque où les tribunaux appartenaient aux chevaliers. Cicéron lui-même, redevenu plus sincère, le déclare dans un autre passage des mêmes *Verrines* que nous avons déjà cité (2).

Les magistrats faisaient trop rapidement d'immenses fortunes en province, pour se montrer fort scrupuleux sur le choix des moyens. Celui-ci était si commode et si naturel qu'il dut être employé quelquefois, et qu'il devint probablement ordinaire. Cicéron lui-même, préteur en Cilicie, n'a pas dû être toujours très farouche contre des hommes qu'il flatte à tout instant dans ses discours et auxquels il ne cesse de s'intéresser auprès de sa famille et de ses amis dans ses lettres (3). Du moins il agissait *salvis legibus* ; et quelques-uns de ses collègues devaient rester dans leurs rapports avec Rome, comme lui, dans la légalité; c'est un soin que Verrès et bien d'autres, sans doute, ne se donnèrent même pas.

Voyons d'abord de quoi se composent les textes de la législation en Sicile ; nous entrerons, ensuite, dans les détails de ce que ces dispositions contenaient d'intéressant pour nous sur les juridictions, la procédure, les moyens de preuve et l'exécution.

1° *Législation sicilienne. Actes de gouvernement. L'édit. Les lois. La lex Censoria.* — Le premier acte d'un magistrat arrivant en province devait être, on le sait, de publier son édit (4).

(1) « *Grave crimen est hoc, et vehemens, et post hominum memoriam, judiciaque de pecuniis repetundis constituta, gravissimum prætorem populi Romani socios habuisse decumanos.* »

(2) Cicéron, *Verr.*, act. II, lib. III, n° XLI.

(3) Voy. d'Hugues, *Une province romaine sous la République.* Cicéron, *Ad attic.*, XI, I; *Ad familiares*, V, 20.

(4) On sait quelle est l'importance du rôle de l'édit provincial, dans l'histoire de la formation du droit romain. Il serait déplacé d'en faire ici

C'était un acte de puissance propre, puisque l'édit pouvait suppléer aux lois et les corriger.

Le gouverneur avait aussi droit de vie et de mort sur les habitants de la province; il pouvait, en outre, imposer des taxes de son chef (1) pour les besoins de son gouvernement ou pour ceux de la République.

Les gouverneurs avaient donc un pouvoir mal défini, mais qui ne devait pas pourtant s'exercer sans limites. En fait, ils avaient d'ordinaire à compter avec les lois et les coutumes locales ou générales, et aussi avec les personnes, notamment avec les publicains. C'est pour cela surtout que Laboulaye dit : « Impuissant pour le bien, le gouverneur était tout-puissant pour le mal; les provinciaux souffraient seuls de ses rapines, tout lui était permis, et pourvu qu'il partageât avec les publicains, il n'avait rien à craindre (2). »

Il pouvait se faire, cependant, que l'intérêt ou les circonstances suscitassent un accusateur à Rome, et alors il fallait bien que l'on se préoccupât des limites de sa puissance, en jugeant ses actes après coup. C'est ce qui arriva à Verrès, après beaucoup d'autres, et ce qui put s'exercer avec un peu plus de chances de succès, même à l'encontre des publicains, lorsque ceux-ci cessèrent d'être leurs propres juges, depuis Sylla. Mais dans trop de cas, les moyens préventifs, ou même les obstacles les plus nécessaires contre les redoutables abus de cette puissance, semblaient ne pas exister entre les mains de l'Etat.

Il faut le dire, pour le malheur de la république romaine, l'absence d'un pouvoir exécutif supérieur et persistant, ne fût-ce que quelques années, comme est celui de nos présidents de républiques modernes, était une cause de désordres. C'est ce qui permettait aux magistrats des écarts que ne pouvaient suffire à réprimer avec esprit de suite et régularité, ni le con-

l'apologie ; mais nous pouvons rappeler qu'il a été l'un des plus remarquables éléments de progrès dans les lois civiles de l'époque classique.

(1) Cicéron, *Pro Flacco*, XIV : « *In quo igitur prætoris erit diligentia requirenda? In numero navium et in descriptione æquabilis sumptus? Dimidium ejus quo Pompeius erat usus imperavit. Num potuit parcius? Descripsit autem pecuniam ad Pompeii rationem quæ fuit accommodata L. Sullæ descriptioni : Qui cum omnes Asiæ civitates pro portioni pecunias descripsisset,* » etc.

(2) Laboulaye, *loc. cit.*, p. 177.

trôle des autres magistrats, ni le droit d'accusation publique, ni la responsabilité au sortir des charges, ni même l'esprit politique d'un Sénat qui allait d'ailleurs en s'affaiblissant, à mesure que les affaires de l'Etat devenaient plus difficiles et plus complexes.

A cet égard encore, s'était manifestée de bonne heure la disproportion toujours croissante que nous avons signalée, entre la vieille constitution de la petite cité, et les développements inouis du monde romain qu'elle était appelée à régir.

Le respect des traditions s'était mieux conservé dans la forme des institutions que dans les mœurs ; c'est le contraire qui eût été préférable.

On frémit d'horreur, au spectacle des supplices de toute nature que Verrès faisait subir, non seulement aux provinciaux, mais encore aux citoyens romains, aux chevaliers, aux banquiers les plus en renom, aux commerçants, aux commandants des navires de passage dans les ports de Sicile, aux hommes les plus honorables établis dans cette province, pourtant si voisine de Rome et si appréciée (1).

Ces mots fameux : *Civis Romanus sum*, répétés par les victimes pendant leurs supplices, n'avaient jamais ému Verrès, qui poussait jusqu'au raffinement le plus cruel et le plus méprisant, pour l'Etat et ses lois, le choix des peines. Il avait fait placer les croix destinées aux citoyens, en face des rivages italiens, pour augmenter les angoisses des crucifiés, et montrer qu'il bravait lui-même toute autorité (2).

Comment ces cruautés et ces rapines sanguinaires, qui frappaient sans distinction, sur les provinciaux et sur les citoyens romains tous les jours, se sont-elles multipliées et prolongées pendant trois années, si ce n'est par le vice d'une constitution à laquelle manquait le pouvoir dirigeant et durable, que l'aristocratie avait radicalement supprimé, en vue de ce qu'elle appelait la liberté, et qui n'était autre chose que sa propre domination dans l'oligarchie.

Or, qui pourrait douter, lorsque de pareils brigandages étaient possibles à un gouverneur, que celui qui les commettait ait dû violer des lois moins nécessaires à la justice et d'un

____

(1) *Verr.*, act. II, lib. **V**, nᵒˢ LV et LVII.
(2) *Verr.*, act. II, lib. **V**, nᵒ LXVI.

ordre moins élevé, quand il y trouvait un plaisir, ou un intérêt, ou une satisfaction quelconque?

On ne saurait imaginer la diversité des moyens employés par Verrès, en toute circonstance, pour réaliser même les plus petits bénéfices, sans préjudice des exactions les plus énormes. L'occasion se présentait naturellement à lui dans le mouvement des finances publiques, et il se montra, en cette matière, aussi ingénieux et aussi bassement cupide que partout ailleurs.

Il se fit connaître immédiatement sous ce jour, dans l'exercice de son pouvoir législatif; et c'est pour cela que nous en parlons ici.

Malgré l'étendue du *jus edicendi*, il est évident que le magistrat devait respecter, dans cette œuvre à la fois législative, judiciaire et exécutive, non seulement les règles de la morale et de l'ordre public, mais encore les mesures politiques, financières ou administratives générales prises par le gouvernement central. Sans cela, le pouvoir de l'Etat n'eût été qu'un fantôme, et l'unité dans la direction du gouvernement eût été impossible. Cicéron nous indique que c'est bien ainsi qu'il en était, en effet, par les reproches qu'il adresse à Verrès à ce sujet : « De ton chef, sans ordre du peuple, sans l'autorité du Sénat, tu changes les lois de la province, je te blâme et je t'accuse pour cela (1). »

On voit, par là, que la législation de la province se composait de l'édit très puissant par lui-même, mais dans les limites qu'indiquent la raison et le texte de Cicéron et, en outre, sauf le respect dû aux usages et aux lois.

Qu'était-ce donc, pour la Sicile, que ce droit inviolable, ces droits de la province, qu'on ne pouvait changer sans l'ordre du peuple ou l'autorité du Sénat? Les *Verrines* nous fournissent

______

(1) C'est dans le même ordre d'idées que Cicéron indique les dispositions contraires à l'ordre public, comme ne pouvant pas figurer dans l'Etat, quelle que fût la puissance législative du préteur à cet égard. Ainsi, la non rétroactivité de la loi en matière criminelle est un principe fondamental que l'édit ne saurait violer sans une nécessité absolue : « *In lege non est : fecit, fecerit.* » — Cicéron, Verr., act. II, lib. I, nᵒˢ XLI et XLII. — Voir aussi Cicéron, Verr., act. II, lib. III, nᵒ VII et suiv. : « *Tua sponte, injussu populi, sine senatus auctoritate, jura provinciæ Siciliæ mutaris, id reprendo, id accuso.* »

quelques indications précises et intéressantes à cet égard. Outre les dispositions communes à toutes les provinces qui restaient applicables partout, et que nous fixerons plus tard à l'égard des manieurs d'argent, il y avait d'abord la *Lex provinciæ* qui était ordinairement faite pour chacune des provinces conquises, et qui se confondait le plus souvent avec le traité de paix établissant les conditions de la conquête (1).

Il y avait aussi les lois spéciales ou les sénatus-consultes édictés pour la province; nous en trouverons bientôt en matière d'impôts et de juridiction pour la Sicile.

Il y avait enfin, spécialement pour les publicains, en province comme à Rome, la *Lex Censoria*, le cahier des charges qui liait l'Etat envers les adjudicataires et réciproquement, et que le gouverneur devait naturellement respecter, comme les lois proprement dites.

Voilà l'ensemble du droit sicilien dans ses documents.

En jetant un coup d'œil sur le contenu de cette législation provinciale, nous ne nous occuperons évidemment que des dispositions se rattachant à notre matière. Nous y trouverons, en première ligne, celles qui règlent le régime de l'impôt; c'est ce dont nous parlerons tout d'abord.

2° Régime des impôts en Sicile. Les Decumani. — Il y avait en Sicile de nombreuses compagnies de publicains. Il y en avait plusieurs pour l'impôt sur les récoltes du blé, de l'orge ou des autres produits du sol; il y en avait pour les douanes (*portoria*); pour l'exploitation des pâturages publics (*scripturæ*); pour le transport des blés nécessaires à l'alimentation de Rome; et certainement il y en avait d'autres, auxquelles étaient adjugés les grands travaux publics.

Souvent la même compagnie réunissait en ses mains plusieurs entreprises. C'est ce que nous verrons se produire pour l'impôt sur les récoltes et sur les douanes et les *scripturæ*, notamment à Syracuse. Mais nous n'avons dans les *Verrines*, rien de spécial aux adjudications de travaux publics dans la province; c'est pourquoi nous ne parlerons que des adjudicataires de l'impôt, sous ses diverses formes.

(1) Tite-Live, I, 17. Denys d'Halicarnasse, II, 57. Voy. quelques détails historiques à ce sujet : d'Hugues, *op. cit.*, p. 18.

Or, il est certain que tout en maintenant les mêmes règles générales, on traitait avec plus ou moins de rigueur les provinces, suivant que Rome avait eu plus ou moins de peine à les soumettre. Dans chaque province, on faisait même parfois des différences entre les villes et les régions, pour le régime des personnes et des biens, et aussi pour la répartition des charges publiques ou des impôts, et c'est ce que nous voyons se produire, d'une manière très marquée, en Sicile (1).

L'impôt sur les diverses récoltes du sol était l'un des plus importants. Les publicains chargés de le percevoir s'appelaient les *decumani*; c'était les publicains de choix, nous en avons dit la raison; c'est sur eux principalement que nous trouverons des renseignements dans les *Verrines*.

Ici encore, nous laisserons de côté les détails de droit, et certains points controversés et bien connus depuis longtemps; nous retrouverons tout cela, si nous nous occupons de l'objet des entreprises des publicains, dans une seconde partie de notre étude ; nous continuons ici à nous placer au point de vue plus général de l'histoire.

Parmi les diverses régions de la Sicile, il en était de très favorablement traitées. Cinq villes avaient été déclarées exemptes d'impôts (*sine fœdere immunes*). Pour deux autres, les impôts n'avaient pas été mis en adjudication. Ailleurs, à Halicye, par exemple, les résidents étrangers payaient l'impôt des céréales, tandis que les indigènes en étaient dispensés (2). Enfin, on avait accordé à l'île tout entière cette faveur de rester, pour la perception de l'impôt, sous l'autorité de la loi qui lui était appliquée avant la conquête, la loi sicilienne d'Hiéron. Cicéron reproche formellement à Verrès de n'avoir pas respecté cette loi (3).

Ce qui nous paraît plus exceptionnel et plus favorable encore, dans cette législation fiscale, c'est que l'adjudication de

(1) Cicéron, *Verr.*, act. II, lib. III, n° VI.

(2) *Verr.*, act. II, lib. III, n° VI et XL.

(3) *Verr.*, act. II, lib. III, n° VII : « *Tu homo minimi concilii, nullius auctoritatis injussu populi ac senatus, tota sicilia recusante, cum maximo detrimento atque ideo exitio vectigalium totam Hieronicam legem sustulisti.* » Une étude spéciale de cette loi a été publiée en Allemagne par H. Œgenkolb, *Die lex Hieronica und das Pfändungsrecht der Steuerpächter.* Berlin, 1861.

la ferme de l'impôt sur les récoltes, qui aurait dû se faire à Rome comme toutes les autres, se faisait sur les lieux mêmes, en Sicile, et d'après les anciens usages. Ainsi, les indigènes pouvaient se rendre plus facilement adjudicataires, et, en fait, ce furent quelquefois les villes elles-mêmes qui se chargèrent de la perception de leurs propres impôts (1). Ce procédé fut employé dans d'autres provinces, et notamment il fut expérimenté dans l'Asie Mineure. C'est là que se réglait la *lex Censoria*, le cahier des charges qui devenait la loi des adjudicataires.

Dans certaines provinces, notamment dans les provinces espagnoles et carthaginoises, on établissait un impôt fixe, *vectigal certum*; en Asie, la *locatio censoria* était réglée, à cette époque, par la loi Sempronia; en Sicile, le procédé était le plus supportable de tous, l'impôt étant proportionnel. C'était le dixième de la loi d'Hiéron, que l'on avait conservé (2).

Enfin, l'appréciation des récoltes pour la fixation des dîmes à prélever, était établie par des censeurs élus par les Siciliens eux-mêmes, et que ceux-ci choisissaient de façon à ce que la répartition se fît de la manière la moins vexatoire et la plus équitable (3).

En ce qui concerne le régime fiscal, la Sicile était donc aussi bien partagée que possible. C'était une loi sicilienne qui réglait les bases de la perception, et le règlement des détails s'y faisait dans un cahier des charges qui, rédigé en Sicile, devait s'inspirer de l'esprit et des besoins locaux, beaucoup mieux que s'il eût dû, comme ailleurs, arriver tout fait de Rome, avec l'adjudicataire et ses nombreux acolytes.

Il n'en était assurément pas partout ainsi. Cicéron dit que la Sicile est la seule province qui n'ait pas la haine des publicains et des *negotiatores*. C'était, sans doute, par suite des ef-

(1) Cependant, en 679-75, les consuls firent transporter par exception, à Rome, l'adjudication des dîmes de l'huile, du vin et des petits légumes de Sicile (Cicéron, *De Republ.*, III, 6; *Verr.*, act., II, lib. III, n° vii).

(2) *Verr.*, act. II, lib. III, n° vi.

(3) *Verr.*, act. II, lib. III, n° liii : « *Jam vero censores quem ad modum in Sicilia isto prætore creati sint, opere pretium est cognoscere. Ille enim est magistratus apud Siculos, qui diligentissime mandatur a populo, propter hanc causam, quod omnes Siculi ex censu quotannis tributa conferunt : in censu habendo potestas omnis æstimationis habendæ summæque faciundæ censori permittitur.* »

fets de cette législation bienveillante, avant le passage de Verrès.

Au surplus, il ne faut pas s'étonner de ces faveurs, qui avaient un caractère exceptionnel, fort probablement. La Sicile était une des provinces les plus rapprochées de l'Italie, par la situation géographique, aussi bien que par les mœurs. La civilisation avait passé sur ce sol pour venir de la Grèce à Rome, et c'est sur cette île féconde et de relations sûres, que les Romains eux-mêmes avaient souvent trouvé un appui dans leur lutte avec Carthage et les rois africains. La Sicile fournissait d'immenses quantités de blé pour l'alimentation de Rome.

L'impôt était levé en nature par les *decumani*, et expédié par eux à la ville ou aux armées ; c'était un premier dixième de la récolte ; on y ajoutait un second dixième acheté par les soins du préteur. La Sicile fournissait ainsi annuellement à Rome 6,800,000 *modii*, c'est-à-dire 586,958 hectolitres, composés de la dîme imposée, de la dîme achetée à 7 fr. 15 l'hectolitre, plus de 69,054 hectolitres achetés à 10 francs, prix fixé par le Sénat, et assez rémunérateur pour cette époque (1).

C'est à peine si nous avons besoin de dire que Verrès exerçait ses prélèvements sur chacune de ces redevances. Nous allons en parler plus bas avec Cicéron.

Le grand orateur nous fournit aussi des renseignements intéressants sur l'impôt des douanes. La Sicile avait à cet égard des règles propres, comme la plupart des autres provinces. Cet impôt a été fort savamment étudié à plusieurs reprises. Verrès en avait largement mésusé, comme de tout le reste ; nous allons avoir l'occasion de le démontrer.

3° *Juridiction et compétence au point de vue des sociétés de publicains.* — La Sicile avait aussi obtenu de Rome des règles spéciales, relativement à la constitution des juridictions civiles.

Nous avons déjà dit quelques mots des juridictions devant lesquelles Verrès fut poursuivi lui-même à Rome ; elles étaient

____

(1) Belot, *Hist. des chev.*, p. 173. — Une grande partie de ce blé était destinée aux distributions gratuites ou à prix réduits, inaugurées par les Gracques. — Voy. la note de M. Belot, *loc. cit.* — *Verr.*, act. II, lib. III, n° LXX.

encore composées, en 675-79, de sénateurs, conformément aux lois établies par Sylla. Cette circonstance, il faut le dire, n'avait pas rendu Verrès plus tendre ni plus circonspect envers les sénateurs qui devaient être ses juges. Cicéron, qui sait l'importance des préoccupations de cette nature, le lui reproche sous la forme d'une observation de simple bon sens et s'étonne de son imprudence : « *Tu sic ordinem senatorium despexisti... tamen ad ejusdem ordinis te judices esse venturum* (1). »

Mais ce sont les tribunaux dont les publicains eux-mêmes étaient justiciables, dans leurs rapports avec les contribuables, qui nous intéressent spécialement ici : les juges des actions privées signalées au Digeste.

Nous voyons dans la seconde *Verrine*, au livre II, spécialement consacrée aux abus commis par les actes de justice, que ces tribunaux impliquaient les deux éléments normaux de la justice civile, *magistrat* et *judex* ; mais une loi spéciale avait réglé, pour la Sicile, le choix des juges, et elle contenait même une disposition particulière aux *decumani*. C'était la loi sicilienne d'Hiéron qui devait être appliquée pour la composition des tribunaux, comme pour le mode de perceptions, conformément aux règles suivies avant la conquête (2).

Probablement, dans les autres provinces, le choix des juges était laissé à l'appréciation du préteur, sans qu'il y eût de règles spéciales aux procès où les publicains étaient intéressés. Il en était autrement en Sicile. Or, sur ce point, comme pour tous les détails de sa vie administrative, Verrès avait agi à sa guise. *Tu ausus es*, lui dit Cicéron, *pro nihilo præ tua præda tot res sanctissimas ducere* (3)?

Verrès, contrairement à la loi de Hiéron qu'il eut dû appliquer, prenait, pour en faire des juges, les gens les plus déconsidérés et les plus tarés de son ignoble suite.

La Sicile bénéficiait, à cet égard, d'une autre disposition spéciale, que le préteur ne respectait pas davantage. « Il existait, » dit Cicéron, « une loi Rupilia donnée par P. Rupilius,

---

(1) Cicéron n'oublie pas, quant à lui, qu'il plaide devant des juges sénateurs, et, pour les besoins de sa cause, il n'a aucun scrupule, cette fois, à maltraiter les chevaliers et les publicains dans un passage que nous avons rapporté plus haut.

(2) *Verr.*, act. II, lib. II, n° XIII.

(3) *Verr.*, act. II, lib. II, n° XVI, et lib. III, n° XI.

en vertu d'un sénatus-consulte, sur l'avis de dix députés, observée en Sicile par tous les consuls et les préteurs. Verrès déclara qu'il ne tirerait point les juges au sort comme le voulait la loi Rupilia ; il en donna cinq, choisis à son gré (1). »

« En présence des juges de ton choix, que feront ces pauvres laboureurs ? » s'écrie l'orateur (2).

Nous ne pouvons pas nous étendre ici, sur la manière dont les tribunaux ainsi composés durent rendre la justice. On devine aisément ce qui dut se passer, devant de pareils juges, lorsque l'on sait avec quelle partialité systématique, les tribunaux, légalement constitués, s'acquittaient eux-mêmes de leurs fonctions.

Les *Verrines* nous fournissent encore quelques indications intéressantes, quant aux règles de compétence de ces juridictions sans justice. Cicéron ne nous en parle que pour blâmer Verrès de les avoir méconnues.

Ainsi, par exemple, la règle que la compétence ne peut être fixée par le caprice du demandeur, mais qu'elle doit plutôt être conforme à la convenance du défendeur, existait assurément en Sicile comme ailleurs, et s'imposait aux publicains comme aux autres demandeurs de toute catégorie ; car Cicéron s'indigne que Verrès ait osé établir une règle contraire au profit des publicains (3).

4° *Voies d'exécution.* Les règles sur les voies d'exécution étaient sans doute moins bien déterminées que celles que nous venons de signaler pour la juridiction et la compétence ; quoi qu'il en soit, Verrès n'observe pas davantage, sur ce point, les lois et les usages ; il emploie partout la violence et l'arbitraire, quand il s'agit d'extorquer quelque chose à un malheureux administré.

Régler les voies d'exécution, protéger le vaincu de la bataille

---

(1) *Verr.*, act. II, lib. II, n° xvi.

(2) *Verr.*, act. II, lib. III, n°ˢ vii et xii.

(3) *Verr.*, act. II, lib. III, n° xv : « *Statuit iste ut arator decumano quo vellet decumanus vadimonium promitteret, ut hic quoque Apronio, cum ex Leontino usque Lilybæum aliquem vadaretur, ex miseris aratoribus calumniandi quæstus accederet... Contra omnia senatus consulta, contra omnia jura contraque legem Rupiliam extra forum vadimonium promittant aratores.* »

judiciaire contre les exigences du vainqueur, c'est le devoir essentiel d'un pouvoir exécutif jaloux de conserver l'ordre et la paix : Verrès n'en avait eu aucun souci ; il aidait, au contraire, à pressurer le contribuable désarmé. Aussi Cicéron constate que le sol est abandonné, la terre laissée en friche, et le pauvre provincial aux abois. Il ne faut pas s'en étonner. Les lois romaines contenaient quelques mesures protectrices pour eux contre les excès des publicains ; Verrès n'en tint aucun compte. Cicéron le lui reproche et nous fournit ainsi de nouvelles indications. « *Ita diligenter constituta sunt decumano, ut tamen ab invito aratore plus decuma non possit auferri.* »

Verrès, en effet, accorde sans pudeur toute liberté d'action aux publicains ses complices ; et les juges, ses complices aussi, confirmeront le résultat, si on a le courage de se présenter devant leurs tribunaux avilis.

Il impose d'abord aux agriculteurs l'obligation d'indiquer en détail l'étendue des terrains qu'ils se proposent d'ensemencer ; il leur défend d'enlever la récolte avant que les *decumani* ne l'aient contrôlée ; enfin, il leur enjoint de commencer par livrer aux publicains tout ce que ceux-ci demandent, sauf le droit de se plaindre, après s'être préalablement exécutés. « *Quantum decumanus edidisset aratorem sibi decumæ dare oportere, ut tantum arator dare cogatur.* » Tout cela est signalé par Cicéron comme injuste et contraire à la loi, non seulement à la loi appliquée en Sicile, mais à celle de toutes les provinces.

Le publicain peut réclamer et prendre des gages pour assurer le recouvrement de l'impôt ; il ne doit pas se faire une justice préalable par la confiscation, tel est le droit partout, en Asie, en Macédoine, en Espagne, en Afrique, en Italie (1).

Il est vrai que, d'après les règlements de Verrès, le publicain qui avait dépassé ses droits devait être condamné à payer huit fois la valeur de l'excédent. Mais Verrès pouvait établir des pénalités sévères, ses tribunaux étaient là pour ne les appliquer qu'avec discernement, et sans doute pas du tout, puisque c'est sur les publicains qu'elles auraient dû frapper.

---

(1) « *Quum omnibus in aliis provinciis, Asiæ, Macedoniæ, Hispaniæ, Africæ, Sardiniæ, ipsius Italiæ, qua vectigalia sunt, quum in his, inquam rebus omnibus publicanus petitor et pignerator, non ereptor neque possessor soleat esse.* »

Il serait fastidieux d'énumérer tous les procédés employés par Verrès pour prendre, sous prétexte d'impôt, aux pauvres agriculteurs, tout ce qu'ils pouvaient avoir. Le troisième discours de la seconde action contient une foule d'anecdotes lugubres, et de détails odieux que nous devons nous borner à signaler ici.

5° *Fraudes de Verrès avec les publicains. Comptabilité et registres des compagnies.* — Nous laisserions de côté la partie la plus curieuse et la plus instructive de notre étude spéciale sur les *Verrines*, au point de vue de l'histoire des spéculateurs romains, si nous ne disions quelques mots des procédés par lesquels Verrès se servit des publicains, pour réaliser ses bénéfices de magistrature. Ce que fit Verrès, d'autres l'avaient, sans doute, fait avant lui et comme lui ; il est probable que c'est la conduite de beaucoup de gouverneurs et de publicains que Cicéron nous a révélée, sous le nom de Verrès et des publicains de Sicile ; c'est une raison de plus pour jeter un regard sur ces rapines largement et audacieusement organisées.

Verrès frauda avec les *Decumani* sur l'adjudication de l'impôt des blés, il frauda avec d'autres publicains sur l'opération de l'achat des blés, il frauda avec la douane, et nous avons, sur tous ces points, des détails circonstanciés, par le contenu de registres insuffisamment falsifiés ou cachés, et remis au jour par le zèle de l'implacable et éloquent accusateur qui devait en tirer de si terribles arguments.

L'une des fraudes pratiquées à plusieurs reprises avec les *Decumani*, était d'une simplicité vraiment cynique. Elle se bornait, pour Verrès, à n'admettre comme adjudicataires, que des hommes qui lui appartenaient et avec lesquels il partageait les bénéfices de la perception. C'est ce qui nous explique pourquoi il leur organisait à l'avance une juridiction où ils n'avaient rien à craindre, des seuls juges auxquels l'on pouvait s'adresser ; et c'est aussi ce qui nous explique pourquoi il violait les règles de compétence, en amenant tous les plaignants auprès de ce tribunal ; c'est ce qui explique, enfin, pourquoi il assurait aux publicains tous les moyens possibles d'exécution et de contrainte. « *Aratores in servorum numero essent, servi in publicanorum* (1). »

(1) *Verr.*, act. II, lib. III, n°ˢ ix et x : « *Apronium, Veneriosque ser-*

Dans plusieurs villes importantes, centres de sections pour les impôts (1), il avait adjugé l'entreprise à Apronius, compagnon de toutes ses honteuses débauches, ou à Eschrion, l'ignoble époux de Pippa la courtisane, ou à Docimus qui avait enlevé pour lui Tertia sa toute-puissante maîtresse, la fille du comédien Isidore, ou à Banobal, esclave de Vénus, tous ses prête-noms, et les ministres de ses rapines éhontées.

Dans ces conditions, Verrès avait pu se vanter d'avoir fait monter le chiffre des adjudications au profit de l'Etat, même lorsque, au fond, il était lui-même le véritable adjudicataire; il avait un moyen sûr de ne pas perdre, tout en laissant s'élever les enchères, car, au lieu du dixième qu'il fournissait à l'Etat pour le montant de l'adjudication, c'est la moitié de la récolte, la récolte toute entière qu'il faisait enlever aux agriculteurs. Aussi, au bout de bien peu de temps d'un tel régime, le pays était-il dévasté, dépeuplé, comme si la plus terrible guerre y eut exercé longtemps ses ravages; les champs étaient déserts, l'agriculture abandonnée. Il fallut que Métellus, le successeur de cet impitoyable et indigne magistrat, avant d'aller prendre possession de sa charge, « écrivit aux habitants des villes de Sicile, ce qui ne s'était jamais fait avant lui, pour les exhorter à labourer, à ensemencer les terres... en promettant d'appliquer, pour les dîmes, la loi d'Hiéron... C'est à cette lettre, ajoute Cicéron, que l'on doit le blé recueilli depuis lors en Sicile... Personne n'aurait touché à une motte de cette terre, si la lettre de Métellus n'eût pas été écrite... *Glebam commosset in agro decumano nemo, si Metellus hanc epistolam non misisset* (2). »

Que sont, auprès de ces débordements, les abus des fermiers généraux de notre ancien régime, contre lesquels on a tant écrit et protesté, avec parfaite raison d'ailleurs. Quant à notre féodalité financière contemporaine, elle constitue, à la vérité, un organisme dont la puissance peut devenir redoutable aussi,

vos, quod isto prætore fuit novum genus publicanorum, ceterosque decumanos, procuratores istius quæstus et ministros rapinarum fuisse dico. » Eod., n° XIX.

(1) *Eod.,* n° XXXIII. Les dîmes, en Sicile, ne s'adjugeaient pas pour l'île toute entière. Les adjudications se faisaient par régions ou par territoires de villes, ainsi qu'on peut le constater, notamment aux n°* XXXII et suiv. *Eod.*

(2) *Eod.,* n° XXXIV.

mais dans les détails administratifs de laquelle on ne retrouve rien, grâce à Dieu, qui rappelle de semblables abominations. On pourrait nous reprocher sans doute, de faire de l'homme un rouage trop mathématiquement employé, et dont le moral lui-même n'est traité que comme une force mécanique. C'est un excès d'un autre genre, moins grave évidemment, mais qui peut avoir aussi son immoralité et ses périls..... Qu'est cela, d'ailleurs, à côté de l'esclavage?

Nous avons dit qu'indépendamment de la dîme prélevée comme impôt dans les récoltes, on achetait aux Siciliens une autre portion de leur blé, suivant des prix fixés par le Sénat ; Verrès trouva le moyen de faire ses bénéfices sur l'argent qui lui avait été attribué pour cet objet : près de deux millions de francs.

Cette fois, les publicains ne furent pas ses complices, du moins dès le début. Ils partagèrent d'abord, avec les agriculteurs, le triste rôle des victimes ; mais Verrès sut, par ses faveurs ultérieures, se rendre au moins leur témoignage en justice favorable, et éviter de leur part une déposition qui eût pu être écrasante dans son procès (1).

C'est en vertu d'un sénatus-consulte et des lois Terentia et Cassia que se faisaient les achats de blé, dont une partie était destinée aux frumentaires (2). Il résulte du texte de Cicéron, que, pour simplifier les opérations, l'Etat donnait au gouverneur un mandat de payement sur les publicains, qui devaient effectuer ainsi le versement d'une partie de ce dont ils étaient débiteurs envers le trésor ; moyennant quoi, le gouverneur devait payer comptant les vendeurs de blé (3). Verrès se fit payer le montant du mandat par les publicains, mais, au lieu de solder avec cet argent le blé qu'il s'était fait livrer, il plaça les sommes par lui reçues, à intérêt pour son propre compte. Et Cicéron fait lire à l'appui de cette allégation, une correspondance entre Verrès, les *magistri* et le *pro magister* résidant à

---

(1) *Eod.*, n° LXXI.

(2) *Eod.*, n°ˢ LXX et LXXI.

(3) « *Pecunia publica ex ærario erogata, ex vectigalibus populi Romani ad emendum frumentum attributa, fuerit ne tibi quæstio? Pensitaritne tibi binas centesimas.* » C'est neuf millions de sesterces (1,935,000 fr.) que Verrès avait dû toucher pour acheter 258,952 hectolitres de blé. Voy. Belot, *op. cit.*, p. 174. — *Verr.*, *eod.*, LXXI.

Syracuse, correspondance qu'il a fini par découvrir, après de persistantes recherches. Veltius, l'un des *magistri*, se plaignait dans ces lettres de ces irrégularités du préteur concussionnaire : « Si tu ne déplaces pas ces fonds pour les remettre à l'état, restitue-les aux publicains. » « *Ut si hanc ex fœnore populo pecuniam non retuleris, reddas societati* (1); » ce qui prouve que le profit n'était pas partagé, et que Verrès, seul, cette fois, faisait des bénéfices par l'intermédiaire des publicains, et même à leurs dépens.

Le fait, quoique d'une importance minime, si on le compare aux autres actes de Verrès, parait cependant très grave à Cicéron, qui s'indigne qu'on ait osé tromper ainsi les publicains (2).

Cicéron y saisit, comme il l'a fait d'autres fois, l'occasion de déclarer que, pour lui, chevaliers et publicains sont une seule et même chose, « *publicani, hoc est equites Romani;* » il nous montre ensuite de quels égards étaient entourés les publicains à Rome, en nous rappelant que le Sénat vient à leur aide, quand il le faut, et que ce serait une chose inouïe, de voir un gouverneur agir d'une autre manière.

Nous l'avons dit, les publicains, en formant un groupe compacte par l'union de toutes leurs sociétés, en vue de leur intérêt commun, étaient devenus une puissance à laquelle il n'était pas prudent de toucher, et Verrès s'était permis cet acte impardonnable. On n'en peut pas douter, car les lettres de deux *magistri* l'affirment ; *L. Servilii et C. Antistii, magistrorum, primorum hominum et honestissimorum;* ces *magistri* étaient des hommes de premier ordre et des plus honorés. On ne devait pas admettre cela, même à l'égard des publicains de Sicile. Leur personnel était, il est vrai, modeste et recruté sur place, mais les directeurs étaient ordinairement à Rome, et ratta-

---

(1) Nous croyons, contrairement à l'interprétation de M. Belot, que Verrès s'était fait livrer l'argent pour le placer, et non pas qu'il avait fait payer les intérêts par les publicains eux-mêmes, ce qui, du reste, aurait pu également se faire. L'observation de Velleius nous paraît être conçue dans notre sens.

(2) « *Quis enim hoc fecit unquam ?* » dit-il, « *quis denique conatus est facere, aut posse fieri cogitavit, ut quum senatus publicanos usura sæpe juvisset, magistratus a publicanis pro usuris auderet auferre ? Certe huic homini spes nulla salutis esset, si publicani, hoc est si equites Romani judicarent. Minor esse nunc, judices, vobis disceptantibus debet.* » Verr., eod., n° LXXII.

chaient ces petites sociétés locales à la fédération des publicains du monde entier.

Dans l'accomplissement des fraudes que nous venons de rapporter, les publicains avaient commencé par se plaindre, et puis ils avaient accordé à Verrès, accusé, la complicité du silence. Ils commenceront de même, dans l'affaire des douanes, que raconte Cicéron, mais ils feront ensuite beaucoup plus que de se taire, ils se réuniront en assemblée et prendront une délibération pour tenter de faire disparaître certains dossiers, dans lesquels se trouvent des mentions compromettantes pour l'ancien préteur.

Voici le résumé des faits, d'après Cicéron et Tite-Live (1).

Verrès qui, bien que gouverneur, aurait dû, paraît-il, payer, comme les simples particuliers, la douane à la sortie des ports de Sicile, n'avait pas voulu s'y soumettre, notamment à Syracuse. Canuleius, employé de la compagnie fermière des *douanes* et des *scripturæ* et attaché au service de ce port, avait tenu compte des objets passés sans acquitter les droits, et pour dégager sa responsabilité, sans doute, il en avait même dressé le compte dans un mémoire.

Il y avait quatre cents amphores de miel, une grande quantité d'étoffes de Malte, cinquante lits pour *triclinium*, un grand nombre de candélabres, soit pour soixante mille sesterces de droits du vingtième, fraudés, suivant le tarif de la douane de Sicile. « Mais, » ajoute Cicéron, « la Sicile ayant de tous les côtés des sorties par la mer, calculez les exportations qu'il aura faites d'Agrigente, de Lylibée, de Palerme, de Thermes, d'Halise, de Catane, de tant d'autres villes, et de Messine ; de Messine, qu'il regardait comme son lieu de sûreté ; Messine, où il vivait si tranquille et si libre de soucis, et qu'il avait choisie pour transporter tout ce qui méritait d'être gardé avec le plus de soin ou qu'il fallait faire passer ailleurs avec le plus de secret. » Cicéron n'avait pas découvert, malgré toutes ses recherches, d'autres notes sur les douanes, et il se borne à faire des conjectures. « Lorsque j'eus trouvé ces mémoires, » ajoute-t-il, « on écarta et on cacha plus soigneusement les autres. »

(1) Cicéron, *Verr.*, act. II, lib. II, n°s LXXIII et LXXVIII. — Tite-Live, XLV, 18.

A l'époque de ces premiers abus, Canuleius, le fidèle douanier, n'avait pas été le seul à se plaindre. Carpinatius, le *pro magister*, c'est-à-dire le sous-directeur du service de la compagnie des *douanes* et des *scripturæ*, en résidence en Sicile, avait adressé des avis à ses employés, au sujet des fraudes du gouverneur. Mais Carpinatius, soit pour en tirer des avantages personnels, soit dans l'intérêt de ses associés, n'avait pas tardé à devenir le familier de Verrès.

Ce Carpinatius, tout sous-directeur qu'il fût, *pro magister* d'une compagnie fermière de plusieurs impôts et quelle que fût la considération professée par Cicéron pour cette sorte de personnages, n'était qu'un odieux fripon, bien digne de la société dans laquelle il s'était fait admettre. « Comme il suivait le préteur dans toutes les villes de sa juridiction, et qu'il ne le quittait jamais, il en était venu à un tel point d'intimité, par l'habitude de vendre ses décrets et ses sentences et de trafiquer pour lui, qu'on le prenait pour un autre Timarchides. Mais, ce qu'il y avait de plus grave encore, c'est qu'il prêtait à intérêt à ceux qui venaient s'entretenir avec lui. Et l'argent qu'il portait, sur son *Codex*, au débit de ses cocontractants (*expensas iis quibuscum contrahebat*), il le portait au crédit du scribe de Verrès, ou au crédit de Timarchides, ou à celui de Verrès lui-même. Il prêtait, en outre, sous son propre nom, des sommes extraordinairement élevées pour le compte de Verrès. »

A raison de ces services réciproques, Carpinatius fut bientôt en si bons termes avec Verrès que, bien loin de continuer à signaler aux employés de la compagnie les irrégularités et les fraudes du préteur, il se mit, au contraire, à écrire à ses associés des lettres pressantes pour faire valoir les éminents services rendus et les bénéfices procurés par lui à la société. « *Ut si posset, quæ antea scripserat, ea plane extingueret.* » Il aurait voulu pouvoir détruire l'effet des circulaires qu'il avait autrefois écrites.

C'est ce qu'aurait voulu, surtout, Verrès lui-même, lorsque l'heure de la justice eut sonné pour lui, et qu'il fut obligé de comparaître devant ses juges, foudroyé par les objurgations de son accusateur.

Jusque-là, le *pro magister*, seul, avait pris part directement à ces complaisances intéressées, mais cela ne pouvait pas suffire, et maintenant ce seront tous les sociétaires en nom, qui

devront se rendre complices de ses crimes et de ses détourne-
ments en faisant disparaître une correspondance accusatrice.
Ils n'hésiteront pas.

A ce sujet, le langage de Cicéron devient précis, et pour ainsi
dire, technique. C'est le langage même de nos grandes compagnies que nous allons retrouver dans la bouche de l'habile
orateur. Nous faisons nos réserves, bien entendu, sur les
malhonnêtetés de l'opération elle-même.

Il s'agissait, disions-nous, de faire disparaître tous les écrits
compromettants pour Verrès, des archives de la compagnie;
or, ces archives étaient sous la garde de la société, et le sous-
directeur ne pouvait, à lui seul, en détourner des dossiers.
Cicéron va nous dire comment on s'y prit : « Verrès avait
chargé un de ses amis qui était alors *magister* de la compagnie,
de prendre bien garde et de veiller à ce qu'on ne pût pas trouver dans la correspondance des associés, quelque chose que l'on
pût invoquer contre ses intérêts ou sa considération (1). » Voilà
le but; il fallait avoir les fâcheux écrits.

Or, il y avait une formalité nécessaire pour prendre une
mesure aussi grave et qui dépassait si manifestement les limites de l'administration la plus large, en supposant qu'elle fût
licite. Ce qu'il fallait, c'était une délibération de l'assemblée
générale. On l'obtiendra donc puisque c'est nécessaire. Mais
on prendra des précautions pour éviter toute opposition importune : « Laissant à l'écart la multitude des associés, il
convoque les *decumani*; il fait un rapport. Ceux-ci délibèrent
et décident que les lettres qui pourraient être fâcheuses pour
la considération de Verrès, seraient soustraites, et qu'on pren-
drait soin que rien de tout cela ne pût nuire à Verrès (2). »

Nous avons déjà signalé ce texte intéressant, dans plusieurs
occasions au cours de cette étude; nous en apprécierons mieux
que jamais la portée, maintenant que nous connaissons les
circonstances qui l'environnent.

(1) « *Dat amico suo cuidam negotium, qui tum magister erat ejus
societatis, ut diligenter caveret atque prospiceret, ne qui esset in litteris
sociorum, quod contra suum caput atque existimationem valere posset.* »
(2) « *Itaque ille, multitudine sociorum remota, decumanos convocat :
rem defert. Statuunt illi atque decernunt, ut eæ litteræ quibus existimatio C. Verris læderetur, removerentur, operaque daretur, ne ea res
C. Verris fraudi esse posset.* »

Il en ressort d'abord, en fait, que la compagnie fermière *de la douane et des scripturæ*, l'était aussi de la *dîme* de Syracuse, puisque ce sont les *decumani*, les décimaires, si on nous permet cette traduction littérale, qui sont appelés à statuer sur les mesures à prendre, et que c'est chez eux que l'on pouvait trouver la correspondance et les livres relatifs aux affaires de Carpinatius, le *pro magister*, au sujet des douanes.

Mais ce qu'il faut, c'est prendre corps à corps ces lignes si absolument négligées jusqu'à ce jour, malgré leur intérêt. Que signifient ces mots : *Itaque ille, multitudine sociorum remota, decumanos convocat : rem defert*. Le sens nous paraît parfaitement clair parce qu'il est absolument conforme à toutes nos explications précédentes.

Le *magister*, en sa qualité de directeur, doit réunir les associés *decumani*, c'est-à-dire les vrais publicains, les associés en nom, pour la dîme, et, par conséquent, pour toutes les autres perceptions entreprises par la même société (1).

Le directeur convoque donc l'assemblée des *decumani*, puis il expose la situation *rem defert;* et l'assemblée vote la suppression des écrits compromettants pour Verrès, sans difficulté apparemment, car nous savons déjà, par ses antécédents, qu'elle n'a pas de scrupules.

Or, qu'elle est cette *multitude* d'associés qu'il est si aisé d'éloigner des délibérations? Ce ne sont pas, sans doute, des associés comme les autres? Et puis, comment se fait-il qu'ils constituent une si nombreuse foule? *Multitudine sociorum remota*. Non, assurément, redirons-nous; ce ne sont pas des associés ordinaires; et l'on pourra les écarter légalement de certaines assemblées, de celles, notamment, où il s'agit de question de direction intérieure, comme la tenue des livres et la correspondance. Que sont-ils donc? Nous répondrons, sans hésiter, que ce sont ces *participes*, ces actionnaires, ces commanditaires

(1) Si on les appelle *decumani*, c'est que l'impôt de la dîme était le premier de tous dans l'opinion, et que ceux qui le percévaient étaient les plus considérés parmi les publicains ; on n'appellera donc ceux-ci ni *scripluarii*, ni *telonarii*, comme on aurait pu le faire, puisqu'ils avaient aussi la douane et les pâturages, mais *decumani*, parce que c'est le titre qui les honore beaucoup plus que les deux autres. Nous avons déjà démontré l'existence de cette espèce de hiérarchie entre les impôts et entre ceux qui les perçoivent.

par actions ou capitalistes en foule, *in multitudine,* qui ne figurent pas en nom, qui, sous le nom d'autrui, mettent leurs épargnes dans les fonds publics, suivant le mot de Polybe, ces actionnaires, qui veillent à leurs intérêts en surveillant les actes de la compagnie, mais à qui on n'est pas obligé de tout faire connaître.

Rappelons-nous que nous sommes en Sicile et non à Rome, et cependant les actionnaires y sont présents en si grand nombre que c'est une multitude qu'il s'agit de tenir à l'écart. En était-il donc ainsi dans toutes les provinces livrées aux publicains? Les actionnaires étaient-ils partout aussi nombreux sur le terrain de l'exploitation? Nous ne le pensons pas. Nous croyons, sur la foi de Polybe et de Cicéron, que le gros des actionnaires devait être ordinairement à Rome, où tout le monde est intéressé aux adjudications publiques d'une façon ou de l'autre, *pene ad unum.*

Sans compter les employés et les trafiquants que nous avons vus se répandre dans toutes les provinces riches, et qui étaient assurément nombreux en Sicile, il faut se rappeler ici que, par une disposition exceptionnelle, c'est dans l'île même qu'on dressait la *lex censoria,* et que l'on procédait à l'adjudication, en vertu de la loi sicilienne d'Hiéron et suivant les traditions locales. La compagnie devait donc se composer surtout d'éléments indigènes, et les actionnaires pouvaient y être en nombre, plus que partout ailleurs.

Comme bien on le pense, les lettres ne furent pas retrouvées. Mais Cicéron ne se tenait pas pour battu.

« Dès que j'eus découvert, » dit-il, en poursuivant avec ardeur sa cause, « que les lettres adressées aux administrateurs de la compagnie étaient supprimées, je recherchai, ce qui était très facile à trouver, quels avaient été les *magistri* de la société, pendant les années de la préture de Verrès. Je savais qu'il est d'usage, pour ceux qui ont été *magistri,* de garder copie de toutes les écritures de leur gestion, lorsqu'ils livrent les archives au nouveau *magister.* En conséquence, c'est chez L. Vibius, chevalier romain, homme de premier ordre, qui m'était indiqué comme le directeur de cette année-là, et que j'avais, par suite, le plus grand intérêt à consulter, que je me rendis tout d'abord. »

Cicéron y trouva les mémoires de Canuleius, l'employé trop

fidèle dont nous avons parlé ; c'était beaucoup. On y découvrait les fraudes de la douane de Syracuse, dont les publicains auraient voulu garder le secret. Mais le zèle du jeune avocat ambitieux n'était pas satisfait ; il pensait pouvoir trouver plus et mieux.

« Revenons, » dit-il, « aux registres par doit et avoir (acceptilation et expensilation), que personne n'a pu parvenir à faire disparaître discrètement, revenons à ton ami Carpinatius (1). »

Il y avait là ces registres sacrés que les particuliers tiennent religieusement, dont les sociétés publiques, plus que tous autres, doivent avoir le respect, et qu'il était défendu de transporter ailleurs que là où ils avaient été tenus. On devait donc les trouver sûrement à Syracuse. « *Quod lege excipiuntur tabulæ publicanorum, quominus Romam deportentur* (2). »

Nous allons y découvrir, en effet, une dernière fraude, dont les publicains s'étaient rendus coupables ; c'est par là que Cicéron finit l'une de ses *Verrines*, sous le coup de la plus violente indignation à l'égard de Verrès, mais en restant, au contraire, absolument discret sur le compte des publicains ses complices. C'est par là que nous terminerons aussi notre résumé de ces documents précieux, et à peu près uniques, croyons-nous, sur la vie intérieure des sociétés de publicains, d'avant l'Empire.

Cicéron s'est rendu en Sicile pour voir par lui-même les pièces qu'il ne pourrait pas trouver ailleurs et qu'il lui faut.

« Nous étions au courant de tout, dit-il, et nous avions les tables de la société entre nos mains, lorsque tout à coup nous apercevons des ratures telles, que le registre paraissait porter la trace de falsifications récentes. Attiré par ces apparences suspectes, nous y portons nos regards attentifs. Il y avait des sommes créditées au nom de Verrutius C. F. (*Erant acceptæ pecuniæ a C. Verrutio C. F.*) ; mais, de telle façon que, jusqu'à la seconde *r*, les lettres étaient restées intactes, tandis que, à la suite, les lettres étaient raturées. Il y avait ainsi une seconde, une troisième, une quatrième mention de même nature

______

(1) « *Nunc ad sociorum tabulas accepti et expensi quas removere honeste nullo modo potuerunt et ad amicum tuum Carpinatium revertemur.* » Verr., eod., n° LXXVI.

(2) *Ibid.*

et beaucoup d'autres après. » On chercha s'il existait un Vor-rutius en Sicile et l'on n'en trouva pas ; c'était donc bien Ver-rès que l'on avait crédité sous ce faux nom. C'est lui qui avait trafiqué de l'argent extorqué aux provinciaux , par l'intermé-diaire des publicains, et qui se cachait.

L'indignation de Cicéron n'a plus de bornes ; il pousse la pas-sion oratoire jusqu'à se jouer grossièrement du nom de Verrès, « *videtis ne extremam partem nominis, caudam illam Verris, tanquam in luto, demersam esse in litura.* » « Voyez-vous la fin de ce nom, la queue de ce verrat, comme si elle était dans la boue , se vautrer sous ses ratures ?... Est-il un homme plus lâche, » ajoute-t-il, « plus ignoble, plus homme quand il est avec les femmes et plus femme dissolue parmi les hommes ?... Ce serait se souiller que de vouloir innocenter ses turpitudes. » Voilà jusqu'à quel ton l'orateur était arrivé quand il acheva sa harangue.

Verrès ne s'était arrêté devant aucun obstacle ; il avait volé, escroqué, répandu la misère et la mort autour de lui, et ce qui semble à Cicéron une chose aussi grave, plus grave peut-être que tout cela, c'est qu'on avait violé, pour favoriser ses fraudes, la sainteté de ces registres, *tabulæ sanctæ accepti et depensi*, de ces livres qui semblaient placés comme l'antique foyer de la *familia* tout entier, sous la protection des lois divines, plus encore que sous la sanction des lois humaines. « *Tum flagitiosa tabu-larum atque insignis turpitudo teneretur.* » Ainsi se termine l'énumération de ces insignes turpitudes.

6° *Vue d'ensemble sur le régime des publicains en Sicile.* — Si nous jetons un coup d'œil d'ensemble sur ces détails de la vie des publicains en province, pour en tirer une conclusion, nous remarquerons d'abord que nous sommes ici dans une province des mieux traitées par l'État. On a laissé persister la législation sicilienne d'avant la conquête sur la juridiction, sur l'impôt principal et sur son mode de perception.

Un esprit particulier de bienveillance avait dominé dans la *lex Provinciæ* en Sicile ; on en aurait bénéficié, sans doute, si l'on n'eût pas eu à compter avec les publicains et les gouver-neurs. Les lois y valaient mieux que ceux qui étaient chargés de les appliquer.

Il est résulté de cet état de fait, que les sociétés vectigaliennes se sont constituées dans l'île autrement que dans les provinces ordinaires ; que, notamment, elles ont fractionné leurs exploitations bien plus que cela ne devait se faire normalement. C'est ce qui a rendu possible, à Verrès, cette fraude consistant à exclure tous autres adjudicataires que ceux de son choix, dans plusieurs régions. Si l'exploitation eût été plus étendue, le procédé eût été peut-être plus difficile à pratiquer, et les concurrents plus redoutables, même pour un préteur sans scrupule.

Il en aurait été de même probablement, pour les autres illégalités flagrantes, préjudiciables aux publicains. Si ces derniers eussent appartenu aux grandes compagnies, ils auraient pu protester utilement contre les actes d'un gouverneur, même tel que Verrès, et opposer puissance à puissance.

Mais le mal, pour les infortunés provinciaux, serait resté le même, ou plutôt il se serait accru avec les grandes compagnies, à l'égard des fraudes les plus fréquentes, celles dont le gouverneur et les publicains profitaient ensemble.

La nature des opérations qui furent pratiquées par Verrès avec l'ordre des publicains, nous prouve combien c'est à bon droit que nous appelons les publicains des Manieurs d'argent. Les fonds circulent entre leurs mains dans tous les sens. Non seulement l'Etat délivre sur eux des mandats de payement, qui les mettent en compte avec les gouverneurs, mais leurs livres *accepti et depensi* constatent des avances de fonds, des emprunts, des prêts usuraires, sous lesquels Verrutius, en réalité Verrès, dissimule ses propres opérations. Ils reçoivent des dépôts.

Mais ce qui domine toutes ces fraudes, ces complicités honteuses, ces abus de tout genre dont les publicains se rendent coupables, avec ou sans les gouverneurs, c'est la régularité parfaite de leur administration et de leur comptabilité. Il faudra une assemblée générale, pour faire disparaître quelques pièces anciennes, quelques lettres contenant certaines recommandations ; quant aux pièces de comptabilité, à proprement parler, en cas de perte, on en retrouve sûrement le double chez celui qui fut *magister* pendant l'année dont on s'occupe ; et, en tous cas, ces registres *accepti et depensi*, ont sait bien où ils sont, ils ne peuvent pas sortir de la place que la loi leur a fixée, et il est difficile d'y dissimuler les moindres ratures, tant ils doivent être bien tenus.

Les actionnaires peuvent être en sécurité, même lorsqu'on

éloigne la multitude qu'ils forment autour de la direction ; on ne fera que des concessions utiles à la compagnie, et ils auront, comme les associés en nom, exactement leur part de bénéfices. Voilà ce que l'on retrouverait sûrement, en dehors de ce qui est spécial à la Sicile, dans toutes les compagnies qui exploitent le territoire de la République, comme adjudicataires de l'Etat.

§ 6. — *Lucius Lucullus*, *Pompée*, *les publicains d'Asie* (683-71).

Sylla, après avoir vaincu et désarmé, pour quelque temps, Mithridate, était revenu à Rome, où nous l'avons suivi dans ses œuvres dictatoriales, laissant, pour gouverner l'Asie en apparence soumise, Lucullus son lieutenant. Il avait imposé aux vaincus de lourdes charges, et les publicains, excités par le désir de la vengeance contre les Asiatiques, autant que par leurs instincts de rapacité ordinaire, avaient pensé pouvoir se montrer sans pitié envers ces derniers. Ils se croyaient suffisamment soutenus par l'indignation et la colère qu'avait laissé au cœur des Romains de toutes les classes, le souvenir des horribles débuts de la guerre, et se considéraient comme à l'abri de tout contrôle.

Mais Lucullus ne voulut pas accepter la responsabilité de leurs violentes représailles. Il se montra rigoureux pour les abus et les crimes des publicains. Ceux-ci ne devaient pas le lui pardonner. Ils poursuivirent, dès lors, avec acharnement contre lui, sa disgrâce. « Soutenus par l'ancien tribun Quintius, alors préteur, ils lui enlevaient à Rome son commandement et faisaient décréter le licenciement d'une partie de ses troupes (1). » Nous allons voir, cependant, si Lucullus n'avait pas raison d'intervenir.

Plutarque nous donne, à cet égard, quelques détails saisissants ; nous les reproduirons dans le pittoresque langage de son traducteur Amyot (2). « Lucullus s'en alla visiter les villes de l'Asie, afin que, pendant qu'il n'était point occupé aux affaires de la guerre, elles eussent quelque soulagement des loix et de la justice : car à faulte que de longtemps elle n'y avait

(1) Duruy, *Hist. rom.*, chap. XXV : Pompée.
(2) Plutarque, *Lucullus*, trad. Amyot, n° 35 et 36, t. V, p. 111.

point été administrée, ni exercée, la pauvre province était affligée et oppressée de tant de maux et de misère, qu'il n'est homme qui le peust presque croire, ni langue qui le sceut exprimer, et ce par la cruelle avarice des fermiers, gabelleurs et usuriers romains, qui la mangeaient et la tenaient en telle captivité, que particulièrement et en privé, les pauvres personnes étaient contraintes de vendre leurs beaux petits enfants et leurs jeunes filles à marier, pour payer la taille, et l'usure de l'argent qu'ils avaient emprunté pour la payer, et publiquement en commun, les tableaux dédiés aux temples, les statues de leurs dieux et autres joyaux de leurs églises, encore à la fin étaient-ils eux-mêmes adjugés comme esclaves à leurs créanciers, pour user le demeurant de leurs jours en misérable servitude, et pis encore était ce qu'on leur faisait endurer avant qu'ils fussent ainsi adjugés; car ils les emprisonnaient, ils leur donnaient la gehenne; ils les détiraient sur le chevalet; ils les mettaient aux ceps et les faisaient tenir à découvert tout debout en la plus grande chaleur d'esté au soleil, et en hiver dedans la fange ou dessus la glace, tellement que la servitude semblait un relèvement de misères et repos de leurs tourments. Lucullus trouva les villes de l'Asie pleines de telles oppressions, mais en peu de temps il en délivra ceux qui à tort en étaient affligés... De même pour l'argent... Cette surcharge d'usure était procédée de vingt mille talens qui sont douze millions d'or (plus de 93 millions de francs), en quoi Sylla avait condamné le pays de l'Asie, laquelle somme ils avaient bien payée déjà deux fois aux fermiers et gabelleurs romains, qui l'avaient fait monter en amassant et en accumulant toujours usures sur usures, jusques à la somme de six vingt mille talens, qui sont soixante-douze millions d'or (plus de 560 millions de francs). Parquoy ces gabelleurs et fermiers s'en allèrent crier à Rome contre Lucullus, disant qu'il leur faisait le plus grand tort du monde, et à force d'argent suscitèrent quelques-uns des harangueurs ordinaires à l'encontre de lui; ce qui leur était aisé à faire, pour autant mesmement qu'ils tenaient en leurs papiers plusieurs de ceux qui s'entremettaient des affaires à Rome. »

Lucullus réduisit les intérêts au taux légal de un pour cent par mois. Il annula tous les intérêts échus qui dépassaient le capital primitif. Il défendit, sous peine de déchéance pour le créancier, d'exiger les intérêts composés. « En moins de quatre ans, ces règlements firent rentrer les Asiatiques dans leurs biens (1). » Or, parmi les « harangueurs ordinaires s'entremettant des affaires à Rome, et que les gabelleurs et fermiers, c'est-à-dire les publicains, tenaient en leurs papiers, » se trouvait, il faut bien le dire, au premier rang Cicéron ; on ne manqua pas de l'utiliser pour se venger des sévérités de Lucullus.

En conséquence, après avoir commandé, pendant sept années, l'Asie Mineure avec fermeté et justice, après avoir remporté plusieurs victoires sur Tigrane et sur Mithridate, Lucius Lucullus fut rappelé contre son gré à Rome en 686-68; et, à la suite du brillant discours de Cicéron *pro lege Manilia*, on lui refusa le commandement d'une nouvelle guerre qui s'annonçait en Asie, et dont il espérait être le général en chef.

Ce fut sur la demande des chevaliers, ainsi que l'orateur le déclare lui-même, sans se rendre compte peut-être de toutes les odieuses passions qu'il servait, que la préférence fut donnée à Pompée dans les comices (687-67). « Tous les jours, » dit Cicéron, « on apporte de cette province des lettres écrites à des chevaliers romains de la plus haute distinction, qui ont des sommes considérables engagées dans l'exploitation de vos revenus (*quorum magnæ res aguntur, in vestris vectigalibus exercendis occupatæ*), et qui, à cause des liens étroits qui m'attachent à l'ordre équestre, m'ont confié la tâche de conjurer les périls qui menacent les intérêts de la République et les leurs (2). »

Lucullus resta en disgrâce ; Pompée fut choisi pour commander l'armée d'Asie. C'était l'homme des publicains, du moins ceux-ci le croyaient. Il devait être indulgent pour leurs exactions, lui qui avait trafiqué par millions dans tous les pays où l'avait amené la destinée, et qui s'était fait ainsi une immense fortune, par tous les moyens, quoiqu'on l'appelât l'honnête homme. Les publicains satisfaisaient du même coup leurs rancunes pour le passé, et leurs convoitises pour l'avenir.

Nous laisserons les événements militaires se poursuivre avec Pompée en Asie, et, pour reprendre notre histoire des manieurs d'argent, nous fixerons notre attention sur certains passages de ce discours *pro lege Manilia*, qui peuvent compter,

----

(1) Voy. Plutarque, *Lucullus*, n° 20. Belot, *Hist. des chev.*, p. 180.
(2) *Pro lege Manilia*, II.

à notre point de vue, parmi les documents les plus certains et les plus concluants du sujet.

Pour n'être pas tentés d'assouplir, plus qu'il ne le faudrait, le texte latin au langage de notre monde financier moderne, ou plutôt pour n'être pas suspectés de l'avoir fait, en présence d'un exposé que l'on croirait écrit de nos jours, nous suivrons, pour les passages transcrits en français, la traduction de M. Nisard. Nous reprendrons les expressions latines elles-mêmes, sur les points où devront porter nos observations.

Dans son discours, Cicéron, après avoir annoncé qu'il parle comme mandataire des chevaliers et des publicains, démontre qu'il faut assurément les défendre pour eux-mêmes, mais que l'intérêt général l'exige plus encore parce que, de la prospérité de leurs affaires, dépend directement celle du peuple tout entier. Il entre, à cet effet, dans des considérations très caractéristiques de l'organisation financière de Rome ; il le fait dans des termes précis et avec une force de raisonnement simple et pratique, qui pourraient servir encore de modèle, en semblable occurence, aux orateurs politiques et aux économistes contemporains.

C'est ce qui explique, et qui nous fera pardonner, nous l'espérons, la longueur des extraits que nous empruntons à cette célèbre harangue (1).

(1) *Pro lege Manilia*, n°° VI et VII : « *Quanto vos studio convenit, injuriis provocatos, sociorum salutem una cum imperii vestri dignitate defendere, præsertim quum de vestris maximis vectigalibus agatur? Nam ceterarum provinciarum vectigalia, Quirites, tanta sunt, ut iis ad ipsas provincias tutandas vix contenti esse possimus; Asia vero tam opima est et fertilis, ut et ubertate agrorum, et varietate fructuum, et magnitudine pastionis, et multitudine earum rerum, quæ exportantur, facile omnibus terris antecellat. Itaque hæc vobis provincia, Quirites, si et belli utilitatem et pacis dignitatem sustinere vultis, non modo a calamitate, sed etiam a metu calamitatis est defendenda. Nam ceteris in rebus quum venit calamitas, tum detrimentum accipitur; at in vectigalibus non solum adventus mali, sed etiam metus ipse affert calamitatem. Nam quum hostium copiæ non longe absunt, etiamsi irruptio facta nulla sit, tamen pecora relinquuntur, agricultura deseritur, mercatorum navigatio conquiescit. Ita neque ex portu, neque ex decumis, neque ex scriptura vectigal conservari potest : quare sæpe totius anni fructus uno rumore periculi, atque uno belli terrore amittitur.*

» *Quo tandem animo esse existimatis aut eos, qui vectigalia nobis pen-*

« Ne devez-vous pas, » dit-il, « insultés vous-mêmes et provoqués, défendre à la fois l'existence de vos alliés et la dignité de votre empire, surtout lorsqu'il s'agit de vos plus beaux revenus? Car à peine pouvons-nous, avec les tributs que nous retirons des autres provinces, leur assurer protection, tandis que l'Asie, si riche et si fertile, l'emporte incontestablement sur tous les pays du monde par la fécondité de son sol, la variété de ses produits, l'étendue de ses pâturages et le nombre immense de ses exportations. Vous devez donc, Romains, si

silant, aut eos, qui exercent aut exigunt; cum duo reges cum maximis copiis prope adsint? Quum una excursio equitatus perbrevi tempore totius anni vectigal auferre possit? Quum publicani familias maximas, quas in salinis habent, quas in agris, quas in portubus atque custodiis, magno periculo se habere arbitrentur? Putatisne vos illis rebus frui posse, nisi eos, qui vobis fructuosi sunt conservaveritis, non solum, ut antea dixi, calamitate, sed etiam calamitatis formidine liberatos?

» Ac nec illud quidem vobis negligendum est, quod mihi ego extremum proposueram, quum essem de belli genere dicturus, quod ad multorum bona civium Romanorum pertinet, quorum vobis, pro vestra sapientia, Quirites, habenda est ratio diligenter. Nam et publicani, homines et honestissimi et ornatissimi, suas rationes et copias in illam provinciam contulerunt, quorum ipsorum per se res et fortunæ curæ vobis esse debent. Etenim si vectigalia nervos esse Reipublicæ semper duximus; cum certe ordinem, qui exercet illa, firmamentum ceterorum ordinum recte esse dicemus. Deinde ceteris ex ordinibus homines gnavi et industrii partim ipsi in Asia negotiantur, quibus vos absentibus consulere debetis; partim sua et suorum in ea provincia pecunias magnas collocatas habent. Erit igitur humanitatis vestræ, magnum eorum civium numerum calamitate prohibere; sapientiæ videre multorum civium calamitatem a Republica sejunctam esse non posse. Etenim illud primum parvi refert, vos publicanis amissa vectigalia postea victoria recuperare. Neque enim iisdem redimendi facultas erit, propter calamitatem, neque aliis voluntas, propter timorem. Deinde quod nos eadem Asia, atque idem iste Mithridates initio belli Asiatici docuit, id quidem certe calamitate docti memoria retinere debemus : nam tum, quum in Asia res magnas permulti amiserant, scimus Romæ solutione impedita fidem concidisse. Non enim possunt una in civitate multi rem atque fortunas amittere, ut non plures secum in eadem calamitatem trahant. At quod ipsi videtis : hæc fides atque hæc ratio pecuniarum, quæ Romæ, quæ in foro versatur, implicita est cum illis pecuniis Asiaticis et cohæret; ruere illa non possunt, ut hæc non eadem labefacta motu concidant. Quare videte, num dubitandum vobis sit, omni studio ad id bellum incumbere, in quo gloria nominis vestri, salus sociorum, vectigalia maxima, fortunæ plurimorum civium cum Republica defendantur. »

18

vous voulez faire face aux dépenses de la guerre et maintenir la dignité de la paix, mettre cette province en état de n'éprouver, et même de ne craindre aucun malheur. »

« En toute autre chose, la perte n'est sensible que quand le mal est venu ; mais, en matière de tributs, la seule appréhension du mal est une calamité. En effet, quand l'ennemi est proche, et avant même qu'il ait exercé aucune hostilité, les troupeaux sont délaissés, l'agriculture est abandonnée et le commerce maritime suspendu. Ainsi, plus de droits à percevoir ni sur les ports, ni sur les récoltes (*decumas*, la traduction Nisard porte : *les blés*), ni sur les pâturages ; ainsi une simple alarme, la crainte seule d'une guerre font perdre souvent le produit de toute une année. »

« Quelles sont, croyez-vous, les dispositions et de ceux qui nous paient l'impôt et de ceux qui en exigent et perçoivent le recouvrement, lorsque deux rois avec des forces considérables sont à leurs portes ; lorsqu'une seule excursion de la cavalerie peut, en quelques heures, enlever les revenus de toute une année ; lorsque les fermiers de l'État sont troublés de la pensée qu'un immense péril menace les nombreuses familles d'esclaves employés par eux dans les salines, dans les champs, dans les ports et dans les magasins? Quels revenus pensez-vous retirer de là, si ceux-là même auxquels vous les affermez ne trouvent pas en vous une garantie infaillible, non seulement, comme je vous l'ai dit plus haut, contre les malheurs de la guerre, mais contre la crainte même d'un malheur?

» Considérez encore un fait important que je me suis proposé, en parlant de l'objet de la guerre, de signaler en dernier lieu à votre intention ; c'est qu'il y va, dans cette circonstance, de la fortune d'un grand nombre de citoyens. Il est, Romains, de votre sagesse, de les protéger efficacement. Les fermiers de l'État, tous hommes d'honneur et de naissance, ont transporté en Asie leurs valeurs et leurs réserves (*rationes et copias*), et il est nécessaire que vous couvriez de votre sollicitude ces biens qui constituent leur fortune. Car, si nous avons toujours estimé les revenus des provinces comme le nerf de la République, nous n'hésitons pas à dire que l'ordre qui les prélève est le soutien des autres ordres. Il est ensuite, parmi ces derniers, beaucoup de gens actifs et industrieux, les uns font le commerce en Asie et vous leur devez un appui sur une terre étran-

gère ; les autres ont de grandes sommes d'argent placées dans
cette province, tant pour eux que pour leurs familles. Il est
donc de votre humanité de prévenir les malheurs de tant de
citoyens et de votre sagesse de sentir la solidarité profonde
qui associe la République à la ruine de tant d'individus. »

« D'abord, il vous servira peu que la victoire rétablisse les
impôts perdus pour vos fermiers, puisque ceux-ci, après les
spoliations subies, ne pourront plus se porter adjudicataires,
et que d'autres ne le voudront pas par crainte de l'avenir. (*Neque redimendi facultas erit*, la traduction Nisard porte : *ne
pourront pas se libérer envers vous et que d'autres ne le voudront
pas par crainte d'une semblable ruine.*) Ensuite la leçon du malheur, l'expérience que nous avons acquise à nos dépens, au
commencement de la guerre, dans cette même Asie et de la
part de ce même Mithridate, ne doivent pas s'effacer de notre
mémoire. »

« Rappelons-nous qu'au moment des désastres essuyés par
plusieurs de nos concitoyens en Asie, à Rome, les payements
étaient suspendus et le crédit tombé. Car, dans une seule cité,
la destruction de la fortune de plusieurs particuliers, ne manque pas d'en entraîner une foule d'autres dans le même désastre. Sauvez l'État de cette catastrophe, croyez-moi, croyez-en
ce que vous voyez sous les yeux. Le crédit qui vivifie le commerce dans Rome, et la circulation de l'argent sur notre place,
dépendent essentiellement de nos opérations financières en Asie :
les unes ne peuvent être bouleversées sans que les autres ne
soient ébranlées par leur chute et ne s'écroulent avec elles. Ba-
lancerez-vous donc un instant à poursuivre, avec une infati-
gable ardeur, une guerre dans laquelle vous avez à défendre la
gloire du nom romain, le salut de vos alliés, vos revenus les
plus considérables, la fortune d'une foule de citoyens et la
République elle-même? »

Pour saisir complètement la portée de cette argumentation,
comme pouvaient le faire les citoyens auxquels elle était adressée, il faudrait, comme eux, connaître l'état de la province
d'Asie, particulièrement au point de vue des grandes entreprises sur lesquelles les préoccupations devaient se porter à la
veille de la guerre. Nous allons donner, à ce sujet, les explications nécessaires.

Des différences importantes existaient en ces matières, entre l'Asie et la Sicile, dont les *Verrines* nous ont dépeint la situation ; et il ne faudrait pas croire que nous connaissons les publicains d'Asie, par ce que nous savons de ceux de Sicile.

Ces différences sont très marquées dans le passage du *pro lege Manilia* que nous venons de transcrire ; chaque phrase semble en signaler une distincte, c'est ce que nous allons faire ressortir, pour en tirer des conclusions.

Elles se manifestent d'abord, en ce qui concerne le personnel. On est frappé des égards incessants avec lesquels Cicéron traite les publicains d'Asie, des hommages qu'il semble chercher à leur rendre à tout propos. Dans une seule page, il recommande leurs intérêts au peuple, à trois reprises et sous des points de vue chaque fois différents. Il veut qu'on leur épargne, même la crainte du mal dont ils pourraient être menacés ; qu'on songe à leurs biens, à leurs esclaves, à leur avenir pour eux-mêmes, *per se*, en même temps que pour la République. Il les appelle *homines honestissimi et ornatissimi* ; il les considère comme l'appui des autres ordres, *firmamentum ceterorum ordinum*. C'est d'eux surtout qu'il semble qu'on doive s'occuper en préparant la guerre. Au fond, c'est bien dans ce but exclusivement que Cicéron parlait.

Nous n'avons trouvé dans les *Verrines* rien de semblable, et cependant Cicéron était, dès ce temps, l'ami déclaré des chevaliers et des publicains du monde entier. La plupart du temps, au contraire, il objurgue les publicains de Sicile ; il se plaint de ce qu'ils sont, par opposition à ce qu'ils devraient être ; il a, tout au plus, quelques mots gracieux, en passant, pour certains *magistri*.

Or, cela ne vient pas seulement de ce que Cicéron parlait ici au nom des publicains, ce qui devait bien cependant compter pour quelque chose, ni de ce que Verrès avait lamentablement choisi, par un étrange abus de pouvoir, les adjudicataires des impôts ; cela se rattache aussi au fond des choses, c'est-à-dire à la différence du régime des adjudications dans les deux provinces.

Les publicains d'Asie sont de grands personnages, et ils sont, en effet, traités comme tels, parce que les sociétés qu'ils constituent sont des sociétés considérables qui se sont fait adjuger en bloc, entre autres choses, l'ensemble des impôts de la province ; qu'ils sont à peu près tous citoyens, habitants de Rome, où s'est faite l'adjudication, où les fonds se sont réunis et où l'affaire s'est organisée. Cicéron parle même d'eux, comme de gens qu'il paraît connaître personnellement, et auxquels le peuple doit accorder tout naturellement son estime et son respect.

En Sicile, il n'en était pas ainsi, nous l'avons vu. Les adjudications faites sur les lieux mêmes et fractionnées, n'étaient, par ce fait même, que des opérations restreintes. Les publicains n'étaient plus, là, de grands personnages; ils étaient, eux et leurs associés, en grand nombre, des Siciliens ou des Italiens fixés dans la province; Verrès les a pris jusque parmi les esclaves de Vénus. La différence était encore plus sensible pour les simples associés bailleurs de fonds (*socii non decumani*); c'était vraisemblablement de Siciliens que se composaient, presque exclusivement, ces *multitudes* d'actionnaires, dont nous avons parlé et que nous allons retrouver ici, mais sous un tout autre aspect.

Des différences analogues existaient conséquemment pour le matériel et les fonds. En Sicile, on a tout pris sur place, et ce qui constitue les avances des sociétés est moins considérable, parce que les entreprises elles-mêmes le sont moins; Cicéron ne s'en occupe même pas dans les *Verrines*, quoiqu'il ait eu assurément l'occasion de le faire, dans ces discours écrits à loisir, où il paraît ne rien vouloir oublier.

En Asie, au contraire, tout est arrivé de Rome, en même temps que ces très honorables publicains; *suas rationes et copias, in illas provincias attulerunt*; ils y ont peut-être même amené ces grandes troupes d'esclaves, *familias maximas*; il faut protéger ce matériel à tout prix; *per se res et fortunæ curæ vobis esse debent*.

Les entreprises de l'Asie se relèvent donc en importance, à tous les points de vue, en comparaison de ce que nous avions vu en Sicile. Quelle que fut la ressemblance des deux provinces à l'égard des richesses du sol et du parti que les Romains avaient su en retirer, le régime des adjudications avait tout différencié, personnes et choses; et, il faut le redire, sous ce rapport la Sicile était l'exception, c'était le régime de l'Asie qui était la règle ordinaire.

Jamais, évidemment, l'ordre des publicains n'eût atteint le degré d'influence qu'il est impossible de lui méconnaître, dans les plus grandes affaires de la politique romaine, la confection

des lois, le choix des magistrats et des généraux, la direction
des guerres, si le fractionnement des entreprises et le recrutement local du personnel se fût produit d'une façon normale en
Asie, et dans les autres provinces, comme en Sicile. Ceci devait
être plus tard le procédé volontairement dissolvant de l'Empire.

On peut donc affirmer que les discours où Cicéron a eu spécialement à s'occuper des publicains, par une heureuse fortune,
nous ont amenés, avec l'Asie et la Sicile, aux deux degrés extrêmes de l'échelle, comme pour nous permettre de juger par
là, ce que devaient être les situations intermédiaires ; et nous
croyons, en effet, que la vérité est là (1).

En Asie, la ferme des impôts est devenue une des plus grosses entreprises de l'Etat ; « Il s'agit de vos plus grands revenus; les impôts des autres provinces sont tels... que c'est à
peine s'ils peuvent vous suffire... L'Asie, au contraire, est si
riche... qu'on peut sûrement la mettre au-dessus de toutes
les autres terres (2). » Aussi, nous voyons que la demande
de réduction de l'adjudication de la ferme des impôts d'Asie
fut discutée au Forum à plusieurs époques, et que César fit de
cette demande un moyen d'influence de sa politique intérieure,
pour arriver au pouvoir.

Il résultait de cette organisation que le gouverneur de cette
province devait traiter avec les compagnies de puissance à puissance, et qu'il restait souvent désarmé en présence de leurs
abus ; que, le plus souvent, il laissait tout faire, par découra-
gement ou par intérêt. Nous pouvons nous rappeler ce que les
Asiatiques eurent à souffrir jusqu'à Lucullus, jusqu'à cette
courageuse intervention que les publicains firent chèrement
payer à son auteur, comme ils le firent pour bien d'autres.

Voilà ce que nous pouvions signaler d'abord, dans le discours *pro lege Manilia* ; il nous montre, sous ces premiers aspects,
l'état normal des entreprises de province, dans son plus grand
développement.

<hr>

(1) Nous pourrons examiner en détail, dans notre seconde étude, les
règles spéciales sur la dîme des récoltes en Sicile, en Asie et dans les
autres provinces, en examinant les matières sur lesquelles ont porté les
spéculations des publicains.

(2) *Pro lege Manilia*, VI : « *De maximis vestris vectigalibus agitur :
ceterarum provinciarum vectigalia sunt... ut vix contenti esse possimus...; Asia vero tam opima est... ut...facile omnibus terris antecellat.* »

Mais ce qui présente pour nous une importance prédominante, dans ce texte, ce sont les considérations d'intérêt public, les raisons d'Etat en vue desquelles l'orateur demande que les publicains soient défendus par les armées romaines, sous la conduite du général qu'il leur convient de choisir, et qu'il leur faut pour le salut de la république.

Nous n'insisterons pas sur les observations très justement présentées par Cicéron, au sujet du rendement de l'impôt, des influences multiples auxquelles ce rendement est si facilement exposé, et de son importance pour l'Etat. Il y a là des vérités incontestables et utiles, que l'orateur met en relief avec autant de netteté que de force. Mais il ajoute que le peuple tout entier est aussi intéressé au salut des publicains que les publicains eux-mêmes. C'est ce que nous allons examiner de plus près.

Relevons d'abord l'état et le nombre des spéculateurs qui exploitent la province.

Ce sont, en première ligne, les *negotiatores* : des chevaliers, mais en majeure partie des plébéiens en voie de faire fortune, ou simplement des Italiens, les successeurs ou les survivants de ceux dont Mithridate avait organisé la spoliation et le massacre en masse. « *Ceteris ex ordinibus homines gnavi et industrii partim ipsi in Asia negotiantur, quibus vos absentibus consulere debetis.* » Ceux-là sont absents de Rome ; ils trafiquent de leur argent à côté des publicains, se servant d'eux comme banquiers, banquiers eux-mêmes, ou marchands, ou usuriers ; mais opérant, pour la plupart, isolément et pour leur compte, à raison des règles de la société civile ou commerciale romaine, qui ne leur permettent pas d'étendre beaucoup les avantages de l'association. Nous ne les mentionnons ici que pour mémoire. Ils ne sont pas de ceux qui nous occupent.

Mais, en outre de ces chevaliers et de ces *negotiatores* indépendants, d'autres spéculateurs sont restés à Rome. Ceux-là se sont bornés à verser leur argent, pour le placer dans les affaires d'Asie. Ils l'ont fait largement, sans doute, parce qu'ils ont vu de gros bénéfices à réaliser dans ces entreprises. Ils y ont placé leurs fonds et même ceux de leurs proches ; tout ce dont ils pouvaient disposer. Cela constituait d'énormes capitaux, car Cicéron réitère ses recommandations à ce sujet : « *Erit humanitatis vestræ magnum eorum civium numerum calamitate*

prohibere ; sapientiæ videre multorum civium calamitatem a Re-
publica sejunctam esse non posse... fortunæ plurimorum civium
cum Republica defendantur. Partim sua et suorum pecunias mag-
nas collocatas habent. »

C'est dans ces valeurs innomées et ces énormes capitaux apportés de Rome dont parle le texte, que nous apparaissent les
multitudines sociorum de Sicile, la foule des associés de second
rang, *non decumani sed socii* ; en un mot, les actionnaires bailleurs de fonds, complément nécessaire de toutes les entreprises de grande étendue.

D'abord les employés des publicains avaient eux-mêmes des
partes, spécialement dans les entreprises asiatiques. Valère-
Maxime (1) nous l'a dit au sujet de l'un d'eux, Antidius, qui
arriva plus tard au consulat. Ils étaient actionnaires, *participes*.

Mais que seraient donc ces capitalistes, aux intérêts très importants desquels il faut veiller, et qui ne sont pas en Asie pour
y veiller eux-mêmes, s'ils n'étaient pas aussi des *participes*.

Ce ne sont pas, assurément, des associés de ces *negotiatores*
opérant personnellement en Asie. Nous en avons fait déjà
pressentir la raison. On ne pratique pas ce *jus fraternitatis*,
caractéristique de l'étroite et personnelle société de droit commun, quand on est séparé par des centaines de lieues de distance. Toutes les règles du contrat de société auraient gêné,
ou même rendu impossible une pareille combinaison.

Ce ne sont pas davantage des bailleurs de fonds intéressés
dans leurs bénéfices, car ce seraient des commanditaires, et la
commandite simple n'est ni pratiquée, ni même probablement
connue, dans les relations des particuliers. Caton avait eu le
sentiment de ce qu'elle pouvait être ; son amour de l'argent le
lui avait fait découvrir et tenter sur une très grande échelle,
mais sous une forme compliquée en apparence, nous l'avons
dit ; et cela n'avait pas été imité dans la pratique des hommes
de son temps.

Peut-être pouvait-on y comprendre, nous l'accordons, quelques prêteurs à intérêt ; mais ils ne devaient pas être nombreux. On ne livre pas à de simples *negotiatores* qui n'ont pas,
pour la plupart, même le cens équestre, et qui s'en vont trafi-

(1) Valère-Maxime, VI, 9, n° 7.

quer, au delà des mers, des sommes considérables, pour en retirer le simple profit des intérêts que l'on pourrait obtenir autour de soi, au même taux légal et sans les mêmes dangers. Le *mutuum*, même avec les intérêts, ne peut pas prétendre, par sa nature, à de si aventureuses destinées ; les Français qui ont besoin d'argent à Londres, à Madrid ou à New-York, trouveraient difficilement, en France, de simples particuliers qui voulussent leur prêter de l'argent au taux légal. De tout temps, il y a eu d'autres procédés à suivre, en pareille occurrence.

Peut-être y avait-il, nous voulons bien le croire, quelques fonds prêtés à la grosse, *nautico fœnore*, parmi ces *magnas pecunias*. Le *nauticum fœnus*, avec ses chances et son défaut de garanties présentes, donne, au moins, plus de latitude dans les bénéfices que le simple prêt. Mais ces bénéfices eux-mêmes sont réglementés comme des intérêts ; ils furent même fixés à un taux déterminé par la loi ; d'ailleurs, l'emploi de ce contrat particulier est limité au commerce de mer, aux grosses aventures des traversées ; or, il s'agit ici de sommes placées dans la province : *quas in ea provincia collocatas habent.*

Si ce n'est ni la société ordinaire, ni la commandite, ni le prêt à des particuliers, ni le *nauticum fœnus*, qui peuvent expliquer la présence de ces énormes capitaux expédiés en Asie, de quoi donc peut parler Cicéron en les recommandant au peuple ?

Tout devient simple et naturel pour nous, dans ce membre de phrase passé presque inaperçu jusqu'ici, considéré comme sans importance, et négligé, quoiqu'il présentât, à raison des proportions que lui a données très volontairement l'orateur, les éléments d'un fait considérable. Tout devient clair, non seulement par suite des éliminations que nous venons de faire sûrement, et qui nous indiquent ce qui n'était pas et ne pouvait pas être ; mais aussi et surtout, parce que pour nous, tout démontre directement la vérité, sur ces grosses sommes exploitées au profit des capitalistes romains. Ce sont les *partes* des grandes compagnies, les actions des souscripteurs de Rome.

Il ne faut pas oublier, en effet, que les publicains sont là, échelonnés sur tout le territoire de la province d'Asie, avec leurs immenses ressources ; non seulement ils exploitent en bloc les impôts de la plus riche des provinces, mais ils exploitent aussi les salines, les fonds de terre, les mines, les douanes. Ils y ont des troupes d'esclaves, les unes attachées au travail du sol, d'autres au trafic des ports et des entrepôts commerciaux.

Comment auraient-ils pu suffire seuls, aux avances nécessitées par ces entreprises énormes et diverses, quelque nombreux, quelque riches qu'ils fussent individuellement ?

Dès le début de son discours, Cicéron semble même s'être expliqué à cet égard, aussi clairement que possible, en parlant de ces chevaliers romains restés à Rome, qui reçoivent tous les jours des nouvelles d'Asie et « *quorum magnæ res aguntur, in vestris vectigalibus occupatæ.* » Ces mots ne semblent-ils pas se référer spécialement aux associés de capitaux, c'est-à-dire aux gros actionnaires des sociétés vectigaliennes ?

C'est évidemment à ce grand nombre d'intéressés aux affaires des publicains et à ces gros capitaux exportés par eux, que Cicéron fait allusion, lorsqu'il appelle les publicains *firmamentum ceterorum ordinum.* Il n'aurait pas dit cela d'eux, s'ils n'eussent été que des collecteurs d'impôts ou des entrepreneurs de travaux publics. Souvenons-nous du mot de Polybe, encore vrai du temps de Cicéron : « *pœne ad unum omnes... quæstu inde faciendo sunt impliciti.* » Souvenons-nous de ce que nous dit Cicéron lui-même, lorsqu'il place les affaires des publicains, *publica sumenda*, parmi les sources normales des revenus des particuliers.

Tout cela, Cicéron le disait dans un langage très intelligible pour les Romains, pour les citoyens qui l'entouraient, tous parfaitement instruits des spéculations que l'Etat mettait à leur portée, par le fait des grandes sociétés adjudicataires. Il faut se placer dans la même situation que ceux qui écoutaient le grand orateur, pour comprendre à demi mots les choses qu'il n'avait pas à leur expliquer, et qu'après dix-neuf siècles, nous ne pouvons reconstituer sûrement, que par la réflexion, les recherches, et à la lumière des faits analogues qui nous environnent de toutes parts.

Si la guerre arrête la levée des impôts d'Asie, et chasse les esclaves des publicains de leurs chantiers, la fortune publique est menacée, non seulement parce que l'Etat perdra ses plus abondantes ressources, mais parce que les chevaliers seront atteints, et, avec eux, les capitalistes des autres ordres, compromis dans leur chute ; voilà ce qu'explique Cicéron à ses concitoyens, bien à même de le comprendre.

On pourrait considérer, comme écrits en vue de nos plus terribles crises contemporaines de la bourse, ces mots prononcés il y a près de deux mille ans : « *Non enim possunt in una civitate multi rem atque fortunas amittere, ut non plures secum in eamdem calamitatem trahant... ut eodem labefacta motu concidant.* » C'est à Rome, sur le Forum, que se centralisa le *crédit* et le *mouvement des fonds* et que s'établit le cours des valeurs. « Ce crédit et ce mouvement de fonds qui fonctionnent sur le Forum, se combinent avec les entreprises asiatiques et ne peuvent être séparés. » « *Hæc fides atque hæc ratio pecuniarum, quæ Romæ, quæ in foro versatur, implicita est cum Asiaticis pecuniis et cohæret.* »

Tous les détails de nos administrations financières se montraient, en principe ou en fait, chez les grands spéculateurs de Rome. On n'avait ni les télégraphes pour se tenir au courant des affaires, et fixer les cours, ni même les postes publiques au moins dans les régions aussi lointaines que celles de l'Asie, et dans les temps anciens (1). Mais nous savons que les compagnies avaient leurs services de courriers mieux organisés parfois que ceux de l'Etat, et qui, tous les jours, apportaient les nouvelles des provinces les plus éloignées, au personnel de la direction.

Cicéron et Cérellia son amie (2), avaient eu, à une certaine époque, des centaines de mille sesterces *colloquées* en Asie, comme nous avons, nous autres, des fonds sur les chemins de fer ou sur les canaux de l'Orient et de l'Occident, dans les deux mondes. Nous aurions eu des préoccupations semblables à celles des *participes* romains, si l'on était venu, par exemple, nous menacer d'une guerre en Egypte, au moment où le percement de l'isthme de Suez s'accomplissait avec les capitaux français.

Et les publicains avaient, en sus des grands travaux, l'exploitation des impôts de l'univers, pour occuper les financiers

______

(1) Voy. Humbert, *Les postes chez les Romains* (*Rec. de l'Acad. de législation de Toulouse*, 1872, p. 298 et suiv.). — Lequiou de Lenneville, *Usage des postes chez les anciens et les modernes*, 1730. — Naudet, *Mémoire sur l'administration des postes chez les Romains*. Paris, 1846. — Duruy, *Hist. rom.*, t. IV, p. 15 et suiv. — Voy. aussi des indications sur la *Revue de droit international et de législation comparée*, 1886, p. 111, et supra, chap. II, sect. Ire, § 4, p. 130.

(2) Voy. *supra*, chap. Ier, sect. V, p. 85.

et faire fructifier les capitaux de Rome. On faisait de nouveaux appels de numéraire tous les cinq ans, au renouvellement des adjudications vectigaliennes ; et les fonds affluaient à Rome, pour se répandre et devenir démesurément féconds sur tous les points du monde conquis.

Le régime de la Sicile était un adoucissement de la règle commune, spécialement pour les impôts directs prélevés par les *Decumani* ; celui de l'Asie, c'est la puissance des publicains dans toute son expansion. C'était le régime du droit commun et les procédés pratiqués dans tous les pays ; mais en Asie certainement, avec bien plus d'ampleur que dans toutes les autres provinces.

§ 7. — *Opinions personnelles de Cicéron sur les publicains ; ses relations avec diverses compagnies.*

Cicéron est certainement, de tous les écrivains de l'antiquité, celui qui nous a parlé le plus et le mieux des publicains. Il ne faut pas s'en étonner. Il fut plus à même qu'aucun autre, de le faire très clairement et très pertinemment ; mais, il faut l'avouer, il ne le fit pas toujours sans des préventions en différents sens. Sa nature très impressionnable, les influences variables du dehors, les intérêts très divers de ses causes au barreau et ceux de ses propres affaires, les changements assez sensibles dans sa ligne politique, l'ont souvent porté à se contredire, soit dans ses plaidoiries, soit dans ses discours, particulièrement à leur sujet. Il ne cessa, d'ailleurs, jamais, d'avoir avec eux les relations les plus suivies.

Nous croyons avoir démontré que ce fut là l'origine des innombrables millions qui passèrent par ses mains, et cela aussi dût se faire sentir, quelquefois malgré lui-même, dans les actes de sa vie publique et dans la rédaction de ses grands ouvrages.

Mais si, laissant de côté le langage de l'avocat, ou celui de l'homme politique, ou les œuvres du publiciste, nous étudions Cicéron dans l'abandon de ses correspondances amicales, ou dans les actes libres de sa vie privée, nous pourrons nous fixer peut-être plus sûrement, sur ce qu'il faut penser de cette puissance des publicains, si incontestable, mais si diversement qualifiée par le grand orateur lui-même.

Trouverons-nous là le fond de sa pensée, ce que nous pourrions appeler son opinion personnelle? En vérité, nous croyons qu'elle ne s'y montre pas souvent au plein jour, et il faut même là, dans ses écrits les plus intimes, chercher sous les mots ce qu'ils ne disent pas toujours absolument.

Cicéron n'est jamais entré dans de grandes confidences sur ses bonnes ou mauvaises fortunes à la bourse. Il disait seulement à ses amis, suivant les moments, qu'il était dans la gêne, ou bien il se réjouissait, et étalait à leurs yeux ses prodigalités. Ainsi, il ne donnait pas le détail de ses affaires avec les publicains, quoiqu'il parlât d'eux très souvent et qu'il déclarât les voir tous les jours au Forum. Nous ne trouvons à cette discrétion rien que de très naturel; c'est ainsi que les choses se passent d'ordinaire, dans la carrière pleine de péripéties, des gros joueurs, qui aiment instinctivement à laisser leurs opérations dans le mystère à l'égard du public.

Ce qu'ils ne peuvent maîtriser, c'est le besoin de dépenser vite ce qu'ils ont gagné en tentant la fortune. Cicéron n'était pas plus à l'abri de cette faiblesse que de bien d'autres ; nous avons eu l'occasion de le constater souvent dans sa vie. D'ailleurs, il était trop impressionnable pour être un homme absolument dissimulé.

Si l'on examine froidement ses lettres de diverses natures, lettres d'amitié, lettres de recommandations, lettres d'affaires, ou bien lettres toujours un peu guindées, d'un frère qui protège, et veut, à tout prix, conseiller son frère en politique, ou encore si l'on scrute les récits qu'il fait, de ses propres actes, ce qui domine certainement, dans ses sentiments sur les publicains, c'est la crainte de se brouiller personnellement avec eux, ou de les éloigner de sa politique. On sent qu'il les considère comme nécessaires à la prospérité de ses intérêts de toute nature, et, même dans ses confidences les plus intimes, il en parle de parti pris, avec les plus grands égards, alors même qu'ils ne le méritaient nullement.

Quant au personnel des sociétaires importants, d'abord, ou des forts actionnaires, *qui magnas partes habent*, Cicéron les connaît en très grand nombre, et parle d'ordinaire au superlatif, des relations d'amitié qu'il a avec eux.

C'est ainsi qu'il écrit à son gendre Crasippès, questeur en Bithynie : « Je t'ai recommandé de vive voix, aussi chaudement que je l'ai pu, les sociétaires de Bithynie...; il y en a beaucoup parmi eux, qui sont tout à fait mes intimes (*valde familiares*), en particulier celui qui, en ce moment-ci, est à leur tête, Rupilius, leur directeur (*magister*) (1). » Dans une autre lettre, datée de son gouvernement de Cilicie, en 703-51, il écrit à un gouverneur de province, Silius (2) : « J'ai une grande amitié et une affection inaltérable pour Terentius Hispon, qui remplit les fonctions de *pro magister* de là Société des pâturages; nous nous rendons de nombreux et importants services mutuellement (*multa et magna inter nos officia paria et mutua intercedunt...*) Je suis aussi dans les relations les plus affectueuses avec la plupart des sociétaires... Si tu te conformes à mes désirs, tu seras agréable à mon cher Hispon; ainsi, tu créeras un nouveau lien entre la Société et moi; et toi-même, tu pourras aussi obtenir les précieux services d'un homme très reconnaissant, de sociétaires qui sont dans les situations les plus considérables, et tu m'obligeras moi-même, par un bon office du plus haut prix. *Gratissimi hominis, et ex sociorum gratia hominum amplissimorum, maximum fructum capies et me summo officio afficeris.* »

Ces lettres seraient-elles de simples recommandations sollicitées? C'est fort possible. Les hommes se ressemblent si bien entre eux, sous certains rapports, même à des siècles de distance! Mais elles contiennent des expressions si énergiques, elles sont écrites avec une chaleur de style si caractérisée, qu'évidemment celui qui les a faites y attachait un intérêt personnel.

Sans doute, en arrivant au Forum, tous les jours, c'est vers le barreau que Cicéron se dirige naturellement, ou bien vers les groupes d'hommes politiques, les *conciones*, suivant qu'il y va comme avocat ou comme homme public. Mais ce n'est pas sans s'arrêter d'habitude avec les grands seigneurs de la finance, avec les *magistri*, les *boni homines*, les *diteis* de Plaute, qui sont là aussi très régulièrement. Il y va, nous le savons bien, *ut opes augeantur;* et il le faut, pour qu'il puisse tenir son rang et satisfaire ses fantaisies, puisque le barreau et la politique ne rapportaient rien par eux-mêmes.

Et c'est pour cela qu'il peut parler *de summa familiaritas*

<hr>

(1) *Ad famil.*, XIII, 9, 704-50.
(2) *Ad famil.*, XIII, 55, 703-51; *Ad. Att.*, XI, 10, 707-47.

consuetudoque, à l'égard d'un directeur; *de summa necessitudo cum sociis scripturæ*, et en dire : *utor familiarissime.*

Il faut ajouter que Cicéron ne parlerait pas ainsi de ses relations personnelles si elles n'étaient qu'utiles à ses intérêts, et si son insatiable vanité n'y trouvait pas quelque peu son compte.

Il ne peut donc y avoir aucun doute; c'est dans les rangs les plus élevés de la société romaine, avec les consulaires et les hommes en vue, et même dans leur familiarité que vivaient les publicains de marque, ceux qui partageaient leur vie entre Rome et la province. C'est encore un intéressant rapprochement à faire avec notre temps. La vieille aristocratie de naissance s'efforçait, par ses relations et ses mariages, de remettre ses finances à flot, pendant que, de leur côté, les financiers se prêtaient à cette fusion nouvelle et l'entretenaient par l'éclat de leurs fêtes. Les premiers retrouvaient la fortune, les autres cherchaient dans ce contact des satisfactions pour leur orgueil ou leur vanité. Le mariage entre patriciens et plébéiens avait été défendu, non seulement par les mœurs, mais encore par le droit civil, jusqu'en 310-444; il fallut que la loi *Canuleia* vînt supprimer cette prohibition. C'était dans la haute société romaine l'indice d'un mouvement qui fut, en s'accentuant de plus en plus, dans le sens de la fortune. C'est là un point fort important, à notre avis, parce que, ne l'oublions pas, dans le monde romain, tout est classé avec une régularité parfaite; l'*existimatio*, la considération est l'un des éléments non seulement du rang social, mais même de la situation qu'on occupe personnellement, dans la politique, et jusque dans le droit privé. Les lois de Justinien prouvent que cet état des mœurs s'était perpétué sous l'Empire.

Mais Cicéron élève encore bien plus le ton de ses paroles, lorsque, des associés, il passe aux compagnies elles-mêmes. Le style dithyrambique de ses discours que nous connaissons, *flos equitum, ornamentum civitatis, firmamentum reipublicæ* (1), passe presque dans ses lettres intimes. A son frère Quintus, il écrit : « Heurter de front les publicains, ce serait nous aliéner l'ordre auquel nous devons le plus. » A son gendre, il demande pour les compagnies, le même respect et les mêmes

____

(1) *In Pisonem*, XVII, XXI, XXVI, XLI. — *Pro Plancio*, IX. — *Ad Quint. frat.*, I, 1.

égards : « Cette compagnie, » lui écrit-il, « constitue, par elle-même et par ceux qui la composent, la partie la plus importante de Rome, *quæ societas ordine ipso, hominum genere, pars est maxima civitatis* (1). »

Il ne dissimule pas qu'il leur doit personnellement beaucoup. « Vous pouvez être assuré, » écrit-il à son gendre, « que non seulement j'ai toujours fait beaucoup et de très grand cœur pour l'ordre tout entier des publicains, mais que cela je devais le faire, à cause de tout ce que cet ordre a lui-même fait pour moi (2). » C'est le langage de la plus sincère reconnaissance.

La conduite de Cicéron à l'égard des publicains prouve bien plus encore que ses paroles, si c'est possible, combien il se considérait comme intéressé à se ménager leur attachement. Son honnêteté naturelle se révolte parfois, et il est prêt à s'opposer aux abus des compagnies, en province comme à Rome ; mais il se souvient tout de suite des conseils dont il a comblé lui-même son frère Quintus : « Epargner les provinciaux et ménager les publicains, c'est le fait d'une vertu divine. Obtenez des provinciaux, vous leur bienfaiteur, vous à qui ils doivent tout, de ne pas troubler la bonne amitié qui nous lie avec les publicains (3). »

De tout temps, il avait cherché à s'attirer leurs bonnes grâces. Il répétait à tout venant que d'eux dépendait en grande partie le régime de paix et de conciliation qu'il avait poursuivi pendant son consulat, et dont il ne cessa depuis de se faire gloire. C'est encore à son frère qu'il écrit : « Les publicains d'Asie m'aiment beaucoup parce qu'ils savent que je leur suis tout dévoué, et parce que, comme homme d'affaires, ils se souviennent qu'ils doivent à mon consulat la conservation de leurs richesses. »

Aussi, lorsqu'il partit à son tour pour son proconsulat de Ci-

---

(1) *Ad div.*, XIII, 9, 704-50.

(2) « *Volo enim te existimare, me, quum universo ordinis publicanorum multum semper libentissime tribuerim, idque magnis ejus ordinis erga me meritis facere debuerim.* » *Ad fam.*, XIII, 9.

(3) *Ad Quint. frat.*, I, 1, 694-60; *Ad Attic.*, II, 16, 695-59. *Prov. consul.*, V. *Contra Pison*, XVII, XVIII, XXI, XXXVI. — Voy. aussi *Ad fam.*, I, 9, 700-54; *Ad Attic.*, V, 13, 703-51; *Ad Attic.*, VI, 2, 704-50; *Ad fam.*, II, 13, 704-50; *Ad Attic.*, VI, 3, 704-50. — Voy., cependant, *Ad Attic.*, VII, 7, 704-50; *Ad Attic.*, XI, 2, 706-48; *Ad fam.*, XIII, 10, 708-46.

licie, il avait préparé quelques réformes, mais très prudemment ; et cependant il n'eut pas le courage de les réaliser. Il avait songé, notamment, à mentionner, à l'exemple de Bibulus, dans son édit, qu'il n'observerait les conventions faites entre les publicains et les provinciaux, pour le mode de perception de l'impôt, que si elles étaient exemptes de *fraude ou de violence*. Atticus lui avait fait observer que cette formule était blessante pour les publicains, *nimis gravi prejudicio in ordinem nostrum* ; il la supprima et maintint l'édit ancien de Mucius Scævola, qui disait en termes plus doux : « *Si negotium gestum est, ut eo stari non opporteat, ex fide bona* (1). » On ne prévoyait plus le dol et la fraude, mais seulement les considérations de bonne foi. C'était mettre beaucoup de délicatesse dans les formes, pour des gens eux-mêmes aussi peu scrupuleux sur le choix des moyens.

Cicéron dut continuer ces bons procédés pendant tout son proconsulat, car il resta l'ami des publicains. Nous avons vu qu'il confia même les économies faites pendant son séjour en province à leurs collègues d'Éphèse.

M. d'Hugues, dans un livre très consciencieux et aussi savant que distingué par son mérite littéraire, a étudié Cicéron particulièrement dans son proconsulat de Cilicie.

M. d'Hugues est un admirateur et un ami de Cicéron, il le défend contre ses détracteurs de tous les temps et de tous les pays, et voici cependant, ce qu'il est obligé de reconnaître avec sa parfaite bonne foi : « L'*imperator* ne dédaignait pas d'appeler l'attention de ses amis, Atticus, Cœlius ou Caton, sur les moindres particularités de ses hauts faits militaires. Le *proconsul* garde un silence discret sur le menu de ses actes administratifs, et, en ce qui concerne les publicains, il affecte de s'en tenir aux généralités les moins compromettantes pour lui-même et pour les autres. Atticus qui avait, à n'en pas douter, un intérêt direct dans les opérations des compagnies Ciliciennes, et à qui on ne pouvait, par conséquent, refuser le droit d'être exactement renseigné sur le rendement des impôts, sur les conditions des *syngraphæ*, sur le mode de payement des dettes contractées par les provinciaux, Atticus n'obtient pas de son ami, sur toutes ces questions qui l'intéressent tant, des

______

(1) *Ad Attic.*, VI, 1, 704-50. — Voir aussi *Ad fam.*, III, 8, 703-51.

renseignements plus précis ni plus complets, que la plupart des correspondants du proconsul. « J'ai comblé tous les vœux des publicains, » lui dit Cicéron, ou bien encore : « Les publicains tiennent à moi comme la prunelle de leurs yeux. » Formule vague, banale, qui en dit à la fois trop et trop peu. Un seul passage d'une lettre à Atticus nous autorise à croire qu'il s'efforça, au moins une fois, de concilier, autant que possible, la politique et la justice dans ses rapports avec les publicains (1). »

En effet, Cicéron s'opposa à ce qu'on pût imposer aux contribuables retardataires, un intérêt supérieur à douze pour cent par an; et il se vante d'être resté néanmoins l'ami de tous : « Ils sont si bien avec moi qu'il n'en est pas un qui ne se croie mon meilleur ami...; d'ailleurs, je les traite au mieux ; je les accable d'honnêtetés, de louanges, de caresses... Ils reçoivent de moi force compliments et des invitations fréquentes (2). »

Faut-il pardonner à Cicéron cette attitude presque humiliée? Nous ne le rechercherons pas, mais nous sommes d'avis que la fin ne justifie pas toujours les moyens. Ce qui est évident, c'est que Cicéron se garda bien d'entamer la lutte avec les publicains, comme l'avaient fait notamment Mutius Scævola et son courageux questeur Rutilius Rufus (3). Il se courba en acceptant la théorie du moindre mal, parce qu'il trouvait devant lui des maîtres encore tout-puissants, même à une époque où ils avaient perdu leur principal moyen d'autorité effective, le droit exclusif de juridiction criminelle; et, il faut bien le dire, c'étaient des gens à qui il devait trop, pour rester indépendant à leur égard.

Cicéron fut l'avocat des publicains, et, en même temps, leur client; il ne cessa d'être leur ami, par ses relations, par son origine provinciale, par son titre de chevalier, par sa politique d'apaisement; il fut leur orateur politique. Il occupait un rang aussi considérable par son talent que par sa fortune et par sa situation dans l'Etat, et cependant, il les adula constamment de toutes manières, ne redoutant évidemment rien tant que de

---

(1) D'Hugues, *Une province romaine sous la République*, p. 338.
(2) Citations traduites par M. d'Hugues, *eod.*
(3) *Supra*, chap. II, sect. 1re, § 3, p. 233.

les froisser par ses paroles, ses écrits ou ses actes. « En vérité, » dit encore M. d'Hugues, « l'histoire de la juridiction de Cicéron en Cilicie n'est guère autre chose que le récit navrant des luttes engagées entre sa conscience, qui lui ordonnait de protéger les intérêts des provinciaux, et la nécessité politique qui le conduisait, malgré lui, à les pressurer, pour ne pas nuire aux personnages illustres dont la déconsidération eût entamé le prestige et compromis le salut de la République. »

Au surplus, en agissant ainsi, il faisait ce que fit à peu près tout le monde à l'égard de cette puissance financière avec laquelle Pompée, César, tous les hommes les plus puissants, seront obligés de compter jusqu'à l'empire.

Il n'y a donc pas de doute possible, les sociétés de publicains occupaient la tête du monde romain encore au temps de Cicéron, et nous nous souvenons que lorsque le grand orateur dépeint, au retour de l'exil, le cortège de ceux qui se sont rendus au devant de lui, c'est dans ces conditions qu'il les traite. Au grand étonnement de ses traducteurs qui, ne le comprenant pas, se sont permis de le corriger, comme nous l'avons déjà fait remarquer, c'est aux *societates* qu'il donne le pas, à plusieurs reprises, après le Sénat, sur tous les ordres de l'Etat, « *Omnes societates, omnes ordines* (1). »

Nous allons assister aux dernières luttes de la liberté et des énergies individuelles qu'elle suscite, contre le despotisme d'un pouvoir unique qui s'impose. Mais telle est la force vitale de ces grandes compagnies financières, qu'elles seront, de toutes les puissances de l'Etat, les dernières à succomber sous les coups d'un pouvoir qui saura se rendre inexpugnable, en restant aussi odieux qu'absolu pendant plusieurs siècles.

M. de Vogué (2) écrivait naguère à propos de l'histoire de notre temps : « Toute réunion d'hommes, qu'elle le veuille ou non, est toujours en travail d'une aristocratie qui puise ses éléments dans la force prépondérante à l'heure où elle se constitue. Or, sur la table rase, il n'est resté qu'une puissance in-

____

(1) Voy. *supra*, chap. II, sect. 1re, § 2, p. 115, et aussi *Pro Murena*, n° XXXIII : « *Quid, si omnes societates venerunt quarum ex numero multi hic sedent judices ? Quid si multi homines nostri ordinis, honestissimi ?* » — *Ad Quint.*, I, 1, 694-60 : « *Non enim desistunt nobis agere quotidie gratias honestissimæ et maximæ societates.* »

(2) *Revue des Deux-Mondes*, 1889, p. 941, n° du 15 octobre.

discutable, permanente : l'argent. » L'influence des anciennes
mœurs avait disparu, « l'argent était monté, d'une poussée ir
résistible, au sommet du corps social, comme monte au-dessus
du taillis un arbre en pleine sève quand on abat les voisins
qui lui disputaient l'air et la lumière. » On croirait cette description pittoresque de notre fin de siècle, écrite en présence
de ce qui se produisit à l'égard de la « féodalité financière »
des publicains de Rome, qui resta seule debout, seule inébranlable, couvrant tout de son ombre malsaine, longtemps avant et
même durant les dernières péripéties des dictatures militaires.

§ 8. — *Dernières guerres civiles. Lois judiciaires. Pompée, César et l'Empire.*

Depuis qu'il était devenu possible aux généraux d'attacher
à leur personne et à leurs ambitions politiques, des armées de
vétérans fanatisées par la victoire, c'en était fait du repos et
de la sécurité de l'Etat. Cette innovation périlleuse, qui re-
montait à peine aux réformes de Marius, ne devait pas tarder
à porter le dernier coup à la République et aux anciennes institutions de Rome.

Nous avons déjà pu le constater par l'attitude belliqueuse
et hostile que prenaient, à la tête de leurs soldats aguerris et
exigeants, les généraux retournant triomphalement, des divers
points du monde romain, sur le sol de l'Italie. Les armées romaines en vinrent à combattre entre elles, pour la cause politique de certains de leurs chefs, comme elles avaient pris l'habitude de le faire contre les ennemis du dehors.

Au surplus, chacun de ces généraux mis en relief par le
succès, avait ses partisans dans la ville. « C'étaient des confréries closes et presque militaires, qui avaient leurs chefs, leurs
intermédiaires tout trouvés dans les *principaux* ou *scrutateurs
des tribus*... Les clubs, la guerre des clubs avaient remplacé
les partis et leurs luttes (1). »

L'intrigue, la vénalité et, pour tout achever, la force des
armes, devinrent les seuls et véritables maîtres de ces groupes,
de ces hétairies, où les généraux ambitieux trouvaient des
alliés tout prêts à se joindre à leurs troupes, pour les batailles

(1) Mommsen, *op. cit.*, t. VI, p. 132.

sanglantes du Forum et des rues. Plus tard, les armées de prétendants se poursuivront aux extrémités du monde.

Ainsi, la marche des événements se continuera, au grand préjudice de l'État, par des alternatives de dictature de fait et d'anarchie, jusqu'au moment où l'un de ces chefs d'armées victorieuses, plus habile et plus fort que les autres, franchira le Rubicon, et fera du despotisme militaire, le régime définitif que se transmettront les empereurs, à Rome et puis à Constantinople.

L'influence des chevaliers manieurs d'argent avait été l'un des éléments les plus actifs de cette dissolution des mœurs publiques.

La morale de l'intérêt, nous n'avons cessé de le dire et de le constater par les faits de cette histoire, est courte dans ses vues. De même que les cours de la bourse ne s'impressionnent guère, que par les faits qui s'annoncent à brève échéance, les événements que cherchent à susciter les faiseurs de trafics, ne sont organisés par eux, qu'en vue de résultats suivis de bénéfices positifs et immédiats. Qu'importe pour eux l'avenir? Et alors même que les agioteurs étendent leurs conceptions, ils pensent ou affirment d'ordinaire, que les questions de sentiment ne doivent pas compter en affaire ; tout se réduit pour eux à des combinaisons et à des calculs. Quand ils abusent de ces procédés volontairement étroits et à courte vue, de ce scepticisme en morale, de cette négation de tout sentiment supérieur, et aussi de leur foi complète dans le succès des expédients habiles, le temps se charge, le plus souvent, de leur faire à certains jours courber la tête, et les force à subir la loi de la vérité méconnue. L'histoire des financiers de Rome contient de hauts enseignements à cet égard.

Ainsi, lorsqu'à la suite de la harangue de Cicéron, faite sur l'insistance passionnée des chevaliers et des publicains, la loi Manilia conféra à Pompée le commandement de l'armée d'Asie, en 688-66, on voyait bien que Pompée courait à la dictature, et que cette mesure, venant ajouter de nouveaux pouvoirs à ceux qu'il tenait déjà de la loi Gabinia, mettait à sa disposition les plus sûrs moyens d'arriver à la puissance souveraine (1).

____

(1) Lorsqu'on avait voté la loi Gabinia, les chevaliers avaient résisté, sentant le danger qu'il y avait à livrer des pouvoirs très étendus à un

On ne s'arrêta pas à ces considérations patriotiques, devant lesquelles toutes les autres auraient dû s'effacer, et l'on oublia la perspective menaçante d'un despotisme que tout le monde redoutait. Les chevaliers surtout n'en eurent aucune préoccupation, parce qu'ils trouvaient, dans le choix de Pompée, des garanties pour leurs opérations actuelles, le plaisir de la vengeance contre Lucullus qui les avait combattus, et, par là, un nouvel avertissement donné aux gouverneurs de l'avenir, qui auraient pu être tentés de leur faire obstacle.

Désormais, avec les régimes de militarisme et de démagogie qui ont envahi le pouvoir et l'occupent tour à tour, ou même simultanément, ce ne sont plus les ordres, le Sénat, les chevaliers, la plèbe, les comices, les magistrats qui gouvernent. Tout cela n'est plus qu'un vieux reste de moyens affaiblis dont se servent alternativement, suivant leur habileté et leurs besoins, les factions ou les généraux en passe d'occuper le pouvoir.

Quant aux publicains, ils continueront, en province surtout, leurs exploitations et leurs abus, tant qu'il n'y aura pas une autorité établie qui ait le courage et le temps de s'occuper d'eux, et de les mettre à la raison. Pour le moment, ceux qui se disputent la direction de l'État pensent surtout à la garder et à en tirer profit. Ils n'ont guère souci des financiers de toute espèce, que pour éviter de les indisposer par des actes de surveillance gênante, à moins qu'ils ne cherchent à les attirer à leur cause par des faveurs. Seulement les événements se font sentir sur le marché, et le taux de l'intérêt reçoit de violentes secousses (1),

général victorieux et plein d'ambition. Ils avaient cherché à s'opposer à ce commencement de dictature, à l'instigation de la plèbe et soutenu par elle. Cette loi avait donné à Pompée le commandement absolu sur la Méditerranée tout entière et toutes ses côtes, sur une profondeur de vingt lieues. La loi Gabinia fut votée en 687-67. L'année suivante, les chevaliers avaient oublié leurs patriotiques préoccupations; et nous avons vu que, sur leur initiative, la loi Manilia ajoutait aux pouvoirs de Pompée le commandement de la guerre d'Orient, sans limite de temps, avec le droit de conclure seul la paix et les traités avec tous les peuples. Le territoire de la République passait, en majeure partie, sous son autorité absolue. Les calculs d'intérêt avaient dominé, chez les financiers puissants du jour, toutes les préoccupations d'ordre supérieur.

(1) Cicéron, *Ad Attic.*, IV, 11, 699-55; *Ad Quint.*, II, 13, 700-54; *Ad Quint.*, III, 2, 700-54. — Les événements faisaient monter, au Forum, le

qui se répercutent, avec la variation du cours des *partes*, jusque dans les rangs de la plèbe.

Les désordres de la politique et les troubles servent d'ordinaire aux concussionnaires et aux dilapidateurs. Quelquefois, il est vrai, les abus, ou ceux qui les commettent changent de nom, en temps de crises révolutionnaire; ce ne fut pas le cas pour les publicains, qui gardèrent et leur nom et leurs procédés, dans leurs rapports avec la matière à exploiter, et dans la limite où on leur permit de le faire, au milieu des troubles de l'Etat.

Mais dans les rapports officiels avec l'autorité législative et judiciaire, depuis Sylla, tout était changé pour eux. Les moyens réguliers et les formes légales dont ils se sont servis pendant longtemps, pour assurer un cours paisible à la série de leurs déprédations, vont leur faire défaut; et leurs rapines seront soumises, comme toutes choses, aux caprices des maîtres du jour. Ce sera, à la vérité, sans grand dommage pour eux; mais, du moins, ils ne donneront pas à leurs crimes le caractère odieux d'être accomplis au nom de la légalité et du droit. Ils commettront leurs dilapidations, à la faveur de cette instabilité du pouvoir qui devient une véritable anarchie.

Le temps est passé, où l'on obtenait des comices, conscients de leurs actes, même de leurs méfaits, des lois judiciaires à l'abri desquelles le parti vainqueur pouvait, en sécurité, tout se permettre. Désormais, les lois seront proposées par des magistrats ou des citoyens sans personnalité propre; elles seront votées par des comices achetés ou asservis par un homme ou une faction; et pendant que Sylla, Pompée ou César seront au pouvoir, c'est sous leurs noms que l'on pourra successivement réunir en bloc toutes les lois rendues, parce qu'elles seront faites dans leurs vues et exclusivement sous leurs ordres.

Sylla avait été le véritable créateur de ce régime nouveau, dont le peuple romain ne devait plus pouvoir se débarrasser par ses propres forces.

Les despotes ne sont plus guère, après Sylla et Marius, d'aucun parti; ils se servent à peu près de tous, suivant les

---

taux de l'intérêt de 4 à 8. « *Sequere me nunc in campum. Ardet ambitus :* σῆμα δέ τοι ἐρέω : *fœnus ex triente idib. Quint. factum erat bessibus.* » *Ad Attic.*, IV, 15, 700-54.

circonstances et les affinités de leur tempérament, pour les soumettre, au besoin, les uns par les autres ; mais ils n'acceptent
la prépondérance d'aucun, parce qu'ils y pourraient trouver
des compétitions gênantes, dont ils ne veulent pas.

Il devait résulter de ces mœurs nouvelles, que l'on apporte-
rait, dans la composition des tribunaux, une pondération apparente qui en était depuis longtemps odieusement exclue.

Il ne devait rester debout qu'un seul principe, c'est que la
fortune est la source de tous les privilèges ; par suite, le cens
reste la base sur laquelle devra invariablement s'établir le
recrutement du pouvoir judiciaire ; c'est toujours la même
hiérarchie de la politique romaine, sous tous ses aspects. Les
publicains en profiteront encore.

Ainsi, les lois judiciaires ne seront plus faites principalement
en vue des publicains, pour ou contre eux, suivant les temps ;
elles auront donc, désormais, moins d'intérêt au point de vue
particulier de notre histoire.

Si les juges manquent de justice, ce sera plus leur faute que
celle des lois judiciaires. Sous ce rapport, on peut dire qu'au
temps des guerres civiles la législation fut en progrès ; mais il
n'en fut pas de même des mœurs, et nous assisterons bientôt à
ce triste spectacle des tribunaux envahis par la soldatesque ou
les factions armées. A quoi servent les progrès de la législation, là où les mœurs ne portent plus avec elles que le mépris
des lois ? *Quid leges sine moribus ?*

Malgré tout cela, nous devons donner quelques indications
précises sur celles des dispositions des dernières lois judiciaires de la République, qui témoignent d'une tendance politique
à l'égard des chevaliers.

La première réforme importante apportée à la loi judiciaire
de Cornelius Sylla, le fut par la loi *Aurelia*, d'*Aurelius Cotta*,
qui fut bientôt suivie de quelques autres, notamment de diverses lois de Pompée et de César. Les tribunaux des causes criminelles, qui ne se recrutaient que parmi les sénateurs, se
constituèrent, en vertu des lois nouvelles, d'éléments pris dans
divers ordres. On resta, par la suite, fidèle à cette idée, et on
chercha même à y apporter progressivement des améliorations
pratiques.

Velleius Paterculus, résumant en une phrase l'histoire des
lois judiciaires, a écrit : « Gracchus avait enlevé la judicature

au Sénat, pour la transférer aux chevaliers. Sylla la rendit aux sénateurs. Cotta la partagea également entre les deux ordres (1). » Dion Cassius (2) déclare que la plèbe elle-même était représentée dans les tribunaux de la loi Aurelia.

Mais pour que le principe ploutocratique fondamental ne fut pas méconnu, Cicéron fait observer que, dans les lois judiciaires d'Aurélius, comme plus tard dans celles de Pompée et de César, on n'était admis à faire partie de l'ordre des juges que dans les limites minimum d'un cens déterminé.

Dans ces conditions, les publicains durent encore être traités avec beaucoup de ménagements par les tribunaux, dans lesquels les plébéiens eux-mêmes n'étaient que des riches. Et ce qui nous le prouve, c'est la haine et les malédictions dont les publicains restèrent encore l'objet, sur tous les points du monde romain, à raison de leurs excès.

Lorsque la loi Aurélia fut faite, en 684-70, Pompée et Crassus revenaient tous les deux à Rome, à la tête d'armées dévouées et victorieuses. Egalement avides du pouvoir, les deux rivaux s'étaient fait nommer consuls la même année, et leurs troupes, sous prétexte d'attendre le jour du triomphe, campaient sous les murs de la ville. Ces deux généraux avaient considéré comme de bonne politique, en ce moment là, de faire alliance avec les financiers et la démocratie, afin de renverser toutes les institutions oligarchiques de Sylla. Le tribunat fut rétabli dans tous ses pouvoirs, la censure restaurée ; la multitude fut de nouveau nourrie aux frais du Trésor, c'est-à-dire aux dépens des provinces ; les publicains furent remis en possession des fermes de l'Asie.

C'est à ce mouvement contre les actes du dictateur, que se rattache la loi judiciaire dont nous nous occupons. Elle fut faite principalement sous l'influence de Pompée. On aurait pu croire que le Sénat en serait exclu, comme à l'époque des Gracques ; il en eût été probablement ainsi, si Pompée eût été seul ; mais il avait à compter, en ce moment, avec son puissant collègue, et l'on pense que c'est vraisemblablement à l'influence de Crassus et de ses amis que le Sénat dut de n'être pas complètement exclu de l'Album (3).

(1) Velleius Paterculus, II, 32.
(2) Dion Cassius, 43, 25.
(3) Mommsen, *op. cit.*, p. 243.

Ainsi, la loi Aurélia fut votée sous la pression de deux armées; elle rentre bien, par son caractère, dans la nouvelle série de ces lois où les anciens partis politiques n'exercent plus qu'une influence indirecte.

Au fond, on est d'accord sur les caractères généraux de la loi Aurélia; il n'en est pas de même, en ce qui concerne quelques points spéciaux, mais importants de ses dispositions. Ce serait s'égarer et sortir du cadre de notre histoire des publicains, que de suivre les historiens et les juristes, dans ces controverses; nous nous bornerons donc à indiquer les conclusions qui nous paraissent les plus plausibles.

La loi divisait les juges en trois catégories : un premier tiers se composait de sénateurs, un second tiers de chevaliers, le troisième tiers de *tribuni œris* ou *œrarii*. C'est spécialement sur la portée de ces derniers mots que l'on est en discussion.

Nous pensons, comme le savant auteur de l'*Histoire des chevaliers*, qui a étudié la question avec un soin extrême et une remarquable hauteur de vues, qu'il s'agissait, sous ce nom et à raison d'une pratique de langage devenue usuelle, tout simplement d'une classe du cens (1).

D'après les interprétations qui nous paraissent le mieux établies, la loi Aurélia aurait donc placé dans le premier tiers de l'ordre judiciaire les sénateurs, dans le second tiers les chevaliers, c'est-à-dire les citoyens de la première classe ayant le cens de 400,000 sesterces; enfin, sous le nom de *tribuni œrarii*, étaient compris ceux dont le cens était de 300,000 sesterces. C'était là le minimum qui ne pouvait pas être dépassé.

On voit donc que si la plèbe était représentée, ainsi que le déclare Dion Cassius, elle l'était, du moins, par des citoyens qui, par leur fortune, se rapprochaient singulièrement des chevaliers et qui, en fait, devaient avoir les mêmes intérêts politiques et économiques.

C'était le préteur urbain qui devait dresser la liste des *judices selecti*, en les composant des plus honnêtes gens des trois ordres (2).

Les chevaliers demeuraient en fait les maîtres, comme autrefois; la loi nouvelle pouvait, pour peu que le préteur urbain

(1) Belot, *Hist. des chevaliers*, p. 274 à 294.
(2) Cicéron, *Pro Cluentio*, 43.

n'y mît pas de mauvaise volonté, leur être aussi favorable que celles qu'ils faisaient passer dans des comices à leur dévotion, aux époques de leur plus grande puissance (1). Cicéron constate que parmi les juges de Muréna, le consul accusé de brigue, les sociétaires en nom des grandes compagnies, figurent nombreux. C'est à cette occasion qu'il donne aux sociétés le pas sur le Sénat lui-même (2).

En ce moment, dans l'ordre politique, tout semblait retourner en faveur des chevaliers. Ils étaient recherchés de tous les partis.

Peu après que la loi Aurélia eut repris aux sénateurs la judicature pour la leur restituer au fond, on leur rendait, en effet, les quatorze bancs qui leur étaient réservés autrefois au théâtre. La plèbe, qui avait sifflé d'abord, était ramenée par l'éloquence de Cicéron et admettait le rétablissement de ce privilège. C'était en 687-67 (3).

Les mesures de la loi Aurélia, sages en elles-mêmes, mais insuffisantes, ne modifièrent donc aucun des abus odieux passés dans les traditions de la justice criminelle.

D'ailleurs, un autre procédé, plus déplorable encore, commençait à s'introduire dans ces mœurs, où le dernier mot semblait devoir rester désormais à la violence.

Dans le cours de l'année 688-66, le tribun Manilius était venu interrompre trois fois, les débats des tribunaux, à la tête d'une bande de spadassins salariés, et mettre en fuite les juges.

A partir de ce moment, les tribunaux de tous ordres, surtout ceux qui jugeaient les *crimina publica* ou *extraordinaria*, furent toujours exposés à ces violences, contre lesquelles ils n'étaient défendus par personne. Les *sodalitates*, les *collegia*, dissous à plusieurs reprises par des sénatus-consultes ou des lois, se re-

(1) Notamment Cicéron, *Pro Cluentio*, prononcé en 588-66, n°ˢ 54-56.

(2) « *Quid si omnes societates venerunt, quarum ex numero multi hic sedent judices. Quid si multi homines nostri ordinis honestissimi?* » Il s'agit ici, comme dans d'autres textes déjà transcrits, du cortège de ceux qui vont faire accueil à un homme politique revenant de province. La période est donc dans l'ordre de décroissance, et les sociétés figurent bien en tête, car, à la suite du Sénat, ce sont les gens d'ordre inférieur qui sont successivement présentés dans une hiérarchie descendante établie par les mœurs.

(3) Une loi fut rendue à ce sujet, sur la proposition d'un tribun, L. Roscius Otho.

constituaient sans cesse. C'est là que Clodius, que Milon, que Catilina, que Scaurus, que Crassus lui-même, ainsi que bien d'autres, recrutèrent, et les électeurs vendus en masse, et les bandes de forcenés qui se précipitaient sur les urnes du vote ou dans l'enceinte des tribunaux, frappant de tous côtés, jusqu'à ce qu'ils fussent maîtres du terrain.

Que pourront faire, désormais, les considérations d'intérêt, les influences des partis; qu'est-ce que pourront corriger les lois de compétence et de procédure? C'est de ce temps que Lucain avait pu écrire : « *Mensura juris vis erat* (1). »

Cependant, les lois judiciaires furent encore modifiées dans leurs détails.

C'est ainsi que la loi Fufia, rendue sous le consulat de Jules César, et à son instigation, en 695-59, décida que chacun des trois ordres de juges voterait dans des urnes distinctes, afin que l'on pût établir, pour chacun d'eux, la responsabilité des votes que, dans les cas difficiles, chaque ordre s'empressait de rejeter sur les deux autres. Cette œuvre de bassesse et de sujétion venait de s'accomplir dans plusieurs procès retentissants.

En 699-55, la loi *Licinia de sodalitiis* apporta quelques modifications aux procédés suivis pour choisir et récuser les juges; et cette même année, Pompée fit rendre une loi judiciaire qui, par un de ces retours d'opinion assez fréquents dans sa politique d'aventures, était favorable au Sénat. Cette loi fut même approuvée par Cicéron, qui, on le sait, oscilla souvent, lui aussi, mais surtout entre les chevaliers et le Sénat, en vue, répétait-il sans cesse, de faire l'union des deux ordres, et quoiqu'au fond il fût, en réalité, l'homme des chevaliers, juges et publicains.

Les scandales de vénalité n'en continuaient pas moins, et les lois réitérées restaient aussi impuissantes contre eux que contre la brigue et ses hontes. C'étaient, cependant, les chevaliers qui exerçaient encore l'influence dominante dans les tribunaux, lorsque la violence ne venait pas s'opposer à ces parodies de la justice; car, en 701-53, Cicéron écrivait à Atticus qu'on attribuait aux publicains l'absolution de Gabinius, accusé de lèse-majesté. Le sénateur Domitius reprochait cette sentence scandaleuse à l'influence des publicains de Syrie, qui

(1) Lucain, I, vs. 75.

avaient soutenu l'accusé auprès de leurs amis, les chevaliers juges du procès (1). Les publicains avaient donc encore pour eux, sinon la force matérielle, du moins la fortune, et des juges tout prêts à tourner de leur côté.

En 702-52, deux nouvelles lois judiciaires furent rendues sous l'influence de Pompée ; mais au lendemain même de ces réformes, Pompée appelait les juges auprès de lui, pour leur enjoindre de rendre certaines sentences qui l'intéressaient, conformément à ce qu'il leur indiquait, sans se préoccuper de la loi qu'il venait de faire. Tacite, en rapportant les faits, signale Pompée comme le corrupteur de ses propres lois (2).

Cicéron, dans ses *Philippiques*, dit qu'Antoine a fait aussi sa loi judiciaire, et comme pour confirmer les rapprochements que nous ne cessons de faire, il lui reproche à la fois et de trafiquer sur les *vectigalia*, et de choisir pour ses tribunaux ses compagnons de jeu. Le jeu, la spéculation sur les adjudications de l'Etat, et les lois judiciaires, ce sont trois choses qui ne se séparent pas, dans l'histoire de ces tristes temps (3).

D'autres lois et plusieurs sénatus-consultes vinrent modifier encore ces règles de juridiction, parfois même spécialement pour une cause déterminée. César, comme à peu près tous ceux de ses prédécesseurs dont le passage a marqué au pouvoir, ne négligea aucun des détails de la vie politique ; il s'occupa des publicains.

Salluste, lui, avait écrit, au sujet des lois de Pompée, en des termes fort énergiques et que l'on admirerait davantage, si l'on connaissait moins les mœurs de Salluste et celles de César : « Les jugements, » disait l'historien, « sont comme auparavant laissés aux trois ordres. Mais c'est une coterie, celle de Pompée, qui les dirige. Otez d'abord à l'argent son privilège ; que le droit de décider de l'exil ou du droit d'un citoyen à exercer une magistrature ne se mesure pas sur la fortune... Faire choisir les juges par un petit nombre d'hommes est une tyrannie. Les choisir en ne tenant compte que de l'argent, c'est une indignité. C'est pourquoi je ne trouve pas mauvais que tous les citoyens de la première classe soient aptes à la judicature, mais

<hr>

(1) Cicéron, *Ad Attic.*, IV, 16. *Ad Quint. fratrem*, II, 13 ; III, 7.
(2) Tacite, *Ann.*, III, 28.
(3) 2ᵉ *Philipp.*, XIV, XXXVI ; 5ᵉ *Philipp.*, V ; 7ᵉ *Philipp.*, V, XV.

je voudrais que ceux qui sont appelés à l'exercer fussent en plus grand nombre (1). »

Après avoir prohibé, par une loi, et tenté de faire disparaître toutes ces associations clandestines ou avouées, détournées de leur but primitif, qui constituaient un élément permanent de troubles, César fit rendre une loi judiciaire, par laquelle il exclut de l'ordre des juges les *tribuni ærarii*; il n'y voulut plus que les sénateurs et les chevaliers. « Mais, » dit M. Duruy, « il avait admis dans ces deux ordres tant d'hommes nouveaux... Peut-être pensait-il qu'avec ces juges les tribunaux criminels se trouveraient sous sa dépendance (2). » C'est là, désormais, le caractère de toutes les lois de l'avenir. Sous ce régime absolu, les lois judiciaires se rattachent de moins en moins directement à la classe des publicains. Nous avons épuisé ce qui pouvait nous intéresser à leur sujet dans l'histoire.

Certainement, ils continuaient leur œuvre de spéculations et d'abus, mais les historiens, comme les orateurs politiques, les ont laissés sur les seconds plans ou les ont oubliés ; les préoccupations de tous étaient ailleurs (3).

Nous touchons donc à la fin de leur histoire, les documents commencent à manquer à leur sujet ; bientôt ce sont les publicains eux-mêmes qui disparaîtront de la scène, ou n'y joueront plus qu'un rôle très humble et très effacé ; cherchons dans les faits, les derniers symptômes de leur puissance arrivée au déclin.

Cicéron avait soutenu très énergiquement, pendant son consulat de 690-64, les chevaliers, et particulièrement les publicains, après les avoir défendus et même exaltés à toute occasion dans ses discours. Mais déjà cette même année, il constatait

<hr>

(1) Salluste, *Epist. ad Cæsarem*, VIII. Belot, *op. cit.*, p. 337. Nous avons déjà dit, et nous répétons que l'authenticité de ces lettres est contestée ; nous avons dit aussi pourquoi nous les citions sous cette réserve.

(2) Duruy, *op. cit.*, t. II, p. 494.

(3) Si on parcourt les lettres de Cicéron dans leur ordre chronologique, la vérité de ce fait devient saisissante. Dans ses lettres des premières années, il est très souvent question des publicains, de leurs actes, de leur influence ; à partir de 706, il en est de moins en moins parlé ; la politique des partis violents se substitue aux combinaisons des classes dans l'État.

la décadence, qui leur était commune avec toutes les institutions anciennes de l'État. Il disait dans son discours pour Rabirius : « Lorsque l'ordre équestre, et quels chevaliers c'étaient, dieux immortels ! lorsque nos pères, les hommes de ce temps passé, avaient à eux une si grande part du gouvernement et en possédaient toute la dignité (1)... »

Ceci ne l'empêchait pas de pouvoir dire, six ans plus tard : *Proximus est dignitati senatus ordo equester.* C'est que chaque chose avait gardé encore sa situation relative, dans la hiérarchie sociale, pendant que toutes les institutions de l'État s'abaissaient dans une déchéance commune.

César, entre les mains duquel vinrent se terminer toutes ces luttes, avait pris trop activement part aux événements publics, pour n'avoir pas rencontré longtemps avant son arrivée au pouvoir les publicains sur son passage ; il avait trop d'esprit politique, pour n'avoir pas tenu compte de cette force redoutable. Il commença par les combattre. Mais lorsqu'il voulut arriver au rang suprême, impuissant à les faire tomber d'un seul coup, il vit qu'il était nécessaire de ne pas s'en faire de redoutables ennemis, il les traita d'abord avec faveur.

La conduite de César avait été, pour le moins, équivoque dans le procès de Catilina ; or, Catilina était redouté autant que détesté des chevaliers, des financiers et des manieurs d'argent de tout ordre. Tandis que Cicéron attaquait avec toute la force de son éloquence et de son patriotisme, l'odieux démagogue qui voulait abolir toutes les dettes, et se proclamait lui-même le futur dictateur de la banqueroute, César, déshonoré à cette époque par ses relations, par ses mœurs, indulgent pour tous les vices, se rattachait à Catilina ; il résistait au courant qui allait emporter l'ennemi de la République. Il ne put pas se refuser à voter pour la condamnation à mort ; un vote contraire eût, d'ailleurs, été inutile, mais il vota contre la confiscation des biens de Catilina et de ses complices.

Son attitude avait été si mauvaise, aux yeux des chevaliers, que ceux-ci, réunis en armes après la séance du Sénat, sur les degrés du Capitole, l'auraient probablement massacré, s'il

_____

(1) Cicéron, *Pro Rabirio*, 7 : « *Quum equester ordo, at quorum equitum, Dii immortales ! patrum nostrorum, atque ejus œtatis, quœ tum magnam partem reipublicœ, atque omnem dignitatem tenebat.* »

n'eût été défendu par quelques sénateurs avec lesquels il sortait du temple de la Concorde.

Il fut long à oublier le danger que lui avaient fait courir les hommes de finance et à le leur pardonner, car, cinq ans après, en 696-58, le consul Gabinius disait encore qu'il leur ferait payer les nones de décembre et la montée du Capitole (1).

C'est à son instigation qu'en 691-63, le tribun Rullus proposa la loi agraire, contre laquelle Cicéron prononça plusieurs discours. Cette loi, qui pouvait être opportune pour réparer les maux faits par Sylla, était préjudiciable aux publicains, auxquels elle enlevait des terres à exploiter. Cicéron le dit formellement pour la compagnie de Bythinie : « *Rullus jubet venire agros Bythiniæ quibus nunc publicani fruuntur.* » C'était, peut-être, une raison de plus pour que César tînt à faire passer la loi.

En 693-61, les publicains d'Asie demandèrent une résiliation de leur bail comme trop onéreux, ou une réduction de ce qu'ils devaient au trésor. Ils avaient fait cette réclamation sous les inspirations de Crassus : « *Ut illi auderent hoc postulare Crassus eos impulit* (2). » Le Sénat refusa, sur les instances réitérées de Caton ; l'ordre équestre, irrité, se sépara du Sénat.

César pensa, un peu plus tard, qu'il fallait rallier cet ordre à sa cause, il en trouva là l'occasion ; deux ans après, nous le voyons, en effet, accorder, pendant son consulat, la remise du tiers du prix des fermages d'Asie et donner ainsi aux publicains des plus grandes compagnies de l'État, ce qu'ils réclamaient depuis longtemps.

Leur prétention n'était pas cependant très juste, et Cicéron avoue qu'il eut quelque honte à la soutenir. Il plaida sans scrupules la cause des publicains, et l'on s'étonnerait de le voir reprocher à Caton ses résistances dans cette affaire, comme excessives (3), si l'on ne savait combien l'esprit de parti peut

(1) Cicéron, *Post reditum*, 5; *Pro Sextio*, 12.
(2) Cicéron, *Ad Attic.*, I, 17.
(3) Cicéron, *Pro Murena*. Parmi les exemples de l'obstination systématique de Caton, Cicéron rappelle ce que fit ce dernier contre les publicains : « *Petunt aliquid publicani? Cave quidquam habeant momenti gratia.* » C'est à Cicéron lui-même qu'il faudrait plutôt reprocher d'avoir soutenu une cause qu'il savait injuste et mauvaise. — *Ad Attic.*, I, 17 et 19.

enlever, même aux hommes les plus éminents, leur sagesse et leur impartialité. Au surplus, le désordre étendait de plus en plus ses lamentables effets. Quel peuple aurait pu résister aussi longtemps que les Romains, à tous les maux accumulés qu'ils avaient à souffrir? Les affaires privées en subissaient, comme toujours, les fatales influences; le mal était partout, dans les esprits comme dans les fortunes. Cicéron nous a fourni une preuve particulièrement saisissante de cet état de désarroi des mœurs privées, dans une de ces lettres à Atticus, si pleines de détails curieux, qu'avec ce qu'elles contiennent, on pourrait reconstituer la vie tout entière des Romains de ce temps.

Cicéron raconte à son ami que lorsqu'on eut constitué le jury de l'affaire de Clodius Pulcher, en 692-62 (1), ce jury se trouva formé, à la suite des récusations permises à l'accusateur, de *sénateurs tarés, de chevaliers mendiants et de tribuns de la solde qui n'avaient pas un sou dans leur bourse* (2).

Si on y réfléchit, on se demande tout naturellement, comment il en pouvait être ainsi, sous le régime de la loi Aurélia alors en vigueur, et en vertu de laquelle les juges devaient avoir un cens minimum de quatre cent mille sesterces. M. Belot, au système duquel on pouvait opposer ce texte, qui semble contredire sa théorie purement ploutocratique, en a donné l'explication. Il dit : « Tel propriétaire pouvait posséder de grands biens et n'être pas moins chargé de dettes et obéré par les emprunts. » Cette observation nous paraît juste assurément pour certains cas ; mais le censeur était un magistrat supérieur qui, en établissant les classes du cens, ne devait pas se borner, malgré les anciens principes, à constater l'état matériel des propriétés. Sa mission morale, étendue jusqu'à l'arbitraire le plus absolu, devait lui indiquer et même lui faisait un devoir d'aller au

_____

(1) Il s'agissait, dans cette affaire, d'une poursuite dirigée contre Clodius Pulcher, jeune patricien débauché qui s'était introduit dans la maison de César sous un déguisement de danseuse, pendant que Pompeia, femme de César, célébrait les mystères de la bonne Déesse avec des dames romaines. Clodius fut poursuivi comme sacrilège sur l'insistance de plusieurs sénateurs et particulièrement du rigide Caton. César protesta de l'innocence de sa femme, mais il la répudia en prononçant ces mots bien souvent répétés depuis : « La femme de César ne doit pas être soupçonnée. » Suétone, *César*, 74.

(2) Cicéron, *Ad Attic.*, I, 16.

fond des consciences et des fortunes. Certainement, on pouvait le tromper et il devait commettre des erreurs; mais ces erreurs pourraient-elles suffire à expliquer les mots énergiques et flétrissants de Cicéron? Il faut, pensons-nous, adopter comme plus vraie, plus conforme aux mœurs, cette seconde explication de l'*Histoire des chevaliers*. « On pouvait, d'un cens à l'autre, dissiper sa fortune. »

Rien n'est plus conforme à la vraisemblance, que ce bouleversement des patrimoines même les mieux établis, dans cette société agitée par les secousses les plus violentes, par les mesures les plus inopinées, et les plus despotiquement révolutionnaires. Les partisans de Sylla, de Cinna ou de Marius, de Pompée, de César, d'Antoine ou d'Octave avaient passé successivement, parfois du matin au soir, de l'opulence à la misère ou inversement, avec la plus redoutable facilité. Ainsi on peut s'expliquer aisément, que tel chevalier, riche au moment du classement, fut, avant la fin du lustre, depuis longtemps réduit à la pauvreté. Il est toujours périlleux de courir les aventures politiques en temps de révolution, et beaucoup y étaient amenés par le courant, ou contraints par les circonstances.

Cela devait être vrai, surtout des spéculateurs romains, dont les affaires politiques devaient ébranler fortement le crédit. Nous avons entendu Cicéron l'expliquer à l'occasion de la guerre de Mithridate. Ils pouvaient courir à leur ruine, par une de ces hausses ou de ces baisses subites sur les denrées, dont parlent les historiens, ou même sur les *actions*, les *partes* qui pouvaient perdre tout à coup leur valeur, comme elles pouvaient devenir « *carissimæ*. » Nous disions, en parlant des affaires du Forum, que les *naufrages étaient fréquents* entre les deux *Janus*, cela dut être plus vrai que jamais, dans cette période qui s'étend de Marius à Auguste, et qui fut marquée par les plus affreuses tempêtes politiques et financières.

Bien loin d'être opposable à ceux qui considèrent comme nous, avec M. Belot, les lois romaines comme ayant été constamment et rigoureusement ploutocratiques, le passage énergique de Cicéron est donc pour nous, plutôt comme un rayon très lumineux, projeté sur les mœurs publiques et privées, de ces temps de bouleversements pour les affaires de l'Etat, aussi bien que pour les fortunes privées.

Les dictatures de fait s'étaient succédé par secousses et soubresauts; le peuple affolé était condamné à subir, pour vivre, une dictature plus absolue que toutes les autres et plus persistante; il perdit la liberté dont il avait tenté tous les abus; il semblait ne pouvoir conserver l'existence que par la servitude. Il devait être comme les esclaves : *A servatis servi.*

Les publicains, que César avait voulu ramener par des concessions et des faveurs, pressentaient, sans doute, un ennemi redoutable dans cet homme résolu, qui ne devait vouloir, au fond, ni de leurs caprices, ni de leurs abus, ni de leur influence, ni même de leurs conseils, puisqu'il devait tout faire par lui seul dans l'Etat.

Ils ne se trompaient donc pas, en s'unissant contre les armées du dictateur, aux troupes de son ennemi. C'est César qui le dit lui-même (1) : « Pompée, » écrit-il, « avait eu une année entière pour faire ses préparatifs. Aussi avait-il rassemblé une flotte considérable, tirée de l'Asie, des Cyclades, de Corcyre, d'Athènes, du Pont, de Bythinie, de Syrie, de Cilicie, de Phénicie, d'Egypte. Partout on avait construit des navires et levé de grosses sommes sur les princes, les Tétrarques, les peuples libres *et les compagnies fermières des impôts dans les provinces dont il était le maître* (2). » Il n'eut pas de peine, sans doute, à obtenir le concours de ses anciens alliés, les financiers romains, et nous savons quelles étaient les ressources de ces compagnies, qui couvraient encore à ce moment, comme un vaste réseau, les riches et nombreuses provinces placées sous les ordres de Pompée.

« Depuis le commencement de la guerre, » écrit M. Duruy, « la gêne était générale, le crédit nul : tout le numéraire semblait retiré de la circulation et l'on craignait une abolition générale des dettes, ce qui aurait amené une affreuse perturbation. César recourut à un heureux expédient déjà employé. Il nomma des arbitres pour faire l'estimation des immeubles d'après le prix où ils étaient avant la guerre, et ordonna que les créanciers reçussent tout ou partie de ces biens en payement, après qu'on aurait déduit des créances, les intérêts déjà payés (3). »

(1) César, *De bell. civ.*, III, 3-5.
(2) César, *De bell. civ.*, III, 3 et 103.
(3) Duruy, *Hist. rom.*, t. II, p. 257. — Voy. aussi Cicéron, *Ad Attic.*, II, 16; 695-59.

Un pareil procédé, que nous avons eu plus haut l'occasion de signaler, en son lieu, ne serait pas plus du goût des créanciers de notre temps, qu'il ne le fut, probablement, du goût des créanciers de Rome; et cependant, tel était l'état des esprits, que ce furent les débiteurs qui se montrèrent déçus. C'est ce que prouve M. Duruy par une note insérée à la suite du texte que nous venons de transcrire : « Les lettres de Salluste disent que César, en n'abolissant pas les dettes, trompa l'espoir de beaucoup, qui s'enfuirent dans le camp de Pompée, où ils trouvèrent un asile inviolable, *quasi sacro et inspoliato fano* (Ep. II, 2. Suétone, 42). Cicéron répète plusieurs fois la même chose. »

Après une première réforme judiciaire de l'an 699-55, en 708-46, César en fit une autre. Il étendait à tous les chevaliers la capacité de juger les causes publiques, et il l'enlevait aux tribuns de la solde. Mais il savait bien qu'il était le maître de tout le monde, et cette nouvelle loi judiciaire, quelque favoble qu'elle fût aux chevaliers, c'est-à-dire aux publicains, ne devait diminuer en rien la sujétion ou l'ordre tombait.

Lorsque César fut arrivé définitivement à la domination, il avait changé d'attitude, et l'on sentit bientôt qu'avec lui, le désordre allait céder la place à une discipline rigoureuse, qui ne voulait admettre ni des obstacles ni des limites.

Il nous serait difficile de nous représenter exactement la magnificence des fêtes par lesquelles César inaugura son avènement au pouvoir. Rien ne peut, de notre temps, nous en retracer l'image. Revêtu d'habits magnifiques et sur un char traîné par des chevaux blancs, comme le second fondateur de Rome, en vertu d'un décret spécial du Sénat, il traversa en triomphateur la foule de ce peuple d'origine cosmopolite, qui avait reçu des vivres et des boissons en abondance, et auquel il avait voulu faire goûter les vins et les mets les plus rares : le Chio, le Falerne, et les Murènes tant vantées (1).

Il y avait alors 320,000 frumentaires à Rome.

Son char triomphal était escorté par quarante éléphants chargés de lustres étincelants. Des spectacles de toutes sortes furent donnés ; il y eut, dans l'arène, des combats de taureaux

(1) On peut voir, dans l'ouvrage de M. Duruy, les détails curieux de cette fête somptueuse, t. II, p. 490.

sauvages et de lions; quatre cents lions furent tués en un jour; puis on ouvrit les écluses du cirque, et l'arène, se transformant en un lac superbe, des galères de Tyr et d'Egypte y livrèrent un combat naval; il y eut aussi une bataille où les hommes et les bêtes féroces combattaient ensemble; dans l'une d'elles, on vit s'entretuer 1,000 fantassins, 600 cavaliers et 40 éléphants. César fit enfin, à l'occasion de ce même triomphe, la dédicace de ce temple consacré à *Venus genitrix*, de laquelle il prétendait descendre, et qu'il avait construit sur le terrain acheté par lui ou par ses amis, plus de vingt millions de francs, pendant la guerre des Gaules, pour en faire un nouveau Forum.

Si l'on eût recherché les origines de ces centaines de millions dépensés en fêtes, pour le plaisir du peuple-roi, que de souffrances et de larmes, on aurait trouvées aux humbles et innombrables sources de ces richesses, qui allaient se ramifiant à l'infini, sur le sol désolé des provinces, pour affluer vers Rome.

Cicéron, auquel il faut toujours revenir, pour reconstituer les traits de ces tableaux, disait, dans son discours sur la loi Manilia : « On ne saurait croire, Romains, tout ce que nous ont attiré de haine, parmi les nations étrangères, les injustices et les passions de ceux que nous leur avons envoyés pour les gouverner. Quel temple croyez-vous donc sacré pour nos magistrats, quelle est la cité qu'ils ont respectée, quelle maison est restée pour eux fermée et suffisamment défendue? On se demande à quelles villes riches et bien pourvues on pourra chercher querelle pour satisfaire la passion de piller, sous prétexte de guerre (1)... » Et dans une *Verrine*, il disait encore : « Toutes les nations sont en larmes; tous les peuples libres font entendre leurs plaintes; tous les royaumes enfin en appellent de notre cupidité et de nos injustices; il ne reste plus jusqu'à l'Océan un lieu assez lointain, assez caché pour que, dans notre temps, la passion et l'iniquité des nôtres n'aient pu y pénétrer. Ce n'est plus de la force des armes, ou de la guerre, c'est du deuil, des larmes et des plaintes, que le peuple romain ne peut plus soutenir le fardeau... La République court à sa ruine, si les méchants, soutenus par l'exemple des méchants, restent à l'abri de toutes poursuites et de tout danger (2). »

(1) *Pro lege Manilia*, XXII.
(2) Cicéron, *Verr.*, act. II, lib. III, 89.

C'était cependant, une ère d'amélioration qui allait commencer pour les provinces. Montesquieu a dit que de la perte de la liberté à Rome, naquit le salut des provinces. M. Duruy a écrit dans son remarquable chapitre sur les réformes de César : « Au milieu de ces fêtes dont le dictateur payait sa royauté, il n'oubliait pas qu'il avait à légitimer son pouvoir, et que s'il prenait la liberté, il devait donner en échange l'ordre et la paix jusqu'à son consulat ; c'était dans le peuple, puis dans les chevaliers, qu'il avait placé son point d'appui ; pendant son commandement en Gaule et durant la guerre civile, il l'avait pris dans l'armée ; maintenant, il voulait le chercher dans un gouvernement sage et modéré, dans la fusion des partis, dans l'oubli des injures, dans la reconnaissance universelle pour une administration habile et vigilante. » Son succès l'avait rendu hostile à ces débauches de tout genre qu'il avait cotoyées, ou partagées, quand il était l'ami de Catilina ; son génie dominateur lui fit rechercher, par l'autorité de la force, la paix publique devenue nécessaire au salut de l'Etat, et au maintien de sa propre puissance.

C'est par là, plutôt que par un penchant naturel, qu'il devint le protecteur des provinciaux, car nous savons tout ce qu'il leur avait pris sans scrupules.

Cicéron les avait aimés plus réellement ; son origine, ses alliances l'expliquent, ses discours nous le prouvent. Et cependant il mourut en soutenant, par la parole et par les armes, la cause des chevaliers qui vinrent, par reconnaissance, le défendre sur les degrés du temple de la Concorde, contre les fureurs d'Antoine. D'autre part, César venait de périr sous les poignards des sénateurs qui invoquaient encore, au profit de leur oligarchie, le nom de la liberté, mais qui devaient tomber bientôt à leur tour, sans avoir détruit en même temps que le dictateur, ce qu'ils entrevoyaient en lui, les premiers germes de l'empire.

César avait pris quelques dispositions sur les douanes d'Italie ; il avait ménagé les publicains d'Asie. Octave, héritier de sa politique et de ses pouvoirs, commença comme lui. Il supprima plusieurs impôts et fit ensuite, aux débiteurs de l'Etat et aux publicains, remise des arrérages dûs au trésor (1).

(1) Appien, V, 30. Dion Cassius, XLIX, 15.

Mais, devenu seul maître, Auguste accentua sans retard sa politique de centralisation absolue. Les publicains ne devaient pas pouvoir opposer de résistance à une pareille force. Leurs sociétés, naguère si vivantes, ces grandes compagnies si puissantes dans l'Etat, par la foule populaire de leurs participants, par leurs richesses et par leurs abus, allaient étouffer et presque mourir, entre les mailles serrées d'une administration vigilante, présente partout, et impitoyable pour tout ce qui pouvait faire ombrage à la suprématie du maître.

César et Auguste enlevèrent à toutes les classes du peuple romain ce qu'il pouvait y avoir encore d'effectif dans leur rôle politique ; ils ne laissèrent survivre que quelques satisfactions de vanité, qui restèrent comme les insignes et les souvenirs d'une puissance évanouie. Ce peuple, amolli et démoralisé, modela, du reste sans difficulté, ses habitudes et ses goûts sur les désirs de son souverain.

Nous ne saurions mieux faire que de laisser, en terminant, la parole à Emile Belot, pour indiquer la destinée de ce grand corps des chevaliers dont il a, suivant sa propre expression, étudié la physiologie avec une réelle science. « Une révolution dans les mœurs publiques, » dit-il, « s'accomplit à Rome du temps de César et d'Auguste. Elle transforma lentement la chevalerie romaine et, de la situation de classe politique et gouvernante, la fit descendre au rôle d'instrument, puis d'ornement de la monarchie. Dans cette longue décadence, la chevalerie perdit peu à peu tout ce qui avait fait sa puissance et sa gloire, et finit par redevenir ce qu'elle avait été à son origine, la corporation religieuse et toute urbaine des chevaliers *equo publico* (1). »

Tel fut sous le nom de chevaliers, le sort des grands publicains ; les petits employés en subirent le contre coup, les *participes* et les *actions* disparurent pour longtemps du monde des affaires. Il n'est plus question, dorénavant, des *partes*, de cet appoint fourni par le public, aux grandes œuvres qui ont besoin de ses millions.

Partout ce furent les *procuratores*, c'est-à-dire les représentants de l'empereur, des fonctionnaires salariés et hiérarchi-

(1) *Hist. des chevaliers*, p. 344.

sés, qui prirent en main l'autorité (1). Tout est fait dans l'Etat par le maître lui-même ou sous ses ordres. En étudiant les matières sur lesquelles les compagnies de publicains exercèrent leurs spéculations, nous pourrons voir des agents dépendants et salariés remplacer les adjudicataires de l'Etat, pour les plus importants impôts, ou bien tenir ces adjudicataires sous leurs mains, partout où il en existe encore (2). Ils obtinrent jusqu'au droit de juger, que Claude leur confia comme délégués impériaux, sur des causes très importantes.

« Néron, indigné des vexations des publicains, » dit Montesquieu (3), « forma le projet impossible et magnanime d'abolir tous les impôts. Il n'imagina point la régie. Il fit quatre ordonnances... » Ces ordonnances, dont Montesquieu a inexactement interprété le sens, étaient des règlements sur le mode d'exercice des pouvoirs des publicains, comme il en fut rendu d'autres plus tard, dont la législation de Justinien porte la trace ; mais ce ne sont plus que des détails sans intérêt, et qui ne rentrent plus, par leur nature, dans le cadre de l'étude actuelle.

Pline déclare que, de son temps, c'est-à-dire sous Trajan, les sociétés vectigaliennes n'étaient plus qu'un *rendez-vous de vils esclaves affranchis de la veille*. Le mot est exagéré sans doute, puisque les publicains sont toujours restés adjudicataires de quelques entreprises importantes, mais il indique que le mouvement de centralisation avait accompli son œuvre. Les publicains sont asservis comme tout le reste de l'ancien Etat. Il n'en est plus question dans l'histoire politique de Rome, et c'est à peine si quelques textes législatifs viennent déterminer brièvement leurs attributions pour certains cas spéciaux, et organiser à leur égard des mesures de rigueur.

---

(1) Voy. Humbert, *Essai sur les finances*, t. I, pp. 188, 202 et 228. *Finances et comptabilité de l'Empire*. Montesquieu, *Grandeur et décadence des Romains*, chap. XIV.

(2) Nous savons que, sous Tibère, la perception de l'impôt foncier cessa d'être confiée aux publicains.

(3) *Esprit des Lois*, liv. XIII, chap. XIX. Humbert, *loc. cit.*, p. 205.

Section II.

Aperçu historique sur les banquiers et les lieux de réunion des spéculateurs, au Forum et dans les basiliques.

On se rappelle, pour ainsi dire tout naturellement, la description du Forum par Plaute (1), telle que nous l'avons donnée plus haut, en lisant les lignes suivantes de M. Bozérian, consacrées à dépeindre le mouvement de la Bourse de Paris : « Il est une heure moins un quart, de toutes les rues et de tous les carrefours du voisinage débouche une masse compacte d'individus de tout âge, de tout rang, de toute mine. Partis de points opposés, ils se dirigent vers un centre commun. Suivons la foule et, chemin faisant, tâchons de saisir, au milieu des groupes qui nous entourent et nous pressent, les phrases et les mots échappés aux plus expansifs (2). » Peut-être en trouverions-nous là, parmi de fort honnêtes gens du reste, quelques-uns auxquels on pourrait appliquer les vers du vieux poète Lucilius que nous avons aussi rapportés (3), « du matin au soir courent au Forum des hommes préoccupés d'un seul souci : feindre l'honnêteté et se tromper les uns les autres. »

Où vont-ils ? A Rome, ils se dirigeaient, à l'origine surtout, vers les *tabernæ* des *argentariæ*, c'est aussi ce qu'ils avaient fait en France. Sous la régence, ils furent d'abord dans la rue Quincampoix, et puis sur la place Vendôme ; « on chercha, cependant, à les loger quelque part, et comme on se plaignait du bruit qu'ils faisaient, au duc d'Orléans lui-même : Mais où voulez-vous que je mette ces gens-là, demanda celui-ci. — Monseigneur, répondit le prince de Carignan, qui se trouvait présent, je leur offre mon hôtel de Soissons. L'offre fut acceptée. Le prince de Carignan, qui avait flairé une bonne spéculation, fit construire, immédiatement, dans le jardin de cet hôtel, un grand nombre de petites baraques. Il les loua 500 livres par mois, ce qui lui assura tout d'un coup un re-

(1) Voy. *supra*, chap. II, sect. III, p. 183.
(2) Jeannotte Bozérian, *La Bourse, ses opérateurs et ses opérations.* Paris, 1859, p. 17.
(3) *Supra, eod.*

venu d'un demi-million. Après un mois de séjour à la place Vendôme, les agioteurs prirent possession de leur nouveau local où ils purent crier à leur aise (1). »

C'était la copie, inconsciente sans doute, des *tabernæ veteres* ou *novæ*, construites et louées par l'État ; bientôt on devait, naturellement, arriver aux basiliques. Ce fut la Bourse, pour nous. « Poursuivons notre course, » reprend M. Bozérian. « Un vaste monument rectangulaire attire nos regards par la régularité de ses lignes et la grandeur de son aspect. On dirait un temple grec consacré à quelque divinité du temps passé ; c'est le temple consacré à l'idole du temps actuel (2)... »

Tout ce que l'on trouve à l'intérieur des basiliques à Rome et dans la Bourse de notre temps, personnel et nature d'affaires, tout semble avoir, comme les lieux de réunion, suivi à travers le temps les mêmes phases.

Quant à la nature des affaires, d'abord, c'est sur les valeurs métalliques que porte surtout le trafic de nos agents de change primitifs, des *courratiers*, tel qu'il fut réglé par ordonnance de Philippe le Bel, du 22 juillet 1305, pour leur conférer le droit de changer les monnaies et les matières d'or et d'argent non monnayées. Et la loi du 6 floréal, ainsi que le décret du 13 fructidor an III, s'occupent encore de la même marchandise que pesaient, contrôlaient ou échangeaient au Forum, l'*argentarius* primitif, le *vascularius* ou même l'antique *libripens*. « Il est défendu, aux termes du décret, de vendre de l'or ou de l'argent, soit monnayé, soit en barre, en lingots, ou ouvrés, ou de faire des marchés ayant ces matières pour objet, sur les places et dans les lieux publics autres que la Bourse. »

Mais la nature des affaires se modifie avec les progrès de la civilisation ; depuis Law c'est le commerce des valeurs et des titres qui a déjà pris le dessus, et les métaux finissent par ne plus se montrer à la Bourse.

Déjà, du temps de Plaute aussi, le commerce des métaux, presque le seul pratiqué anciennement, semble dominé, au Forum, par les affaires d'une autre nature. Comme chez nous, c'est sur les billets, les avances de fonds et autres opérations du même genre que l'on trafique désormais. Nous y avons vu

<hr>

(1) Jeannotte Bozérian, *op. cit.*, p. 15.
(2) *Eod.*, p. 17.

les gros manieurs d'argent de toute nature, chacun à leur place accoutumée sur le Forum ou dans la basilique. On dirait que la loi sur la police de la Bourse du 28 vendémiaire an IV a déjà déclaré que « le local intérieur de la Bourse sera disposé de manière que chaque négociant et marchand puisse s'y choisir une place fixe et déterminée, tant dans les salles que dans les jardins du bâtiment. »

En parcourant l'histoire interne de ce personnel et de ces groupes, nous avons signalé des analogies plus saisissantes encore, dans l'usage de se réunir par catégories, parce qu'il est des classifications qui s'établissent en tout temps identiquement, d'elles-mêmes, et s'imposent surtout dans le monde des financiers. Nous ne reviendrons pas sur ces considérations. Rappelons-nous seulement que nous avons trouvé, sur un point, les intermédiaires de tout repos, les *boni homines*, et autour d'eux les hommes riches qui circulent *diteis qui ambulant*, comme s'il s'agissait de la corbeille officielle. Ce sont plus loin les escompteurs, les *fœneratores*, qui exercent leur utile fonction. Ce sont enfin ceux qui stipulent, c'est-à-dire qui font des affaires de tous genres, car la stipulation est, à Rome, la seule forme de contracter qui se prête à tout. Comment ne pas penser à l'asphalte des boulevards, en voyant autour de ces derniers, circuler ce type bien connu à Rome, des *scorta exoleta* et des *diteis damnosi mariti*, qui les suivent de près ?

On nous pardonnera de faire ces rapprochements à travers les siècles, ils nous amènent à nous demander s'il existait à Rome, des textes de loi analogues à ceux que nous venons de signaler dans notre propre histoire.

Nous n'avons pas ces textes, il faut bien l'avouer, mais nous pouvons au moins admettre comme certaine l'existence d'usages constants ou de dispositions réglementaires sur les affaires d'argent, comme il en existait chez nous, avant les lois de floréal et de fructidor.

Nous avons constaté, en effet, que la fonction des *argentarii* avait, sous quelques rapports, un caractère public, qu'elle constituait une sorte d'office ministériel en certains cas ; aussi les banquiers eux-mêmes furent-ils placés sous la surveillance du *Præfectus urbi*.

D'autre part, nous avons vu que c'est par l'État qu'étaient

construites et louées aux *argentarii*, les *tabernæ veteres* ou *novæ;* c'était l'Etat qui exerçait là une surveillance, et une sorte de police consacrée par les *mores*.

Les archéologues ont étudié avec un soin minutieux, dans les textes, dans les inscriptions et dans les ruines de Rome, l'histoire de cette place illustre du Forum avec ses *argentariæ* et ses basiliques. Nous ne reproduirons ici que ce qui peut être intéressant au point de vue du personnel et des affaires que nous étudions.

Quant à l'histoire publique du personnel, c'est-à-dire des banquiers spécialement, nous ne nous en occuperons qu'après avoir parlé du lieu de leurs opérations. C'est par l'étendue, la richesse architecturale de ce que nous pouvons appeler les bourses de Rome, que nous pouvons juger de l'importance des banquiers, bien plus que par les faits, même les plus saillants de leur histoire publique.

Les banquiers ne sont pas en relief d'ordinaire, comme les publicains, dans les événements de l'histoire politique ou économique de Rome, parce qu'ils ne furent que les intermédiaires des financiers, et sans doute particulièrement de ces *magistri societatum*, de ces sociétaires qui, avec leurs puissantes ressources, accomplirent tant de grandes choses, pour les revenus ou les travaux de l'Etat. Nous avons vu que les banquiers faisaient circuler les fonds ou les billets des publicains, lorsque les *tabellarii* des compagnies n'y suffisaient pas, comme ils le faisaient pour les négociants de toute espèce; mais, par cela même, leurs opérations étaient d'ordre secondaire et leur rôle effacé.

Nous nous bornons à rappeler ce que nous avons dit en traçant l'histoire interne de cette profession.

En politique, comme en matière financière, ils gravitèrent autour des publicains et se confondirent avec eux, dans l'ordre des chevaliers. Aussi l'histoire de cette bourse de Rome, comme la nôtre, si féconde en naufrages, est-elle plus facile à suivre et plus intéressante à étudier, que l'histoire des banquiers qui la fréquentaient par profession, pour y servir d'intermédiaires. Nous commencerons donc par les choses, nous nous occuperons des personnes après.

§ 1er. — *Le Forum*.

Sigonius a été le premier à dire, et on a souvent répété après lui, que les banquiers étaient installés au Forum du temps de Tarquin l'Ancien. Il est certain, en effet, d'après Tite-Live, qu'il y avait déjà au Forum, dès cette époque, des *tabernæ*, c'est-à-dire ces boutiques où nous devons plus tard retrouver sûrement les *argentarii* (1).

Nous reconnaissons que la haute antiquité de ces origines est parfaitement possible, mais c'est seulement une conjecture, probable d'ailleurs, parce que l'intervention de gens habiles au pesage ou à l'appréciation des métaux est d'autant plus nécessaire, que la civilisation est moins avancée. Le *libripens* et les *argentarii* occupés des métaux nous paraissent donc compter parmi les agents les plus anciens, dans les transactions romaines, et c'est évidemment sur les marchés que leur place est fixée.

Mais il faut avouer aussi que l'existence de *tabernæ*, même construites et louées par l'Etat, n'implique pas directement qu'elles fussent exclusivement ou même principalement habitées par des banquiers. Il paraît certain, au contraire, que c'étaient des industries diverses qui les occupaient au début. « L'école où se rendait Virginie, quand elle fut saisie par les gens du triumvir Appius, était située sur le Forum. Lorsque son père fut réduit à la tuer, en vue de sauver son honneur, on nous dit qu'il alla prendre un couteau sur l'étal d'un boucher, aux *boutiques neuves* (305-449) (2). »

Il existait, en effet, fort anciennement, des boutiques sur l'un des côtés du *Forum*; on en ajouta d'autres sur le côté opposé de la place; les premières furent appelées *tabernæ veteres*, les autres *tabernæ novæ* (3).

(1) Tite-Live, liv. II, n° 21.

(2) Gaston Boissier, *Promenades archéologiques à Rome et Pompéi*, chap. Ier : *Le Forum*, p. 21.

(3) Voy. *Dict.* Daremberg et Saglio, v° *Argentarii*, art. *Saglio et les auteurs anciens cités*. — Varr. *Ling. lat.*, VI, 9 et 59. — Tite-Live, IX, 40; XXVI, 11 et 27. — Florus, II, 6, 48. — Plaute, *Curculio*, IV, 1, 14 et suiv.; *Asin.*, I, 103, 112. — Cicéron, *Acad.*, IV, 22; *De Oratore*, II, 66. — Tite-Live, III, 48; XL, 51. — Quintus, *Instit.*, VI, 3, 58. — Pline, *Hist. nat.*, XXXV, 4, 3, 210 à 367.

Ces dernières existaient antérieurement à l'époque de Caton (1).

Toutes ces boutiques furent construites dès l'origine par l'Etat, et, comme nous l'avons dit, louées pour son compte. C'étaient les censeurs qui étaient anciennement chargés de ce soin (2). On en avait reconstruit sept qui avaient été consumées dans un incendie, sous le consulat de C. Céthégus et de S. Tuditanus, en 515-239 (3). Caton en fit construire quatre en 570-184 (4). En 578-176, on en éleva d'autres autour du forum (5) et d'autres encore en 583-171 (6).

Il est probable que les petites industries furent bientôt chassées par le commerce des banques sur les métaux et sur les valeurs, plus utiles en ce lieu et d'un aspect plus élégant.

Ce qui le prouve, c'est que, après la guerre des Samnites, vers 412-342, c'est cette partie du Forum que Papirius Cursor choisit, pour lui donner un air de victoire nationale et de fête, en faisant appliquer, sur le devant des *tabernæ*, les boucliers dorés qui avaient été pris à l'ennemi. Et ce qui établit plus directement, que c'était là le domaine réservé aux banquiers, c'est que les historiens de Rome appellent, dès les temps les plus anciens, ces boutiques, d'une manière générale, les *argentariæ* (7). C'est pour cela, sans doute, qu'en 538-216, Annibal, d'après Florus, voulant braver et humilier par avance les Romains avait, de son camp, mis en vente les *tabernæ argentariæ*.

Au delà de ces *argentariæ*, en se rapprochant du Capitole, on trouvait les deux Janus, c'est-à-dire « deux petits arcs carrés, percés de quatre portes et ornés de bas-reliefs; ils s'élevaient devant le lieu où se construisit la basilique *Æmilia*, au bord de la voie sacrée, le supérieur près du *canal*, l'inférieur

---

(1) Ampère, *op. cit.*, p. 269. Tite-Live, XXVI, 27.

(2) *Dict.* Daremberg et Saglio, art. *Saglio.* Voy. Tite-Live, XI, 51; L. 32, D., *De contrah. empt.*, 18, 1.

(3) Tite-Live, XXVII, 11.

(4) *Eod.*, XXXIX, 44.

(5) *Eod.*, XLI, 27.

(6) *Eod.*, XLIV, 16. Voy. Plaute dans le *Curculio, loc. cit.*, et aussi au *Truculentus*, I, 1, 47; *Epid.*, I, 15; *Mænæch.*, II, 2; *Aulul.*, IV, v. 5, 53, 55, 56.

(7) Tite-Live, IX, 40 : « *Ejus triumpho longe maximam speciem captiva arma præbuere, tantum magnificentiæ visum in iis, ut aurata scuta dominis argentariarum ad forum ornandum dividerentur.* »

devant l'emplacement de la basilique. L'intervalle compris entre les deux s'appelait *medius Janus* (1). » « Là, » dit M. Saglio (2), « se tenait la bourse des Romains, et particulièrement sous les Janus. »

C'était là, évidemment, le centre du grand mouvement financier, puisque c'est là que s'élevaient, pour sombrer parfois en un instant, les plus grandes fortunes. C'était évidemment là, *in foro infimo*, que Plaute signalait la présence habituelle des gros banquiers et des financiers, *boni homines et diteis qui ambulant*, car c'est là que Cicéron place les mêmes hommes de son temps. « *Viri optimi*, » dit-il, « *ad medium Janum sedentes* (3). » Les *boni homines* sont seulement passés au superlatif, dans le langage de Cicéron, et ils sont assis, pendant que, sans doute, les financiers, comme ceux du temps de Plaute et comme ceux de notre temps, circulent autour d'eux (4).

C'est bien d'affaires de finances qu'il s'agit là, et non pas d'autre chose, car c'est là justement que l'on disserte, d'après Cicéron, sur les bonnes spéculations et l'emploi à faire des fonds, « *de quærenda et collocanda pecunia*, » mieux que l'on ne sait disserter dans aucune école de philosophes (5).

C'est bien ainsi que devait être la bourse romaine, et nous la reconnaîtrons aussi bien dans ses résultats que dans ses personnages, lorsque nous nous rappellerons le lamentable récit de la satire d'Horace, et la plainte de cet exécuté de deux mille ans.

« Depuis que tout mon bien a sombré auprès des Janus, anéanti pour mon propre compte, je m'occupe des affaires d'autrui (6). »

(1) Dezobry, *op. cit.*, t. I, p. 396, qui cite *P. Vict. Reg. urb. R.*, VIII, *in fine*; *Horacio*, I, épit. I, § 4. Porphyr., *In Hor.*, I, épit. I, 54 ; Horace, II, sat. III, 18 ; Cicéron, *Philipp.*, VI, 5 ; *Off.*, II, 25,

(2) *Loc. cit.* Ovide, *Rem. am.*, 561. Horace et Cicéron, *loc. cit.*

(3) Cicéron, *Off.*, II, 15.

(4) On sait qu'il a existé plusieurs autres marchés ou places sous le nom de Forum, on y spéculait sur d'autres marchandises, de là les noms de Forum Boarium, Forum Piscatorium, etc. Nous n'avons à nous occuper ici que du Forum romain, l'ancien Forum où se rend la justice et où se tiennent les grandes assemblées politiques dans les premiers temps.

(5) Voy. *supra*, chap. II, sect. II, p. 178.

(6) *Sat.*, lib. II, sat. III, v. 18.

Les enseignements que l'on en retirait étaient plus caractéristiques encore.

> O cives, cives, quærenda pecunia primum est ;
> Virtus post nummos ; hæc Janus summus ab imo
> Prodocet, hæc recinunt juvenes dictata senesque (1).

« O citoyens, citoyens, ce qu'il faut chercher d'abord c'est l'argent ; la vertu passe après l'argent ; c'est ce que le Janus supérieur nous enseigne hautement ; c'est ce que proclament les jeunes gens, ce qu'ils répètent avec les vieillards. »

Mais, ainsi que le dit M. Boissier, « il fait souvent très chaud à Rome, et il n'est pas rare qu'il y pleuve ; les jours de pluie et les jours de chaleur, les affairés et les oisifs ne savaient où s'établir sur cette place découverte. C'est pour leur donner un abri que Caton établit sa basilique (2). »

§ 2. — *Les Basiliques.*

Si l'on examine les textes de Tite-Live que nous venons d'indiquer, à l'occasion des *tabernæ argentariæ*, on pourra remarquer une circonstance très importante à nos yeux : c'est que les premières basiliques qui furent construites, l'une par Caton l'Ancien, en 570-184, l'autre par Sempronius, le père des Gracques, en 583-171, le furent en même temps que l'on augmentait le nombre des *Tabernæ*. Pour ces deux monuments, l'un appelé *Basilica Porcia*, l'autre *Basilica Sempronia*, Tite-Live paraît vouloir établir une évidente connexité, entre les deux sortes de constructions. « *Quatuor Tabernas in publicum emit, basilicamque ibi fecit,* » dit-il pour la première. De même pour la seconde. « *Lanienasque et tabernas conjunctas in publicum emit, basilicamque faciendam curavit, quæ postea Sempronia appellata est* (3). »

C'est aussi aux environs du séjour des banquiers que fut élevée, vers la même époque (575-179), la *Basilica Fulvia* ; et Tite-Live ne néglige pas non plus, cette fois, de rattacher les unes aux autres, ces deux espèces de constructions : « *Basili-*

(1) Horace, *Epit.*, lib. I, ép. I, v. 54.
(2) *Promenades archéologiques à Rome et à Pompéi*, p. 22.
(3) Tite-Live, XLIV, 16.

cam post argentarias novas et Forum piscatorium circumdatis tabernis quas vendidit in privatum (1). »

C'est qu'en effet, les banquiers, les *tabernæ argentariæ*, et les basiliques, tout cela se lie intimement.

Sans doute les basiliques servaient, en partie, de lieu de réunion et de promenade au public, mais pas principalement ; il y avait pour cela, plus spécialement, les portiques et les jardins ; l'objet essentiel des basiliques était le même que celui de nos bourses modernes : le commerce et, particulièrement, le commerce de l'argent, antérieurement à l'Empire.

C'est dans une basilique, peut-être la basilique Porcia (2), que Plaute place ceux qui *stipulantur* ; les autres financiers, ainsi que les *mensæ* des *argentarii*, sont dans le voisinage, vers le lieu où vont se construire bientôt après les nouvelles basiliques.

Nous ne pensons pas qu'il reste un doute sur la destination de ces monuments, si on se rappelle le texte de Vitruve et les judicieuses observations d'Ampère que nous avons rapportés plus haut (3), et par lesquelles nous nous sommes considérés comme définitivement fixés à cet égard.

On a conservé des médailles et des pierres gravées, représentant les dispositions caractéristiques des basiliques, et l'on retrouve aujourd'hui, à n'en pas douter, leurs traces, leurs murs et leurs colonnades, non seulement à Rome, mais même

---

(1) Tite-Live, LX, 51.

(2) Nous disons peut-être, parce que, d'après Tite-Live, c'est en 570-184 que fut construite la basilique Porcia, et que quelques auteurs fixent la mort de Plaute un an après seulement, en 571-183.

(3) Ampère, *L'Histoire romaine à Rome*, p. 268. Le savant écrivain semble indiqer la basilique Fulvia, comme n'étant pas des plus anciennes, alors que, d'après Tite-Live, du moins, elle a été construite en 575 (Urb. cond.) c'est-à-dire cinq ans après la basilique Porcia, et huit ans avant la basilique Sempronia. — Parker, *Forum romanum et magnum*, p. 40, parle, en outre, d'une *Basilica argentaria*, et de la Basilique *Opimia*, qu'il fait dater du consulat d'Opimius (*loc. cit.*, 121). On peut trouver d'autres indications sur les basiliques, aux pages 49, 70, 74 et 100 du même ouvrage. — Voy. aussi le grand ouvrage de Jordan, *Forma urbis Romæ*. Berlin, 1873, p. 25 à 32, et Rodolfo Lanciani, *Ancient Rome in the light of recent discoveries*. Londres, 1889. — Vitruve, V, 1. — Voy. *supra*, chap. II, sect. III, p. 180.

dans certaines villes de province, où le commerce s'était particulièrement développé (1).

Il est probable disions-nous, que le nom de basilique a été tout simplement emprunté à la langue grecque, où l'on désignait sous ce nom, le même genre de monuments. Peut-être en était-il ainsi, parce qu'il y avait, à Athènes, une sorte de portique public où l'archonte-roi rendait la justice, et que, pour cette raison, on appelait ἡ τοῦ Βασιλέος στοά.

On a avancé que ce nom majestueux avait été adopté parce qu'il désignait le lieu où devait se réunir le peuple-roi. Cette manière de voir a été peut-être celle des anciens Romains ; elle serait, en tout cas, très conforme à leurs sentiments d'orgueil patriotique. On peut dire, que si ce n'est pas là ce qui a suscité cette dénomination très pompeuse pour une promenade publique, c'est du moins ce qui a dû contribuer à la faire aimer, à la répandre, et à la conserver dans le langage de Rome, la cité reine.

Vitruve, dans la continuation du texte cité plus haut, donne des indications précises sur le mode de construction des basiliques ; il en résulte que c'étaient des monuments très analogues à la bourse de Paris, et à bien d'autres, et aussi à certaines églises de Rome, où le nom de basilique s'est conservé, nous l'avons remarqué, malgré le changement complet de la destination.

Il paraît, cependant, que dans la galerie à colonnes du premier étage, supportée par la colonnade du rez-de-chaussée, à l'intérieur, on élevait assez ce qui est pour nous l'accoudoir, pour que ceux qui se promenaient dans ces galeries ne fussent pas vus de ceux qui s'occupaient de leurs affaires dans le bas. Ici encore, Vitruve ne parle que de gens qui *s'occupent d'affaires* (2).

---

(1) Notamment à Pompéi, Voy. les plans reproduits au *Dictionnaire* de Daremberg et Saglio, vᵒ *Basiliques*, article de M. J. Guadet. Il y en existait aussi à Otricoli, à Herculanum, à Trèves, etc. Il faut ajouter que ce nom de basiliques fut donné quelquefois à des monuments admirés pour leur richesse, mais qui avaient d'autres destinations. Il est question, sur une inscription, de *basilica equestris exercitoria* ; cependant le nom est réservé, d'ordinaire, aux édifices dont nous nous occupons en ce moment. On trouvera, à la suite du même article très intéressant, une abondante bibliographie de la matière.

(2) Voici la suite du texte de Vitruve : « Leur largeur doit être, au moins, du tiers de leur longueur, de la moitié au plus, à moins que le

M. J. Guadet, au savant article duquel nous empruntons beaucoup de détails que nous donnons ici, et qui en fournit d'autres très intéressants, fait remarquer que « Vitruve ne parle nulle part d'une abside, et qu'il n'en est question dans aucun des auteurs qui se sont occupés des basiliques. Cependant, » ajoute-t-il, « comme une des principales destinations de ces édifices était d'abriter les juges et les plaideurs, le tribunal devait avoir une place à part. » Nous ferons remarquer que Vitruve est logique dans son silence à cet égard, car il ne parle ni de juges ni de plaideurs comme hôtes ordinaires des basiliques, mais uniquement des *commerçants* et des gens *qui y font leurs affaires*.

« A la basilique de Pompéi, » observe encore M. Guadet, « la place des juges est très nettement indiquée, à l'extrémité du monument, par une importante tribune carrée, élevée au-dessus du sol, environ à hauteur d'homme, et faisant face à l'entrée. »

Nous ne nous étonnons nullement de voir dans une ville de province, la bourse et le tribunal, particulièrement celui des édiles, juges des marchés, dans le même monument. Il en est encore très fréquemment ainsi dans nos grandes villes de France. Bourse et tribunal de commerce y sont fréquemment réunis sous le même toit. A Rome, au contraire, on avait construit les basiliques sans se préoccuper du tribunal. Comme à la Bourse de Paris, la pensée dominante pour chacune d'elles était celle du *parloir* ou marché public ; et c'est pour cela

terrain ou un obstacle ne permette pas d'observer cette proportion. Si l'espace était beaucoup plus long, on ferait, aux deux extrémités, des chalcidiques semblables à ceux de la basilique *Julia Aquiliana*. Les colonnes des basiliques auront une hauteur égale à la largeur des portiques, et cette largeur correspondra à la troisième partie de l'espace du milieu. Les colonnes du haut doivent être, comme je l'ai dit, plus petites (d'un quart) que celles du bas. La cloison (*pluteum*), que l'on fera entre les colonnes du premier étage (ou, selon d'autres textes, entre les colonnes du premier et du deuxième rang, *inter inferiores superiores que columnas*), sera d'un quart moins haute que ces colonnes, afin que ceux qui se promènent dans les galeries supérieures de la basilique ne soient pas vus des personnes qui s'occupent en bas de leurs affaires. » Vitruve construisit lui-même une basilique à Fano, mais il n'y a pas appliqué toutes les règles qu'il donnait dans son ouvrage, comme des principes généraux. On semble y être resté plus fidèle dans les basiliques et dans les bourses construites de notre temps.

qu'on n'y trouve pas de place spécialement réservée à l'administration de la justice ; probablement, elle s'y réfugiait quelquefois, lorsque les intempéries la chassaient de son tribunal du Forum.

La basilique Porcia, de Porcius Caton, était au nord-est du Forum ; elle fut détruite par un incendie occasionné par les funérailles de Clodius. C'est du même côté que fut édifiée, cinq ans après, la basilique Fulvia, appelée aussi Æmilia, et, huit ans plus tard, la basilique Sempronia, au sud-ouest du Forum (1), à peu près en face de la basilique Porcia.

En 600-154, c'est-à-dire à peine quinze ans après, une quatrième basilique s'élevait encore au nord du Forum : c'était la basilique *Opimia*. Paul-Emile fit une nouvelle basilique *Æmilia*, qui était peut-être une reconstitution de l'ancienne (2), et enfin César en commença une autre dans des conditions assez singulières rapportées par Appien (3), et qui fut achevée par Auguste. On voit à Rome les restes de cette basilique *Julia* et ceux de la basilique *Ulpia*, construite plus tard sous Trajan. Plusieurs autres furent élevées sous l'Empire (4).

Ces édifices justifiaient presque tous leur nom, par la majesté de leur aspect et la richesse de leur construction. On y prodiguait les colonnes et les statues faites du marbre le plus précieux. Pour quelques-uns la toiture était tout entière en bronze, et les peintures artistiques concouraient, avec les sculp-

(1) Ampère, *op. cit.*, p. 275 et 592.
(2) Cicéron, *Ad Attic.*, IV, 16.
(3) Appien, *G. Civ.*, II, 26. Voy. aussi Vell. Pat., II, 48 ; Valère-Maxime, t. IX, 6.
(4) John Henry Parker, dans son *Forum romanum et magnum*, parle d'une autre basilique appelée *Hostilia*. A ce sujet, Cicéron, dans la lettre où il parle des soixante millions de sesterces qui nous ont donné beaucoup à penser, s'exprime ainsi : « *Paullus in medio foro basilicam jam pœne texuit iisdem antiquis columnis ; illam autem, quam locavit, facit magnificentissimam. Quid quæris ? Nihil gratius illo monumento, nihil gloriosus. Itaque Cæsaris amici (me dico et Oppium, dirumparis licet) in monumentum illud, quod tu tollere laudibus solebas, ut Forum laxaremus, et usque ad atrium Libertatis explicaremus contemsimus sexenties HS : cum privatis non poterat transigi minore pecunia. Efficiemus rem gloriosissimam. Nam in campo Martio septa tributis comitiis marmorea sumus et tecta facturi ; eaque cingemus excelsa porticu ; ut mille passuum conficiatur. Simul adjungetur huic operi villa etiam publica.* » *Ad Attic.*, IV, 16, *in fine*.

tures, à l'élégance et à l'éclat de ces monuments, élevés, le plus souvent, par les opulents personnages qui voulaient acheter ainsi les faveurs de la foule ou illustrer leur nom. Mais la faveur du peuple rapportait tant, qu'on ne la payait jamais trop cher. Voilà pourquoi le Forum s'embellit peu à peu déjà sous la République, de superbes monuments, dont les dernières fouilles nous ont rendu les débris.

Ainsi, les lieux de rendez-vous ne manquaient pas aux spéculateurs, et il est probable qu'ils se groupèrent dans les basiliques, comme ils l'avaient fait anciennement dans le Forum, qu'ils s'y classèrent de la même façon, et y choisirent leur lieu de réunion ordinaire. Malheureusement, nous n'avons plus le *Choragus* de Plaute, pour nous guider à travers ces groupes, qui eussent été, sans doute, de plus en plus intéressants à connaître. Les affaires furent en se développant, sous la République, jusqu'à comprendre celles de l'univers entier qui s'y centralisaient ; et tout cela s'accomplissait au milieu d'une population d'origine, de langage et de costumes, d'intérêts et d'aspects cosmopolites. Mais l'empire bouleversa tout.

Nous pourrions donner de bien plus nombreux détails sur le Forum et les basiliques, qui sont étudiés, de nos jours, avec un soin et un esprit critique vraiment admirables ; mais ce serait entrer dans les domaines de l'art ou de l'archéologie, qui ne sont pas les nôtres.

Ce sont surtout les hommes d'affaires qui les ont fréquentés en foule jusqu'à l'empire, qui nous intéressent ici.

§ 3. — *Cessation du jeu sur les valeurs, au Forum et dans les basiliques.*

Tout nous autorise à penser que le jeu sur les valeurs de bourse disparut, lorsque furent supprimées les sociétés par actions, et il n'y a rien de surprenant à cela. Les textes anciens qui se réfèrent à la pratique des jeux et à la place où ils se tenaient, viennent nous confirmer absolument dans cette opinion.

Jusqu'à Auguste, c'est au Forum que l'on trafique sur le taux de l'intérêt et des valeurs, c'est là que se font et se défont les fortunes. C'est du Forum que nous parlent Lucilius, Plaute et même Horace, lorsqu'ils nous entretiennent des joueurs de leur temps.

Alors c'était bien en trafiquant sur les affaires qui se pratiquent à la bourse, que l'on poursuivait les chances du jeu. « *Aliena negotia curo*, *excussus propriis*, » dit le joueur d'Horace, qui a succombé auprès du *Janus medius* : « *res mea ad Janum medium fracta est* (1). » Il ne s'agit pas là d'un vaincu de la table de jeu, mais du faiseur d'affaires ruiné et exécuté sur le marché. Aussi, c'est du haut des Janus, que sont proclamés les préceptes de la Fortune. « *Hæc Janus summus ab imo prodocet.* »

Il faut ajouter aux textes d'Horace, les textes innombrables de Cicéron sur les *societates*, avec leurs *participes*, leurs *socii*, leurs *magistri*, leurs courriers, qui se retrouvent en foule tous les jours sur la même place, et notamment ce Terentius Varron, qui y arrive, lui aussi, « *quum primum M. Terentius in Forum venit*, » pour y perdre beaucoup d'argent avec les publicains : « *maximis enim damnis affectus est.* » Voilà les temps antérieurs aux réformes d'Auguste (2).

Depuis cette époque, au contraire, il n'est plus jamais question dans aucun texte, soit littéraire, soit juridique, ni de ces aventures, ni de ces trafics, ni de ces enseignements périlleux des Janus. On ne cesse pas de jouer sous l'empire, on joue affreusement ; mais c'est ailleurs, et autrement, que l'on va exposer ou perdre sa fortune.

Ainsi, dans les œuvres de Martial, de Suétone, de Juvénal et des pères de l'Eglise qui écrivaient au temps où les publicains et leurs spéculations avaient été dispersés pour toujours, le jeu et les joueurs sont flagellés à diverses reprises, mais il n'y a plus rien de commun entre ces joueurs et les affaires

---

(1) Nous avons déjà rapporté ce fragment d'Horace, *Sat.*, II, III, *supra*, p. 191, note 1. Lorsque Horace écrivait ses satires, l'œuvre économique d'Auguste n'était pas accomplie ; il pouvait donc être encore question des jeux de bourse et de la spéculation sur les *partes* des publicains, dont le cours variable se prêtait, plus que toutes autres valeurs, aux opérations aléatoires. Mais le régime ancien s'écroulait de toutes parts. Sur l'époque où furent écrites ces satires, voy. G. Boissier, *Nouvelles promenades archéologiques*, p. 6. Paris, 1890. — *Histoire de la vie et des poésies d'Horace*, par Walckenaer. Paris, 1858, t. 1, p. 118.

(2) Cic., *Ad famil.*, XIII, 10. Voy. *supra*, p. 84.

d'argent du Forum et des *argentariæ*. Il ne s'agit plus désormais que de l'*alea damnosa*, d'ancienne origine, et du *fritillus*, du *cornet à dés* qui distribue la chance. On ne va plus à la *mensa* du banquier, ou à l'*argenteria*, ou à la basilique, comme autrefois, on va au hasard de la table de jeu, « *ad casum tabulæ*, » et l'on s'y ruine, comme on le faisait jadis parmi les manieurs d'argent des deux Janus, dont il n'est plus question.

Comment pourrait-on comprendre que, brusquement, tous les écrivains romains, et spécialement les satiriques, les comiques, les anecdotiers si compendieux sous l'empire, aient cessé de parler de ces scandales publics, s'ils s'étaient continués de leur temps, comme au temps de la république.

Assurément le génie pénétrant et acerbe de Juvénal se fut attaqué, plus énergiquement encore que celui d'Horace, à ces excès provoquants de la spéculation, à ces chutes misérables, à ces triomphes orgueilleux et immoraux de la chance, qu'avait flétris l'aimable courtisan de Mécène et d'Auguste.

Or, pas plus que les autres, Juvénal n'en a dit un seul mot. La passion du jeu n'a pas cessé de sévir autour de lui ; il en signale les désordres ; le jeu revient souvent sous sa plume vengeresse, mais transformé et pour ainsi dire cantonné. Dès sa première satire, il lui lance une véhémente apostrophe : « Quand donc, » dit-il, « la cupidité s'est-elle plus ouvertement étalée que de nos jours ? Quand les hasards du jeu ont-ils plus absorbé les âmes ? Ce n'est plus avec des sacs d'argent que l'on va courir les chances *de la table de jeu*, on y fait porter à ses côtés son coffre-fort ; » mais plus un mot des Janus.

> . . . . *quando*
> *Major avaritiæ patuit sinus? alea quando*
> *Hos animos? neque enim loculis comitantibus itur*
> *Ad casum tabulæ, posita sed luditur arca* (1).

Cette redoutable passion ne fut pas évidemment en s'atténuant avec le temps, si nous en jugeons par un document curieux qui date d'un peu plus tard. Nous voulons parler d'un opuscule ou homélie sur les joueurs, « *de aleatoribus*, » que l'on attribue à saint Cyprien, ou à saint Victor, ou à un évêque

____

(1) Juvénal, *Sat.*, 1, v. 88. Voy. aussi *Sat.*, XIV, et *supra*, p. 189. — Martial, IV, 14; VI, 48; XIV, 8. — Suétone, *Domitien*, XXI.

d'une église particulière, mais qui remonte sûrement aux premiers siècles du christianisme (1).

On ne peut imaginer la véhémence de langage et la sainte indignation que déploie l'orateur sacré, en s'adressant aux fidèles. « On voit, » dit-il, « le joueur sans respect de sa dignité, sans excuse possible, entraîné par cette ardeur pestiférée, réduit à abandonner son patrimoine, après avoir bu secrètement ce poison mortel... O passion déréglée qui au lieu des richesses engendre le dénuement et la misère. O mains meurtrières, ô mains pernicieuses que le gain ne peut arrêter, et qui continuent encore à jouer après avoir perdu ! Le chrétien *qui joue aux dés* souille ses mains, car c'est au démon qu'il offre un sacrifice (2). »

On le voit donc, c'est encore avec les dés et le fatal *fritillus*, comme au temps de Juvénal, et pas autrement, que l'on continue à tenter passionnément les chances du hasard.

Peut-être jouait-on aux dés sur les places publiques, dans les basiliques ; c'est probable ; les gens du peuple à Rome devaient jouer dehors autrefois, comme ils le font encore aujourd'hui. On a même trouvé, sur les dalles de certaines basiliques, des dessins de jeux, dames, échecs et autres, qui autorisent à penser qu'il en était ainsi. Mais que sont devenues les opérations aventureuses, portant, elles aussi, les richesses ou la ruine au milieu des spéculateurs du Forum, des Janus, et des basiliques ?

Il n'en est plus parlé nulle part, depuis le temps des *Satires* d'Horace, c'est-à-dire depuis qu'Auguste a anéanti les grands financiers et les compagnies qui lui faisaient ombrage.

Les jeux sur les valeurs ont disparu en même temps que les grands publicains et les actions aliénables de leurs sociétés. C'est là une constatation qui nous paraît avoir sa gravité ; et si le fait est démontré, nous pouvons légitimement l'invoquer comme un dernier et précieux témoignage de l'histoire, à l'ap-

(1) Voy. l'Etude critique publiée sur cet opuscule par l'Université de Louvain, 1891.

(2) *De Aleatoribus*, VI et IX. Mais, évidemment, on jouait déjà aux dés pendant que les jeux de bourse étaient encore pratiqués au Forum et même avant. Le vice du jeu était fort ancien à Rome. Horace, ode III, 24. Dig., *De Aleatoribus*, XI, V. Code : *De Aleatoribus et alearum lusu*, III, XLIII.

pui de nos affirmations sur la réforme à la fois politique et
financière radicalement accomplie par Auguste.

§ 4. — *Les Banquiers dans leurs rapports avec les faits de l'histoire romaine.*

Autant a été considérable et persistant l'emploi des banquiers
dans les affaires privées, autant a été réduite, au contraire,
l'importance de leur intervention directe dans les affaires publiques.

Nous en savons la raison : ils n'étaient pas de ceux qui pouvaient jouir des privilèges de l'association des capitaux, et ne
purent, par conséquent pas organiser des institutions analogues à celles de nos grandes sociétés de crédit.

Lorsque les besoins d'argent se faisaient sentir quelque part,
dans des proportions anormales, il n'y avait que les magistrats, ou les généraux, enrichis aux dépens des provinces, ou
bien des publicains, qui pussent répondre aux grandes nécessités financières ; et nous avons vu qu'il en fut ainsi en Asie,
à l'époque de Sylla. Ce sera Gabinius, le fils d'un *fortissimus
et maximus publicanus*, ayant lui-même, *magnas partes publicorum* ; ce sera Rabirius et bien d'autres inconnus, enrichis dans
des conditions plus ou moins avouables, qui trafiqueront des
trônes de l'Orient, et avec qui les rois négocieront des emprunts, mais non les banquiers de profession.

Ce sera Pompée, « le grand Pompée, qui fut longtemps le
chef de l'ordre équestre, sorte d'Harpagon conquérant, se servant d'un prête-nom, qui était le chevalier romain Cluvius,
de Pouzzoles, pour pressurer les peuples et les rois qui lui devaient leur couronne... Trente-trois talents ne suffisaient pas
à payer les intérêts mensuels des sommes que l'infortuné roi de
Cappadoce avait empruntées à leur protecteur (1). » Nous avons
vu comment Brutus employait la cavalerie romaine pour se
faire rembourser les prêts par lui faits aux villes ; comment
Cicéron lui-même s'est laissé aller quelquefois à seconder des
opérations criminelles, que les mœurs semblaient autoriser. Il
résulte de la correspondance avec Atticus, qu'à la prière de ce
dernier, dérogeant à ses principes d'honnêté naturelle, il fit

____

(1) Belot, *Hist. des chevaliers, loc. cit.*

nommer préfets Scaptius et Gavius, prête-noms de Brutus, et les agents de ses indignes trafics avec le roi de Cappadoce.

Les faits du même genre sont très nombreux dans l'histoire de Rome. Mais ce sont des faits séparés les uns des autres, accomplis sans aucun lien entre eux, sans aucune tradition commune, par des gens qui ne ressemblent en rien aux publicains ni aux banquiers, et qui réalisent leurs opérations ruineuses pour les provinciaux exploités, qu'accidentellement, par occasion, pour ainsi dire, en quelques coups de force rudement frappés. Ils ne rentrent pas dans notre étude sur les manieurs d'argent de profession.

Nous ne constaterons pas davantage, dans les cinq premiers siècles de Rome, du moins habituellement, l'intervention des banquiers dans les prêts d'argent à intérêt, ou avances de fonds.

Les prêteurs d'argent des temps anciens, ceux qui ont provoqué les émeutes parfois sanglantes du Forum, la retraite réitérée du peuple sur le mont sacré ou ailleurs, ceux dont les abus ont nécessité des lois toujours renouvelées et toujours impuissantes sur l'usure, ce ne sont pas des chevaliers, des *fœneratores* de profession ; ce sont plutôt les patriciens, les seuls riches des premiers siècles, dans leurs rapports avec la plèbe.

On peut consulter tous les textes relatifs à ces émeutes et aux lois qu'elles faisaient naître ; c'est toujours la lutte des castes, nous l'avons déjà fait observer, ce sont des discussions et des concessions politiques que signalent les textes, quand il s'agit de la misère des débiteurs à soulager et des excès des créanciers à contenir (1).

Ce n'est probablement qu'après plusieurs siècles, que les *fœneratores* de profession, les banquiers escompteurs, ainsi que nous dirions aujourd'hui, commencèrent à opérer le trafic sur les avances et les dépôts de fonds. Jusque là, c'est surtout sur les métaux et les échanges que les opérations ont porté, dans les *Tabernæ argentariæ* du Forum.

---

(1) Voy., notamment, les détails très énergiquement présentés par Tite-Live, sur les crises financières de l'année 259-495, liv. II, ch. XXIII ; en 398-356, liv. VII, ch. XVI ; et en 429-325, liv. VIII, ch. XXVIII ; à cette dernière date, la transformation économique apparaît. Il semble être question d'un *fœnerator* de profession.

On voit cependant apparaître d'assez bonne heure dans l'histoire, des personnages qui doivent être des banquiers de profession, et qui sont publiquement chargés de résoudre les difficultés résultant des abus de l'usure. Il serait curieux d'étudier chacune de ces interventions économiques, dans leurs détails, mais comme ce sont des mesures politiques autant que financières prises par l'Etat, et non des actes d'initiative privée et de banque proprement dite, nous ne pourrions pas nous y arrêter ici, sans sortir de nos limites. Nous nous bornerons donc à énumérer les principaux de ces faits.

Ainsi, on a dit que la loi des XII Tables avait établi des contrôleurs des monnaies. « *Triumviri monetales*, *aurum*, *argentum*, *æs publice signanto* (1). » Ce qui est plus certain, c'est que des magistrats de ce genre furent établis à plusieurs reprises plus tard (2).

En 401-353, les consuls Valerius Publicola et Marcius Rutilus nommèrent, pour apaiser les esprits excités, et faciliter le règlement des dettes, cinq personnages qui furent préposés à ce soin. « *Quos mensarios ob dispensationem pecuniæ appellarunt.* » Ils rendirent de tels services, dit Tite-Live, que leurs noms ont mérité de passer à la postérité. Ils s'appelaient C. Duellius, P. Decius Mus, M. Papirius, Q. Publilius et T. Æmilius; ils avaient été probablement pris parmi ces financiers honorés du nom de *boni homines* (3). Leur intervention consista à faire des avances aux débiteurs sur les fonds de l'Etat, et surtout à contraindre les créanciers à recevoir en payement, les biens de leurs débiteurs, suivant une estimation équitablement faite.

Des mesures semblables furent prises en 405-349 et en 538-216. Cette dernière fois, tout au moins, les *triumviri mensarii* désignés, ne furent pas pris parmi les banquiers de profession, car Tite-Live nous dit que l'un d'eux avait été consul et censeur, l'autre deux fois consul, l'autre tribun du peuple (4).

En 540-214, lorsque les sociétés de publicains s'honorèrent

____

(1) Marquardt, *De re monetaria veterum Romanorum*; Cruchon, *loc. cit.*, p. 42.
(2) Voy. Lenormant. *op. cit.*, t. III, p. 146.
(3) Tite-Live, VII, ch. XXI.
(4) Tite-Live, XXII, 60; XXIII, 21.

par les propositions généreuses que nous avons rapportées, pour venir au secours de l'Etat en détresse, on nomma des *triumviri mensarii* pour être adjoints aux censeurs : « *Arcessitosque ab triumviris esse dixerunt, ut pretia servorum acciperent* (1). »

C'est encore entre les mains des *triumviri mensarii*, qu'en 542-212 le public fut invité à porter ses offrandes à la patrie en danger (2).

Cicéron parle aussi (3) de *mensarii* chargés de surveiller les dépenses de l'Etat, en compagnie de cinq préteurs et de trois questeurs.

On voit que ces *mensarii* sont des fonctionnaires ou des délégués du pouvoir public. Nous n'insistons pas.

Nous avons dit également, pourquoi nous ne devrions pas nous occuper ici des lois sur le taux de l'intérêt et sur l'usure; nous signalerons cependant, en passant, quelques mesures spécialement intéressantes pour les manieurs d'argent de Rome et de la province. Elles sont trop caractéristiques des mœurs économiques du temps, pour que nous les passions sous silence; mais nous nous abstiendrons de commentaires.

Une loi de 561-193 soumit les Latins aux lois romaines sur le prêt d'argent, « *cum sociis ac nomine Latini pecuniæ creditæ jus idem quod cum civibus Romanis esset* (4). » Jusque-là, on s'était servi de prête-noms latins pour se soustraire à la rigueur des lois; on fut obligé d'aller chercher le détour plus loin, et jusque dans les provinces d'outre-mer. « Voici donc, d'après M. Belot, le commerce que faisaient depuis les guerres puniques, les banquiers presque tous sortis de l'ordre équestre. Ils empruntaient à Rome, à un taux modéré, et ils prêtaient en province, à un taux exorbitant. Ils gagnaient la différence des intérêts. C'est ainsi que P. Settius, avait, à Rome, contracté des dettes, mais, en province, il avait de nom-

---

(1) Tite-Live, XXIV, 18.

(2) Tite-Live, XXVI, 26 : « *Senatu inde misso pro se quisque aurum argentum et æs in publicum conferunt tanto certamine injecto, ut prima inter primos nomina sua vellent in publicis tabulis esse, ut nec triumviri (mensarii) accipiendo nec scribæ referundo sufficerent.* »

(3) *Pro Flacco.* — Voy. aussi un texte, très discuté d'ailleurs, de Quintilien, *Inst.*, V, 105.

(4) Tite-Live, liv. XXXV, ch. VII.

breux débiteurs, parmi lesquels Hiempsal, roi de Maurita-
nie (1). »

A mesure que les banquiers devenaient plus forts, comme
chevaliers, et comme affiliés aux publicains, les lois devenaient
de plus en plus impuissantes envers eux, aussi bien qu'envers leurs amis. En 665-89, le préteur Sempronius Asellio
voulut prendre des mesures pour assurer l'application des anciennes lois contre l'usure, nous avons déjà signalé ce fait, il
fut massacré en plein jour par les banquiers, près du temple
de Vesta.

C'est à cette occasion que fut proposée la loi *Plotia de vi, ho-
minibus armatis*, afin d'enlever aux chevaliers la judicature et
d'obtenir, ainsi, une condamnation contre les meurtriers du
préteur.

On voit où en était venue la justice, non seulement par
rapport aux publicains, mais encore par rapport à tout ce qui
se rattachait, de près ou de loin, à leurs affaires où à leurs
intérêts (2).

Plutarque a rapporté, en détail, les mesures prises par Lucullus en Asie, en 683-71, soit contre les publicains, soit contre les banquiers ou les *negotiatores*. C'était, assurément,
contre ces derniers surtout, que furent édictées les dispositions
par lesquelles le proconsul ramenait le taux de l'intérêt à 1 0/0
par mois, et réduisait le montant de ce qui était déjà dû (3).

Mais les publicains ressentirent aussi très profondément les
effets de ces mesures, car ils avaient dû se faire banquiers à
côté de ceux qui l'étaient en titre, nous l'avons vu, pour faire
les avances nécessitées par les lourdes charges que Sylla avait
imposées à l'Asie. Et nous avons vu, aussi, que la loi Manilia
vint, sur les insistances de Cicéron, l'orateur des publicains et
des banquiers, punir Lucullus de ses sévérités.

D'autres mesures, d'un caractère singulier, furent prises
plus tard à Rome même, en vue d'éviter que la monnaie ne
sortît du sol de l'Italie. Nous en indiquons quelques-unes,
comme se rattachant spécialement au commerce de l'argent.

____

(1) Belot, *Hist. des chev.*, p. 154. — Cicéron, *Pro sulla*, 20. Les particuliers plaçaient leurs fonds et « ceux de leurs familles » sur les *Vectigalia. Supra*, p. 282.
(2) Belot, *eod.*, p. 262.
(3) Plutarque, *Lucullus.*

C'est ainsi qu'en 685-69 , la loi Gabinia vint défendre aux provinciaux d'emprunter à Rome, et annuler tous les engagements qui y seraient contractés par eux.

Vers la même époque, Cicéron défendait toute vente dans le port de Pouzzoles , et n'y permettait que le troc , à l'égard des étrangers , afin d'empêcher l'argent de se diriger vers la Grèce (1).

Des mesures analogues avaient été prises contre les Juifs, et plusieurs sénatus-consultes leur avaient défendu d'envoyer du numéraire à Jérusalem. « *Quum aurum, Judeorum nomine, quotannis ex Italia et ex omnibus provinciis Hierosolyma exportari soleret,* » dit Cicéron, « *Flaccus sanxit edicto, ne ex Asia exportari liceret* (2). »

Il est probable que les manieurs d'argent se dérobaient facilement à ces lois, par la dissimulation et par la fraude. Mais c'était au moins en reconnaître l'existence, que de chercher à s'y soustraire par des détours. Il n'en était pas toujours ainsi.

Cicéron nous a laissé, dans trois lettres curieuses, écrites à Atticus (3), des détails sur les procédés auxquels les grands personnages recouraient à cet égard ; ils en usaient tout à fait à leur aise.

Brutus voulait prêter aux Salaminiens, à 48 0/0, une grosse somme dont ils avaient besoin, et ceux-ci s'engageaient, en effet, dans ces conditions vis-à-vis de lui, par des *syngraphæ* qui devaient servir de titre à la créance.

Le traité de Brutus, ou de ses prête-noms, était largement usuraire, et dépassait de beaucoup le taux légal qui était de 12 0/0. Brutus fit tout simplement rendre un sénatus-consulte spécial, qui lui permettait de passer outre.

D'autre part, les *syngraphæ* signés à Rome par des provin-

---

(1) Cicéron, *In Vat.*, 5.

(2) *Pro Flacco*, 28. — Dans le même esprit économique on prenait des mesures pour éviter aux produits de l'Italie la concurrence des produits étrangers. C'est ainsi qu'on défendait, dans ce but, la culture de la vigne en Gaule au temps de Cicéron. Voy. Cicéron, *De Republica*, liv. III, VI : « *Nos vero justissimi homines, qui Transalpinos Gentes oleam et vitem serere non sinimus, quo pluris sint nostra oliveta nostraque vineæ : quod quum faciamus, prudenter facere dicimur, juste non dicimur ; ut intelligatis, discrepare ab æquitate sapientiam.* »

(3) *Ad Att.*, V, 21, et VI, 1 et 2.

ciaux, étaient nuls en vertu de la loi Gabinia. Un autre sénatus-consulte de la même espèce fut rendu pour déclarer ceux-ci valables.

C'est cette même dette que Brutus fit exécuter sur la personne des sénateurs, par la cavalerie du consul de la province. On ne peut guère accumuler plus d'abus dans une seule affaire.

Nous n'insistons pas sur ces prévarications qui n'ont rien de commun avec les affaires de banque ; mais on peut y trouver le curieux spectacle de la lutte dans laquelle devaient se débattre les honnêtes gens , et spécialement Cicéron , tiraillé entre sa conscience et le désir de plaire à ses amis Brutus et même Atticus.

En 706-48, César ordonna une liquidation des dettes par des *mensarii* chargés de faire des avances avec les fonds de l'Etat, ou de contraindre les créanciers à recevoir en payement des biens, comme cela avait eu déjà lieu d'autres fois (1). Nous avons déjà signalé et jugé ce procédé.

Mais le règne des grands spéculateurs, magistrats supérieurs ou généraux d'armées, comme celui des banquiers, comme celui des publicains, allait finir. La puissance impériale n'allait plus admettre en cela, que les abus qui se commettaient en son nom et sous ses ordres, comme pour toutes choses.

Le rôle modeste des banquiers de profession fut encore ce qui devait les protéger contre les rigueurs niveleuses de l'empire.

Nous les voyons revenir souvent , dans les écrits des jurisconsultes de l'époque classique, et, sous Justinien ils sont encore revêtus de titres brillants, qui les font traiter, avec considération, comme les *boni*, ou les *optimi viri* du temps de la république. Mais le règne des grands manieurs d'argent était passé depuis cinq siècles.

(1) Belot, *loc. cit.*, p. 152, *supra*. César, *De bell. civ.*, III, ɪ et xx.

CONCLUSION

Il semble que, chez les grands peuples où la liberté politique
s'est sagement établie et régulièrement organisée, le mouvement des choses humaines devrait de lui-même suivre son
cours naturel vers la justice et le progrès ; mais, on le sait
bien, ce n'est pas sans effort que l'homme apprend à être libre.

Là, plus qu'ailleurs, peut-être, si les passions personnelles
et égoïstes de chacun ne sont pas contenues et pour ainsi
dire ennoblies par des sentiments d'ordre supérieur, la société
ne tarde pas à se détourner de sa route.

C'est ce qu'a dit Montesquieu, lorsqu'il a fait de la vertu
l'élément indispensable du gouvernement populaire.

Et même, au sens de cet observateur de génie, les vertus
privées ne sauraient y suffire. Sous les régimes démocratiques,
ce sont les particuliers qui gouvernent, au moins par leurs
suffrages ; ce sont par conséquent eux-mêmes qui doivent veiller à la marche de l'Etat, et s'imposer courageusement les sacrifices nécessaires parfois aux intérêts généraux de la patrie.

« La vertu politique, » est-il dit au livre de l'*Esprit des lois*,
« est un renoncement à soi-même qui est toujours une chose
très pénible... Elle donne toutes les vertus particulières...
Lorsque cette vertu cesse, l'ambition pénètre dans les cœurs
qui peuvent la recevoir, et l'avarice entre dans tous (1). »

L'avarice en effet, portant en elle l'amour immodéré du
gain, est la forme naturelle de l'égoïsme chez les peuples actifs
et libres (2). Même avec des procédés légaux, et dans une république de citoyens honnêtes, elle doit facilement devenir un

---

(1) Montesquieu, *Esprit des lois*, l. III, ch. iii, et l. IV, ch. v.
(2) « Ceux d'aujourd'hui ne nous parlent que de manufactures, de
commerce, de finances, de richesses, de luxe même. » *Eod.*, liv. III,
chap. iii.

danger public, puisqu'elle ne produit que des abaissements intéressés, dans des Etats où l'on ne peut se passer de vertus supérieures. Et c'est bien de ce côté que se font réellement pressentir les plus redoutables périls, pour nos démocraties modernes.

La bible avait stigmatisé les excès de cette dépravation de la liberté, sous un nom qui a traversé les siècles : c'est le culte du veau d'or ; et le récit de l'exode rapporte que Moïse, trop longtemps retenu sur la montagne sacrée, dut détruire, par d'effroyables exécutions, cette ignoble idolâtrie, afin de sauver son peuple et de le rappeler à ses hautes destinées (1).

A Rome, nous l'avons vu, lorsque les publicains composant les classes moyennes eurent abattu le patriciat, et furent devenus seuls maîtres des suffrages, la république ne tarda pas à périr, parce qu'elle n'eut guère d'autre but que de satisfaire la cupidité, c'est-à-dire « l'avarice » de ceux qui la gouvernaient.

Nous venons d'étudier ce phénomène historique, si semblable, à certains égards, aux événements qui nous environnent, et nous avons été frappé de ces analogies, quoique bien des détails nous échappent encore.

Il en est de l'œuvre des publicains, en effet, et des grands banquiers, comme de la plupart des institutions qui ont précédé l'empire. Les grands écrivains de la littérature, de l'histoire et du droit n'existaient pas encore; et nous ne pouvons pas tout savoir.

Nous connaissons beaucoup de lois de ces époques lointaines, sur la propriété, sur les créances, sur les actions en justice, mais nous n'avons sur ces sujets, ni jurisprudence, ni doctrine, ni aucun détail d'application. Il a fallu attendre jusqu'à la découverte des *Commentaires de Gaius*, c'est-à-dire jusqu'en 1816, pour en avoir quelques notions précises. Nous ne sommes guère plus fixés, sur ces institutions qui nous ont été si complètement expliquées pour les temps suivants, que sur les événements dont nous venons de parler, et ceux-ci ont été beaucoup plus négligés par les commentateurs.

Que l'on ne nous accuse pas, cependant, de ne présenter que des conjectures hardies.

____

(1) Exode, ch. XXXII.

Nous n'avons rien avancé dans ce travail, qui ne soit directement prouvé par des textes, ou qui ne s'impose par la plus scrupuleuse logique, et l'on nous pardonnera de le rappeler nettement, en faisant le relevé d'un actif que nous pouvons, avec le langage du sujet, déclarer bien établi.

Nous constaterons d'abord, que nous sommes en présence d'une démocratie bourgeoise, qui se développe par l'œuvre imprudente des Gracques, et qui, après avoir supplanté le patriciat, tombe dans la démagogie. C'est le moment où « l'avarice » gouverne en souveraine, par la fédération des grandes compagnies financières; nous pensons l'avoir démontré.

Les compagnies de publicains couvraient, en effet, de leurs spéculations, de leurs entreprises et de leurs travaux, le monde Romain, et nous les avons réellement trouvées à l'œuvre, en Sicile, dans la province d'Asie, dans la Bythinie, la Cilicie, la Syrie, le Pont, la Judée, la Macédoine, la Grèce, la province d'Afrique, l'Espagne et la Gaule. Il en était de même dans toutes les provinces conquises, et nous avons vu leurs services compliqués s'organiser partout, au moment même où l'armée prenait possession du territoire.

Ces grandes compagnies trouvaient abondamment des fonds, par l'attrait d'un gain assuré, et par le procédé aussi simple que merveilleux de l'action, qui est, aujourd'hui encore, resté le même. *Partes, Particeps non socius, affinis conductionis.* Tout le monde voulait y avoir sa part : Πάντας ὡς ἔπος εἰπεῖν, dit Polybe. On s'arrachait les titres, Cicéron le dit textuellement de C. César, *Eripuit partes illo tempore carissimas.*

Elles furent facilement organisées, parce que l'adjudication des impôts et des grands travaux était, de toute antiquité, dans les mœurs.

Elles furent très nombreuses, parce que les travaux de la guerre et les bénéfices de la paix se multiplièrent à l'infini, sur les provinces conquises.

Elles furent très riches, parce que c'était sur les provinciaux asservis que portaient leurs exploitations sans contrôle et sans scrupule. « Arrachez-nous de la gueule de ceux dont la cruauté ne peut se rassasier de notre sang, » disait, au nom des provinciaux, le célèbre discours de Crassus.

Elles furent populaires, parce qu'elles représentaient, aux

yeux du peuple romain, les droits de la conquête se continuant, à leur profit, sur les peuples vaincus.

Elles devinrent vite agissantes et fortes, parce qu'elles furent animées par une spéculation passionnée, surexcitées par le jeu sur leurs valeurs échangeables, et soutenues par l'autorité que leur donnait leur richesse. Cicéron en a largement rendu témoignage.

Elles fournirent un aliment aux jeux, d'où résultaient des fortunes subites et de terribles chutes, auprès des deux Janus du Forum. « *Excussus propriis, ad medium Janum res mea fracta est,* » dit le joueur d'Horace ; et nous avons démontré que le jeu cesse au Forum, dès que disparaissent les publicains.

Elles s'unirent entre elles, se syndiquèrent puissamment, en vue de leurs intérêts communs, de façon à former un nouvel ordre dans l'Etat, *Novus Ordo* ; et c'est ce qui fit leur puissance commerciale et politique. « *Unde regnarent judiciariis legibus, nisi ex avaritia?* » « Avaritia, » tel est le mot de Festus, qui est devenu le mot fatal de Montesquieu.

Auguste, qui ne voulait pas d'une pareille puissance à ses côtés, n'eut pas même à supprimer les compagnies, il n'eut qu'à arrêter le renouvellement des adjudications. Il n'y eut plus dès lors de sociétés par actions possible, puisque l'Etat s'était réservé le droit de les constituer. Le règne des publicains était fini.

Alors commença l'empire, qui eut du moins la gloire de laisser le droit civil prendre son admirable développement ; mais sous la puissance politique duquel, tout dut fléchir et se soumettre.

Toutes les initiatives privées furent détruites dans leur germe. « *Solitudinem faciunt, pacem appellant.* » Ils firent la solitude et ils appelèrent cela la paix.

Voilà, dans ses grandes lignes, l'histoire de cette décadence politique ; on y voit les libertés publiques tombant par les excès de la spéculation cupide, et par le fait de grandes coalitions financières, sous le plus persistant et le plus honteux des despotismes.

L'empire romain s'achemina dès lors, lentement, vers sa dissolution, et le monde sembla menacé de retourner pour toujours à la barbarie.

Dans les démocraties de notre temps, les crimes abominables des publicains ne sont plus à craindre, du moins sous le
couvert d'une légalité durable; dix-neuf siècles de christianisme et de civilisation n'ont pas pu passer sur les générations, sans adoucir les mœurs et relever les âmes. Le mal de
l'argent sera donc, sans doute, moins grave dans ses conséquences.

Mais par l'effet de ces progrès eux-mêmes, on a vu, de nos
jours, s'élever une classe d'hommes innombrable, et forte par
l'union, qui était restée dans l'ombre jusque-là.

L'abolition de l'esclavage, l'introduction de plus en plus
effective de l'égalité dans les lois et les mœurs, et la facilité
des relations lointaines, ont donné à la multitude des déshé-
rités, une autorité indépendante qu'elle n'avait jamais eue
nulle part dans l'histoire.

Ainsi un phénomène grave et nouveau s'est produit dans
nos démocraties de formes diverses, et l'on y a vu le mal des
passions avides, surgir avec les mêmes caractères au fond, et
des moyens d'action analogues, en même temps, aux deux
points extrêmes de l'organisme social, dans beaucoup d'Etats.

Qu'on nous permette quelques observations pratiques à ce
sujet; le caractère de notre étude nous y invite, et ce sera
peut-être, le meilleur enseignement à chercher, dans ce livre
d'histoire.

Assurément le pauvre a toujours subi avec amertume, ou
dépit, ou colère, le spectacle des richesses et des joies du
monde, surtout lorsqu'elles se sont étalées sans commisération
auprès de son indigence et de ses douleurs.

Comment pourrait-il ne pas souffrir de ces inégalités du
sort, la plupart du temps inexplicables à ses yeux, et particulièrement lorsque les espérances de l'au delà viennent, elles-
mêmes, à lui manquer.

A Rome la classe ouvrière, singulièrement réduite par les
horreurs de l'esclavage, ne comptait pas, à la fin de la république. Elle n'était qu'une multitude avilie, dont les factions
révolutionnaires exploitaient les besoins ou les vices, soit
dans les votes des comices à vendre, soit dans les violences
armées du Forum et de la rue; et nous n'avons pas eu à en
parler.

Mais les guerres affreuses des esclaves, les révoltes de la

plèbe dans l'antiquité, les sanglantes Jacqueries du moyen âge, furent des explosions de ces haines contenues, certainement plus justifiées et plus violentes que celles de nos jours.

La force sociale avait eu bientôt raison de ces protestations impuissantes ; les incendies, les pillages, les meurtres sauvages, les crimes de toutes sortes qui les déshonoraient ne servaient guère qu'à aggraver les malheurs des vaincus ; et tout rentrait dans le silence.

Nous ne voudrions pas dire que ce fut là l'état général et permanent des classes ouvrières d'autrefois, surtout dans notre ancienne France. Les corporations, les confréries, les institutions charitables avaient, au contraire, rapproché, à certains égards, les diverses classes de la société laborieuse, et fait régner entre patrons et ouvriers, une harmonie que nous retrouverons difficilement sans doute. Seulement cela ne s'appliquait guère qu'aux industries des villes, et dans celles-ci, aux privilégiés qui jouissaient seuls des monopoles souvent inhumains que la loi protégeait.

Aujourd'hui d'ailleurs, le mal comme le bien tout a changé d'aspect, de la base au sommet. L'association des intérêts et des passions est devenue le moyen de développement légitime, ou bien aussi, l'arme de guerre, pour les pauvres comme pour les riches.

Chez les riches, cela s'appelle les grandes compagnies anonymes, les vastes opérations industrielles, ou encore, à côté de syndicats de finances utiles aux grandes opérations d'Etat, les syndicats funestes, organisés sous le couvert d'une fausse légalité, pour l'accaparement des grains, des métaux, des valeurs de bourse, des objets de grande consommation, ou de tout autres choses, par lesquels des agioteurs insatiables se rendent maîtres des marchés d'une partie du monde.

Ils spéculent à coup sûr par leurs coalitions de capitaux, et sous l'inspiration de pensées, qui sont l'opposé des vertus civiques nécessaires dans les gouvernements libres. Ils s'enorgueillissent de leurs succès, au milieu de leurs richesses mal acquises, et ils se réjouissent quelquefois ouvertement des ruines qu'ils ont répandues autour d'eux ; à moins que des événements inattendus ne viennent les frapper, en flétrissant comme elles le méritent leurs combinaisons criminelles.

Ce sont là les publicains de notre temps, nous pourrions

dire de notre fin de siècle ; car c'est surtout par la promptitude de l'électricité et de la vapeur qu'ils peuvent assurer l'efficacité et l'extension de leurs redoutables monopoles. C'est ainsi que les publicains de Rome, en réunissant leurs intérêts, étaient parvenus à gouverner l'État.

Quant aux pauvres, aux ouvriers de l'industrie spécialement, ils ont eux aussi l'arme de la coalition, avec les bourses du travail, les syndicats, les unions de syndicats comme moyens permanents ; mais c'est la coalition du nombre, surexcitée souvent par des besoins factices, par des manœuvres odieuses ou bien par la misère imméritée, la misère sans travail, de toutes la plus digne de compassion. Ils ont cette arme terrible de la grève, parfois coupable et sanglante, et même quand elle est légitime, inévitablement nuisible à tous les intérêts matériels et moraux, toujours périlleuse pour l'ordre public ; la grève, c'est-à-dire la ruine en perspective pour le patron, et pour l'ouvrier misérable, peut-être la faim mauvaise conseillère et le désespoir des derniers dénuements.

C'est ainsi que surtout chez les peuples les plus avancés et les plus libres, deux armées s'organisent autour de nous pour la lutte, et menacent, en se mettant de pair, pour ainsi dire, d'enserrer dans leurs étreintes la société qui n'en peut mais.

Quoique cela s'explique très bien, il est digne de remarque, en effet, que c'est dans les pays de liberté politique ou le mouvement financier s'est le plus activement développé, que, par une sorte de mouvement symétrique et simultané, l'organisation des coalitions ouvrières s'est aussi le plus fermement établie, et le plus vigoureusement disciplinée.

Ainsi, c'est dans la libre et industrieuse Amérique des Yankees, que se sont édifiées, depuis un demi-siècle, les plus colossales fortunes qui, peut-être, aient jamais été amassées par les mêmes mains ; c'est le pays ou l'argent est roi, ou est pratiqué le culte du dieu dollar, où dans un certain monde, on estime un homme, non d'après sa valeur intellectuelle ou morale, mais d'après ce qu'il a su gagner, ou ce qu'il saura probablement gagner encore ; or c'est en Amérique, aussi, aux États-Unis, que se sont développées ces associations ouvrières et ces fédérations d'associations qui pénètrent dans les classes agricoles, se multiplient à l'infini, et étendent leur influence jusque sur le sol de l'antique Europe, étonnée de leur discipline, de leur sang-froid et de leur audace. Elles pourraient devenir un péril effroyable pour la sécurité du monde entier, si leur direction, pour les chevaliers du travail, notamment, et pour les fédérations, passaient des mains avisées qui en sont encore maîtresses, dans celles des agitateurs cosmopolites qui voudraient les exploiter.

De même, dans notre ancien monde, c'est sur le sol de l'Angleterre, c'est-à-dire sur la terre classique de la liberté individuelle et des constitutions politiques soutenues par les mœurs (1), que ces mêmes phénomènes de correspondance effective, dans l'organisation des classes opposées, se présentent avec le plus d'énergie.

Ici, la vieille aristocratie terrienne n'a pas dédaigné de mêler ses richesses au mouvement nouveau des affaires, à cette passion mercantile qui couvre l'univers de valeurs anglaises, de trafiquants et de vaisseaux, et qui exerce sur la politique internationale de Londres, une influence semblable à celle qui dirigeait les guerres de Rome sur les divers rivages de la méditerranée, au gré des publicains et en vue de leurs intérêts financiers.

Or, là aussi, plus qu'en nul autre pays d'Europe, s'organise le mouvement ouvrier. Les associations, les *trades unions* s'y comptent par milliers, leurs adhérents par centaines de mille, et leurs ressources par millions. C'est le pays originaire et préféré des grandes unions et des grèves. Et l'on y voit, en outre, à côté de cette classe laborieuse, le paupérisme vicieux, avili, avec toutes les horreurs de la misère sordide, à Londres notamment, où il faut pactiser avec cette monstruosité, qui se dresse parfois comme un effrayant péril. Ici encore, associations contre associations ; ce sont les coalitions de l'opulence, qui semblent appeler au combat celles de la pauvreté.

Dans les rapports des peuples, l'action des manieurs d'argent ne laisse pas non plus de se faire sentir de la même manière. Non seulement les grands syndicats accapareurs ne connaissent plus de frontières, et embrassent au besoin plusieurs Etats, mais il existe telles familles richissimes, nous pourrions

(1) Voy. à ce sujet Beudant, *Le droit individuel et l'Etat*, ch. III, § 2, p. 121 et suiv. Paris, Rousseau, 1891.

dire telles tribus, qui étendent le puissant réseau de leur domination financière sur toutes les capitales de notre vieux con-
tinent. Elles tiennent les nations dans une sorte d'équilibre
européen, plus ferme pour elles, que ne le fut jamais celui dont
la politique s'inquiète vainement depuis des siècles.

Mais en même temps, les travailleurs manifestent puissamment aussi leur œuvre internationale, par les associations et
les congrès réitérés; en sorte qu'une émotion ouvrière ne peut
plus se produire sur un point, quelque modeste qu'il soit, du
régime industriel, sans que le contre-coup de ce choc s'étende
au loin dans le monde des travailleurs, comme les vibrations
de l'onde à la surface des eaux profondes qu'on a troublées.

Tout ce mal est d'une réalité si pratique et si incontestable,
que, dans sa belle encyclique, celui qui représente l'autorité religieuse la plus puissante du monde moderne, par le nombre de
ses fidèles et par la doctrine, le pape Léon XIII est revenu
trois fois sur ce double péril de la cupidité, sous ses formes
dominantes : « C'est d'une part, » dit la lettre pontificale, « la
toute-puissance dans l'opulence : une fraction qui, maîtresse
absolue de l'industrie et du commerce, détourne le cours des
richesses et en fait affluer en elle toutes les sources ; fraction
qui, d'ailleurs, tient en sa main plus d'un ressort de l'administration publique. De l'autre, la faiblesse dans l'indigence :
une multitude l'âme ulcérée, toujours prête au désordre. »

Il résulte de cet état des choses, que si la liberté politique se
développe dans le monde actuel, on se demande avec inquié-
tude où sont le désintéressement et les vertus civiques qui en
doivent être les régulateurs nécessaires.

Puissions-nous, du moins, ne pas être arrivés à ce moment
funeste « où l'ambition pénètre dans les cœurs qui peuvent la
recevoir et où l'avarice entre dans tous. »

Nous ne ferons pas à notre temps l'injure de penser qu'il en
soit encore ainsi.

De hautes et saines traditions restent, grâce à Dieu, dans le cœur
des peuples pour les préserver d'un pareil malheur ; et nos publicains n'auront jamais entre leurs mains, comme les publicains de Rome, tout à la fois, la justice, les finances, les élections aux grandes charges et la confection des lois. Ils ne
trouveraient pas aujourd'hui une nation civilisée pour excuser
leurs crimes et pour en partager les profits.

Mais saurons-nous bénéficier de ces enseignements de l'histoire ?

Ne faudra-t-il pas pouvoir nous défendre contre cette « féodalité financière » que des hommes bien informés déclarent être « le grand danger de l'avenir » ; en présence de cette « table rase, sur laquelle il n'est resté, disent-ils, qu'une puissance indiscutable, permanente : l'argent. »

Et n'avons-nous pas, d'un autre côté, à répondre à ces masses compactes d'ouvriers et de pauvres, qui s'unissent à travers le monde entier, pour revendiquer hautement leur part de jouissances et de richesses ?

Comment pourra-t-on parer avec sagesse et justice à ce double péril ? C'est le secret des temps.

Le problème à résoudre en tout cas, consiste, non pas à chercher, sous le nom de l'Etat, des répartiteurs et des maîtres, ni à toucher, en quoi que ce soit, aux droits de la propriété, mais à fixer les limites auxquelles il faut réduire la liberté civile et politique, qui doit survivre, comme principe dominant, à toutes les réformes.

Sans la liberté et l'appropriation absolue par le travail qui en est l'une des formes essentielles, il ne saurait y avoir, pour les peuples, ni justice, ni progrès social, et tout est ébranlé aujourd'hui par la discussion et par le doute.

Le mouvement violent qui entraîne le monde, laissera peut-être bien loin derrière lui, sur les chemins battus, quelques-uns des principes séculaires du droit et de l'économie sociale, mais il est, pensons-nous, des choses sacrées qui ne vieillissent pas et qui ne peuvent périr, sans lesquelles, d'après le témoignage permanent de l'histoire, la société humaine ne saurait ni avancer ni vivre.

C'est d'elles qu'il faudrait dire aujourd'hui, ce qu'on disait au Forum de Rome, à l'honneur de l'argent :

« ... hæc recinunt juvenes dictata senesque. »

Les enfants récitent ces choses qu'on leur a enseignées, et les vieillards aussi, parce qu'elles seules peuvent vivifier les vertus publiques et privées nécessaires aux plus puissantes civilisations : elles s'appellent Dieu, la famille, la patrie.

Dieu, sans les sanctions infaillibles duquel toutes les révoltes de la souffrance seraient légitimes; qui dit : à chacun suivant ses œuvres ; et qui commande la charité, comme le complément nécessaire du droit. Dieu sans qui la justice sociale elle-même, ne serait sur terre, qu'un odieux fantôme.

La famille qui garde pieusement à travers les âges, et réchauffe à la flamme de son foyer, les traditions du dévouement qui s'ignore, du respect vigilant de l'enfance et de la vieillesse, de l'épargne prévoyante, du soin attendri des infirmités du corps et de l'âme, du maintien des saintes croyances, et des hiérarchies légitimes sans lesquelles ne peuvent régner ni l'ordre, ni la sécurité, ni la paix dans l'État.

La patrie enfin, qui n'est que la famille agrandie, car les liens qui perpétuent ces deux unions sacrées sont les mêmes liens; les vertus qu'elles suscitent les mêmes vertus touchantes ou héroïques; les joies qu'elles prodiguent à l'esprit et au cœur de l'homme, les mêmes joies fécondes, généreuses et nécessaires.

TABLE DES MATIÈRES

TOULOUSE. — IMP. A. CHAUVIN ET FILS, RUE DES SALENQUES, 28.